晋阳古城三号建筑基址

山西省考古研究院
太原市文物考古研究所　编著
晋源区文物旅游局

科学出版社

北京

内 容 简 介

2015～2017年，为配合"国家考古遗址公园"规划建设，山西省考古研究所等单位在太原市园林局晋源苗圃内三号建筑基址开展发掘工作，共发掘2500平方米，发现了东周、两汉、魏晋十六国、北朝、唐及五代遗迹多处，出土了从东周至五代各类材质的遗物1300余件，揭示了晋阳城历代文化遗存的不同特征，为进一步认识晋阳城提供了重要的资料。

本书适宜考古、文物、历史、古建筑等学科及其相关专业研究人员与高等院校相关专业师生阅读、参考。

图书在版编目（CIP）数据

晋阳古城三号建筑基址 / 山西省考古研究院，太原市文物考古研究所，晋源区文物旅游局编著. —北京：科学出版社，2020.6
ISBN 978-7-03-065113-6

Ⅰ. ①晋… Ⅱ. ①山… ②太… ③晋… Ⅲ. ①古城遗址（考古）—发掘报告—太原 Ⅳ. ① K878.35

中国版本图书馆CIP数据核字（2020）第080976号

责任编辑：樊　鑫 / 责任校对：王晓茜
责任印制：肖　兴 / 封面设计：金舵手世纪

科 学 出 版 社 出版
北京东黄城根北街16号
邮政编码：100717
http://www.sciencep.com
中国科学院印刷厂 印刷
科学出版社发行　各地新华书店经销
*

2020年6月第 一 版　开本：889×1194　1/16
2020年6月第一次印刷　印张：20 1/2　插页：69
字数：780 000
定价：428.00 元
（如有印装质量问题，我社负责调换）

《晋阳古城三号建筑基址》编委会

执　　笔：韩炳华

绘图、拓片：赵鹏飞　龙　真

测绘、摄影：石　力

目　　录

插 图 目 录

图 版 目 录

第一章　发掘与整理概况

2013 年至 2015 年，为了配合晋阳古城遗址公园建设，山西省考古研究所在太原市晋源镇古城营村和北街村之间的太原市园林局晋源苗圃内开展了考古调查工作（图一）。由于地下埋藏大量瓦砾，传统勘探方法无法完成勘探任务，我们布设了纵横三条探沟进行试掘，试掘发现了多处大型建筑基址。这些基址时代延续很长，面积很大，我们判断这些建筑基址群所在的区域应该是晋阳古城非常重要的区域，可能是宫城区。前期调查和试掘完成不久，大规模的城市基础建设和明太原县城复兴工程开始，晋阳古城保护的压力越来越大。为了能够很快地把晋阳古城西北区域埋藏情况彻底搞清楚，我们对发现的最东侧建筑基址进行了大规模考古工作。

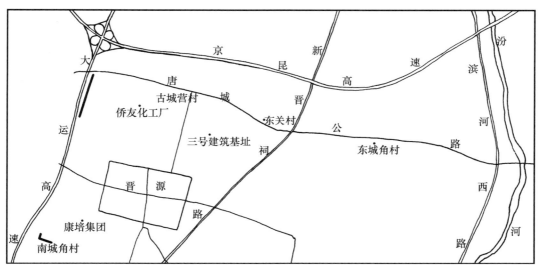

图一　发掘区位置示意图

第一节　考古发掘概况

2015 年秋，由山西省考古研究所、太原市文物考古研究所共同组成的考古队对晋源苗圃内的三号建筑基址开展考古发掘。三号建筑基址位于晋源苗圃院内东北角，西距二号建筑基址110 米。依据 2013、2014 年发掘的探沟 T1115、T1116 内暴露的遗迹现象，结合该地形，选择以发掘区东南角太原独立坐标 X：12245.8936、Y：48780.7722 为基础点，以象限法布 10 米 × 10 米探方 25 个。

考古队经过近两个月的发掘，部分遗迹刚刚暴露，天气骤然转冷，为防止遗迹面被冻，对发掘部分做了防冻覆盖，并决定来年继续发掘。2016 年，考古工作从 3 月开始一直持续至 11 月，共完成 2500 平方米面积的发掘。2017 年，按照考古工作计划，尽可能把相关遗迹发掘完整，我们接着在发掘区域向南发掘 500 平方米，同时对一些没有搞清楚的遗迹进行解剖。经过连续三年的发掘，共发掘面积 3000 平方米。在这 3000 平方米中，有 900 平方米发掘至生土，其他停留在北朝至初唐建筑基址面上（图版一、图版二）。

历时近 3 年的考古发掘工作，具体来讲，共分为 3 个阶段。

第一阶段为 2015 年 9 月至 11 月，所有探方均发掘至⑤层，初步揭露了三号建筑基址的基本形态。在第一阶段的发掘过程中主要发现了 60 余处遗迹现象。其中近现代时期的水渠（S1）1 处，宋至清代时期遗迹水池 1 处（水池 1）、墓葬 3 座（M1 ~ M3），唐至五代时期遗迹水渠 1 处（S2）、灶址 18 处（Z1 ~ Z18）。北朝遗迹有北朝建筑基址 1 处（F1 ~ F5）、水井 1 处（J1）、水渠 2 处（S3 ~ S4）和 40 处灰坑。

第二阶段为 2016 年 3 月中旬至 10 月，为了搞清楚三号建筑基址的整体布局，这一阶段主要将 2015 年留下的探方隔梁发掘完。其间对 F2、F3 和东部的 F4 进行了解剖，并对南部的 F5 进行发掘。同时，选择了 TN02W01 ~ W05、TN03W01 ~ W05 两排探方发掘至生土，弄清楚了该发掘区的完整地层情况（图版三）。其中在 TN02W02 内发现北朝时期的水井 1 处（J2）、TN01W05 内发现北朝时期的水池（水池 2）和 90 座灰坑。

对 F2、F3 和东部的 F4 进行解剖，TG3 发现了 F2 的基础在满面夯筑的同时，在承重墙上进行了条形夯筑，最后做磉墩及础石。TG5 的解剖则搞清楚了 F3 地基夯筑情况。TG7 中，由于 F4 仅剩 3 块础石，在初步推测该房址布局的基础上，发掘了该探沟，清楚地看到了排列整齐的磉墩。

在 TN02W01 ~ W05、TN03W01 ~ W05 两排探方发掘过程中，发现有 TN03W02 内的魏晋时期的窖穴（窖 3），TN03W04 内的魏晋十六国时期的窖穴 2 处（窖 1、窖 2），TN02W04 内汉代的水井（J3）和 TN02W05 内汉代的水井（J4）以及 39 座灰坑，出土了饰四叶纹的石构件和大量的板瓦、筒瓦和陶片等遗物。

第三阶段为 2016 年 10 月中旬至 2017 年 7 月，为了了解 F5 的布局及 S3 水渠向南的情况，向南扩五探方（编号为 TS01W01 ~ W05）。扩方探方发掘完后，在⑤层下我们寻找到了该建筑基址台基的南部边界。

在第三阶段发掘的过程中，发现了 TS01W01 探方内④层下晚唐五代时期的建筑基址。⑤层下发现了北朝时期建筑基址台基的南部边界，另外还发现了 TS01W04 内晚唐五代时期的陶窑（Y1）、TS01W05 内晚唐五代时期的水井（J5）和 28 座灰坑。

第二节　资料整理

一、整理过程

整理工作从 2016 年冬天开始，分为四个阶段。

第一阶段：2016 年至 2017 年 5 月。主要整理人员有韩炳华、石力、郭玉龙、牛秀平、张立强、尹嘉琦和赵鹏飞。主要工作是挑选标本、统计数量、分类排队、清洗、修复、拍照、拓片和制作卡片。

第二阶段：2017 年 6 月至 9 月。主要整理人员有韩炳华、石力、牛秀平、尹嘉琦、赵鹏飞、山西大学研究生李倩楠。主要工作是对遗物进行绘图、排版，对遗迹进行整理、核对、绘图和描述等。

第三阶段：2017 年 10 月至 2018 年 2 月。主要整理人员有韩炳华、石力、牛秀平、赵鹏飞、尹嘉琦。主要工作为核对器物图片和线图。

第四阶段：2018 年 4 月至 2018 年 11 月。主要整理人员为韩炳华，主要是对遗迹、遗物进行核对，并对遗物分类与原来研究进行比对、查漏补缺。最后经过汇总资料，结合三号建筑基址的发掘现状，形成初步认识，编写结语。

为了方便理解，本书中相关编码说明如下。

TN03W01：探方编号

J：水井

S：水渠

Z：灶址

H：灰坑

窖：窖穴

C：柱础石

D：柱洞

磉墩：柱础磉墩

二、出土器物的类型学分析

晋阳古城三号建筑基址出土了大量遗物，加之以前出土的遗物资料，晋阳古城出土遗物种类非常丰富、涵盖类型比较全面，应该能够较全面地反映古代器物类型、制作工艺及社会生活状况。

为了方便对出土遗物的描述，在整理报告过程中，我们对出土器物进行了类型学分析。

（一）建筑构件

建筑构件主要有板瓦、筒瓦、瓦当、砖和其他建筑构件等。

1. 板瓦

1）东周、汉代板瓦

东周、汉代板瓦出土数量较多，截面呈弧形，凸面饰绳纹，凹面饰布纹、方格纹、菱形网格纹或戳点纹等。根据板瓦的制法、端面、凸面与凹面纹饰细部特征的不同分为 5 型（图二）。

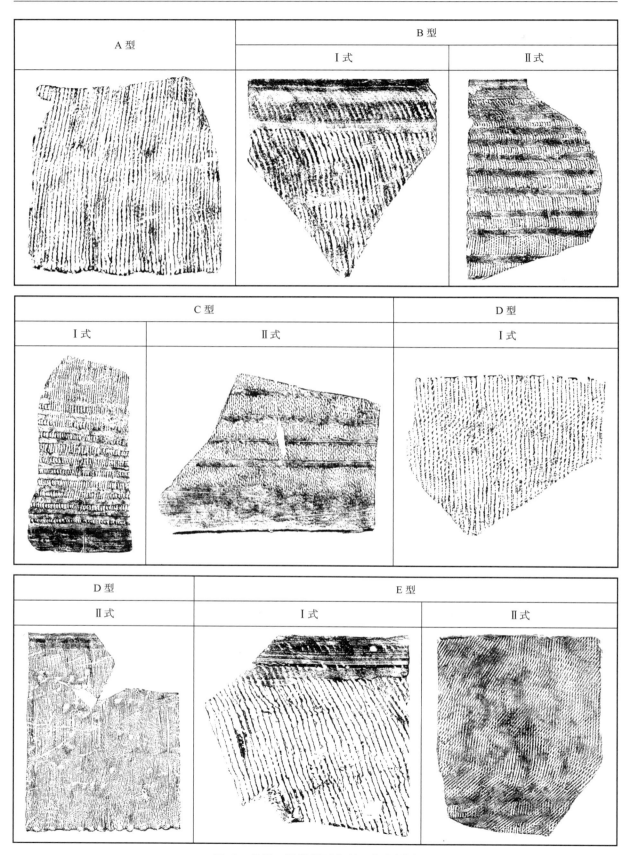

图二　东周、汉代板瓦分型、分式例图

A 型　手制，瓦体薄。凸面饰细绳纹；凹面素面，凹凸不平；宽端较薄，侧棱外切（标本 TG1089H70：1）。

B 型　手制，瓦体薄。凸面饰绳纹；凹面饰戳点纹或方格纹；宽端平齐，侧棱内切。根据凸面纹饰差别，分 2 式。

Ⅰ 式：凸面饰竖向绳纹，体部绳纹有交错；凹面饰戳点纹，大部分被抹平（标本 TN03W05 ⑧：2）。

Ⅱ 式：凸面饰竖向绳纹，条状横向抹断痕；凹面饰戳点纹，大部分被抹平，有的饰方格纹（标本 TN03W05 ⑧：11）。

C 型　模制，瓦体薄。凸面饰绳纹，条状横向抹断痕；凹面布纹。根据凸面纹饰差别，分 2 式。

Ⅰ 式：粗绳纹（标本 TN03W05 ⑧：13）。

Ⅱ 式：细绳纹（标本 TN03W05 ⑧：11）。

D 型　模制，瓦体薄。宽端捏成花边状。根据凸面纹饰差别，分 2 式。

Ⅰ 式：粗绳纹（标本 H97：7）。

Ⅱ 式：细绳纹（标本 H111：11）。

E 型　模制，瓦体薄。凸面饰绳纹；凹面饰布纹、方格纹或菱形网格纹。根据凸面纹饰差别，分 2 式。

Ⅰ 式：粗绳纹（标本 TN03W05 ⑧：3）。

Ⅱ 式：细绳纹（标本 TG1112H99 ⑧：4）。

2）魏晋十六国板瓦

魏晋十六国板瓦出土数量较多，截面呈弧形，瓦体较厚，凸面饰绳纹、篮纹或素面拍印文字，凹面饰布纹。纹饰相对于汉代趋于简单，根据凸面纹饰分为 4 型（图三）。

A 型　绳纹板瓦，模制，瓦体厚。凸面饰成组状绳纹；凹面饰布纹；侧棱内切。根据凸面纹饰的差别，分 2 亚型。

Aa 型　凸面瓦身饰成组状的细绳纹，每组以 16 条绳纹为多见，宽端有的饰斜绳纹，有的饰网格纹（标本 H67：42）。

Ab 型　凸面瓦身饰成组状的绳纹，绳纹稍粗，每组 8 条多见，有的 5 条、6 条（标本窑 1：16）。

B 型　素面板瓦，形体偏大，瓦体厚达 3.5 厘米（标本 TN03W04 ⑦：12）。

C 型　篮纹板瓦，模制，瓦体厚。凸面饰段状斜篮纹，篮纹有粗篮纹和细篮纹两种；凹面饰布纹（标本 TG1114H101：13）。

D 型　文字板瓦，模制，瓦体厚大。凸面拍打竖向阳文或刻阴文，文字内容有"杏瓦作"、"瓦作"、"……六年……"等；凹面饰布纹，有明显褶皱痕迹（标本 H70：2）。

3）北朝至五代板瓦

北朝至五代板瓦出土数量很多，截面呈弧形，均为模制。根据板瓦形制不同，分为 3 型（图四）。

图三　魏晋十六国板瓦分型例图

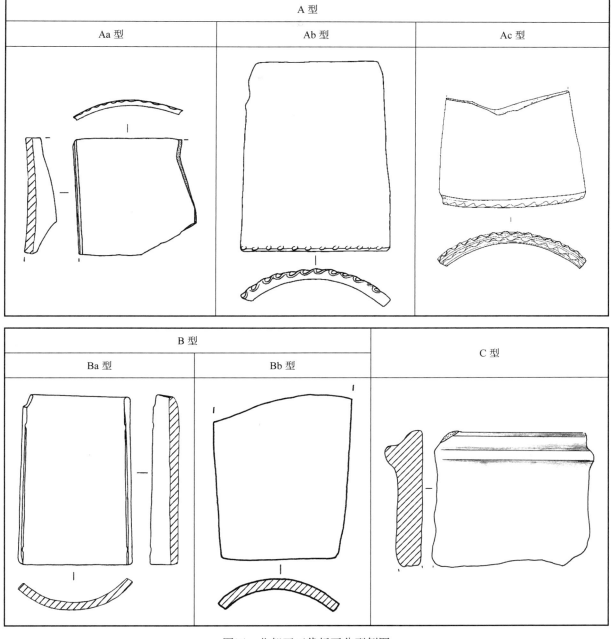

图四　北朝至五代板瓦分型例图

A 型　花边板瓦。根据花边和制作工艺不同，分为 3 亚型。

Aa 型　单层花边，凸面为素面，凹面为布纹（标本 H64：1）。

Ab 型　单层花边，凸面和凹面均为青揉磨光（标本 J1：27）。

Ac 型　双层花边（标本 H51：1）。

B 型　普通板瓦。根据制作工艺不同，分为 2 亚型。

Ba 型　凸面为素面，凹面为布纹（标本 H45：2）。

Bb 型　凸面和凹面均为青揉磨光（标本 H60：84）。

C 型　异形板瓦，板瓦凸面上端有一横向凸棱（标本 TG1037H36：3）。

2. 筒瓦

根据筒瓦在屋顶铺设的方向，我们将有瓦舌的一端称为上端，没有瓦舌的为下端。

1）东周、汉代筒瓦

东周、汉代筒瓦出土数量较多。根据制法不同，分为 2 型（图五）。

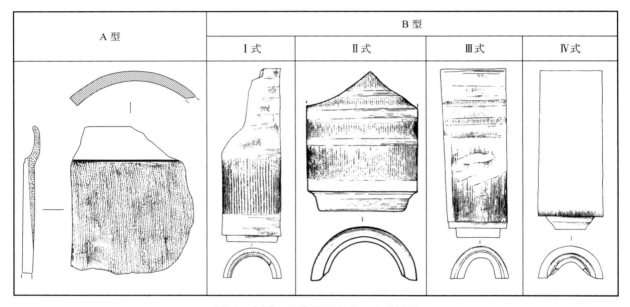

图五　东周、汉代筒瓦分型、分式例图

A 型　手制。凸面饰细绳纹，凹面素面；瓦舌较长，瓦舌上有被抹平绳纹痕迹；侧棱外切，切痕较深（标本 TG1064 ⑥：1）。

B 型　模制。根据凸面纹饰、瓦舌形制及切法，分为 4 式。

Ⅰ 式：凸面饰粗绳纹、下端绳纹被抹平；凹面饰布纹；瓦舌短，瓦舌与体部相接处平齐；侧棱外切，切痕深，几乎切透（标本 J4：7）。

Ⅱ 式：凸面饰绳纹、条状横向抹断痕；瓦舌与上式比较变化不太大，瓦舌与瓦体相接部分略有凸起，侧棱外切，切痕较深（标本 TG2 ⑧：9）。

Ⅲ 式：瓦舌呈弧面，瓦舌较长；瓦舌与体部相接部分有明显转折，侧棱外切，有的切痕很深，有的无明显切痕（标本 TN03W05 ⑧：27）。

Ⅳ 式：凸面饰绳纹；瓦舌前端上翘，瓦舌与体部相接部折棱明显；侧棱内切（标本 H97：10）。

2）魏晋十六国筒瓦

该时期的筒瓦制作规整，均为模制，根据凸面纹饰差别，可分为 3 型（图六）。

A 型　凸面成组拍印竖细绳纹，凹面为布纹。根据瓦舌特征不同，分 2 亚型。

Aa 型　瓦舌长（标本 TN03W03 ⑦：2）。

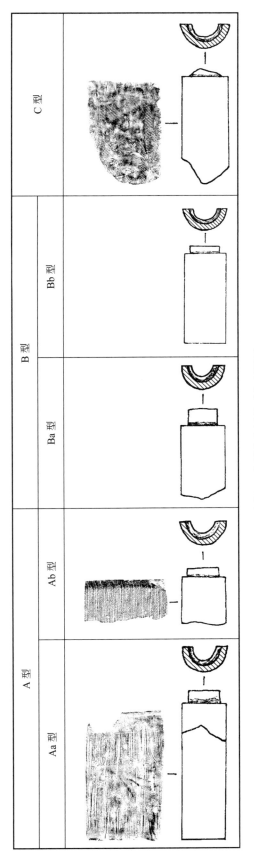

图六　魏晋十六国筒瓦分型例图

Ab 型　瓦舌短（标本 TN02W04 ⑦：6）。

B 型　凸面为素面筒瓦，凹面为布纹。根据瓦舌特征不同，分 2 亚型。

Ba 型　瓦舌长（标本 TN03W05 ⑦：8）。

Bb 型　瓦舌短（标本 TN03W03 ⑦：1）。

C 型　凸面饰篮纹，凹面饰布纹（标本 TG3 ⑦：1）。

3）北朝至五代筒瓦

北朝至五代筒瓦出土数量很多，截面呈半圆形。根据筒瓦制作工艺不同，分为 3 型（图七）。

A 型　青掍筒瓦，凸面为青掍磨光，凹面饰布纹。根据瓦舌的长短不同，分 2 式。

Ⅰ式：瓦舌较长，长 2.5~4.5 厘米（标本 TN0501 ④：11）。

Ⅱ式：瓦舌较短（标本 TS01W01 ④：47）。

B 型　普通筒瓦，凸面为素面，凹面为布纹。根据瓦舌的长短不同，分 2 式。

Ⅰ式：瓦舌较长，长 2.5~4.5 厘米（标本 TN02W01 ⑤：1）。

Ⅱ式：瓦舌较短（标本 TN02W03 ④：4）。

C 型　小型筒瓦，凸面为青掍磨光，凹面为布纹（标本 H23：68）。

3. 瓦当

1）东周、汉代瓦当

根据形制与纹饰差别，分 7 型（图八）。

A 型　半瓦当。根据纹饰差别，分 2 亚型。

Aa 型　素面半瓦当（标本 TN02W04 ⑧：19）。

Ab 型　云纹瓦当。当面饰云纹，呈双线蘑菇形（标本 TG1111 ⑤ a：5）。

B 型　云纹瓦当。当心饰网格纹，双竖线界隔将当面纹饰分为四部分，云纹自界隔线上端向下卷曲，每界隔内饰两组云纹（标本 TN02W05 ⑧：17）。

C 型　当面饰云纹，当心饰一圆乳钉。根据云纹样式的差异，分 6 亚型。

Ca 型　双线界隔，云纹由下向上卷，形成蘑菇形，每组纹饰中间有竖条短线纹，当心饰乳钉，当背乳钉部位呈凹球状（标本 TN02W03 ⑧：3）。

Cb 型　双线界隔，云纹由下向上卷，形成蘑菇形，在界线上部两侧有两个圆点装饰，边轮窄，体薄（标本 H96：9）。

Cc 型　双线界隔，云纹由下向上卷，形成蘑菇形，在纹饰正中间饰三角形，边轮窄，体稍厚（标本 H84：7）。

Cd 型　双线界隔，云纹由下向上卷，形成蘑菇形，蘑菇形中心上下各饰一圆点纹，当背后平整（标本 H131：13）。

Ce 型　双线界隔，云纹简单，由两侧界隔线下部向中间卷曲成简单的蘑菇形，当心乳钉纹外增加一圈凸线纹；颜色浅灰发亮，边轮窄，瓦体薄（标本 H96：6）。

Cf 型　双线界隔，云纹由界隔两侧向下向内卷曲成蘑菇形，中间有断笔。当心饰乳钉纹，

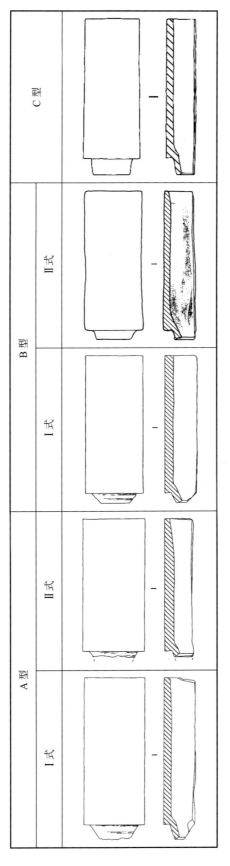

图七　北朝至五代筒瓦分型、分式例图

图八　东周、汉代瓦当分型型例图

乳钉较大，体厚重，边轮宽，瓦体外饰细绳纹（标本 TN02W04 ⑧：20）。

D 型 T 形纹饰瓦当。双线界隔，分四部分纹饰，每部分纹饰由内圈中间饰 T 形双线纹饰，当心饰大乳钉（标本 TN02W05 ⑧：20）。

E 型 田形纹饰瓦当。双线界隔，分四部分纹饰，每组纹饰中间饰圆角田字形，当心饰大乳钉（标本 TN02W05 ⑧：16）。

F 型 文字瓦当。双线界隔，将当面分为四部分，每部分装饰一个字，主要有"贵"、"樂未"等，当心饰大乳钉（标本 H91：10）。

G 型 单线界隔，单线界隔或双线界隔，将当面分为四部分，每部分中左右两侧各有一由外向下向内卷曲云纹，两云纹中间相连。有的有断笔，有的没断笔，当心饰乳钉（标本 H121：9）。

2）魏晋十六国瓦当

根据当面装饰差别，分 6 型（图九）。

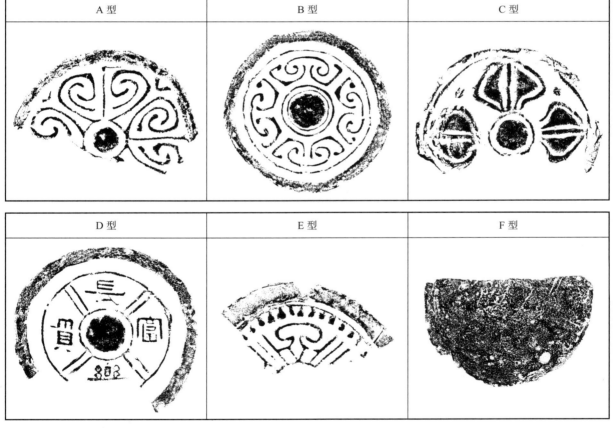

图九 魏晋十六国瓦当分型例图

A 型 单线界隔，由当心外凸线上分别向上向外卷曲，中间有断笔，两边云纹中间不相交，顶部有一 V 形装饰，当心饰圆形乳钉（标本 H117：2）。

B 型 无界隔瓦当。当面饰云纹，云纹为四组，每组均由上向下向内卷曲，中间有断笔。

当心饰大乳钉，当背乳钉位置微有内凹（标本 H108：8）。

C 型　柿蒂纹瓦当。当面饰柿蒂纹，略凸起，两柿蒂纹间靠近边轮位置装饰一圆点，当心为一乳钉，乳钉外饰一周凸线纹，边轮极窄，当背面不接筒瓦位置呈坡状（标本 TN04W01 ⑤：2）。

D 型　文字瓦当。双线界隔，将当面分为四部分，每部分装饰一个字，主要有"長樂富貴"等，当心饰大乳钉（标本 H130：26）。

E 型　三线界隔，每组纹饰由界隔线向内卷曲成蘑菇状，纹饰下部又有双线与当心凸线纹连接，当面云纹为饰一周三角形装饰和一周凸线纹。颜色呈深灰色（标本 TN03W02 ⑦：6）。

F 型　素面瓦当，背后有圆泥团（标本 H94：1）。

3）北朝至五代瓦当

A. 莲花纹瓦当

莲花纹瓦当为北朝至五代时期典型的瓦当。当面主题纹饰为莲花纹，当心分莲蓬和宝珠两种；莲瓣有宝装和普通两种，每种又分为单瓣和双瓣两类，每瓣形状有圆形、椭圆形或瘦长形；莲瓣间以 T、Y、I、个或短竖凸棱相隔；莲花纹外有联珠纹、凸线纹和无装饰三种；边轮有高于或相平于当面纹饰和低于当面纹饰两种；且边轮有较平的和呈斜坡状的两种。根据莲瓣有无装饰和瓦当的形制大小，以及莲瓣的不同，分为 5 型（图一〇）。

A 型　宝装莲花纹瓦当。根据莲瓣的差别，分 2 亚型。

Aa 型　双莲瓣。根据纹饰差别，分 2 式。

Ⅰ式：莲瓣贴近边轮，边轮较宽，中间莲蓬较小（标本 H51：4）。

Ⅱ式：莲瓣凸起于边轮，中间莲蓬呈凹台状，为莲花形（标本 H30：3）。

Ab 型　单莲瓣，根据纹饰差别，分 2 式。

Ⅰ式：莲蓬为凸台，当面纹饰略高于边轮，边轮较平（标本 H23：11）。

Ⅱ式：莲蓬无凸台，以圆圈凸线为莲蓬界边，凸线内饰莲籽状纹饰，当面纹饰高于边轮，边轮呈斜坡状（标本 TN02W03 ⑤：28）。

B 型　普通莲花纹瓦当。根据莲花纹差别，分 5 亚型。

Ba 型　莲蓬中心饰一宝珠，宝珠外饰莲籽状纹饰，莲瓣间饰 T 形界隔（标本 J1：36）。

Bb 型　莲蓬内饰莲籽状纹饰，莲瓣间饰 T 形界隔。根据莲蓬和莲瓣的不同，以及边轮不同，分 3 式。

Ⅰ式：莲蓬凸台状，凸台高凸，莲瓣呈椭圆形，边轮略高于当面纹饰（标本 J2：81）。

Ⅱ式：莲蓬凸台状，凸台内凹，莲瓣呈椭圆形，边轮低于当面纹饰（标本 TN04W05 ⑤：1）。

Ⅲ式：莲蓬无凸台，以圆圈凸线为莲蓬界边，莲瓣呈瘦长椭圆形，边轮低于当面纹饰且呈斜坡状（标本 TG1038 ④ a：1）。

Bc 型　莲花纹外饰一周联珠纹，当心饰宝珠，宝珠外饰莲籽状纹饰。根据边轮不同，分 2 式。

Ⅰ式：边轮与当面纹饰基本相平，边轮平整（标本 TN01W02 ⑤：2）。

Ⅱ式：边轮低于当面纹饰，边轮呈斜坡状（标本 TN05W01 ④：9）。

Bd 型　每个莲瓣外都有一圆珠装饰（标本 J2：2）。

Be 型　莲瓣间以短竖凸棱相隔。根据莲蓬和莲瓣的差别，分 2 式。

Ⅰ式：莲蓬凸台状，莲瓣近圆形，当面纹饰略高于边轮（标本 J2：1）。

Ⅱ式：莲蓬无凸台，以圆圈凸线为莲蓬界边，莲瓣瘦长，中间界隔与莲瓣不易区分，莲瓣外围饰双圈凸线纹，边轮较宽，不平整（标本 TS01W01 ④：2）。

C 型　小型瓦当，体形较小，饰单瓣莲花纹，中间竖线界隔或 T 形界隔，当心为一凸台状莲蓬（标本 J2：77）。

D 型　双瓣莲花纹瓦当，莲瓣间以个字形凸棱相隔，边轮较窄（标本 J2：4）。

E 型　单瓣，莲瓣间无界隔，莲瓣呈圆珠状（标本 TG2008 ⑤ a：7）。

B. 兽面纹瓦当

兽面纹瓦当出土数量较少，均为晚唐五代时期。当面主题纹饰为兽面纹，呈高浮雕状；当面构图分为内外两重，内重为兽面纹，外重为凸弦纹或连珠纹等；牙齿有双排齿和单排齿两种；吻部有带衔环和不带衔环两种；犄角有横犄、挑犄、弯犄、竖犄和无犄五种。根据兽面牙齿的不同分为 2 型（图一一）。

A 型　单排齿兽面纹瓦当。依据牙齿下有无衔环，分 2 亚型。

Aa 型　普通单排齿兽面纹瓦当。依据犄角特征的不同，分 3 式。

Ⅰ式：挑犄（标本 TN02W03 ④：6）。

Ⅱ式：竖犄（标本 TN05W01 ④：5）。

Ⅲ式：无犄（标本 TG1096 ④ a：2）。

Ab 型　带衔环兽面单排齿纹瓦当。依据犄角特征的不同，分 3 式。

Ⅰ式：横犄（标本 T10604H31：6）。

Ⅱ式：挑犄（标本 TG4011 ③ a：1）。

Ⅲ式：无犄（标本 TS01W01 ④：4）。

B 型　双排齿兽面纹瓦当。兽面额前凸，额上饰有宝珠纹，有的宝珠外有凸弦纹，有的没有；有的鬃毛卷曲，有的则为辐射状；有的眉粗壮上扬，有的呈横向至梢端则上翘的弯眉等。依据牙齿下有无衔环，分 2 亚型。

Ba 型　普通兽面双排齿瓦当。根据犄角不同分为 2 式。

Ⅰ式：弯犄（标本 TN01W02 ④：1）。

Ⅱ式：挑犄（标本 TG4015 ④ a：1）。

Bb 型　带衔环兽面双排齿瓦当，挑犄（标本 T10405 ④ a：36）。

4. 砖

1）东周、汉代砖

东周、汉代砖出土数量较多，有正方形砖和长方形砖两种。正方形砖表面饰动物形象纹或几何纹等；长方形砖一面素面，另一面为绳纹。

A. 长方形砖

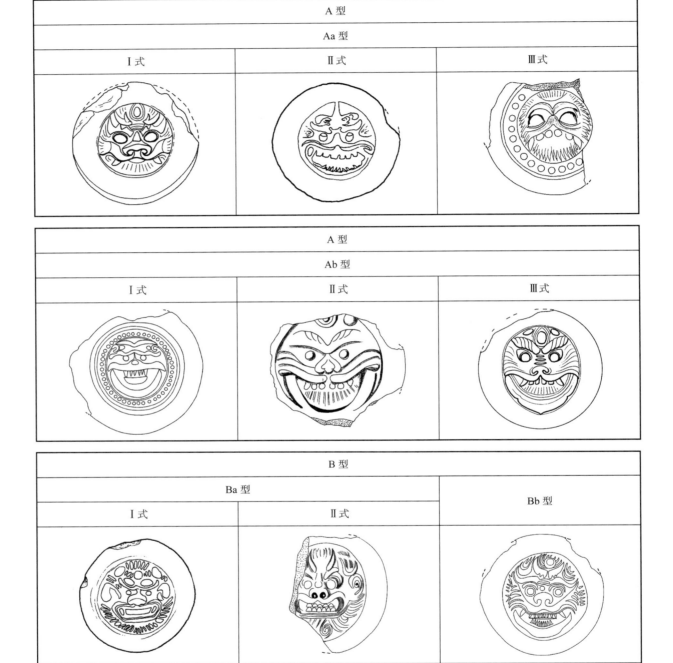

图一一　北朝至五代兽面纹瓦当分型、分式例图

长方形砖出土数量较多，表面素面，背面饰绳纹。根据表面纹饰差别，分4型（图一二）。

A 型　素面（标本 J3：11）。

B 型　竖向粗绳纹砖（标本 J3：13）。

C 型　细绳纹砖（标本 J3：14）。

D 型　横向绳纹砖（标本 J3：12）。

A 型	B 型	C 型	D 型

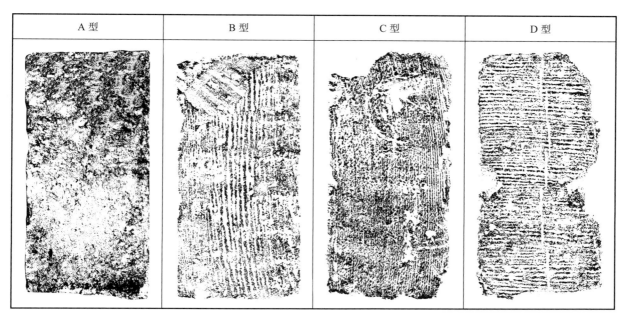

图一二　东周、汉代长方形砖分型例图

B．正方形砖

正方形砖出土数量较多，有印纹正方形砖和素面正方形砖。根据模印纹饰不同，分 3 型（图一三）。

A 型　素面纹正方形砖。有的一面有刻划纹（标本 TN02W01 ⑧：1）。

B 型　几何纹正方形砖。正面砖边内凹方框，方框内模印几何纹。根据几何纹的不同，分 4 亚型。

Ba 型　小方格纹。有的拍印整齐，有的方格叠压交错。此类砖边缘凸起，中间内凹，内夹砂多，火候高（标本 TN02W05 ⑧：25）。

Bb 型　圆形戳点纹。边缘凸起，中间内凹，背面砂粒较多（标本 TN02W01 ⑧：13）。

Bc 型　网格纹。有单层网格纹，网格为菱形格或为斜方格，网格纹内饰圆形乳钉、方锥体、米字纹、多层菱形纹或两横一竖线纹，有的背面饰小网格纹（标本 H97：16）。

Bd 型　正面直线折角纹，背面网格纹（标本 TN02W01 ⑧：18）。

C 型　动物形象正方形方砖。表面砖边饰凸线方框或内凹方框或无方框，模印对称双龙中间饰一龟形象或其他动物纹。根据方框和印纹不同，分 6 亚型。

Ca 型　凸直线方框（标本 H84：9）。

Cb 型　双凸直线方框，两凸直线内饰折线纹和乳钉纹（标本 H97：17）。

Cc 型　方框内凹框（标本 H97：15）。

Cd 型　无方框（标本 H60：7）。

Ce 型　砖范，纹饰不太清楚，使用久后被当作方砖使用（标本 TN02W01 ⑧：35）。

Cf 型　表面饰有一猪，房下有动物纹等（标本 H84：3）。

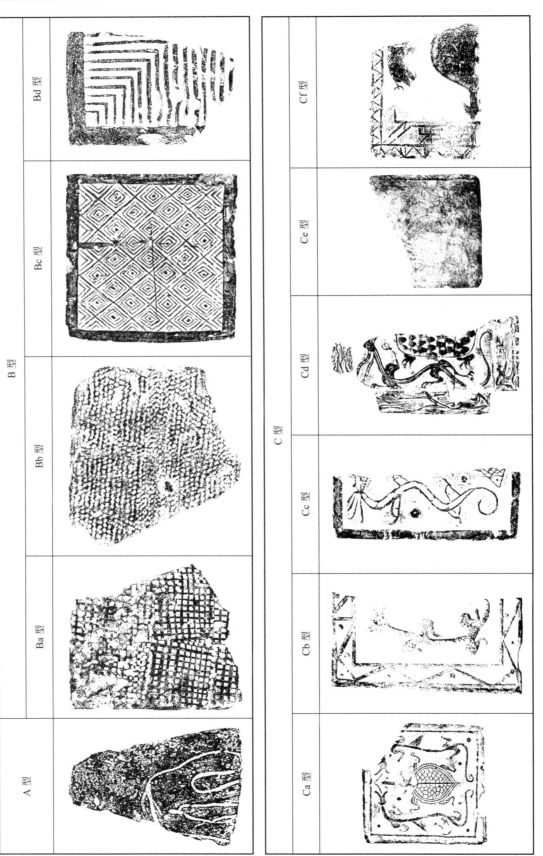

图一三　东周、汉代正方形砖分型例图

2）魏晋十六国砖

魏晋十六国砖出土数量较多，有正方形砖和长方形砖两种。正方形砖表面饰动物形象纹或几何纹等；长方形砖一面素面，另一面为绳纹。

A．长方形砖

长方形砖出土数量较多，表面素面，背面饰绳纹。根据表面纹饰差别，分 5 亚型（图一四）。

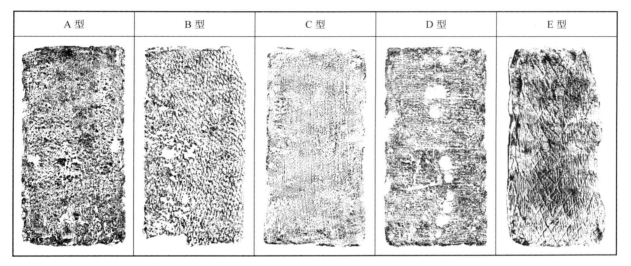

A 型	B 型	C 型	D 型	E 型

图一四　魏晋十六国长方形砖分型例图

A 型　素面（标本窑 1：44）。

B 型　粗绳纹（标本 TG3 ⑦：32）。

C 型　细绳纹（标本 TN01W02 ⑦：20）。

D 型　横绳纹（标本窑 1：46）。

E 型　竖绳纹加菱形纹（标本 TN02W01 ⑦：18）。

B．正方形砖

正方形砖出土数量较多，有印纹正方形砖和素面正方形砖。根据模印纹饰不同，分 7 型（图一五）。

A 型　素面，薄小方砖，有的有边框（标本 TN03W04 ⑦：29）。

B 型　小方格纹砖（标本 H131：16）。

C 型　菱形纹方砖，多层菱形纹，边框上饰菱形纹或⚯纹（标本 TN02W01 ⑦：1）。

D 型　网格内饰动物纹（标本 H84：2）。

E 型　饰直角折线纹，背面素面（标本 TG3 ⑦：23）。

F 型　饰网格纹，并饰有"长宜高官"文字（标本 TG4 ⑦：14）。

G 型　鱼鳞纹方砖，可能为动物纹饰的一部分（标本 TN02W01 ⑦：2）。

3）北朝至五代砖

北朝至五代砖出土数量较多，有长方形、方形和空心长方形三种。

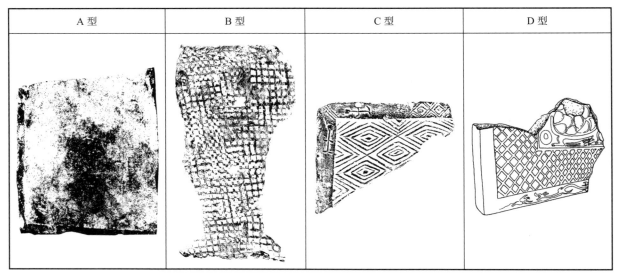

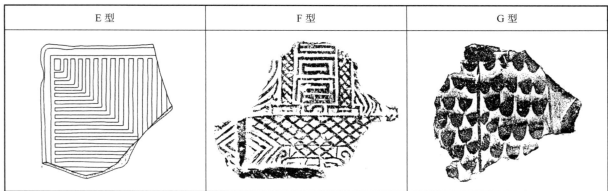

图一五　魏晋十六国正方形砖分型例图

A．长方形砖

长方形砖出土数量较多，有的素面，有的表面素面、背面饰绳纹。根据砖的砖体大小、绳纹粗细、绳纹方向和砖的颜色、质地等特征不同，分3型（图一六）。

A型　砖体厚大，绳纹较粗，绳径0.3～0.5厘米。绳纹不规则，斜向，不平整。泥胎含少量细沙粒和小石砾，胎色青灰偏白，部分砖体有粉状侵蚀现象（标本TG1031⑤a∶7）。

B型　砖体稍小，绳纹较粗，绳径0.3～0.5厘米。绳纹不太规则，部分呈段状、弧状，不平整，多见不规则小坑。泥胎较纯净，胎色青灰，砖体致密（标本TG1116④a∶5）。

C型　砖体小，有的素面，有的背面饰绳纹，绳纹较细且规整，有竖向垂直和横向垂直两种。泥胎纯净，胎色青灰，砖体致密（标本TG1030⑤a∶5）。

B．正方形砖

正方形砖出土数量较少，有的表面为素面，有的表面模印莲花纹，背面饰绳纹。根据表面纹饰，分3型（图一七）。

A型　莲花纹正方形砖。表面饰莲花、蔓草和乳钉等的组合纹饰。根据莲花纹差别，分2式。

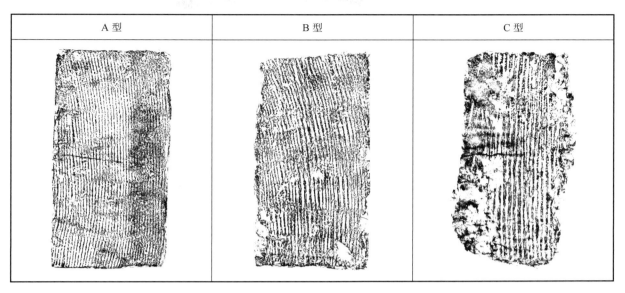

图一六　北朝至五代长方形砖分型例图

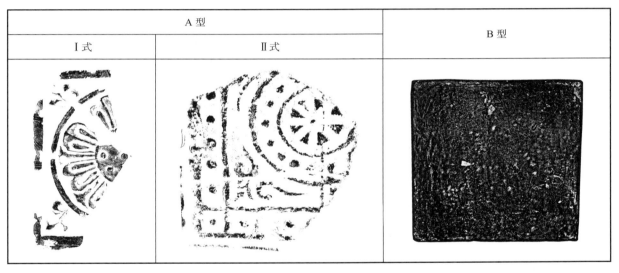

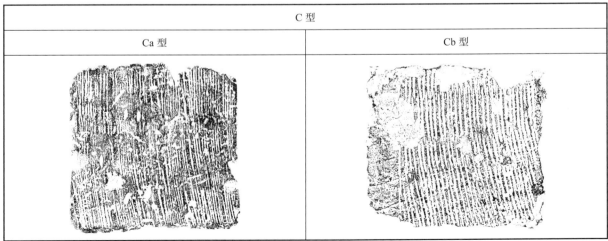

图一七　北朝至五代正方形砖分型、分式例图

Ⅰ式：宝装莲花纹正方形砖（标本 TN01W01 ⑥：1）。

Ⅱ式：普通莲花纹正方形砖（标本 TG4002 ④ a：2）。

B 型　素面青掍正方形砖（标本 H36：19）。

C 型　绳纹正方形砖。表面素面，背面饰绳纹。根据砖的砖体大小、绳纹粗细、绳纹方向和砖的颜色、质地的特征不同，分 2 亚型。

Ca 型　砖体厚大，绳纹较粗且不规则，弧状，不平整。泥胎含少量细沙粒和小石砾，胎色青灰偏白，部分砖体有粉状侵蚀现象（标本 TG4007 ④ a：2）。

Cb 型　砖体稍小，绳纹较粗，绳纹不规则，不平整。泥胎较纯净，胎色青灰，砖体致密（标本 TG4027 ③ a：2）。

（二）生活用品

生活用品主要有陶器、瓷器、釉陶器、铜器、铁器、石器、骨器等。其中陶器、瓷器出土数量丰富，以下对其中的主要器物进行分类描述。

1. 陶器

陶器常见的器物有盆、罐、瓮、钵、碗、盘、豆、砚、甑、纺轮、扑满、支钉等。因有些器物出土较少，不够全面，仅对盆、罐、瓮、钵、碗、盘、豆、砚进行分类。

1）陶盆

陶盆出土数量较多，每个时代的陶盆有各自的特征：东周、汉代时期的陶盆多侈口、折沿并多饰有绳纹和斜线纹；魏晋时期陶盆器形较大，多侈口，平沿，外壁饰绳纹或附加堆纹等；北朝至五代时期的陶盆口沿和腹部特征很明显，北朝时期多外折平沿，沿上饰一周凹槽，斜直腹并多饰有回形纹、双圈戳印纹、水波纹等；唐至五代时期的陶盆在口沿和腹部具有多样化，型别较多，并多饰暗弦纹等。

A. 东周、汉代陶盆

东周、汉代陶盆出土数量较少。根据口沿特征不同，分 3 型（图一八）。

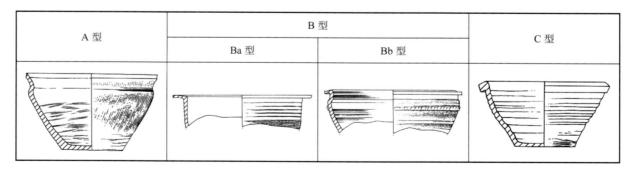

A 型	B 型		C 型
	Ba 型	Bb 型	

图一八　东周、汉代陶盆分型例图

A 型 侈口，沿外撇（标本 H122：34）。

B 型 敞口，外折平沿。根据沿的宽窄不同，分 2 亚型。

Ba 型 宽平沿（标本 TN02W05 ⑧：47）。

Bb 型 窄平沿（标本 H96：26）。

C 型 敞口，卷沿（标本 TN02W05 ⑧：39）。

B．魏晋十六国陶盆

魏晋十六国陶盆出土数量很少。根据口沿特征不同，分 4 型（图一九）。

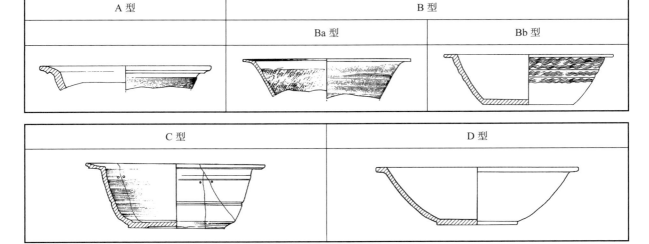

图一九 魏晋十六国陶盆分型例图

A 型 无沿，口外侈，圆唇，外壁饰斜细绳纹（标本 TN03W01 ⑦：13）。

B 型 平沿盆。根据口沿宽窄，分 2 亚型。

Ba 型 宽边平沿。沿外端略上翘，外沿稍宽（标本 TN02W04 ⑦：34）。

Bb 型 窄平沿（标本 TN03W04 ⑦：32）。

C 型 斜折沿盆（标本 H75：1）。

D 型 坡折沿盆（标本 H135：121）。

C．北朝至五代陶盆

北朝至五代陶盆出土数量很多，型别较多。唇有方唇、斜方唇、圆唇、尖圆唇和尖唇五种；沿有平沿、坡折沿、外折沿、卷沿和双沿五种；口有直口、侈口、敛口和敞口四种；腹有斜直腹、斜弧腹、弧腹、鼓腹和直腹五种。根据口沿特征不同，分 8 型（图二〇）。

A 型 平折沿盆。根据口沿宽窄不同，分 3 式。

Ⅰ式：窄沿，沿边缘上翘且较厚（标本 H46：9）。

Ⅱ式：宽沿，口下一周饰瓦棱纹，口沿外缘向上翘起（标本 TN02W05 ⑥：2）。

Ⅲ式：窄沿，尖唇，口沿和内壁磨光并饰有数周暗弦纹（标本 TG4015 ④ a：8）。

B 型 坡折沿盆。根据口部特征不同，分 2 式。

Ⅰ式：敞口（标本 TN02W05 ⑤：1）。

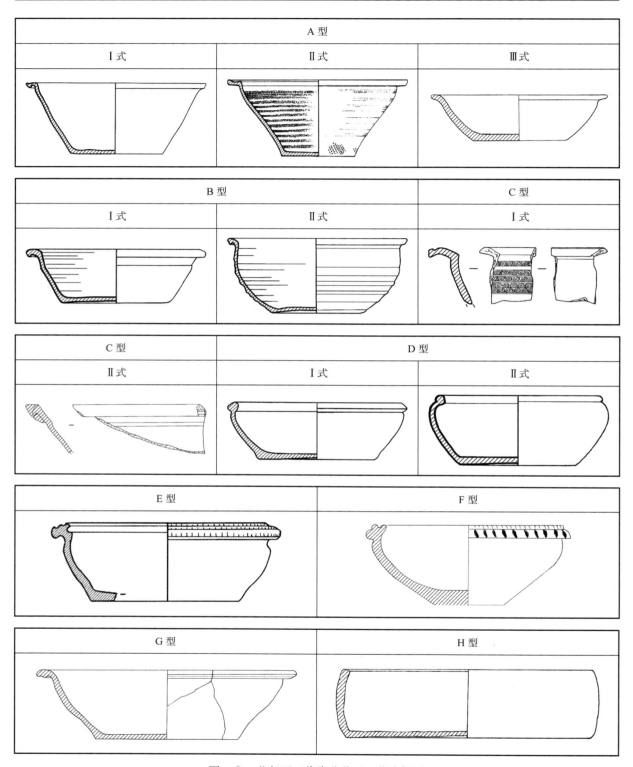

图二〇　北朝至五代陶盆分型、分式例图

Ⅱ式：敛口，口沿微卷（标本 H52：43）。

C 型　侈口外折沿盆。根据折沿的程度，分 2 式。

Ⅰ式：外折程度小（标本 H42：12）。

Ⅱ式：外折程度大且饰暗弦纹（标本 T10103④a：5）。

D 型　敛口卷沿盆。根据沿和腹部特征不同，分 2 式。

Ⅰ式：沿微卷，斜弧腹（标本 H23：1）。

Ⅱ式：深卷沿，鼓腹（标本 TN05W04④：12）。

E 型　折沿花口盆（标本 H13：2）。

F 型　敛口双沿盆（标本 T40104④b：1）。

G 型　侈口卷沿盆（标本 TG1085④a：14）。

H 型　直口盆（标本 T10504④a：2）。

2）陶罐

陶罐出土数量较多，每个时代的陶罐又有自己的特征：东周、汉代时期的陶罐器形较大，胎质较硬，胎色偏灰白，外壁多饰有绳纹，腹较圆；魏晋十六国时期的陶罐器形稍小于东周、汉代时期，泥质灰陶和泥质红陶均有，外壁多饰有水波纹和弧形篦纹；北朝时期的陶罐颈部较长，腹部较斜直亦有弧腹，腹长多大于口径数倍，并多饰戳点纹、水波纹等；唐至五代时期的陶罐在口沿和腹部具有多样化，器形较多，并多饰暗弦纹等。

A．东周、汉代陶罐

东周、汉代陶罐出土数量较少。根据口沿、颈部、腹部等特征不同，分 3 式（图二一）。

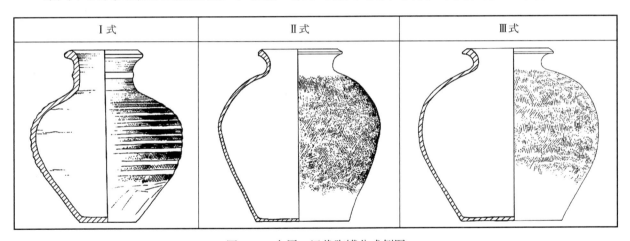

Ⅰ式	Ⅱ式	Ⅲ式

图二一　东周、汉代陶罐分式例图

Ⅰ式：方唇，平沿，长颈，圆肩，腹下急收，腹部饰竖向细绳纹，下腹近底处绳纹抹平，平底（标本 H109：2）。

Ⅱ式：方唇，口沿外翻，颈较Ⅰ式短，溜肩，腹部下收，有的腹部饰交错细绳纹，有的素面，平底（标本 H96：3）。

Ⅲ式：方唇，侈口，短颈，肩微鼓，底径变大，整体矮胖，饰斜绳纹或饰交错绳纹，近底处抹平，平底（标本 H96：2）。

B．魏晋十六国陶罐

魏晋十六国陶罐出土数量较少。根据口部、肩部和腹部特征，分 6 型（图二二）。

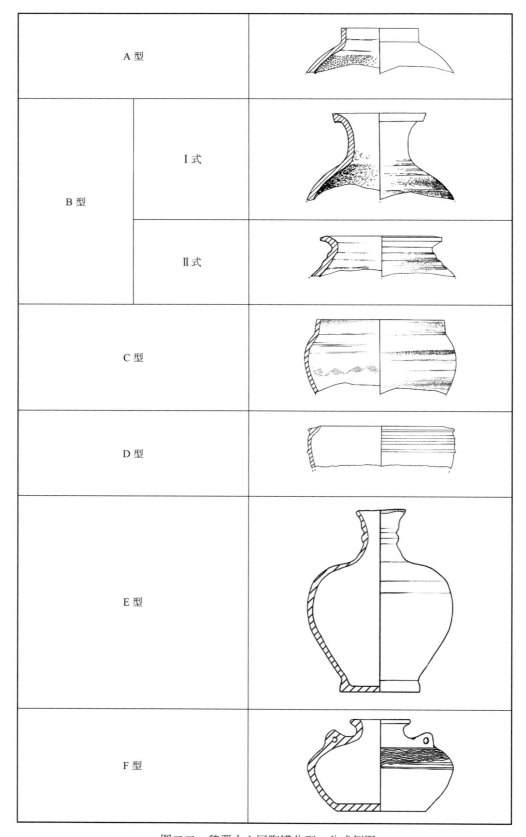

A 型		
B 型	I 式	
	II 式	
C 型		
D 型		
E 型		
F 型		

图二二　魏晋十六国陶罐分型、分式例图

A 型　直口小罐（标本 TN03W01 ⑦：27）。

B 型　根据颈部差别，分2式。

Ⅰ式：长颈罐（标本 H95：30）。

Ⅱ式：短颈罐（标本 H130：34）。

C 型　敛口罐（标本窖2：8）。

D 型　带云母大口红陶罐。泥质红陶，内夹杂大量云母，外饰瓦棱纹（标本 H95：33）。

E 型　盘口罐（标本 TG5H3：1）。

F 型　双系罐（标本 H135：25）。

C．北朝至五代陶罐

北朝至五代陶罐出土数量很多，型别丰富。口部有盘口、侈口和敞口三种，颈部有长颈、短颈、束颈和无颈四种，腹部有直腹、弧腹和鼓腹三种。根据口部和颈部特征不同，分5型（图二三）。

A 型　盘口罐。根据有无耳，分2亚型。

Aa 型　带耳罐。根据耳部位置，分2式。

Ⅰ式：单耳，方唇，盘口，短颈，圆肩，平底微内凹（标本 J2：13）。

Ⅱ式：双耳或单耳，耳上部高出口沿，方唇，盘口，短颈，圆肩，平底（标本 TG3 ⑥：1）。

Ab 型　无耳罐（标本 J2：19）。

B 型　小口圆腹罐。敞口，短颈，圆腹，平底（标本 J2：6）。

C 型　长颈平沿罐。根据腹部特征差别，分3式。

Ⅰ式：长腹（标本 H69：1）。

Ⅱ式：圆腹（标本 TN05W02 ⑤：5）。

Ⅲ式：扁圆腹，底与口径相当或略大（标本 TG4011 ③ a：4）。

D 型　长颈敞口罐（标本 H60：138）。

E 型　敞口，束颈，鼓腹，平底，体形小（标本 J2：20）。

F 型　敛口罐（标本 TG1085 ④ a：7）。

3）陶瓮

A．东周、汉代陶瓮

东周、汉代陶瓮出土数量较少，体形较大，均为残口，外壁饰绳纹。根据口沿特征不同分为3型（图二四）。

A 型　直口瓮（标本 TN02W03 ⑧：12）。

B 型　直口平沿瓮（标本 TN02W05 ⑧：38）。

C 型　侈口瓮（标本 TN02W04 ⑧：54）。

B．魏晋十六国陶瓮

魏晋十六国陶瓮出土较少。根据口部差别，分2型（图二五）。

A 型　敛口瓮。根据体型和腹部特征不同，分2亚型。

Aa 型　腹壁薄（标本 H130：36）。

Ab 型　腹壁厚，体形大（标本窖2：6）。

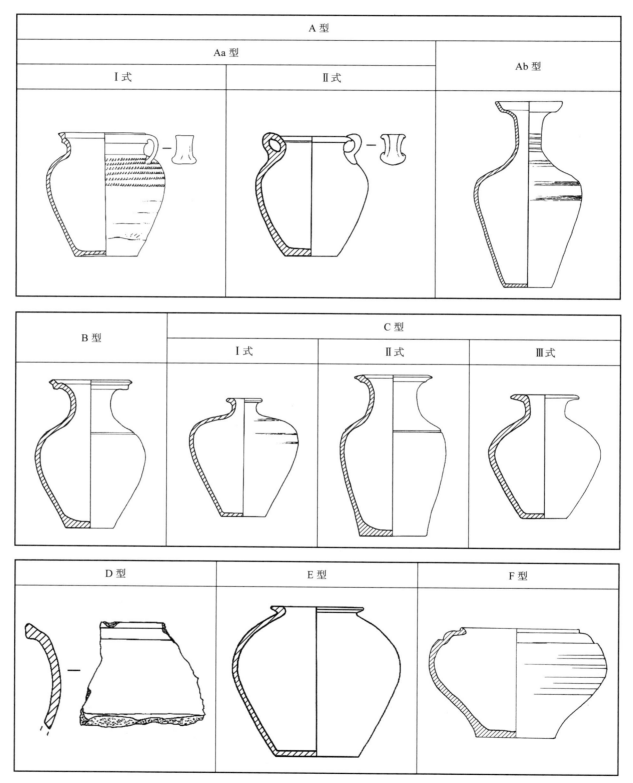

图二三　北朝至五代陶罐分型、分式例图

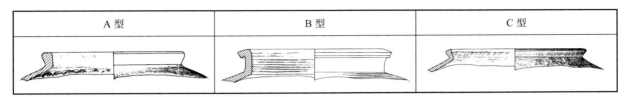

图二四 东周、汉代陶瓮分型例图

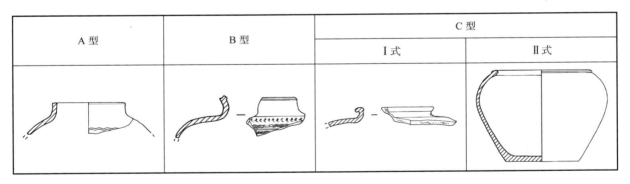

图二五 魏晋十六国陶瓮分型、分式例图

B 型 直口瓮。根据颈部变化，分 2 式。

Ⅰ式：矮领（标本 TG3 ⑦：10）。

Ⅱ式：高领（标本 TN03W05 ⑦：20）。

C. 北朝至五代陶瓮

北朝至五代时期出土陶瓮很多，体形有大有小，外壁有的饰有附加堆纹，有的素面，有的饰暗弦纹。根据口沿特征不同，分 3 型（图二六）。

A 型	B 型	C 型	
		Ⅰ式	Ⅱ式
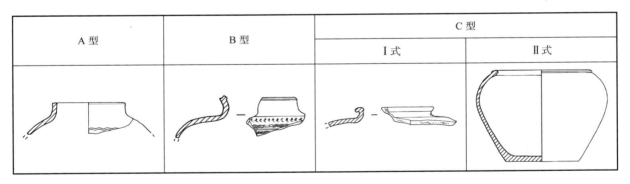			

图二六 北朝至五代陶瓮分型、分式例图

A 型 直口瓮（标本 H105：3）。

B 型 侈口瓮（标本 H120：8）。

C 型 敛口瓮。根据肩部特征不同，分 2 式。

Ⅰ式：矮领瓮（标本 TG7H2：6）。

Ⅱ式：无领瓮（标本 TN03W01 ⑤：25）。

4）陶钵

陶钵出土数量较多。陶钵有泥质红陶和泥质灰陶两种，口有花口、直口和敛口三种，腹有弧腹、斜腹和折腹三种，底有平底和圜底两种。

A. 东周、汉代陶钵

东周、汉代陶钵出土数量较多，根据腹部不同，分3式（图二七）。

Ⅰ式：直腹（标本 TN03W01 ⑧：22）。

Ⅱ式：折腹（标本 TN02W05 ⑧：55）。

Ⅲ式：弧腹（标本 H76：11）。

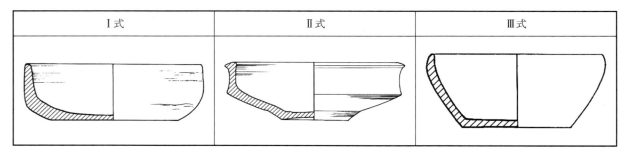

图二七　东周、汉代陶钵分式例图

B. 魏晋十六国陶钵

魏晋十六国陶钵出土数量较少，根据有无束颈，分2型（图二八）。

A 型　无颈。根据口沿特征不同，分2式。

Ⅰ式：敞口（标本 TN02W04 ⑦：16）。

Ⅱ式：敛口（标本 TN03W03 ⑦：176）。

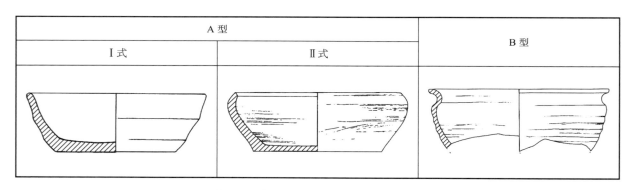

图二八　魏晋十六国陶钵分型、分式例图

B 型　束颈钵（标本 H111：5）。

C. 北朝至五代陶钵

北朝至五代陶钵根据口部特征不同，分4型（图二九）。

A 型　花口钵（标本 TG4015 ④ a：10）。

B 型　直口钵（标本 TG1003 ④ a：2）。

C 型　敛口钵（标本 TN03W05 ⑤：4）。

D 型　侈口钵（标本 H51：7）。

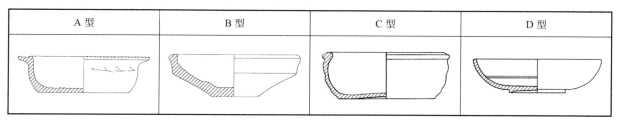

图二九　北朝至五代陶钵分型例图

5）陶碗

陶碗出土较多，多为北朝时期，胎体规整，多为泥质红陶，部分饰一周或数周凸棱。根据陶色分不同，分 2 型（图三〇）。

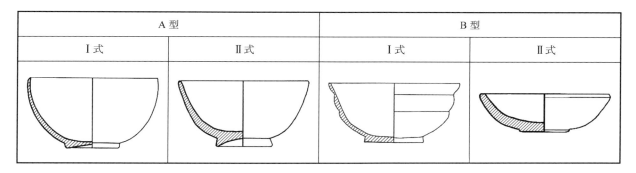

图三〇　北朝至五代陶碗分型、分式例图

A 型　泥质红陶碗。饼形足，足心内凹，有的足外棱削平。根据口和腹壁特征不同，分2式。

Ⅰ式：直口深腹碗，腹较直（标本 TN05W02 ⑥：1）。

Ⅱ式：侈口浅腹碗，斜弧腹（标本 H14：1）。

B 型　泥质灰陶碗，有的饼形足，有的平底。根据腹壁和底的特征不同，分2式。

Ⅰ式：深腹饼形足碗，足心微内凹（标本 TG5H5：1）。

Ⅱ式：浅腹平底碗（标本 TN04W04 ⑤：9）。

6）陶盘

陶盘出土数量较多，为唐至五代时期，均泥质灰陶，多为模制，并饰有鱼纹、莲花纹、竖条纹、麦粒纹、圆点纹、手捏纹等纹饰的组合纹。根据足部和腹部特征不同，分 2 型（图三一）。

A 型　三足印花（标本 TG1034 ③a：1）。

B 型　浅腹折沿（标本 T10503G4：17）。

7）陶盂

陶盂出土数量很少，为唐至五代时期，均为泥质灰陶、侈口、短颈。根据腹部特征不同分2 型（图三二）。

A 型　深腹（标本 T10603 ④a：6）。

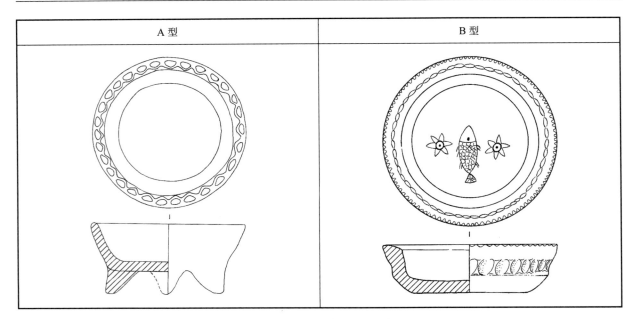

图三一　北朝至五代陶盘分型例图

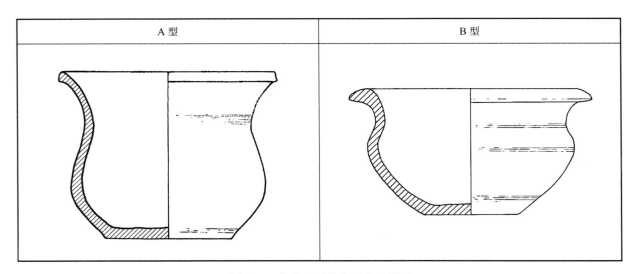

图三二　北朝至五代陶盂分型例图

　　B 型　浅腹（标本 T10503G4：15）。

　　8）陶砚

　　陶砚出土数量较少，多为唐至五代陶砚，均为泥质灰陶，胎体致密，部分器物模制痕迹明显。根据形制特征不同，分 2 型（图三三）。

　　A 型　风字形砚（标本 T10404H30：1）。

　　B 型　圆形砚（标本 T10405④a：6）。

　　9）陶豆

　　陶豆出土数量较少，多为东周、汉代时期。陶豆侈口，豆盘有深有浅，豆柄中空，喇叭形足。根据豆盘深浅等特征不同，分 3 式（图三四）。

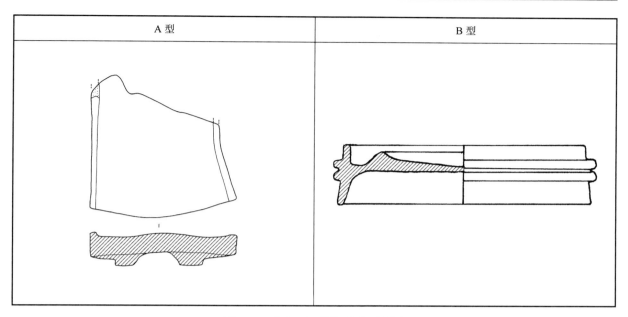

图三三　北朝至五代陶砚分型例图

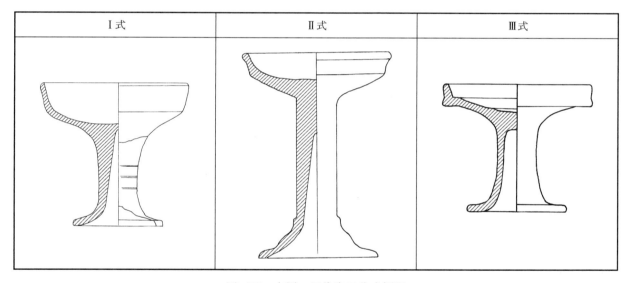

图三四　东周、汉代陶豆分式例图

Ⅰ式：豆盘较深，制作规整（标本 TG1066H48：6）。

Ⅱ式：豆盘较浅，制作较粗糙（标本 TG1016⑥：3）。

Ⅲ式：豆盘很浅，制作粗糙（标本 TN02W05⑧：34）。

2. 瓷器

1）瓷碗

瓷碗出土数量最多，多为唐至五代时期。器物型别具有多样化，釉色有白釉、酱釉、双色釉等，其中白釉瓷碗出土数量最多，双色釉瓷碗次之，酱釉瓷碗最少。根据腹部特征不同，分2型（图三五）。

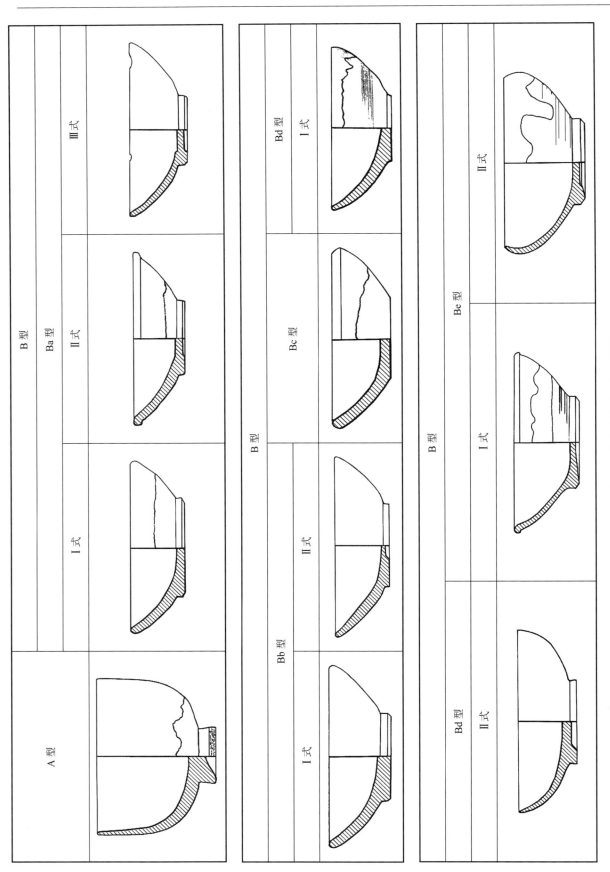

图三五　北朝至五代瓷碗分型、分式例图

A 型　深腹瓷碗，饼形足，足心内凹，直口，腹壁较直（标本 TG5H3∶2）。

B 型　浅腹型。根据釉色不同，分 5 亚型。

Ba 型　白釉瓷碗。根据底足不同，分为 3 式。

Ⅰ式：饼形足（标本 TN04W02 ⑤∶2）。

Ⅱ式：玉璧形足（标本 TN04W03 ⑤∶6）。

Ⅲ式：圈足（标本 TN04W02 ⑤∶3）。

Bb 型　双色釉瓷碗，内壁及口沿施白釉，外壁施黄釉、褐釉、黑釉等。根据底足不同，分 2 式。

Ⅰ式：饼形足（标本 TN04W04 ⑤∶7）。

Ⅱ式：圈足（标本 H52∶10）。

Bc 型　酱釉瓷碗，侈口，斜腹，平底（标本 TN04W01 ⑤∶14）。

Bd 型　青绿釉碗。根据足部特征，分 2 式。

Ⅰ式：饼形足（标本 TN03W01 ⑤∶23）。

Ⅱ式：圈足（标本 H115∶1）。

Be 型　白釉绿彩碗，根据足部特征不同，分 2 式。

Ⅰ式：饼形足（标本 TN02W03 ⑤∶30）。

Ⅱ式：圈足（标本 H52∶9）。

2）瓷盘

瓷盘出土数量较少，均为唐至五代时期。根据口沿和形状特征不同，分 2 型（图三六）。

A 型　方形盘（标本 T10305 ④a∶10）。

B 型　圆形盘。根据口沿不同分 2 亚型。

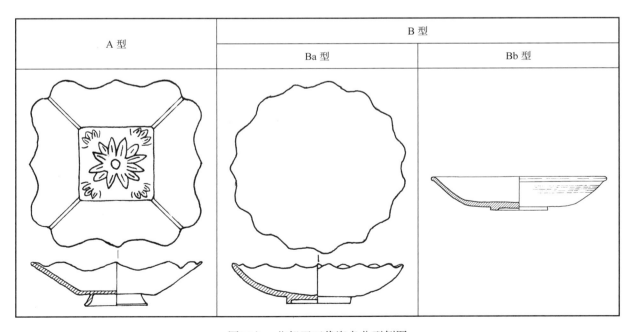

图三六　北朝至五代瓷盘分型例图

Ba 型　花口（标本 TN02W02 ⑤：4 ）。

Bb 型　圆口（标本 T10603 ④ a：19 ）。

3）瓷罐

瓷罐出土数量较少，多为唐至五代时期。釉色有白釉、褐釉等，白釉瓷罐最多。根据器物形制特征不同，分 2 型（图三七）。

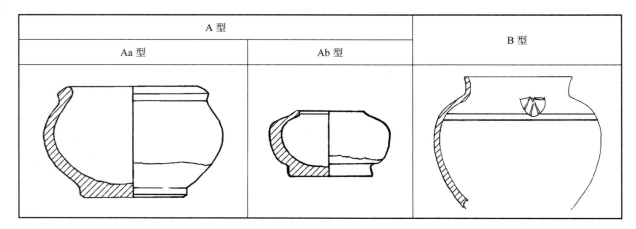

图三七　北朝至五代瓷罐分型例图

A 型　无系罐。根据口的大小，分 2 亚型。

Aa 型　大口罐（标本 TN04W04 ⑤：10 ）。

Ab 型　小口罐（标本 TN04W01 ④：1 ）。

B 型　带系罐（标本 TN04W03 ⑤：9 ）。

4）瓷钵

瓷钵出土数量较少，多为唐至五代时期。大多为残口，部分器物可复原。根据口部特征不同，分 2 型（图三八）。

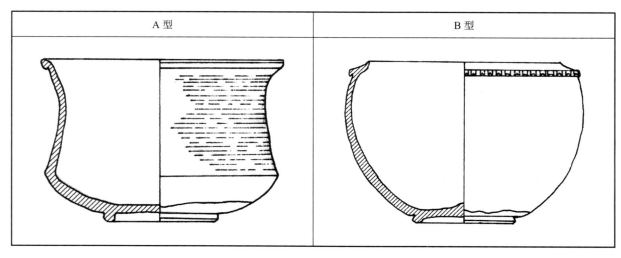

图三八　北朝至五代瓷钵分型例图

A 型　侈口瓷钵（标本 T10403 ④ a：25）。

B 型　敛口瓷钵（标本 T10504 ④ a：9）。

5）瓷盒

瓷盒数量较多，由盒盖和盒底两部分组成，盒盖型制大同小异，盒底型别具有多样化，釉色有白釉、青釉、黑釉、褐釉等，其中白釉瓷盒出土数量最多，褐釉瓷盒次之，黄釉、青釉、黑釉瓷盒最少。根据器物形制特征不同，分 3 型（图三九）。

A 型　多格套盒（标本 T10303H48：1）。

B 型　高圈足花口盒（标本 T10404 ④ a：3）。

C 型　直腹。根据底部特征的不同，分 3 式。

Ⅰ式：平底（标本 TN04W01 ⑤：15）。

Ⅱ式：饼形足（标本 TN04W03 ⑤：4）。

Ⅲ式：圈足（标本 TG1116 ⑤ a：1）。

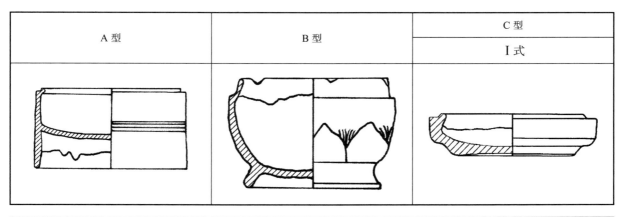

A 型	B 型	C 型
		Ⅰ式

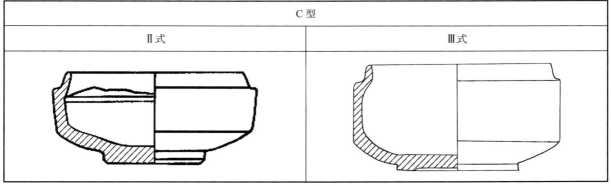

C 型	
Ⅱ式	Ⅲ式

图三九　北朝至五代瓷盒分型、分式例图

6）瓷瓶

瓷瓶出土数量较少，多为唐至五代时期。釉色有白釉、褐釉、黑釉等，以褐釉最多。根据器物特征不同，分 2 型（图四〇）。

A 型　带系瓶（标本 T10603 ④ a：27）。

B 型　深腹瓶（标本 T10603 ④ a：28）。

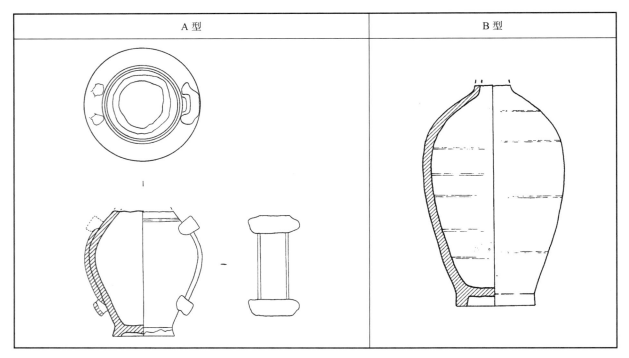

图四〇　北朝至五代瓷瓶分型例图

3. 三彩器

三彩器出土较少，大部分为碗。根据口沿特征不同，分3型（图四一）。

A 型　三彩折沿碗（标本 TN03W02 ⑤：3）。

B 型　卷沿碗（标本 TN04W04 ⑤：11）。

C 型　坡折沿碗（标本 TN02W03 ⑤：8）。

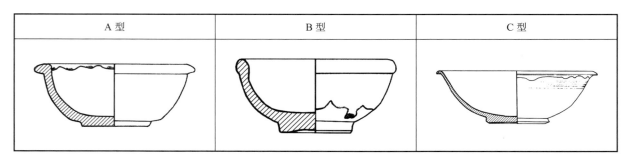

图四一　北朝至五代三彩碗分型例图

4. 低温釉陶器

低温釉陶器出土较少，大部分为釉陶碗。釉陶碗为泥质红陶，内壁施满釉，外壁施釉不到底，有黄釉、绿釉、红褐釉和黑褐釉四种。根据釉色，分4型（图四二）。

A 型　黄釉陶碗（标本 TN04W04 ⑤：6）。

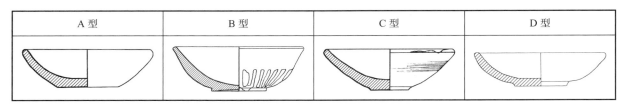

| A 型 | B 型 | C 型 | D 型 |

图四二　北朝至五代釉陶碗分型例图

B 型　绿釉陶碗（标本 H54∶1）。
C 型　红褐釉陶碗（标本 H52∶13）。
D 型　黑褐釉陶碗（标本 TN04W04⑤∶11）。

5. 钱币

1）汉代五铢

汉代出土钱币多为五铢。"五"字相交有直笔和曲笔两种，"铢"字为三角头。根据细部特征，分4型（图四三）。

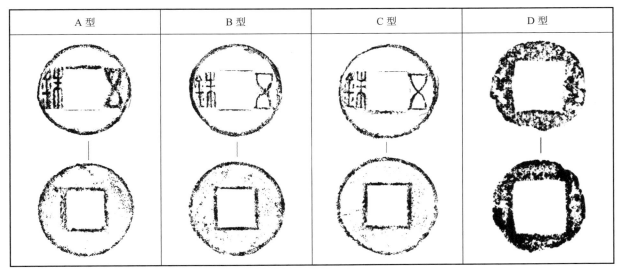

| A 型 | B 型 | C 型 | D 型 |

图四三　魏晋十六国五铢分型例图

A 型　穿上一横杠。钱文清晰、规整，穿郭俱佳，铜质优良，铸造工艺考究（标本 H135∶123）。

B 型　"五"字交笔弯曲大，上下两横出头且接于内、外郭。钱文清晰、规整，穿郭俱佳，铜质优良，铸造工艺考究（标本 H135∶122）。

C 型　钱体略薄，"五"字相交直笔或曲笔。钱文有的清晰、规整，有的模糊，有的穿郭俱佳，有的较差，铜质和铸造工艺不如 A、B 型（标本 H73∶3）。

D 型　剪边，钱文模糊、不规整，穿郭较差，铜质较差，铸造工艺粗劣（标本 TN02W01⑦∶23）。

2）北朝至五代钱币

三号建筑基址出土钱币有开元通宝、隋五铢、乾元重宝和常平五铢。

A．开元通宝

开元通宝保存状况较差。根据背面和材质特征，分为4型（图四四）。

A型　背面素面。根据钱径和钱文，分2式。

Ⅰ式：钱径2.4～2.5厘米，穿径0.6～0.7厘米，郭宽0.2厘米；钱文清晰、规整，穿郭俱佳，铜质优良，铸造工艺考究（标本J2：85）。

Ⅱ式：钱径2.2～2.3厘米，穿径0.6厘米，郭宽0.1～0.3厘米；钱文不甚清晰、规整，穿郭较差，铜质粗劣，铸造工艺较差。尤其是钱径为2.2厘米的钱币，钱文模糊几乎分辨不出，铜质很差，锈蚀严重（标本TN02W03④：7）。

B型　与A型基本相同，不同为背面加铸掐痕或圆珠纹，有的背面穿上下各有一掐痕，以钱径2.5厘米的居多。根据钱径和钱文不同，分2式。

Ⅰ式：钱径2.4～2.5厘米，穿径0.7厘米，郭宽0.2厘米；钱文清晰、规整，穿郭俱佳，铜质优良，有青铜和白铜两种材质，铸造工艺考究（标本TS01W02⑤：3）。

Ⅱ式：钱径2.3厘米，穿径0.6厘米，郭宽0.2厘米；钱文有的清晰、规整，有的模糊，有的穿郭俱佳，有的较差，铜质和铸造工艺不如Ⅰ式（标本TG4017④a：44）。

C型　背面加铸州名或钱监名，有的在穿之上，有的在穿之下。有一枚为穿上"京"字穿下掐痕。加铸有"洛"、"梁"、"京"、"洪"、"昌"等字，钱径2.3～2.4厘米，穿径0.6厘米，郭宽0.15～0.3厘米。钱文有的清晰、规整；有的模糊；有的穿郭俱佳；有的较差，铜质和铸造工艺一般（标本TG4017④a：26）。

D型　铅制钱，钱径2.5厘米，穿径0.7厘米，郭宽0.2厘米；钱文清晰、规整，穿较差，钱郭稍残，保存较差（标本TG4017⑤a：52）。

B．乾元重宝

乾元重宝保存情况基本良好。根据背面有无加铸掐痕，分2型（图四五）。

A型　背面素面，钱文规范，穿郭俱佳。根据钱径，分2式。

Ⅰ式：钱径2.4～2.5厘米，穿径0.7厘米，郭宽0.2厘米；钱文清晰、规整，有的字体较大，呈扁宽形，有的字体偏小，呈瘦长形，穿郭俱佳，铜质优良，铸造工艺考究（标本TG4017④a：15）。

Ⅱ式：钱径2.3厘米，穿径0.6厘米，郭宽0.2厘米；钱文模糊、不规整，字体偏小，呈瘦长形，穿郭较差，铜质粗劣，铸造工艺一般（标本TG4017④a：43）。

B型　与A型Ⅰ式基本相同，不同为背面加铸掐痕，有的在穿之上，有的在穿之下。钱径2.5厘米，穿径0.7厘米，郭宽0.2～0.3厘米；钱文清晰、规整，字体较大，呈扁宽形，穿郭俱佳，铜质优良，铸造工艺考究（标本TG2⑤：1）。

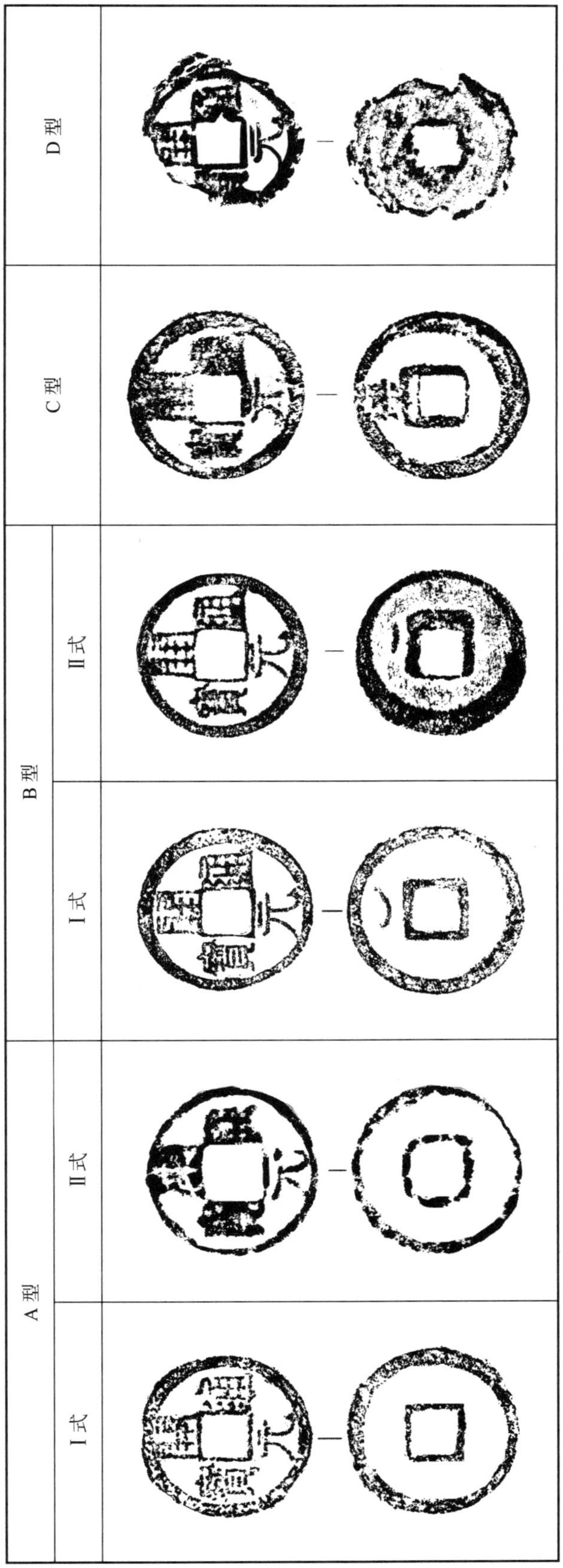

图四四 北朝至五代开元通宝分型、分式例图

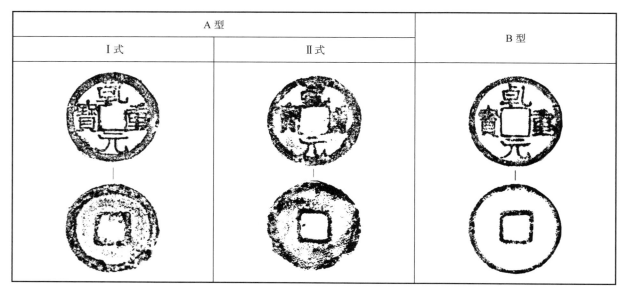

图四五　北朝至五代乾元重宝分型、分式例图

第二章　地层堆积概况

根据发掘情况看，该区域内地层堆积比较均匀。以 TN03W01～TN03W05 东壁为例，现将地层堆积介绍如下（图四六；图版四）。

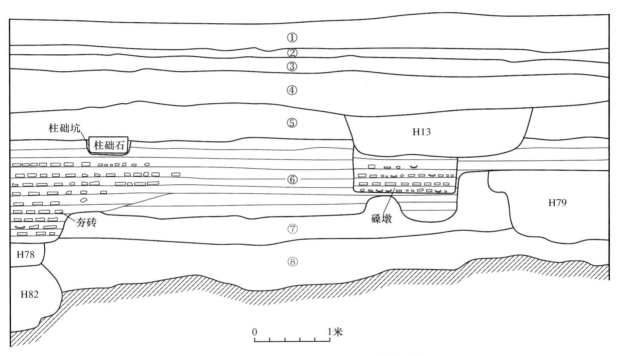

图四六　TN03W01～TN03W05 东壁剖面图

第①层：灰褐色表土，厚 0.2～0.5 米。土质疏松，内含较多植物根茎、现代砖瓦碎块及生活垃圾等。该层为近现代扰乱层。

第②层：黄褐色土，距地表 0.25～0.5、厚 0.08～0.18 米。土质疏松，较纯净，内含少量红烧土碎屑、煤渣，出土少量青花瓷片。该层为明清时期文化层。

第③层：浅黄褐色土，距地表 0.45～0.55、厚 0.16～0.26 米。土质较硬，内含较多红烧土颗粒、炭屑，出土较多的建筑砖瓦碎块、白瓷片，有极少量宋元瓷器出土。该层为晚唐五代建筑废弃层，延续至宋元时期。

第④层：深灰褐色土，距地表 0.64～0.75、厚 0.37～0.6 米。土质较硬，内含较多木炭屑和少量红烧土颗粒，出土少量兽面纹瓦当、较多砖瓦碎块、白瓷片、三彩瓷片、建筑构件碎块和开元通宝及乾元重宝铜钱。该层为晚唐五代文化层。

　　第⑤层：灰褐色土，距地表 1.1 ~ 1.3、厚 0.38 ~ 0.53 米。土质上层疏松，下层坚硬，扰乱严重。内含大量白灰墙皮、黄泥残块、炭屑。出土较多磨光筒瓦、板瓦，北朝时期的莲花纹瓦当、红色陶碗、青釉瓷碗和隋五铢钱。该层为北朝晚期至唐建筑废弃层，延续至中唐时期。

　　第⑥层：黄褐色和灰褐色夯土层，土质坚硬，距地表 1.7 ~ 1.85 米，夯土深浅不一，厚度不同，最深 1.4 米、最浅 0.45 米。包含少量早期泥质灰陶、红陶残片，也有青掍筒瓦、板瓦、绳纹碎砖等。该层为北朝晚期至唐建筑早期营建层。该层表面为经过夯打的硬地面，为建筑基址活动面。地层大部分未向下清理，但局部做了解剖，发现该层全部经过夯打，夯层厚度和致密度有别。地面还发现有隋五铢钱和少量唐代瓷片，该建筑基址活动面从北朝延续使用至唐代。

　　第⑦层：黄褐色土，距地表 2.1 ~ 2.65、厚 0.32 ~ 0.8 米。土质较硬，内含大量红烧土颗粒及分布不均的青绿色土，出土大量筒瓦、板瓦、绳纹砖及少量文字瓦当、云纹瓦当，泥质灰陶、红陶罐、盆等器物和少量青瓷片。该层为魏晋十六国文化层。

　　第⑧层：红褐色土，距地表 2.93 ~ 3.1、厚 0.4 ~ 0.75 米。土质较硬带黏性，包含少量红胶泥和黄细淤土块，出土大量绳纹板瓦、筒瓦及绳纹陶盆、陶罐。该层为东周两汉文化层。

　　第⑧层以下为生土。

第三章　宋至明清遗迹

宋至明清遗迹共 5 处遗迹现象，其中 3 座墓葬，1 处水池，1 处水渠。

（一）墓葬

墓葬共 3 座。

1. M1

M1 位于 TN01W01 的西北部，开口于③层下，打破④、⑤层和 F5，距地表 0.65 米。竖穴土坑墓，方向 170°，墓长 2、宽 0.65、深 3 米，未发现葬具、骨骼、随葬品等。填土为灰褐色土，土质较疏松，包含有较多石块、砖块等（图四七）。

2. M2

M2 位于 TN01W02 西北部，开口于③层下，打破④、⑤、⑥层，距地表 0.8 米。竖穴土坑墓，方向 175°。墓室平面呈梯形，墓壁较光滑，墓底较平坦。长 2、北端宽 0.45、南端宽 0.6、深 1.5 米。填土为黄褐色花土，土质较硬。人骨一具，头向南，面向东，仰身直肢葬，骨骼保存较好，墓主人为女性，年龄在 35～40 岁，未发现葬具及随葬品（图四八；图版五）。

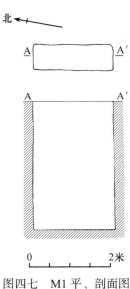

北

图四七　M1 平、剖面图

3. M3

M3 位于 TN05W03 探方的西南部，开口于③层下，打破至生土，距地表 0.8 米。长方形竖穴土坑墓，方向 210°。墓壁较光滑，墓底平坦。长 1.75、宽 0.95、深 3.6 米。填土为黄褐色土，土质较疏松，内含较多沙子和石块。此墓属迁葬墓，未发现人骨，仅见底部有几块腐朽木板，无随葬品出土（图四九；图版六）。

（二）水池

水池 1 位于 TN02W02 的东南部，③层下开口，打破④、⑤、⑥层，距地表 1 米。水池平

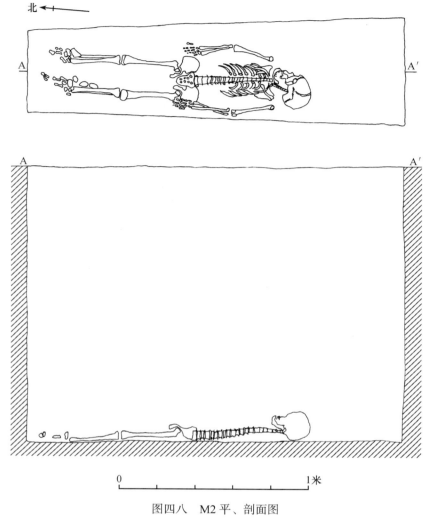

图四八　M2 平、剖面图

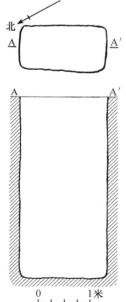

图四九　M3 平、剖面图

面为圆形，剖面为筒状，石砌，较规整。外圈直径 7.9、内圈直径 3.7 米。水池填土为黄褐砂质黏土，土质疏松，内含较多石块，出土少数白瓷片、砖、瓦块，无其他遗物出土，距地表 2.75 米处，填土变成淤泥，遂停止发掘（图五○；图版七）。

（三）水渠

S1 位于发掘区的中部，①层下开口，打破②、③、④、⑤、⑥层，S2 和 F4，距地表 0.3 米。水渠由西向东南贯穿发掘区，延伸至 TN04W05 的西壁和 TN01W01 的东壁。平面呈长条带状，剖面近梯形，可见长 50.5、口宽 2.95、底宽 1.65、深 4.5 米。整体西高东低，呈缓坡状，底砖砌排水槽，做法是先纵向铺一层长条形砖，再在两端横向错缝顺砌三层挡水墙，顶部用两层长条砖纵向盖顶，渠内壁宽 0.4、深 0.46

米。用砖规格为：长 0.4、宽 0.2、厚 0.07 米。渠内填满淤泥，无遗物出土，土坑内填土包含少量现代砖瓦、玻璃片等。

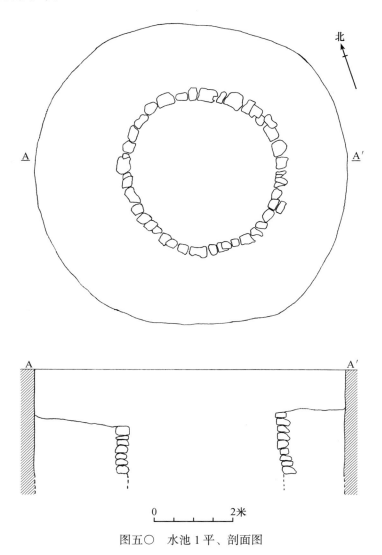

图五〇 水池 1 平、剖面图

第四章　北朝至五代遗迹及遗物

第一节　遗　　迹

北朝至五代共 153 处遗迹现象，其中有 2 处建筑基址，3 处水渠，3 个水井，1 处水池，1 座窑址，18 处灶址和 125 处灰坑（图五一、图五二）。

（一）建筑基址

1. 晚唐五代建筑基址

晚唐五代建筑基址位于 TS01W01 的南部，④层下开口，距地表 1.15 米。平面呈曲尺形，可见散水、夯土台基及其包边砖。夯土台基为黄褐色黏土，较坚硬，夯窝不明显，未向下发掘。北部 8 米处有一东西向的水渠（S2），应为该建筑的排水设施（图五三；图版八）。

台基北部有东西长 6 米的包边砖，横向平砌，残存 1～3 层，高 5～17 厘米，东端延伸至东隔梁下，西端南折 3.5 米，仅可见石灰印迹，南端西折 3.35 米，再南折 1.3 米，延伸入南探方壁下，保存较差，多为石灰印迹，仅残存少量包边砖。

西南部台基外侧，即包边砖外侧，残存少量砖砌散水，散水东西宽 0.8 米，残长 0.75 米，双排方砖齐缝单层平铺，单层勒砖横向卧砌于外侧。

该建筑内出土兽面纹瓦当、板瓦、筒瓦和石雕狮子等，莲花纹瓦当数量较少。

2. 北朝建筑基址

北朝建筑基址位于第⑤层下，距现地表约 2 米。房址、水井和水渠是建筑遗迹的主要组成部分，在建筑废弃后，另有人类活动形成灶址和灰坑（碎砖瓦坑居多），尽管上述遗迹属于一个文化层中，但是并不共时。建筑基址由多处房址组成，基本可以判断围成一个小的院落。院落的出口可能在南或北方向。在 F2 和 F3 之间发现有路土，可能是原来的漫道，晚期破坏严重，其宽度和具体构造不清楚。建筑基址发掘了北、东和南三个不同朝向的房址。由于西侧没有发掘，不清楚是否存在西侧房址。该建筑基址应为一个建筑在一个"满堂红"夯土台基上。南侧台基边缘经发掘，比较清楚，包边砖位于 S3 南部暗渠第 10 段北部 0.5 米，残长 16.75 米，面砖顺向错缝平砌，衬砖残砖平砌，砌砖间以素土黏合（图五四）。

北部房址 F1、F2 和 F3 各自为单体建筑，面朝南，方向 105°。F2 和 F3 东西向（横向）柱

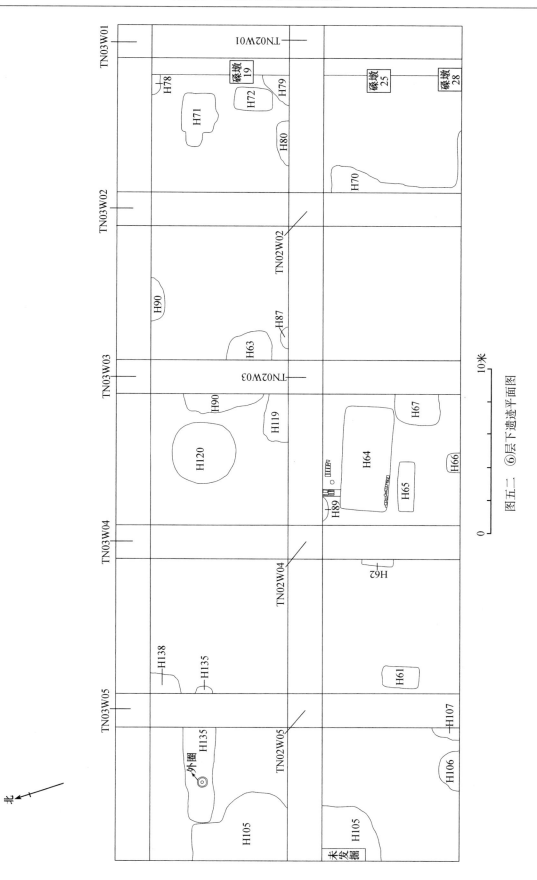

图五二　⑥层下遗迹平面图

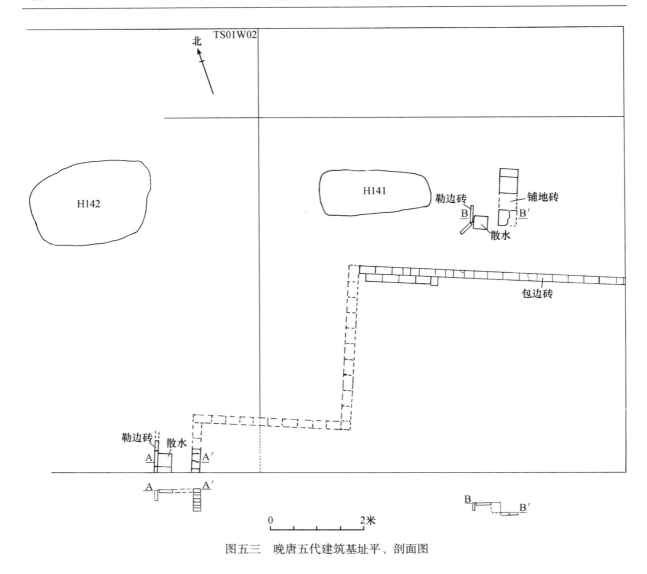

图五三　晚唐五代建筑基址平、剖面图

础布设在一条线上，根据现存遗迹判断为4排，前排为廊柱柱础（F1和F2由于破坏，未发现），第二排为前墙柱础，第三排为室内柱础，后排为后墙柱础。北侧房址南部、东侧房址西部和南侧房址北部有整齐的排水渠（S3），F3房后也有排水渠（S4）。另外，南侧房屋附近有修葺规整的排水暗渠（S3）。

　　庭院的地面凸凹不平，被较多扰乱坑、墓葬等晚期遗迹破坏严重。院落北高南低，零星可见铺砖痕迹。建筑基址的地面及多数柱础石都已不见。整个院落内全为夯土处理，部分夯土边界已超出发掘区。通过解剖，台基夯土较为纯净，夹杂有早期的绳纹板瓦筒瓦残片、素面灰陶和红陶片。另外在西南位置夯土上地面还发现隋五铢钱。建筑的地基处理并不相同，F2为在夯土台基上又挖条形基槽，基槽内再次夯筑。F3、F4和F5都是在夯土台基上，柱础位置挖设础坑，夯筑碎瓦形成磉墩。五个房址可能存在早晚营造关系，但共存期也较长。

　　1）房址

　　F1位于发掘区西北角，仅发现东墙部分，北侧向北延伸至探方外，南侧被晚期灰坑打破。

已发掘部分墙体东西宽 1.1 米，南北发掘长 6.9 米，残高 0.65 米，平砖顺砌，东侧白灰抹平。另发现两块素平的柱础石（C1 和 C2）（图版九）。

F2 位于 F1 东 1.3 米，平面为长方形，东部由于晚期活动被扰乱，界限不清楚。根据排水渠判断该房址应为南北向。根据已知遗迹现象，判断房址为进深 2 间，现存进深 7.4 米，后廊进深 2.4 米，房间进深 5 米，现存面阔 5 间，自西向东房间面阔分别为 4.2、4、4.1、3.9 和 2.4 米，可以判断单间面阔应为 4 米。F2-5 还有向东延伸的迹象。前后墙宽均为 0.75 米。在 F2-2 和 F2-3 之间见有明显的隔墙，隔墙仅保留高 5 厘米白灰墙，宽度 0.75 米，其他均不易判断。室内未见有长期踩踏痕迹，可能铺砖，后被破坏取走。从西向东的四间似为一个整体，面阔相同，但最东侧一间，间距相对窄，其北部有较小的柱础石，该间疑有向北开放的门道。根据 F3 前廊及排水渠判断，F2 可能有前廊。对 F2 横向的前墙、后墙和后廊三排柱础做解剖（TG1），发现均为东西向条形夯打破夯土台基。条形夯基槽宽 1、深 1.1 米，夯 8 层，中间夯砖 4 层，条形夯自西墙开始向东，至 H19 结束，H19 东壁不见，由此可判断条形夯长度大致为 25 米（图版一〇、图版一一）。

F3 位于发掘区东北，平面为长方形。该房址的北部、西部和南部布局相对清楚，西距 F2 条形夯东部界限约 4.8 米，东部延伸探方外。从现状看，为进深三间带前廊的建筑。从房前排水渠中心至房后排水渠中心距离为 14.8 米。前廊深为 2.4 米。自西向东单间面阔为 5.2、3.4、5.4 米。西墙宽 1 米，前墙宽 0.75 米，后墙宽 0.75 米，未发现隔墙。前廊至前排水渠北侧 1 米，大致可判断 F3 出檐 1.3 米左右。通过解剖，该房址未见条形夯。现存柱础石 5 个，前廊柱础为露明，方形，边长 61 厘米，表面基本素平，可见精心打磨的圆形微凸起平面，应为立柱底面，直径 31 厘米，中间有圆形榫孔，直径 9.5、深 7.5 厘米。每个柱础石下都设置磉墩（见附表四）。室内有坚硬的活动面，绝大部分遭晚期破坏，未发现铺砖（图版一二）。

F4 位于发掘区东侧，平面为长方形。北侧墙内柱心北距 F3 前廊柱心 4 米。该房为带前廊的建筑，进深由于延伸出探方，尺寸不清楚。廊深 2.8 米，房间进深 4.5 米。面阔 6 间，自北向南每间面阔分别为 4、3.8、4.1、4.1、3.8 和 4 米。前廊至前排水渠距离 1 米，出檐也与 F3 大致相同。通过解剖，未发现条形夯和 F4 独立的台基。现存柱础石 4 个（见附表三），前廊柱础石与 F3 前廊柱础石做法相同，方形，边长 60 厘米，中间凸圆面直径 40.5 厘米，榫孔直径 9.5、深 8 厘米。墙内柱础石边长 55 厘米，表面斜带状凿痕，中间凸圆面直径 26 厘米，榫径 9 厘米。除现存柱础石外，还发现磉墩 16 个（见附表四），均为台基上在挖置磉墩，磉墩用红褐色素土与瓦片交替夯筑而成。室内已全被破坏，未发现任何隔墙及铺地遗迹（图版一三）。

F5 仅发现残墙两段，房址西部被破坏，东部和南部延伸至探方外。F5 下有 S3 的暗渠一段从房内穿过。F5 位于 F4 南部，平面布局结合排水渠看，应坐南朝北，北墙中心距 F4 南墙中心 3 米，距 S3 第五段中心 1.5 米。为进深两间的建筑，第一间进深 2.4 米，第二间进深 5 米。由于 F5 东侧延伸出探方，并被晚期遗迹打破，面阔不清楚。前墙、后墙厚均为 0.75 米。北墙（前墙）残长 22.8 米，残高 0.05 米，现存柱础石 5 个，依次为 C30、C28、C26、C25、C24，其中 C30 和 C28 间有一个磉墩。从东向西柱础心间距分别为 2.7、5、4.6、4、2.7 米。现存南墙（后墙）残长 8.8 米，现存柱础石 C31、磉墩 35，此墙东侧被 H148 打破，西侧未发现墙基。两墙之间仅发现两个柱础石，位于 S3 第 9 段两侧，西侧础石编号 C27，东侧础石编号 C29，柱础石不太规整。F5 内发现有踩踏面，房内出土有比较精美的莲花纹方砖残块（图版一四）。

2）水井

水井共 2 口，均为筒形竖井，功用为汲水井。

J1 位于探方 TN04W04 的南部，F2 南侧，口部垮塌，根据残存遗迹现象，井口开口于⑤层下，向下打破至生土层。该井有一方形井台，井台边长 3.6 米（图五五；图版一五）。井台顺铺长方形砖，并有单行顺砌砖勒边和菱角牙子砖封边，井台北部有砖砌成的出水口通入水渠 S3，井台西侧 0.9 米有一方形水池，边长 1 米。水池由长方形砖铺设池底，立砖围砌池壁。水井为小型直筒状石砌竖井，内径 1.2 米，井圈外径 2.15 米。上部砌石，下部生土，砌石不规整，井壁不光滑，从井口破坏处向下残存砌石层 21 层，在据井台深 4.4 米处发现一方形柱础石，柱础石与北侧建筑房址的柱础石形制尺寸一致。由于安全原因，发掘到柱础石时停止。井中出土遗物有青掍板瓦、青掍筒瓦、青铜器盖、陶罐、瓦当、石球、红陶碗、隋五铢钱、开元通宝、骨器等。从残存的遗迹看，该井的时代稍晚，应晚于建筑基址的使用年代，后来利用了建筑的柱础石和排水渠，将柱础石作为井台用石，将排水渠作为灌溉使用的引水渠。

J2 位于探方 TN02W02 北隔梁上，F4 西侧。口部被晚期灰坑打破，平面为圆形，内径 0.8 米，井圈外径 1.6 米。自活动面下 4.9 米开始围砌长方形砖，最下三层为立砖围砌，每层 40 块，再上为平砖围砌，每层仅由两块整砖和若干残砖围成，整砖呈对称摆设，残存共 34 层（图五六；图版一六、图版一七）。出土遗物有青掍板瓦、青掍筒瓦、带系陶罐、陶盆、红陶碗、黄釉瓷罐、莲花纹瓦当、五铢钱、开元通宝等。从地层关系、水井用砖和出土遗物，判断水井修筑年代与建筑年代相当，延续时间也较长，至少进入初唐。

3）水渠

位于建筑基址内的水渠共有 2 处，分别为 S3 和 S4。

S3 砖砌水渠，分为 11 段，其中 1～7 段为明渠，8～11 段为暗渠（图版一八～图版二二）。

水渠绝大位于庭院内，分为东西两个部分，在发掘区南部中间连在一起，又分别向南转为暗渠，最后再联成一体，然后向西南流去，还有一段水渠即第 10 段，径自穿墙转折向东南流去。

第 1 段水渠：位于庭院北部 F2 南部 2.6 米，与第 2 段水渠北部、第 4 段水渠、第 3 段水渠北部围城一个接近方形区域。水渠南部为一方形井台、水井（J1），井台北部有通向水渠的水口；西段为四通区域，向西的水渠有石雕水门。此段水渠残存长 15、宽 0.75、深 0.3 米。

第 2 段水渠：此段水渠是第 1 段水渠东端转折向南，与第 5 段水渠相汇，形成十字形泄水口之间的这一段，南部被晚期遗迹破坏，仅残存少许底部铺砖痕迹和沟槽遗迹。长 27.8、宽 0.75、深 0.3 米。

第 3 段水渠：此段水渠是第 1 段水渠西部十字分水口向南与第 5 段东西向水渠 T 形相接的一段，此段水渠残存水渠沟槽和少量渠底铺砖。长 29、宽 0.75、深 0～0.3 米。

第 4 段水渠：该段水渠由第 2 段水渠北部向西转折与第 3 段水渠相接，西部被现代遗迹打破，残长 4.2、宽 0.75、深 0.05 米。

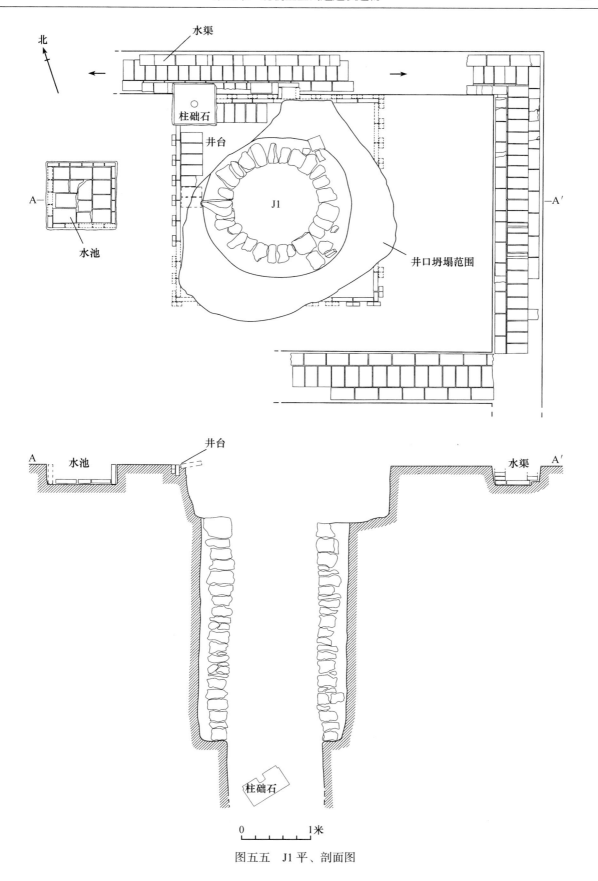

图五五 J1 平、剖面图

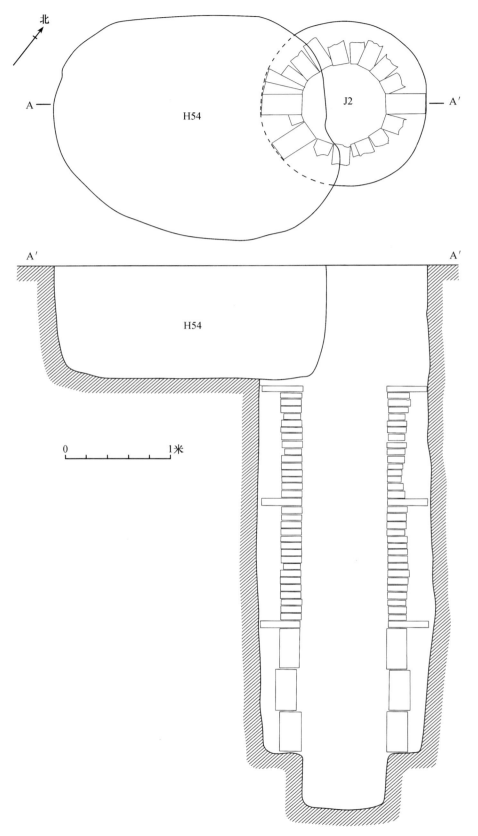

图五六　J2 平、剖面图

　　第 5 段水渠：该段水渠是由庭院东侧南北向水渠（第 7 段）南端向西转折，至探方外，应该为 F5 的房前排水渠。西部被晚期活动破坏，此段水渠与 2、3 段水渠相接，也与 8、9 段水渠相连。保存相对较好，沟槽基本存在，还有部分渠壁和渠底铺砖。残长 36、宽 0.75、深 0.3 米。

　　第 6 段水渠：该段水渠位于 F3 南 0.8 米，应为 F3 前排水渠，保存较差，仅能看到部分沟槽遗迹，西部被破坏，东部延伸至探方外，中部与第 7 段水渠北端相接。残存 12.5、宽 0.75、深 0.3 米。

　　第 7 段水渠：该段水渠位于 F4 西 0.8 米，应为 F4 前排水渠，北端与第 6 段相接，南端转折接入第 5 段水渠，整段保存较差，绝大部分被后期遗迹破坏，仅能看到部分沟槽遗迹，长 28.6、宽 0.75、深 0.3 米。

　　第 8 段水渠：北端接第 5 段水渠西部和第 2 段水渠南端，并以阶梯状水道下降形成暗渠，南端与第 10 段水渠西部相接。保存较差，仅有南部 1.35 米顶部完好。它的北端呈阶梯状上台阶与 F5 北部的明渠相通，南端有 0.7 米长的斜坡，与第 10 段水渠相接。全长 15 米，从残存断面看，沟槽宽 1.3、深 0.85 米，砖槽内壁宽 0.55、高 0.5 米（直壁砖五层 32 厘米，叠涩砖三层 18 厘米，顶部有二层盖顶砖）。

　　第 9 段水渠：北端接第 5 段水渠东部，并以阶梯状水道下降形成暗渠，南端转为第 10 段水渠，其中靠近南部 1.28 米向东转折形成第 11 段水渠。水渠保存较好，中部和南部分别被 H20 和 H147 打破，它的北端呈阶梯状，台阶下有铁箅，南北总长 15 米，从中部较为完整的断面看，沟槽宽 1.3、深 1.3 米，水渠内壁宽 0.5、高 0.5 米（直壁高 32 厘米，五层砖叠涩三层，18 厘米，盖顶二层）。

　　第 10 段水渠：该段水渠位于建筑基址包砖墙南部 0.45 米，为暗渠，由第 9 段暗渠南端向西转折，延伸至探方外。现发掘长 35 米。它的东部被 H147 和 H157 打破，保存较差，顶部全无；西部被 H155 和 J5 打破，仍保存 7.85 米，顶部完整。中部与第 8 段水渠相接。该段水渠中间有一处化淤池。化淤池被 H157 打破，H157 平面呈长方形，南北贯穿第 10 段水渠，内壁南北长 1.45 米，东西宽 1.3 米，残存四层砖，高 0.2 米，水池东部有一沟槽，南北长 0.8 米，东西厚 0.08 米，坑深 0.5 米（应同第二段水渠北端的铁箅沟槽相似）。现从西部完整水渠的断面看，水平沟槽宽 1.3 米，深 0.9 米，水槽内壁宽 0.5 米，高 0.45 米（直壁高 27 厘米，四层，叠涩三层高 18 厘米，顶部有一层砖盖顶，底铺一层砖）。水渠内完整部分均填充有五层同色土，自上向下：①细黄砂，②灰褐砂土，③黄褐砂土，④细黄砂层，⑤层灰褐淤泥土。

　　第 11 段水渠：西部接第 9 段水渠段南部，从 T 形接口向东 10 米处转折向南 2.5 米然后延伸出探方外。该段水渠也是暗渠。西段被 H147 打破，东段被 H148 打破。东西向长 13、宽 1.28、深 1.18 米，南北向可见长 2.5、宽 1.28、深 1.25 米。

　　水渠遗迹的水槽宽度都一致，多为 0.75 米，槽内侧宽 0.35 米。水渠的做法是：先在地下挖一条宽 0.75 米的基槽，然后在上横铺长方形砖一排，再在横铺砖外侧顺铺长方形砖，在横铺砖上和顺铺砖上平砌单砖。最后在砖壁外填土夯实。用砖规格以 36 厘米 × 18 厘米 × 6 厘米为多。从地层关系判断水渠与建筑为一体，最初为建筑排水系统，与建筑同时修筑。建筑废弃后，水渠可能为饮水灌溉使用。

S4 砖砌水渠，位于 TN05W01 的北部，部分压在东、北隔梁下，⑤层下开口，距地表 1.75 米，东西向。该水渠为沟槽式明渠，先挖沟槽，用长方形砖，一丁一顺平铺底，顺砌渠壁。西端被破坏，东端延伸入东隔梁下，可见残存 7.35 米，宽 60 厘米，底宽 23 厘米，残存 2 层砖，高 12 厘米。用砖规格为 33 厘米 × 16.5 厘米 × 5.5 厘米、44 厘米 × 17 厘米 × 6 厘米。填土为灰褐色淤土，土质较硬，内含少许白灰碎屑，渠底部有 1 ~ 1.5 厘米厚的细黄砂土，出土一双耳罐。根据建筑基址判断应为 F3 的排水系统（图五七；图版二三）。

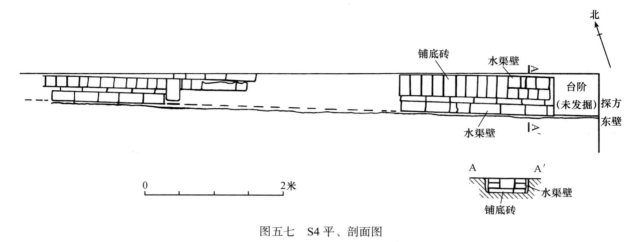

图五七　S4 平、剖面图

（二）水渠

水渠共 3 处，1 处为晚唐五代，另外 2 处（S3 和 S4）为北朝至五代建筑基址的排水系统，前文已介绍，现仅将 S2 介绍如下。

S2

S2 水渠位于 TN01W01 的南部，④层下开口，距地表 1.5 米，东西向。水渠为沟槽式明渠，先挖沟槽，方砖铺底，方砖之上两侧用长方形砖错缝顺砌渠壁。残长 6.15、宽 0.62、渠底宽 0.4 米，残存 3 层砖，高 18 厘米。铺底方砖边长 34、厚 0.5 厘米，背面饰绳纹；渠壁砖长 34、宽 17.5、厚 5 厘米。填土为灰褐沙质黏土，无遗物出土。根据地层及建筑基址判断应为晚唐五代时期水渠，为发掘区晚唐五代建筑的排水系统（图五八；图版二四）。

（三）水池

水池 2 位于 TN01W05 的西南部，南部延伸入南壁下，⑤层下开口，距地表 2 米。平面呈方形，边长为 2.6、内池边长 1.65、深 1 米，距地表 1.9 米。池壁砌砖，残存 4 层砖，高 0.3 米，部分地方残缺无存，砌砖不规律，部分地方一顺一丁平砌。池壁整齐光滑，池底较平，用砖规格：45 厘米 × 22 厘米 × 7 厘米、32 厘米 × 18 厘米 × 6 厘米、33 厘米 × 17.5 厘米 × 6 厘米。填土为

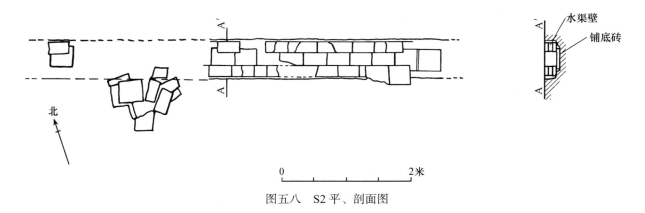

图五八　S2 平、剖面图

灰褐色砂质黏土，较疏松，内含较多白灰渣及砖瓦残片，近底部有 15 厘米厚的灰褐淤泥土，内夹细砂层，无其他遗物出土。根据建筑基址判断应为北朝建筑基址蓄水池（图五九；图版二五）。

（四）水井

水井共 3 座，其中 J1、J2 为北朝建筑基址内的水井。

J5 位于 TS01W05 的东南角，口部垮塌，根据残存迹象看，⑤层下开口，打破了北部的 S3，被 H155 打破，距地表 2 米（图六〇；图版二六）。

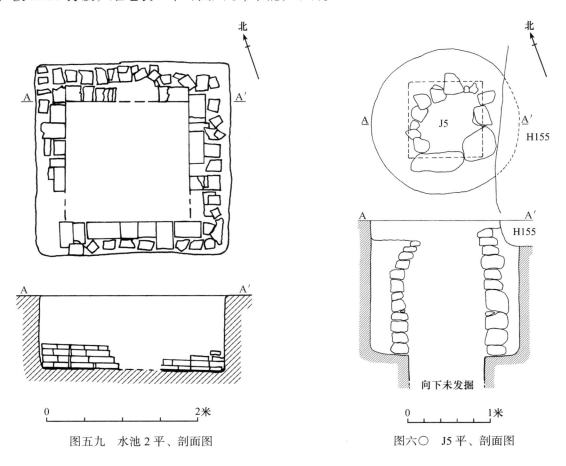

图五九　水池 2 平、剖面图　　　　　　　　　　图六〇　J5 平、剖面图

坑口为圆形，直径 1.8 米，内为不规则石块垒砌，由于口部垮塌，内径约 0.7 米，井壁粗糙、不规整。从井口破坏处向下残存石砌层有 10～12 层，其下为南北长 0.96、东西宽 0.9 米的近方形土坑，坑壁为红褐色土，在发掘至距地表 2 米深时，内砌石块脱落，为了安全，停止发掘。填土为灰褐色土，土质较松，内含较多木炭碎屑，出土遗物有砖（四周及表面光滑、背面有弧绳纹）和泥质灰陶盆、罐的口沿残片以及 1 块绿釉瓷片。

根据地层及出土遗物判断应为唐代水井。

（五）窑址

窑址共 1 座。

Y1 位于 TS01W04 南中部，南部延伸至南壁下，⑤层下开口，应为陶窑的火膛部分。平面呈半扇形（东北面呈弧形，西面平直），壁面用残砖垒砌，呈坡状，底呈锅底状。火膛南北长 1.08、东西宽 1.35、深 0.9 米，青灰面烧结范围宽达 22～50 厘米，红烧土厚 12～20 厘米。该火膛内上半部为红烧土、青灰烧结块，下半部为草木灰，土质松软，出土少数砖瓦残片和 1 块黄釉瓷片（图六一；图版二七）。

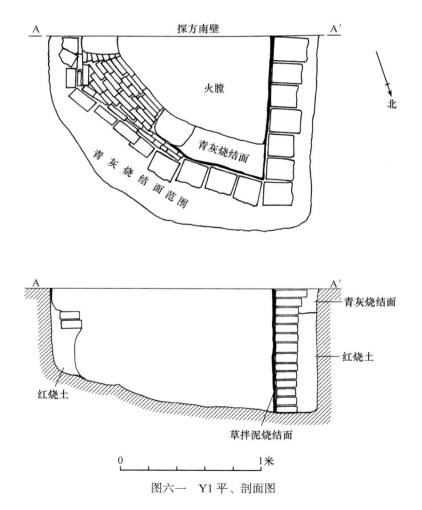

图六一　Y1 平、剖面图

（六）灶

灶共 18 处。

1. Z4

Z4 位于 TN02W01 的西北角，④层下开口，打破⑤层。灶口平面近圆形，灶膛为一无口陶罐，灶口南北和东侧各砌一卧立砖，风道紧接灶口，为 6 个两两相扣合的筒瓦，灶口周围有一圈 3 ~ 6 厘米宽的红烧土。Z4 距地表 1.5 米，东西延伸 1.5、南北宽 0.35 米，灶口直径 0.15、灶深 0.4 米。灶膛内为煤灰渣，鼓风道内为灰褐淤泥土，无遗物出土（图六二；图版二八）。

2. Z6

Z6 位于 TN03W01 的西中部，④层下开口，打破⑤层，由东西两个灶膛以及灶口铺砖组成。Z6 距地表 1.05 米，东西延伸 1.3、南北宽 1.2 米。Z6 西灶平面近圆形，直径 0.36 ~ 0.42、深 0.35 米，板瓦围砌而成。东灶平面近三角形，边长 0.3、深 0.36 米，板瓦围砌而成。南部有一丁字形顺砌砖，应为 Z6 的附属物，丁字形砖东西残长 0.96、南北残宽 0.65、高 0.05 米。灶膛内为煤灰渣，出土青掍板瓦（图六三）。

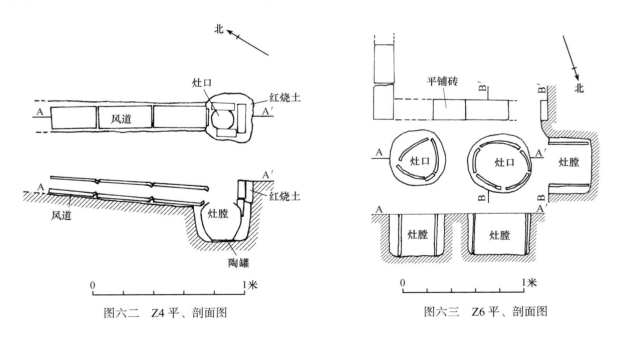

图六二　Z4 平、剖面图　　　　　图六三　Z6 平、剖面图

3. Z13

Z13 位于 TN04W01 的东北部，⑤层下开口，打破 F3 及 H11。距地表 1.9 米。由灶膛和添柴坑组成，两部分之间用砖隔开。灶口平面呈不规则圆形，圜底，东西延伸 1.1、南北宽 0.75、深 0.4 米，周边有 0.10 ~ 0.22 米宽的红烧土。添柴坑平面呈长方形，圜底，东西长 0.5、南北

宽 0.35、深 0.08 米，南北两面有 0.08 ~ 0.12 厘米宽的红烧土。灶膛与添柴坑中间隔砖长 0.32、宽 0.18 米。灶膛与添柴坑内为红烧土块和草木灰，无其他遗物（图六四；图版二九）。

4. Z14

Z14 位于 TN05W05 东南角，⑤层下开口，打破⑥层。由灶膛和风道两部分组成。灶膛位于风道北部，平面呈方形，剖面呈长方形。灶膛由 4 块长方形砖围砌而成，砖与坑壁之间填有 2 ~ 7 厘米厚的黄褐色土。风道紧接灶口，由 2 个筒瓦两两扣合而成，下部垫板瓦做底，上部残长 0.49、宽 0.14 米，下部残长 0.48、宽 0.23 米。Z14 距地表 1.6 米，南北延伸 0.85、东西宽 0.43 米，灶口边长 0.25、深 0.24 米。灶膛内为红烧土块和草木灰，风道内为黄褐色土，无遗物出土。由于火灶下压建筑倒塌后残留的白灰墙皮，判断建于倒塌房屋之上（图六五；图版三〇）。

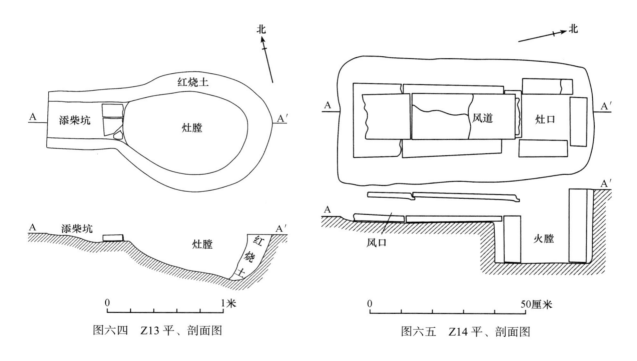

图六四　Z13 平、剖面图　　　　　　　　图六五　Z14 平、剖面图

5. Z17

Z17 位于 TN01W03 东南部，⑤层下开口，距地表 2.05 米，储物坑打破 H166。由储物坑、灶膛和风道三部分组成，保存基本完整（图六六；图版三一）。

储物坑位于灶膛南部，平面呈不规则形，剖面呈筒状。储物坑是先在当时的地平面向下挖坑，再用青砖竖砌而成，现残存 3 块竖砖。竖砖与坑壁之间填有 2 厘米厚的杂土。储物坑南北长 0.45、东西宽 0.37、深约 0.18 米。坑内填有少量的煤渣和炭粒。

灶膛平面近圆形，直径 0.2、残存深 0.27 米。口部由青砖、残瓦垒砌而成（上部残缺，仅存一层砖瓦），周围有一圈厚 2 ~ 3 厘米、宽 7 ~ 10 厘米的红烧土。

风道位于灶膛北侧，由 3 组筒瓦扣合而成，现存 2 块完整筒瓦和 1 块残缺筒瓦，筒瓦瓦舌通向灶膛内部，残长 0.78、宽约 0.17 米。风道内为淤土，淤土内含少量炭粒和砂粒。

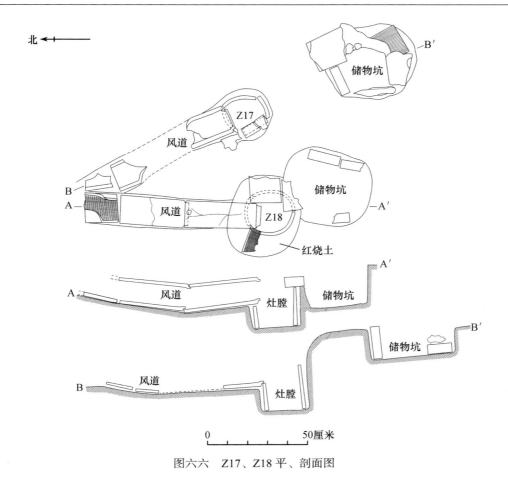

图六六　Z17、Z18 平、剖面图

6. Z18

Z18 位于 TN01W03 的东南部，⑤层下开口，距地表 2.05 米。Z18 由储物坑、灶膛和风道三部分组成，保存较差（图六六；图版三一）。

储物坑位于灶膛南部，用砖和石片垒砌而成，坑口平面呈不规则圆形，剖面呈筒状。直径 0.45、深 0.2 米。坑内填埋木炭屑和炭渣。

灶膛平面近圆形，直径 0.25、残存深 0.24 米。在其周围有一圈 2~3 厘米宽的红烧结面。

风道位于灶膛北侧，舌部伸向炭灰坑，残长 0.87、宽 0.17 米。仅存底部的三块口部朝上的筒瓦残块，残筒瓦内填土为灰褐色土。

（七）灰坑

灰坑共 125 处。

1. H12

H12 位于 TN02W04 南部，④层下开口，打破⑤、⑥层和 H60，距地表 1.7 米。平面呈不

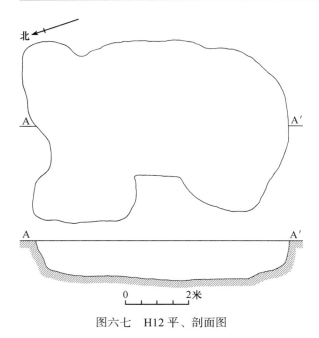

图六七　H12 平、剖面图

规则形状，坑壁光滑，坑底较平整。南北长 8.4、东西宽 4.45～5.85、深 1.25 米。灰褐色填土，土质较疏松，夹杂有较多的砖瓦碎块，出土较少陶片（图六七）。

2. H143

H143 位于 TS01W03 的东隔梁北部，④层下开口，打破⑤层，距地表 1.5 米。平面近长方形，坑壁呈坡状，坑底不平整。南北长 1.9、东西宽 0.7、深 0.5 米。填土为灰褐色，土质较疏松，出土遗物有瓷片和陶片（图六八）。

3. H51

H51 位于 TN05W02 西北部，⑤层下开口，打破⑥、⑦和⑧层，距地表 2 米。平面呈长方形，坑壁垂直，坑底较平。南北长 1.65、东西宽 0.65、深 1.2 米。填土灰绿色，出土莲花纹瓦当、红陶盆残片、灰陶盆残片、青掍筒瓦残片和素面板瓦残片较多（图六九）。

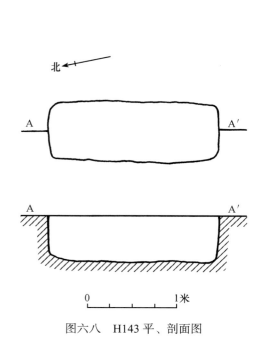

图六八　H143 平、剖面图

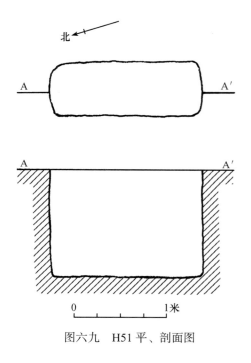

图六九　H51 平、剖面图

4.H52

H52 大部位于 TN04W03 北隔梁下，向西延伸至 TN04W04 内，⑤层下开口，打破⑥、⑦、

⑧层和F2，距地表2米。平面呈长条状，坑壁光滑，坑底较平整。东西长6.25、有北宽1.25～1.55、深1.3米。坑内填土为煤灰渣、铁渣，土质松软，出土有饰斜回纹盆、卷沿盆，外缘上翘等平折沿盆，玉璧底酱釉碗，青釉小罐和黑釉碗。玉璧底白瓷碗、陶扑满、莲花小盘、碾钵等多见（图七〇；图版三二）。

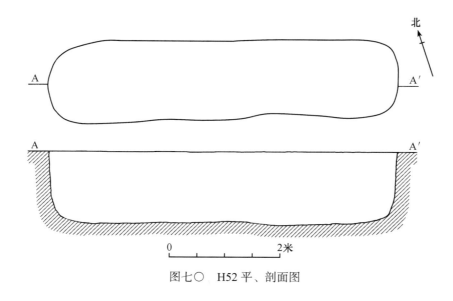

图七〇　H52平、剖面图

5. H146

H146位于TS01W02的东北角，部分压在东隔梁下，⑤层下开口，打破⑥、⑦、⑧层，距地表1.85米。平面呈圆形，剖面呈袋状，坑壁光滑，坑底平坦。坑口直径1.35、坑底直径1.7、深1米。坑内填土为煤灰渣土，土质较疏松，出土筒瓦、板瓦残片和少量瓷片（图七一；图版三三）。

6. H64

H64位于TN02W03的北部，⑥层下开口，打破⑦和⑧层，被H88打破，距地表2.5米。平面近长方形，东部略大于西部，剖面呈筒形，坑底较平坦，加工较整齐。东西长6.35、南北宽2.75～2.85、深0.85～1.1米。西南部残留一段用较多的残砖和较少的整砖砌成的砖墙，残长1.35～2、残高1.5米（14层砖），墙与坑壁之间填红褐色土。填土灰绿色，土质较疏松。包含物有大量板瓦、筒瓦、少数陶片和带"富贵"文字的瓦当（图七二；图版三四）。

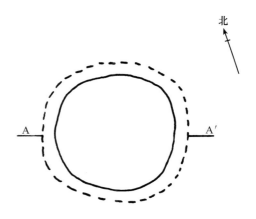

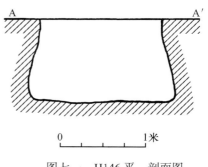

图七一　H146平、剖面图

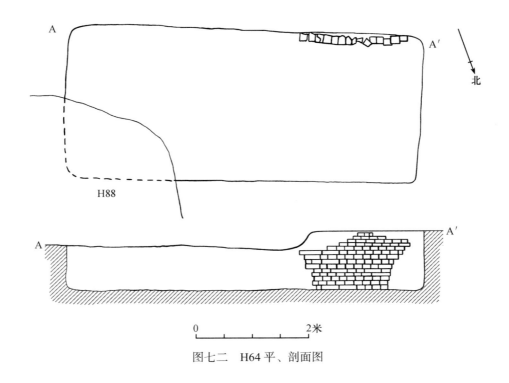

图七二   H64 平、剖面图

7. H65

H65 位于 TN02W03 的西部偏南，⑥层下开口，打破⑦层至生土，距地表 2.3 米。平面近长方形，坑壁光滑，坑底较平整。东西长 3、宽 1、深 1.3 米。填土为灰绿色，土质较疏松。包含物有较多的板瓦、筒瓦和较少的陶片（图七三；图版三五）。

8. H120

H120 位于 TN03W03 的中部偏北，⑥层下开口，打破⑦和⑧层，被 H114、H115 打破，距地表 2.7 米。平面呈圆形，剖面近长方形，坑壁光滑，坑底平坦。直径 3.7、深 1 米。填土灰黑色，土质较疏松。包含物有较少的残砖、瓦块、较多的动物骨骼和陶片（图七四；图版三六）。

9. H135

H135 位于 TN03W05 的东北部，向东延伸入 TN03W04 的西北部，⑥层下开口，距地表 2.75 米。平面呈不规则长条形，坑壁加工光滑，坑底西高东低。东西长 8.1 米、南北宽 1.9 米、深 1.7 米。填土黄绿色，土质疏松。包含物有较多的陶片，器形有罐和盆（图七五；图版三七）。

该灰坑底部的中部偏西有一石墩，该石墩呈凸字形，中央有一圆孔，上下通透。上部直径为 0.55 米，高 0.2 米；下部直径 0.7 米，高 0.3 米；孔径 0.16 米，高 0.5 米。石墩的放置方式为先挖一方坑，再将石墩放入方坑，方坑边长 1 米，深 0.25 米。

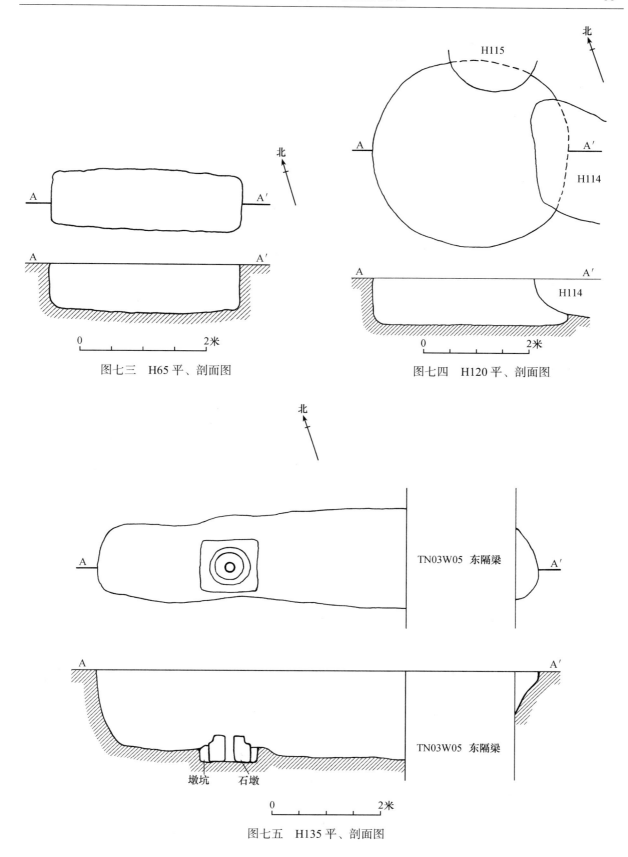

图七三 H65 平、剖面图

图七四 H120 平、剖面图

图七五 H135 平、剖面图

<h1 style="text-align:center">第二节　遗　　物</h1>

北朝至五代标本遗物比较丰富，共 671 件，有建筑构件 216 件和生活用品 455 件。

（一）建筑构件

建筑构件标本共 216 件，有板瓦 32 件，筒瓦 23 件，瓦当 99 件，垒脊瓦 4 件，当沟瓦 2 件，砖 34 件，脊兽 1 件，脊头瓦 6 件，石雕 8 件和其他 7 件。

1. 板瓦

板瓦共 32 件。

Aa 型，共 2 件，均为泥质灰陶，宽端单层花边，凸面素面，凹面布纹，侧棱内切。

标本 H64：1，窄端残，青灰色。宽端前部向外翘起。残长 27、下端宽 24、厚 1.4 ~ 1.6 厘米（图七六，1）。

标本 H51：2，窄端及一侧残，青灰色。宽端前部略向外翘起。凸面隐约可见斜向刮痕，凹面布纹一侧不太清晰。残长 22.7、宽端残宽 18.6、厚 1.5 ~ 1.9 厘米（图七七，1；图版三八）。

Ab 型，共 12 件，均为泥质灰陶，宽端单层花边，凸面及凹面均为青掍磨光，侧棱内切。

标本 TN02W04⑥：4，窄端及一侧残，灰色。侧棱切痕较宽。凸面中部有横向压痕，凹面一侧有一道较宽的纵向凹槽，残有布纹痕迹。残长 19、宽端残宽 11.5、厚 1.5 ~ 2.2 厘米。

标本 TN02W04⑥：5，窄端及一侧残，深灰色。凸面局部有斜向刮痕，凹面一侧有一小圆窝凹槽。残长 12.5、宽端残宽 14.9、厚 1.7 ~ 2.3 厘米。

标本 TN02W04⑥：7，窄端及一侧残，深灰色。凹面隐约可见布纹。残长 14.5、宽端残宽 13.2、厚 1.2 ~ 2 厘米。

标本 TN04W01⑤：1，一侧残，灰色。上端抹圆，下端前部略向上翘。凹面近两端处各有一道压痕。长 36.4、宽端残宽 23、厚 1.6 ~ 2.5 厘米（图版三九）。

标本 H59：1，窄端残，深灰色，胎较厚。侧棱外侧削成斜平面。残长 21.6、宽端宽 32.7、厚 2.1 ~ 2.5 厘米（图七六，2；图版四〇）。

标本 H68：13，窄端及一侧残，青灰色。侧棱切痕向上渐宽。凸面一侧有一纵向压痕，凹面隐约可见布纹，近宽端处有数道横向绳索压痕。残长 12.9、宽端残宽 14.5、厚 1.4 ~ 1.7 厘米（图七七，2）。

标本 J1：27，深灰色。窄端抹圆。凹面近下端处隐约可见布纹。长 43.1、宽端宽 31.9、厚 1.9 ~ 2.5 厘米（图七六，3；图版四一）。

标本 J1：28，略残，青灰色。窄端抹圆，宽端前部略向上翘。凹面近下端处有四道压痕，近窄端处中部有一小横向凹槽。长 38.4、宽端残宽 18.8、厚 1.7 ~ 2.3 厘米。

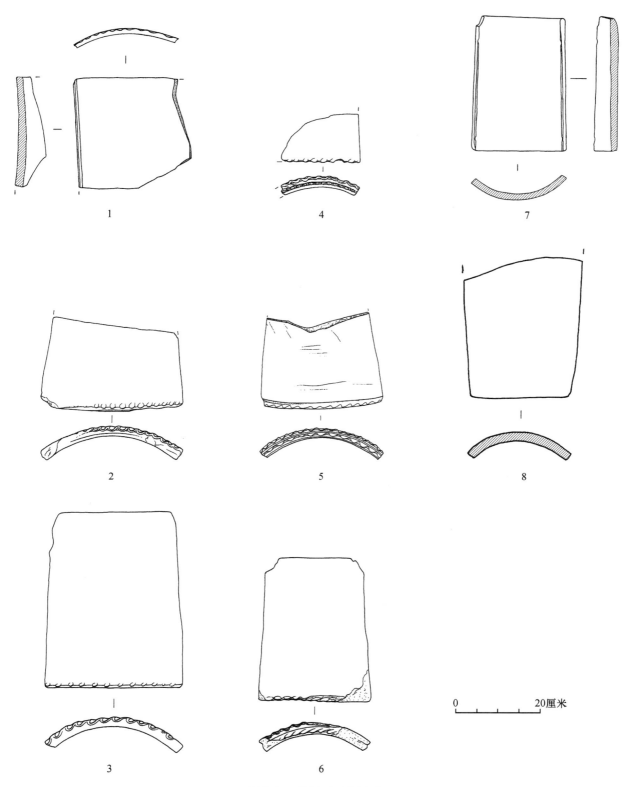

图七六 北朝至五代板瓦

1. Aa 型（H64：1） 2、3. Ab 型（H59：1、J1：27） 4~6. Ac 型（TN02W04 ⑥：3、H51：1、J2：59）
7. Ba 型（H45：2） 8. Bb 型（H60：84）

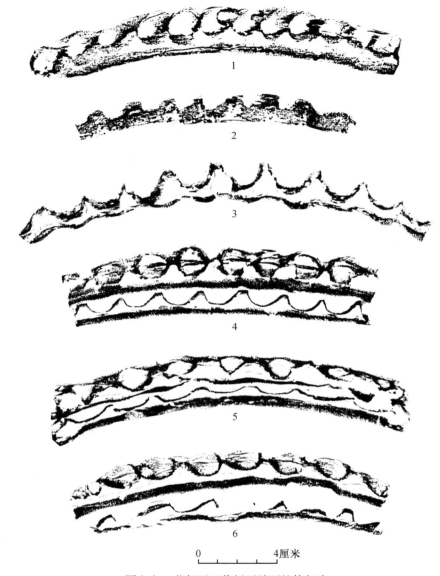

图七七　北朝至五代板瓦端面纹饰拓本

1. Aa 型（H51∶2）　2、3. Ab 型（H68∶13、J2∶57）　4 ~ 6. Ac 型（TN01W04 ⑥∶6、H54∶38、TG7H2∶2）

　　标本 J2∶54，略残，深灰色。窄端抹圆，侧棱外侧抹平。长 36、宽端残宽 24.8、厚 1.3 ~ 1.7 厘米（图版四二）。

　　标本 J2∶55，略残，深灰色。窄端抹圆，侧棱外侧抹平，宽端前部略向上翘。凹面近窄端处中部有一小横向凹槽。长 35.7、宽端残宽 25.2、厚 1.2 ~ 1.5 厘米（图版四三）。

　　标本 J2∶56，上端及一侧残，深灰色，胎较厚。下端花边捏痕较浅，端面中部有一道横向窄凹槽。凹面一侧有一道较宽的纵向凹槽，局部可见布纹痕迹。残长 27、宽端残宽 28.4、厚 2 ~ 2.5 厘米（图版四四）。

　　标本 J2∶57，窄端及一侧残，灰色。宽端花边捏痕较深。残长 15.8、宽端残宽 20.6、厚 1.4 ~ 1.9 厘米（图七七，3；图版四五）。

Ac 型，共 9 件，均为泥质灰陶，宽端双层花边，凸面及凹面均为青掍，侧棱内切。

标本 TN01W04 ⑤：9，窄端及一侧残，深灰色。花边后部有一横向凹槽。残长 14、宽端残宽 13.3、厚 1.7 ~ 2.3 厘米。

标本 TN01W04 ⑥：6，窄端及一侧残，灰色。花边上翘。凹面也为青掍，局部可见布纹。残长 9.1、宽端残宽 15.3、厚 1.6 ~ 2.6 厘米（图七七，4）。

标本 TN02W04 ⑥：3，窄端及一侧残，深灰色。下层花边短小近矩形。凸面宽端略上翘，有较明显的横向刮痕。残长 13.1、宽端残宽 18.7、厚 1.6 ~ 2.7 厘米（图七六，4）。

标本 H51：1，窄端残，深灰色。残长 23、宽端宽 30、厚 1.6 ~ 2.2 厘米（图七六，5；图版四六）。

标本 H54：38，窄端及一侧残，深灰色。花边略上翘。残长 16.1、宽端残宽 18.1、厚 1.8 ~ 2.5 厘米（图七七，5）。

标本 H60：86，窄端及一侧残，深灰色。花边上翘。残长 10.5、宽端残宽 15.4、厚 1.7 ~ 2.9 厘米。

标本 TG7H2：2，窄端及一侧残，深灰色。侧棱切痕较宽，花边略上翘，其后部有一横向凹槽。残长 19.6、宽端残宽 18、厚 1.7 ~ 2.5 厘米（图七七，6）。

标本 J2：58，窄端及一侧残，深灰色。残长 12.8、宽端残宽 16.9、厚 1.7 ~ 2.5 厘米（图版四七）。

标本 J2：59，深灰色。窄端抹圆，侧棱外侧抹平，花边上翘，其后部有一横向凹槽。凹面隐约可见布纹。长 34.8、宽端宽 25.8、厚 1.5 ~ 2.8 厘米（图七六，6）。

Ba 型，共 8 件，均为泥质灰陶，凸面为素面，凹面为青掍或布纹，侧棱内切。

标本 TN05W03 ④：3，泥质，青灰色。宽端齐平，窄端抹圆，侧棱内切，凸面为素面，凹面布纹。长 38.1、宽端宽 25.5、窄端残宽 19、厚 1.4 ~ 1.9 厘米（图版四八）。

标本 H9：1，青灰色。窄端略呈弧状，宽端齐平，凸面，由间距 0.5 厘米的两道凹弦纹组成五组横向纹饰，凹面为布纹，近一侧有一道纵向短波状的压痕。长 39.1、宽端宽 24.9、窄端残宽 18.7、厚 1.7 ~ 1.9 厘米（图版四九）。

标本 H35：1，泥质，青灰色。宽端削成斜平面，窄端齐平略呈弧状，侧棱内切，凸面为素面，近两端处略内凹，凹面近窄端有一排三个指压纹。长 38、宽端宽 24.2、窄端残宽 19.1、厚 1.5 ~ 1.9 厘米（图版五○）。

标本 H45：2，青灰色。窄端抹圆，宽端齐平。凹面为布纹。长 33、宽端宽 22.5、窄端宽 21、厚 1.3 ~ 1.7 厘米（图七六，7）。

标本 H45：1，青灰色。窄端抹圆，宽端齐平。凹面为布纹。长 35、宽端宽 25.3、窄端残宽 16.4、厚 1.2 ~ 1.6 厘米（图版五一）。

标本 J2：53，略残，青灰色。窄端抹圆，宽端齐平，凹面为布纹，中部有一道纵向压痕。长 32.5、宽端残宽 18.4、窄端宽 22.7、厚 0.9 ~ 2.1 厘米。

标本 Z7：1，青灰色。窄端抹圆，宽端齐平，窄端略上翘，凹面布纹，近宽端抹平。长 38、宽端宽 24.8、窄端宽 20.4、厚 1.6 ~ 2.2 厘米（图版五二）。

标本 Z7：2，青灰色。窄端抹圆，宽端齐平，凹面为布纹。长 37.4、宽端宽 25.4、窄端宽 22.7、厚 1.5 ~ 1.7 厘米（图版五三）。

Bb 型，共 1 件。

标本 H60：84，残，泥质灰陶，深灰色。窄端抹圆，侧棱切痕向上渐宽。凸面和凹面均为青捱。长 33.6、宽端宽 27.8、窄端残宽 23.6、厚 1.2 ~ 1.6 厘米（图七六，8；图版五四）。

2. 筒瓦

筒瓦共 23 件。

A 型 I 式，共 8 件，瓦舌较长，为 2.5 ~ 4.5 厘米，均为泥质灰陶，瓦舌呈斜坡状，下端齐平，侧棱内切。

标本 TN05W01 ④：11，深灰色。瓦舌前端向内斜削。凸面青捱，凹面饰布纹。长 41.2、宽 15.2、厚 1.6 ~ 2.4、瓦舌长 3.7 厘米（图七八，1）。

标本 H45：4，下端残，灰色。瓦舌前端向内斜削，侧棱切痕较宽。凸面青捱，凹面饰布纹。残长 33.7、宽 15、厚 1.6 ~ 3、瓦舌长 3.4 厘米（图版五五）。

标本 H105：26，灰色。瓦舌前端略上翘。凸面青捱，凹面饰布纹。长 31、宽 12.7、厚 1.4 ~ 2.3、瓦舌长 3.6 厘米。

标本 J1：22，深灰色。瓦舌长，呈斜坡状，瓦舌前端略向内斜削，侧棱内切，凸面青捱，凹面饰布纹，中部有两道纵向褶皱。长 37.5、宽 14.6、厚 1.6 ~ 3.8、瓦舌长 3.6 厘米。

标本 J1：23，深灰色。瓦舌前端向内斜削，侧棱切痕被抹平。凸面青捱，凹面饰布纹，上部有一道纵向褶皱。长 38.4、宽 14.6、厚 1.6 ~ 3.4、瓦舌长 3.7 厘米（图版五六）。

标本 J1：24，深灰色。瓦舌前端向内斜削，侧棱切痕向下渐宽。凸面青捱，凹面饰布纹，有数道纵向褶皱，近下端处抹平。长 41.5、宽 16.4、厚 1.7 ~ 3.9、瓦舌长 3.5 厘米（图版五七）。

标本 J2：47，深灰色。瓦舌前端略向内斜削，侧棱一侧被抹平。凸面青捱，凹面饰布纹。长 37.7、宽 15.4、厚 1.7 ~ 3.4、瓦舌长 3.7 厘米（图版五八）。

标本 J2：48，下端残，深灰色。瓦舌前端向内斜削，侧棱内切抹平。凸面青捱，凹面饰布纹，横向和纵向各有一道褶皱。残长 19.7、宽 14.2、厚 1.8 ~ 3.6、瓦舌长 3.4 厘米。

A 型 II 式，共 5 件，瓦舌短，均为泥质灰陶，瓦舌呈斜坡状，下端齐平，侧棱内切。

标本 TS01W01 ④：47，浅灰色。瓦舌前端向内不规整断裂。凸面青捱，凹面饰布纹。长 34.4、宽 15.2、厚 1.6 ~ 2.4，瓦舌长 1.4 厘米（图七八，2）。

标本 TS01W01 ④：48，灰色。瓦舌前端向内斜削。凸面青捱，凹面饰布纹，近下端处有一道横向凹槽。长 35.7、宽 15.7、厚 1.8 ~ 2.9，瓦舌长 1.2 厘米（图版五九）。

标本 TS01W01 ④：49，青灰色。瓦舌前端向内斜削。凸面青捱，凹面饰布纹。长 35.5、宽 15.1、厚 1.4 ~ 3，瓦舌长 1.4 厘米（图版六〇）。

标本 TS01W01 ④：50，灰色。瓦舌前端向内斜削。凸面青捱，凹面饰布纹。长 35、宽 15.5、厚 1.7 ~ 2.9，瓦舌长 1.2 厘米（图版六一）。

标本 Z6：1，下端略残，深灰色。凸面青捱，凹面饰布纹，近下端处抹平并有一条宽 0.9

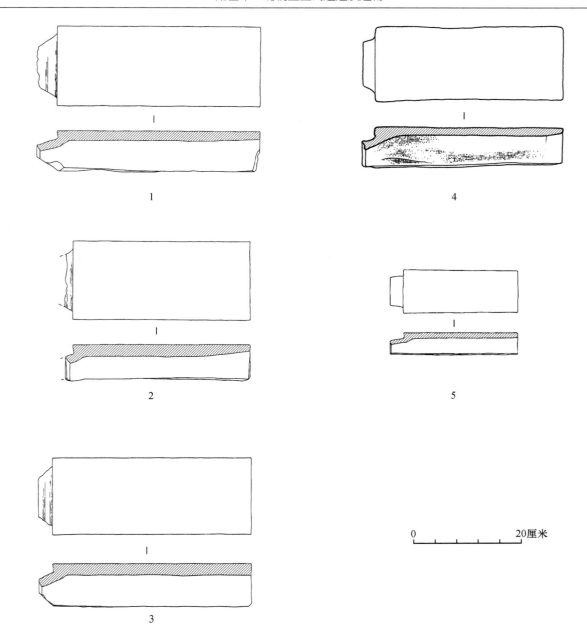

图七八　北朝至五代筒瓦

1. A 型 I 式（TN05W01 ④：11）　2. A 型 II 式（TS01W01 ④：47）　3. B 型 I 式（TN02W01 ⑤：1）

4. B 型 II 式（TN02W03 ④：4）　5. C 型（H23：68）

厘米的横向带形凹槽。残长 40.3、宽 15、厚 1.7 ～ 2.8，瓦舌长 1.6 厘米（图版六二）。

B 型 I 式，共 5 件，瓦舌较长，2.5 ～ 4.5 厘米，均为泥质灰陶，瓦舌呈斜坡状，下端齐平，侧棱内切。

标本 TN02W01 ⑤：1，青灰色。瓦舌前端向内斜削。凸面素面，凹面饰布纹。长 39.5、宽 14.8、厚 2 ～ 2.5、瓦舌长 3.2 厘米（图七八，3；图版六三）。

标本 TN02W03 ⑤：8，下端残，青灰色，胎较厚。瓦舌前端向内斜削，侧棱切痕向下渐宽。凸面素面，凹面饰布纹。残长 28、宽 15.5、厚 2.2 ～ 3.2、瓦舌长 3 厘米。

标本 TN05W01 ④：10，青灰色。瓦舌前端向内斜削。凸面素面，凹面饰布纹，有两道纵向褶皱。长 36、宽 14.5、厚 1.3～2.5、瓦舌长 3.6 厘米（图版六四）。

标本 J2：50，下端残，泥质，灰色。瓦舌前端向内斜削。凸面素面，凹面饰布纹。残长 20.8、宽 13、厚 1.4～2.2、瓦舌长 4.5 厘米。

标本 J2：51，青灰色。瓦舌前端向内斜削。凸面素面，凹面饰布纹。长 33.5、宽 13、厚 1.3～1.8、瓦舌长 4.2 厘米（图版六五）。

B 型 II 式，共 2 件，瓦舌短，均为泥质灰陶，瓦舌呈斜坡状，下端齐平，侧棱内切。

标本 TN02W03 ④：4，灰色。瓦舌前端向内斜削。凸面素面，表面有明显纵向及斜向刮痕，凹面饰布纹，下端抹平变薄。长 37.4、宽 14、厚 1～3.2、瓦舌长 2.7 厘米（图七八，4；图版六六）。

标本 TN03W01 ④：4，下端残，青灰色。瓦舌前端向内斜削，侧棱一侧切痕较宽。凸面素面，凹面饰布纹，中部一道纵向褶皱。残长 32.2、宽 14、厚 1.7～2.5、瓦舌长 1.9 厘米（图版六七）。

C 型，共 3 件，小型筒瓦，凸面青掍，凹面饰布纹，均为泥质灰陶，瓦舌长，呈斜坡状，侧棱内切。

标本 H23：68，青灰色。瓦舌前端齐平。长 23.8、宽 8.2、厚 1～1.8、瓦舌长 2.5 厘米（图七八，5；图版六八）。

标本 H8：1，下端残，深灰色。瓦舌前端向内斜削，侧棱切痕被抹平。残长 7.9、宽 8.9、厚 1.3～2.3、瓦舌长 2.2 厘米。

标本 H23：28，两端残，青灰色。残长 17.5、宽 8.5、厚 0.9～1.3 厘米。

3. 瓦当

瓦当共 99 件，有莲花纹瓦当 88 件和兽面纹瓦当 11 件。

1）莲花纹瓦当

莲花纹瓦当共 88 件。

Aa 型 I 式，共 2 件。泥质灰陶，当面主题纹饰为宝装双瓣莲花纹，莲瓣贴近边轮，与边轮界限不明显，边轮较宽，中间莲蓬凸台状，凸台上没有装饰莲籽。

标本 H51：4，深灰色。直径 14、边轮厚 1.6 厘米（图七九，1；图八〇，1；图版六九）。

标本 H54：22，残留近四分之一，深灰色。凸台略高于莲瓣，边轮略呈内低外高的坡状，瓦当背面较平整。直径 13.8、边轮厚 2 厘米（图八〇，2）。

Aa 型 II 式，共 1 件。

标本 H30：3，泥质灰陶，深灰色。当面主题纹饰为宝装双瓣莲花纹，莲瓣凸起于边轮，莲瓣与边轮界限明显，中间莲蓬为莲花形，莲蓬与莲瓣之间饰一圈圆珠纹和一周凸线纹，正中有一穿孔，背面残存铁锈。边轮呈内高外低的坡状。直径 14.5、边轮厚 1.8 厘米（图七九，2；图八〇，3；图版七〇）。

Ab 型 I 式，共 1 件。

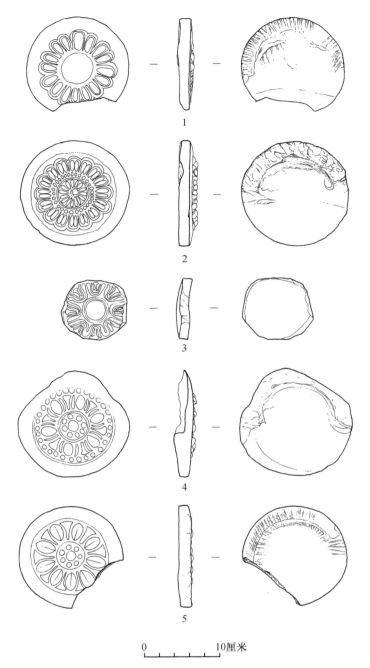

图七九　北朝至五代 A、B 型莲花纹瓦当

1. Aa 型 Ⅰ 式（H51：4）　2. Aa 型 Ⅱ 式（H30：3）　3. Ab 型 Ⅰ 式（H23：11）　4. Ab 型 Ⅱ 式（TN02W03 ⑤ ：28）　5. Ba 型（J1：36）

标本 H23：11，泥质灰陶，边轮残缺。主题纹饰为宝装单瓣莲花纹，莲瓣间饰 T 形界隔，莲瓣内饰一周凸线纹，莲蓬宝珠状，以圆圈凸线为莲蓬界边。残长 8.5、边轮厚 1.4 厘米（图七九，3；图八〇，4；图版七一）。

Ab 型 Ⅱ 式，共 2 件。泥质灰陶，当面主题纹饰为宝装单瓣莲花纹，莲蓬无凸台，以圆圈凸线为莲蓬界边，莲瓣椭圆形，以弧形凸棱包裹，莲瓣间以 T 字形凸棱相隔，莲花外饰一周凸线，边轮低于当面纹饰，呈斜坡状。

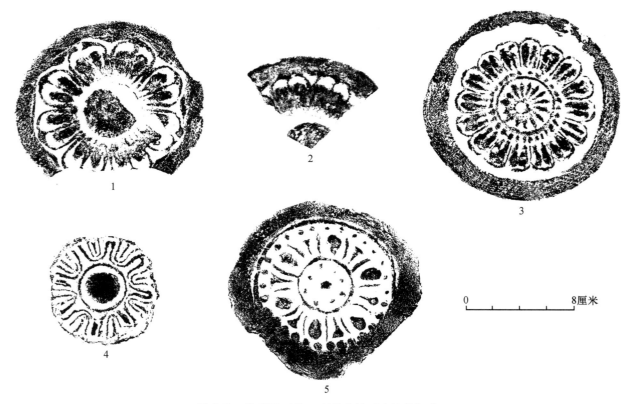

图八〇　北朝至五代 A 型莲花纹瓦当纹饰拓本

1、2.Aa 型 I 式（H51：4、H54：22）　3.Aa 型 II 式（H30：3）　4.Ab 型 I 式（H23：11）　5.Ab 型 II 式（TN02W03 ⑤：28）

　　标本 TN02W03 ⑤：28，灰色。莲蓬内饰宝珠，宝珠外饰 8 个莲籽状纹饰，莲花共 6 个花瓣，莲瓣间以 T 字形凸棱相隔，莲瓣外侧饰一周联珠纹。直径 14、边轮厚 1.5 厘米（图七九，4；图八〇，5；图版七二）。

　　标本 TN03W01 ④：5，残半，青灰色。莲蓬内饰宝珠，宝珠外饰 7 个莲籽状纹饰，莲花共 6 个花瓣，莲瓣间以 T 字形凸棱相隔，边轮呈内高外低的斜坡状。瓦当背面较平整，与筒瓦黏接处有泥刀刻划的痕迹。直径 14、边轮厚 1.6 厘米（图八一，1；图版七三）。

　　Ba 型，共 5 件。泥质灰陶，当面主题纹饰为普通单瓣莲花纹，莲蓬凸台状或以圆圈凸线为莲蓬界边，内饰宝珠和莲籽状纹饰，莲瓣呈椭圆形，莲瓣间以 T 字形或 I 字形凸棱相隔。

　　标本 J1：36，残，深灰色。莲蓬凸台状，内饰宝珠，宝珠外饰 7 个莲籽状纹饰，莲花共 9 个花瓣，莲瓣呈椭圆形，T 字形凸棱较窄，边轮较宽且平。背面较平整，与筒瓦连接处有泥刀刻划的痕迹。直径 14、边轮厚 1.5 厘米（图七九，5；图八一，2；图版七四）。

　　标本 H51：6，完整，深灰色。莲蓬凸台状，内饰宝珠，宝珠外饰 9 个莲籽状纹饰，莲花共 8 个花瓣，莲瓣呈椭圆形，T 字形凸棱较宽，边轮较宽且平整，略向内倾。背面较平整，中部黏接筒瓦分界处有一道横向划线，与筒瓦相接部分有泥刀刻划的痕迹。直径 13.1、边轮厚 1.8 厘米（图八一，3；图版七五）。

　　标本 H68：3，残半，深灰色。莲蓬凸台状，内饰宝珠，宝珠外饰 9 个莲籽状纹饰，莲花共 8 个花瓣，莲瓣呈椭圆形，T 字形凸棱较窄，边轮较宽且平整。背面较平整。直径 13.3、边

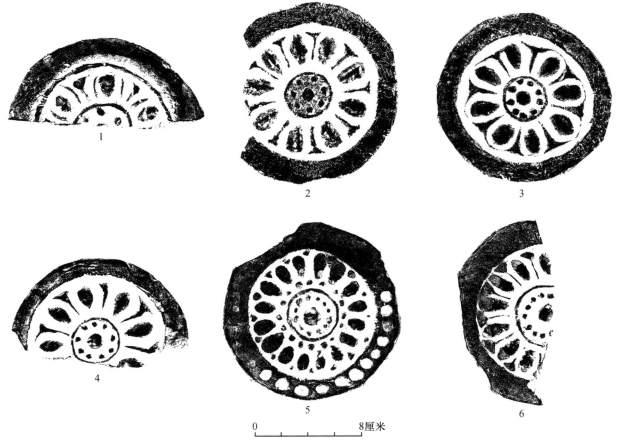

图八一　北朝至五代 A、B 型莲花纹瓦当纹饰拓本

1. Ab 型Ⅱ式（TN03W01 ④：5）　2～6. Ba 型（J1：36、H51：6、H68：3、H52：8、H54：19）

轮厚 1.6 厘米（图八一，4）。

标本 H52：8，完整，青灰色。莲蓬以圆圈凸线为莲蓬界边，内饰宝珠，宝珠外饰 12 个莲籽状纹饰形，莲花共 16 个花瓣，莲瓣呈瘦长椭圆形，I 字形凸棱较窄，当面纹饰有压痕，边轮较宽，一侧整齐按压一排圆形凹槽，呈斜坡状。背面较平整，有泥刀刻划的痕迹。直径 13.7、边轮厚 1.6 厘米（图八一，5；图版七六）。

标本 H54：19，残半，青灰色。莲蓬以圆圈凸线为莲蓬界边，内饰宝珠，宝珠外饰 16 个莲籽状纹饰形，莲花共 16 个花瓣，莲瓣呈瘦长椭圆形，I 字形凸棱较窄，当面纹饰有压痕，边轮较宽，一侧整齐按压一排圆形凹槽，呈斜坡状。背面不太平坦，与筒瓦黏接处有稀疏的泥刀刻划痕迹。直径 13.9、边轮厚 1.6 厘米（图八一，6）。

Bb 型Ⅰ式，16 件。泥质灰陶，多数青掍，当面主题纹饰为普通莲单瓣花纹，莲蓬凸台状，凸台较高，莲瓣呈椭圆形，莲瓣间以 T 字形凸棱相隔。边轮略高于当面纹饰。

标本 TN04W05 ⑤：2，完整，青灰色，附筒瓦，筒瓦残半。莲蓬高凸并饰 8 个莲籽状纹饰，莲花共 9 个花瓣，花瓣呈肥硕椭圆形且中间有捏合线，呈脊状，边轮较宽且平，背面较平整，与筒瓦连接处有泥刀刻划的痕迹。筒瓦凸面青掍，凹面布纹，侧棱内切。直径 14.8、边轮厚 1.8 厘米。当背筒瓦残长 20.5、宽 14.6、厚 1.5～1.8 厘米（图八二，1；图版七七）。

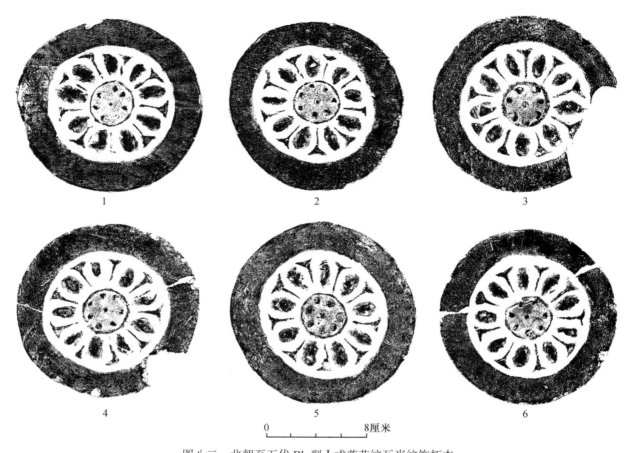

图八二　北朝至五代 Bb 型 I 式莲花纹瓦当纹饰拓本

1. TN04W05⑤：2　2. TN02W04⑥：9　3. TN03W01⑤：20　4. TN05W04⑤：1　5. J2：83　6. H54：24

　　标本 TN02W04⑥：9，完整，青灰色，当面青捉。莲蓬高凸并饰 8 个莲籽状纹饰，莲花共 9 个花瓣，花瓣呈肥硕椭圆形且中间有捏合线，呈脊状，边轮较宽且平。背面不太平整，与筒瓦黏接处有泥刀刻划痕迹。直径 14.3、边轮厚 1.7 厘米（图八二，2；图版七八）。

　　标本 TN02W04⑥：10，形制同 TN02W04⑥：9。直径 14.7、边轮厚 1.7 厘米。

　　标本 TN03W01⑤：20，形制同 TN02W04⑥：9。直径 14.4、边轮厚 1.7 厘米（图八二，3）。

　　标本 TN05W04⑤：1，形制同 TN02W04⑥：9。直径 14.7、边轮厚 1.7 厘米（图八二，4）。

　　标本 J2：78，形制同 TN02W04⑥：9。直径 15.4、边轮厚 1.5 厘米（图版七九）。

　　标本 J2：81，完整，深灰色，当面青捉。莲蓬高凸并饰 8 个莲籽状纹饰，莲花共 9 个花瓣，花瓣呈肥硕椭圆形，边轮较宽且平，背面不太平。直径 14、边轮厚 1.5 厘米（图八三，1；图八四，4；图版八〇）。

　　标本 J2：83，完整，形制同 TN02W04⑥：9。直径 14.5、边轮厚 1.7 厘米（图八二，5；图版八一）。

　　标本 H54：24，完整，形制同 TN02W04⑥：9。直径 14.8、边轮厚 1.8 厘米（图八二，6）。

　　标本 H51：5，深灰色，当面青捉。莲蓬高凸并饰 8 个莲籽状纹饰，莲花共 8 个花瓣，花瓣呈肥硕椭圆形，边轮较宽且平。背面较平整，与筒瓦黏接处有泥刀刻划痕迹。直径 14.4、边

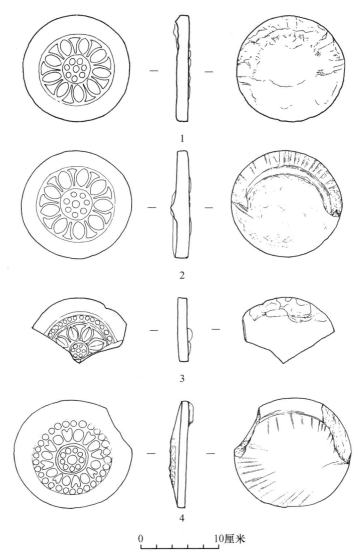

图八三　北朝至五代 B 型莲花纹瓦当

1. Bb 型 I 式（J2∶81）　2. Bb 型 II 式（TN04W05 ⑤∶1）　3. Bc 型 I 式（TN01W02 ⑤∶2）　4. Bc 型 II 式（TN05W01 ④∶9）

轮厚 2 厘米（图八四，1；图版八二）。

标本 H60∶20，完整，形制与 TN04W05 ⑤∶2 类似，瓦当背面泥刀刻划痕迹较深。瓦当直径 14.2、边轮厚 1.6 厘米。当背筒瓦残长 20.9、宽 14.6、厚 1.6～1.9 厘米。

标本 H60∶30，残半，青灰色。莲蓬饰 9 个莲籽状纹饰，莲瓣呈椭圆形，边轮平整。瓦当背面较平整，与筒瓦黏接处有粗泥刀刻划痕迹。直径 13.5、边轮厚 1.6 厘米。

标本 J1∶3，完整，深灰色，边轮青捆。莲蓬高凸并饰 7 个莲籽状纹饰，莲花共 10 个花瓣，花瓣呈肥硕椭圆形，莲瓣被按压与边轮齐平，边轮较宽且平。背面平整，中部黏接筒瓦分界处有一道横向划线，与筒瓦黏接处有较深的泥刀刻划痕迹。直径 13.5、边轮厚 1.6 厘米（图版八三）。

标本 J1∶33，完整，深灰色，当面青捆。莲蓬高凸并饰 7 个莲籽状纹饰，莲籽均被按压至

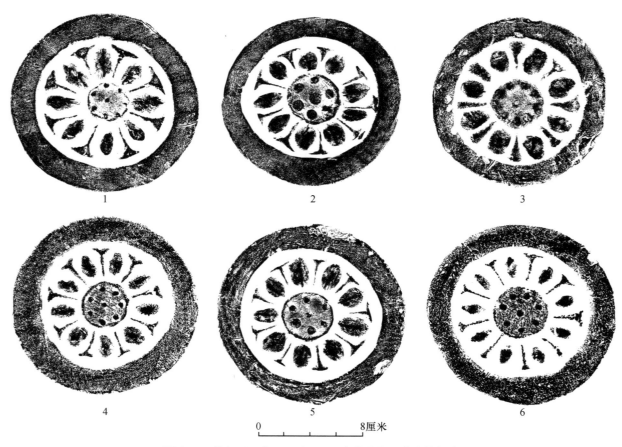

图八四　北朝至五代 Bb 型 Ⅰ、Ⅱ式莲花纹瓦当纹饰拓本

1～5. Bb 型 Ⅰ式（H51：5、J1：33、J1：34、J2：81、J2：82）　6. Bb 型 Ⅱ式（TN04W05 ⑤：1）

扁平状，莲花共 9 个花瓣，花瓣呈肥硕椭圆形，边轮较宽且平。背面较平整，中部黏接筒瓦分界处有一道横向划线，与筒瓦黏接处有泥刀刻划痕迹。直径 14.3、边轮厚 1.7 厘米（图八四，2；图版八四）。

标本 J1：34，完整，深灰色，正面漫漶不清。莲蓬高凸并饰 10 个莲籽状纹饰，莲籽均被按压至扁平状，莲花共 8 个花瓣，花瓣呈肥硕椭圆形，边轮较宽且平。背面较平整，中部黏接筒瓦分界处有一道横向划线，与筒瓦黏接处有泥刀刻划痕迹。直径 13.7、边轮厚 2.1 厘米（图八四，3；图版八五）。

标本 J2：82，完整，深灰色，当面青揾。莲蓬高凸并饰 7 个莲籽状纹饰，莲花共 9 个花瓣，花瓣呈椭圆形，边轮较宽且平，9 个莲瓣呈椭圆形，中部有脊，边轮与莲花纹饰齐平。背面平整，中部黏接筒瓦分界处有一道横向划线，与筒瓦黏接处有泥刀刻划痕迹。直径 14.3、边轮厚 1.7 厘米（图八四，5；图版八六）。

Bb 型 Ⅱ式，14 件。泥质灰陶，当面主题纹饰为普通单瓣莲花纹，莲蓬凸台状，凸台较低，莲瓣呈椭圆形，莲瓣间以 T 字形凸棱相隔。边轮低于当面纹饰。

标本 TN04W05 ⑤：1，完整，深灰色。莲蓬饰 8 个莲籽状纹饰，莲花共 9 个花瓣，花瓣呈瘦长椭圆形，T 字形凸棱较窄，边轮较宽且平。背面平整。直径 14.5、边轮厚 1.6 厘米（图八三，2；图八四，6；图版八七）。

标本 TN01W02 ⑤：3，略残，深灰色，当面青揾。莲蓬饰 9 个莲籽状纹饰，莲花共 10 个花瓣，花瓣呈椭圆形，边轮较宽且平。瓦当背面较平整。直径 14.5、边轮厚 1.7 厘米（图八五，1；图版八八）。

标本 H54：20，残半，形制同 TN01W02 ⑤：3。残径 13.7、边轮厚 1.6 厘米。

标本 H69：7，残半，形制同 TN01W02 ⑤：3。残径 13.8、边轮厚 1.7 厘米。

标本 TN02W03 ⑥：2，残半，青灰色。莲蓬饰 7 个莲籽状纹饰，莲花共 10 个花瓣，花瓣呈椭圆形，边轮较宽，呈内高外低的坡状。背面平整。直径 15.2、边轮厚 1.6 厘米。

标本 H23：20，形制同 TN02W03 ⑥：2。直径 15、边轮厚 1.6 厘米。

标本 TN01W02 ⑤：3，残半，青灰色。莲蓬饰 9 个莲籽状纹饰，莲花共 10 个花瓣，花瓣呈椭圆形，边轮较宽且平。背面较平整。直径 14.5、边轮厚 1.7 厘米。

标本 TN05W02 ⑤：2，完整，青灰色，当面青揾。莲蓬饰 7 个莲籽状纹饰，莲花共 9 个花瓣，花瓣呈肥硕椭圆形，边轮较宽且平。背面较平整，与筒瓦黏接处有较深的泥刀刻划痕迹。直径 13.1、边轮厚 1.5 厘米（图八五，2；图版八九）。

标本 TN02W04 ⑥：11，残半，深灰色。莲蓬饰 9 个莲籽状纹饰，莲籽凸起较高，莲花共

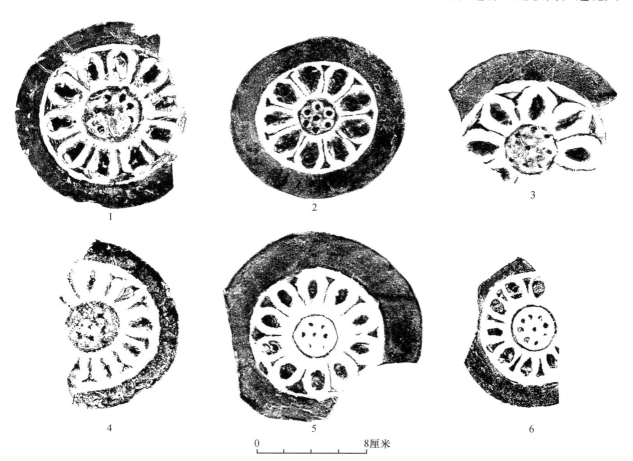

图八五　北朝至五代 Bb 型 Ⅱ、Ⅲ式莲花纹瓦当纹饰拓本

1～4. Bb 型 Ⅱ 式（TN01W02 ⑤：3、TN05W02 ⑤：2、TN02W04 ⑥：11、H32：7）　5、6. Bb 型 Ⅲ式（H23：7、H45：5）

8 个花瓣，花瓣呈肥硕椭圆形，边轮较宽且平，边轮较平整。背面较平整。直径 12.7、边轮厚 1.7 厘米（图八五，3）。

标本 H32：7，残半，深灰色。莲蓬饰 7 个莲籽状纹饰，莲花共 14 个花瓣，花瓣呈瘦长椭圆形，边轮较窄，呈内高外低的坡状。背面较平整，与筒瓦黏接处有黏接痕迹。直径 11.9、边轮厚 1 厘米（图八五，4）。

标本 H54：18，残半，青灰色，当面青掍。莲蓬饰 8 个莲籽状纹饰，花瓣呈肥硕椭圆形，边轮平整。背面较平整，与筒瓦黏接处有较深的泥刀刻划痕迹。直径 14.9、边轮厚 1.9 厘米。

标本 H60：33，残半，深灰色，当面青掍。莲蓬内凹，饰 7 个莲籽状纹饰，花瓣呈肥硕椭圆形，边轮平整。背面较平整，与筒瓦黏接处有泥刀刻划痕迹。直径 13.7、边轮厚 1.7 厘米。

标本 H86：13，残存四分之一，青灰色。莲蓬饰 8 个莲籽状纹饰，花瓣呈肥硕椭圆形，边轮略呈内高外低的坡状。背面较平整，与筒瓦黏接处有较深的泥刀刻划痕迹。直径 15.3、边轮厚 1.5 厘米。

标本 H86：14，残存四分之一，青灰色。莲蓬饰 8 个莲籽状纹饰，花瓣呈肥硕椭圆形，边轮较窄且平整。背面较平整，与筒瓦黏接处有较深的泥刀刻划痕迹。直径 14.9、边轮厚 1.7 厘米。

Bb 型Ⅲ式，共 6 件。泥质灰陶，当面主题纹饰为普通单瓣莲花纹，莲蓬无凸台，以圆圈凸线为莲蓬界边，凸线内饰莲籽状纹饰，莲瓣呈椭圆形，莲瓣间以 T 字形凸棱相隔。边轮低于当面纹饰，呈斜坡状。

标本 H23：7，略残，青灰色。莲蓬饰 7 个莲籽状纹饰，莲花共 10 个花瓣，花瓣呈肥硕椭圆形，边轮较宽，呈内高外低的坡状。背面较平整，与筒瓦黏接处有泥刀刻划痕迹。直径 14.8、边轮厚 1.7 厘米（图八五，5；图版九〇）。

标本 H45：5，不完整，青灰色。莲蓬饰 9 个莲籽状纹饰，边轮较宽，呈内高外低的坡状。背面较平整。直径 13.5、边轮厚 1.6 厘米（图八五，6）。

标本 H60：31，形制同 J1：35。直径 12.2、边轮厚 1.5 厘米。

标本 H60：26，残半，青灰色。莲蓬饰 8 个莲籽状纹饰，花瓣呈肥硕椭圆形，顶部有按压痕迹，边轮较宽，呈内高外低的坡状。背面较平整，中部黏接筒瓦分界处有一道横向划线，与筒瓦黏接处有泥刀刻划痕迹。直径 14.1、边轮厚 2.1 厘米（图八六，2）。

标本 H60：32，残半，形制同 H60：26。残径 12.6、边轮厚 1.9 厘米。

标本 J1：35，完整，灰色，当面青掍。莲蓬饰 9 个莲籽状纹饰，莲花共 9 个花瓣，花瓣呈肥硕椭圆形，边轮较宽，呈内高外低的坡状。背面较平整，中部黏接筒瓦分界处有一道横向划线，与筒瓦黏接处有泥刀刻划痕迹。直径 12.2、边轮厚 1.6 厘米（图八六，1；图版九一）。

Bc 型Ⅰ式，共 4 件。当面主题纹饰为普通单瓣莲花纹，莲蓬无凸台，以圆圈凸线为莲蓬界边，内饰宝珠和莲籽状纹饰，或无界边，莲瓣近圆形，莲瓣间以 T 字形或 Y 字形凸棱相隔，莲花外饰一周联珠纹。边轮当面纹饰相平。

标本 TN01W02 ⑤：2，残半，浅灰色。莲蓬无凸台，以圆圈凸线为莲蓬界边，内饰 7 个莲籽状纹饰，莲花共 8 个花瓣，花瓣呈瘦长椭圆形，莲花纹外饰一周联珠纹，联珠纹内外各

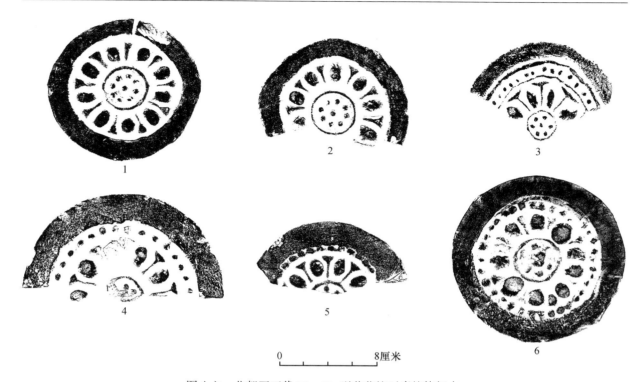

图八六　北朝至五代 Bb、Bc 型莲花纹瓦当纹饰拓本

1、2.Bb 型Ⅲ式（J1：35、H60：26）　3～6.Bc 型 I 式（TN01W02 ⑤：2、TS01W01 ④：1、TN05W01 ④：7、H12：8）

饰一圆圈凸线纹，T 字形凸棱相隔，边轮较宽。背面较平整。直径 14、边轮厚 1.2 厘米（图八三，3；图八六，3；图版九二）。

标本 TS01W01 ④：1，残半，深灰色。莲蓬无凸台，以圆圈凸线为莲蓬界边，内饰 8 个莲籽状纹饰，莲花共 10 个花瓣，花瓣呈肥硕椭圆形，有按压痕迹，T 字形凸棱相隔，边轮较宽。背面较平整，与筒瓦黏接处有泥刀刻划的痕迹。直径 15.9、边轮厚 1.8 厘米（图八六，4）。

标本 TN05W01 ④：7，残半，青灰色。莲蓬无凸台，以圆圈凸线为莲蓬界边，内饰 8 个莲籽状纹饰，莲花共 10 个花瓣，花瓣呈肥硕椭圆形，T 字形凸棱相隔，边轮较宽。瓦当背面较平整，与筒瓦黏接处有泥刀刻划的痕迹。直径 13.3、边轮厚 1.8 厘米（图八六，5）。

标本 H12：8，完整，深灰色。莲蓬无凸台，以圆圈凸线为莲蓬界边，内饰宝珠，宝珠外饰 6 个莲籽状纹饰，莲花共 10 个花瓣，呈肥硕椭圆形，莲瓣和莲籽多有按压痕迹，T 字形凸棱相隔，边轮较宽。背面较平整，与筒瓦黏接处有泥刀刻划的痕迹。直径 14.1、边轮厚 1.8 厘米（图八六，6；图版九三）。

Bc 型Ⅱ式，共 11 件。泥质灰陶，当面主题纹饰为普通单瓣莲花纹，莲蓬无凸台，以圆圈凸线为莲蓬界边，内饰宝珠和莲籽状纹饰，或无界边，莲瓣近圆形，莲瓣间以 T 字形、I 字形或 V 字形凸棱相隔，莲花外饰一周联珠纹。边轮低于当面纹饰，呈斜坡状。

标本 TN05W01 ④：9，完整，浅灰色。莲蓬无凸台，以圆圈凸线为莲蓬界边，凸线内饰宝珠，宝珠外饰 9 个莲籽状纹饰，莲花共 8 个花瓣，V 字形凸棱较宽，边轮较宽，背面较平整，与筒瓦黏接处有泥刀刻划的痕迹。直径 14、边轮厚 1.2 厘米（图八三，4；图八七，1；图版九四）。

　　标本 TN05W02 ④：1，残半，深灰色。形制同 TN05W01 ④：9。直径 13.6、边轮厚 1.5厘米（图八七，2）。

　　标本 TS01W01 ④：3，完整，形制同 TN05W01 ④：9。直径 13.2、边轮厚 1.5 厘米。

　　标本 TS01W01 ④：6，完整，形制同 TN05W01 ④：9。直径 13.8、边轮厚 1.6 厘米（图八七，3；图版九五）。

　　标本 TS01W01 ④：7，完整，形制同 TN05W01 ④：9。直径 13.7、边轮厚 1.4 厘米（图八七，4；图版九六）。

　　标本 TS01W01 ④：8，完整，形制同 TN05W01 ④：9。直径 13.6、边轮厚 1.5 厘米（图八七，5；图版九七）。

　　标本 TS01W01 ④：9，残半，形制同 TN05W01 ④：9。残长 13.1、边轮厚 1.6 厘米（图八七，6；图版九八）。

　　标本 TS01W01 ④：10，残半，形制同 TN05W01 ④：9。残长 12.7、边轮厚 1.7 厘米。

　　标本 TS01W01 ④：11，完整，形制同 TN05W01 ④：9。直径 13.5、边轮厚 1.6 厘米。

　　标本 TS01W01 ④：13，残半，形制同 TN05W01 ④：9。残长 13.3、边轮厚 1.1 厘米。

　　标本 TS01W05 ④：28，残半，青灰色，附筒瓦，筒瓦残半。形制同 TN05W01 ④：9。瓦当直径 14.4、边轮厚 1.6 厘米。当背筒瓦残长 20.2、宽 14.4、厚 1.7～2.1 厘米。

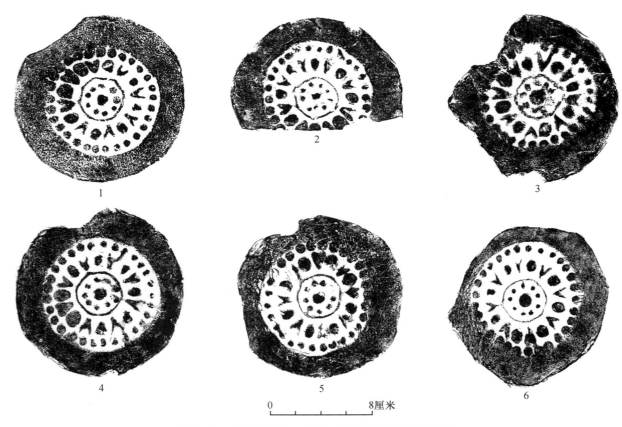

图八七　北朝至五代 Bc 型 Ⅱ 式莲花纹瓦当纹饰拓本

1. TN05W01 ④：9　2. TN05W02 ④：1　3. TS01W01 ④：6　4. TS01W01 ④：7　5. TS01W01 ④：8　6. TS01W01 ④：9

Bd 型，共 9 件。泥质灰陶，当面主题纹饰为普通单瓣莲花纹。莲蓬无凸台，以圆圈凸线为莲蓬界边，凸线内饰莲籽状纹饰，莲瓣椭圆形或近圆形，莲瓣间以短竖凸棱相隔，每个莲瓣和短竖凸棱上都有一圆珠纹装饰。边轮呈斜坡状。

标本 TN01W02 ⑤：6，残，青灰色。莲瓣近圆形，略高于边轮，边轮较宽。背面较平整。直径 17.3、边轮厚 1.7 厘米。

标本 TN01W04 ⑤：12，残，深灰色。莲瓣近圆形，与边轮相平，边轮较宽。背面较平整。残长 12.5、边轮厚 1.5 厘米。

标本 TN02W03 ⑤：4，残，深灰色，当面青掍。莲蓬内饰 12 个莲籽状纹饰，莲花共 10 个花瓣，花瓣呈肥硕椭圆形，短竖凸棱较宽，略高于边轮，边轮较宽。背面较平整，留有泥刀刻划的痕迹。直径 15.6、边轮厚 1.7 厘米（图八八，1）。

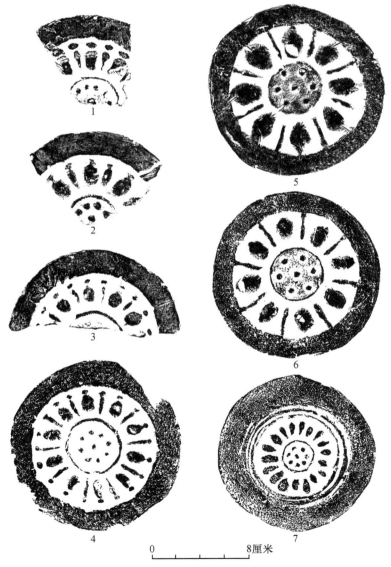

0　　　　　　8厘米

图八八　北朝至五代 B 型莲花纹瓦当纹饰拓本

1～4. Bd 型（TN02W03 ⑤：4、TS02W01 ④：10、H60：46、J2：2）　5、6. Be 型 I 式（J1：45、J2：1）　7. Be 型 II 式（TS01W01 ④：2）

　　标本 TS02W01 ④：10，残，青灰色。莲花共 10 个花瓣，花瓣近圆形，略高于边轮。背面不太平坦，与筒瓦黏接处有泥刀刻划痕迹。直径 14.8、边轮厚 1.9 厘米（图八八，2）。

　　标本 H60：29，残，灰色，附筒瓦。莲瓣近圆形，与边轮相平，边轮较宽。瓦当背面较平整，与筒瓦黏接处缝隙不明显。筒瓦凸面青揾，凹面布纹，侧棱内切，其余抹平。直径 14.3、边轮厚 1.5 厘米，当背筒瓦残长 6.1、残宽 12.7、厚 1.2～1.7 厘米。

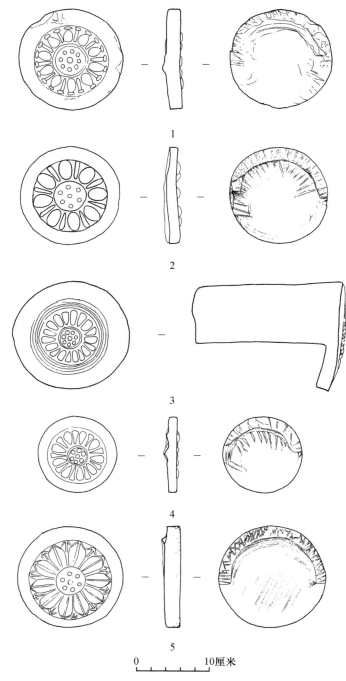

1

2

3

4

5

0　　　　　　　　10厘米

图八九　北朝至五代 B、C、D 型莲花纹瓦当

1. Bd 型（J2：2）　2. Be 型 I 式（J2：1）　3. Be 型 II 式（TS01W01 ④：2）　4. C 型（J2：77）　5. D 型（J2：4）

标本 H60：46，残，青灰色。莲瓣近圆形，与边轮相平，边轮较宽。背面较平整，与筒瓦黏接处有泥刀刻划痕迹。直径 14.3、边轮厚 2 厘米（图八八，3）。

标本 H132：3，残，深灰色，当面青捏。莲瓣近圆形，与边轮相平，边轮较宽。背面较平整。背面平整，中部黏接筒瓦分界处有一道横向划线。直径 14、边轮厚 1.5 厘米。

标本 H60：67，残，深灰色。形制同 H132：3。残径 8.6、边轮厚 1.7 厘米。

标本 J2：2，完整，浅灰色。莲蓬内饰 9 个莲籽状纹饰，莲花共 10 个花瓣，花瓣呈肥硕椭圆形，短竖凸棱较宽，边轮较宽。背面较平整。直径 14.5、边轮厚 1.8 厘米（图八八，4；图八九，1；图版九九）。

Be 型 I 式，共 9 件。泥质灰陶，当面主题纹饰为普通单瓣莲花纹，莲蓬凸台状，莲瓣呈椭圆形，莲瓣间以短竖凸棱相隔。当面纹饰略高于边轮。

标本 H60：23，残，青灰色，附筒瓦。莲蓬饰 7 个莲籽状纹饰，莲花共 8 个花瓣，花瓣呈肥硕椭圆形，边轮较宽。背面较平整，与筒瓦黏接处有较深的泥刀刻划痕迹。筒瓦凸面素面，背面布纹，侧棱内切抹平。瓦当直径 14、筒瓦厚 1.5 厘米，当背边轮残长 8.6、残宽 12.6、厚 1.3 ~ 1.8 厘米。

标本 H32：8，残，形制同 H60：23。残径 9、边轮厚 1.5 厘米。

标本 H60：22，残，形制同 H60：23。残径 10、边轮厚 1.6 厘米。

标本 J1：45，完整，深灰色，当面青捏。莲蓬饰 7 个莲籽状纹饰，莲花共 8 个花瓣，花瓣呈肥硕椭圆形，边轮较宽。背面较平整，与筒瓦黏接处有较深的泥刀刻划痕迹。直径 14.7、厚 1.7 厘米（图八八，5；图版一〇〇）。

标本 J2：1，完整，深灰色。形制同 J1：45。直径 14.5、边轮厚 1.5 厘米（图八八，6；图八九，2；图版一〇一）。

标本 J2：30，形制同 J1：45。直径 14.4、边轮厚 1.7 厘米。

标本 H60：69，残，形制同 J1：45。残长 8.6、边轮厚 1.5 厘米。

标本 TN02W04 ⑥：13，残，形制同 J1：45。残长 8.7、边轮厚 1.6 厘米。

标本 TN02W05 ⑥：1，残，形制同 J1：45。残长 13、边轮厚 1.6 厘米。

Be 型 II 式，共 2 件。泥质灰陶，当面主题纹饰为普通单瓣莲花纹，莲蓬无凸台，以圆圈凸线为莲蓬界边，莲瓣瘦长，莲瓣间以短竖凸棱相隔，界隔与莲瓣不易区分，莲瓣外围饰双圈凸线纹，边轮较宽，不平整。

标本 TS01W01 ④：2，完整，浅灰色，残留部分筒瓦。莲蓬饰 7 个莲籽状纹饰，莲花共 9 个花瓣，花瓣呈瘦长椭圆形，边轮较宽。背面较平整。直径 16.3、边轮厚 1.5 厘米（图八八，7；图八九，3；图版一〇二）。

标本 TS01W01 ④：64，残，青灰色。形制同 TS01W01 ④：2。直径 12.2、边轮厚 1.4 厘米。

C 型，共 4 件。泥质灰陶，体形小，当面主题纹饰为普通单瓣莲花纹，莲蓬凸台状，或无凸台，以圆圈凸线纹为莲蓬界边，莲瓣呈椭圆形，莲瓣间以 T 字形凸棱或短竖凸棱相隔。边轮低于当面纹饰。

标本 H36：3，残，青灰色。莲蓬凸台状，饰 7 个莲籽状纹饰，莲花共 14 个花瓣，花瓣呈瘦长椭圆形，莲瓣间以 T 字形凸棱相隔，边轮较宽。背面较平整，与筒瓦黏接处有泥刀刻划痕迹。直径 7.5、边轮厚 0.8 厘米（图九〇，1）。

标本 H48：4，残，青灰色。形制同 H36：3。直径 8.6、边轮厚 1.2 厘米。

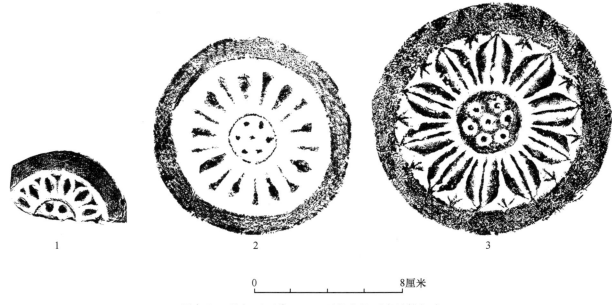

图九〇　北朝至五代 C、D 型莲花纹瓦当纹饰拓本

1、2. C 型（H36：3、J2：77）3. D 型（J2：4）

标本 H60：68，残半，形制同 H36：3。直径 9、边轮厚 1.1 厘米。

标本 J2：77，完整，青灰色。莲蓬无凸台，以圆圈凸线为莲蓬界边，莲蓬内饰 7 个莲籽状纹饰，莲花共 9 个花瓣，花瓣呈瘦长椭圆形，莲瓣间以短竖凸棱相隔，边轮较宽。背面较平整。直径 11、厚 1.3 厘米（图八九，4；图九〇，2；图版一〇三）。

D 型，共 2 件。泥质灰陶，当面主题纹饰为普通双瓣莲花纹，莲蓬凸台状，莲瓣呈细长形，莲瓣间以个字形凸棱相隔，边轮与当面纹饰相平，边轮较平。莲蓬凸台较高并饰 7 个莲籽状纹饰。

标本 H60：76，残，青灰色。边轮窄且平整。瓦当背面平整。直径 18.5、边轮厚 2.4 厘米。

标本 J2：4，完整，深灰色。边轮窄且平整。瓦当背面平整。直径 14.7、厚 1.5 厘米（图八九，5；图九〇，3；图版一〇四）。

2）兽面纹瓦当

兽面纹瓦当共 11 件，出土数量较少，均为晚唐五代时期。当面主题纹饰为兽面纹，呈明显浮雕状。

Aa 型 I 式，共 1 件。

标本 TN02W03 ④：6，完整，泥质灰陶，浅灰色。当面两重纹饰，外重为圆弧凸棱纹，内重为兽面纹，兽面高凸，线条较清晰。兽头双挑犄，额上饰宝珠且有鬃，两眉粗壮，眉梢上扬，怒目圆睁，弧形鼻，鼻梁近三角状，有鼻翼，两腮鼓起，单排齿，有獠牙，吻部下饰须，呈辐射状至边轮。边轮较宽，略呈内高外低的坡状。瓦当背面较平整，中部黏接筒瓦分界处有一道横向划线，与筒瓦黏接处有泥刀刻划痕迹。直径 13、边轮宽 2.5、厚 1.8 ~ 2.1 厘米（图九一，1；图九二，1；图版一〇五）。

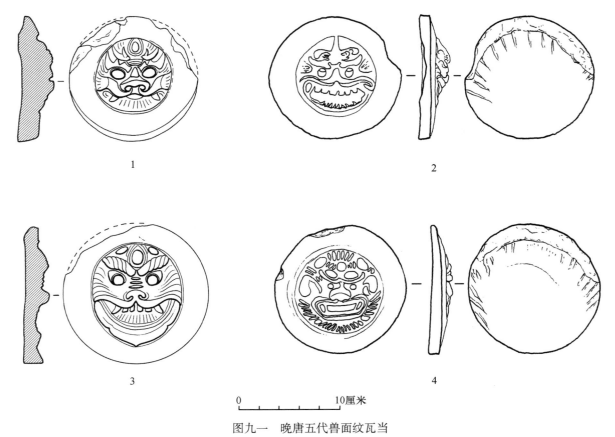

图九一　晚唐五代兽面纹瓦当

1. Aa 型 I 式（TN02W03 ④：6）　2. Aa 型 II 式（TN05W01 ④：5）　3. Aa 型 III 式（TS01W01 ④：4）
4. Ba 型 I 式（TN01W02 ④：1）

Aa 型 II 式，共 4 件。泥质灰陶，当面两重纹饰，外重为圆弧凸棱纹，内重为兽面纹，兽面高凸，线条较清晰，兽头单竖犄，犄较粗壮，额上有鬃，扇形、锥形或贝壳状耳，两眉高突呈雁形且与鼻相接，眉梢上翘，怒目圆睁，三角形鼻，有鼻翼，单排齿，嘴角边饰两颗獠牙，眼和鼻两侧饰弧状须，吻部下饰三缕鬃。

标本 TN05W01 ④：5，完整，浅灰色。贝壳状塌耳，犄较粗壮，端部被压平。背面不平。胎质较粗，掺杂有小砂粒，胎体致密。直径 13、边轮宽 3、厚 1.5 厘米（图九一，2；图九二，2；图版一〇六）。

标本 TS01W05 ④：5，残半，浅灰色。贝壳状塌耳，犄较粗壮，端部被压平。边轮平整，略呈内低外高的坡状。瓦当背面不较平坦，部分有泥刀刻划的痕迹。直径 15.1、边轮宽 2.4、厚 1.3 ~ 1.9 厘米（图版一〇七）。

标本 TS01W05 ④：7，边轮残，形制同 TS01W05 ④：5。残长 12.5 厘米（图版一〇八）。

标本 TS01W05 ④：27，残，形制同 TS01W05 ④：5。残长 11.8、边轮宽 2.6、厚 1.3 厘米（图版一〇九）。

Aa 型 III 式，共 4 件。泥质灰陶，当面二重纹饰，外重为圆弧凸棱纹，内重为兽面纹。兽面高凸，线条清晰，额中饰宝珠且有鬃，两眉粗壮呈倒八字形，眉上饰斜凸棱，怒目圆睁，饰

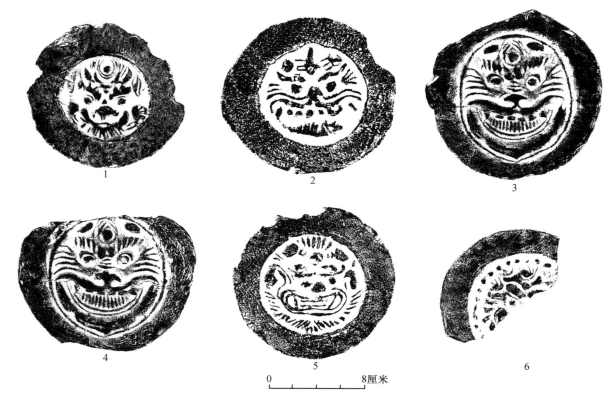

图九二　晚唐五代兽面纹瓦当纹饰拓本

1. Aa 型 I 式（TN02W03 ④：6）　2. Aa 型 II 式（TN05W01 ④：5）　3、4. Aa 型 III 式（TS01W01 ④：4、TS01W01 ④：5）

5、6. Ba 型 I 式（TN01W02 ④：1、TS01W01 ④：53）

圆弧凸棱眼睑，三角形鼻，鼻梁上饰三道横向凸棱，有鼻翼，眼和鼻两侧饰弧状须，单排齿，嘴角边饰两颗獠牙，下衔一弧形环，齿下饰辐状须。

标本 TS01W01 ④：4，完整，深灰色。边轮平整，略呈内低外高的坡状。瓦当背面不较平坦，有横向的指压痕迹。直径 14.7、边轮宽 2.4、厚 1.2 ~ 1.7 厘米（图九一，3；图九二，3；图版一一〇）。

标本 TS01W01 ④：5，完整，形制同 TS01W01 ④：4。直径 15.2、边轮宽 3、厚 1.5 ~ 1.8 厘米（图九二，4；图版一一一）。

标本 TS01W01 ④：12，残，形制同 TS01W01 ④：4。残长 12.7、边轮宽 2.5、厚 1.9 厘米（图版一一二）。

标本 TS01W01 ④：14，边轮残，形制同 TS01W01 ④：4。残长 10.8 厘米。

Ba 型 I 式，共 2 件，泥质灰陶。

标本 TN01W02 ④：1，完整，深灰色。当面主题纹饰为兽面纹，兽面高凸，兽头双弯犄，贝壳形耳，额中饰宝珠且有鬃，两眉粗壮呈倒八字形，怒目圆睁，三角形鼻，有鼻翼，眼和鼻两侧饰弧状须，双排齿，嘴角边饰两颗獠牙，吻部下饰须。背面较平整。直径 13.4、边轮宽 2.3，厚 1 ~ 1.3 厘米（图九一，4；图九二，5；图版一一三）。

标本 TS01W01 ④：53，残半，青灰色。当面有二重纹饰，外重为联珠纹，内重为兽面纹。

兽面高凸，线条清晰，兽头双弯犄，额饰宝珠，两眉粗壮倒竖，怒目圆睁，阔口大开，边轮平整，略呈内高外低的坡状。背面较平整。直径12.4、边轮宽2.2、厚1~1.6厘米（图九二，6）。

4. 垒脊瓦

垒脊瓦用于屋脊之下，侧面露于脊外，压在当沟瓦上面。《营造法式》记载有线道瓦和条子瓦，但出土此类瓦均残，无法识别，这里均称垒脊瓦。

垒脊瓦共4件，条形，均为泥质灰陶，侧棱内切。

标本 TS01W01 ④：16，残，浅灰色。一端抹圆。凸面为素面，凹面布纹。残长21、宽7.5~8、厚1.6厘米（图九三，1；图九三，2；图版一一四）。

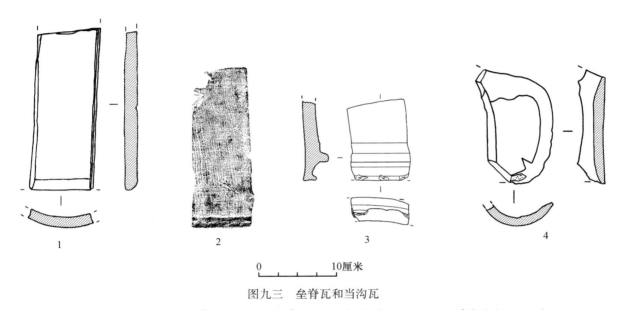

图九三　垒脊瓦和当沟瓦

1~3. 垒脊瓦（TS01W01 ④：16、TS01W01 ④：16凹面布纹拓本、H45：6）　4. 当沟瓦（H66：10）

标本 TS01W01 ④：20，残，浅灰色。凸面为素面，凹面布纹。残长13.8、宽6.9~7.5、厚1.6~1.8厘米（图版一一五）。

标本 TS01W01 ④：21，残，浅灰色。一端齐平。凸面为素面，凹面布纹。残长16.6、宽7.2~7.4、厚1.3~1.9厘米（图版一一六）。

标本 H45：6，残，浅灰色。一端齐平。凸面为素面，近下端处有三道阶梯状横向凸棱，凹面为布纹。残长10.9、宽6.9~7.6、厚1.3~3.3厘米（图九三，3；图版一一七）。

5. 当沟瓦

当沟瓦共2件，均为泥质灰陶，舌状。

标本 TN02W01 ④：1，深灰色。边缘削成坡状，局部略翻卷，其中一侧边缘中部切出一深2.1、口宽1.3厘米的U形槽。凸面素面，凹面饰布纹。长23、宽14、厚1.2~1.5厘米（图版一一八）。

标本 H66：10，深灰色。边缘削成坡状。凸面素面，凹面饰布纹。长 16、残宽 8.5、厚 1.2 厘米（图九三，4；图版一一九）。

6. 砖

砖共 34 件，其中长方形砖 10 件、正方形砖 7 件、长方形空心砖 17 件。

1）长方形砖

长方形砖共 10 件。

A 型，共 3 件。泥质灰陶，四边齐平，砖体厚大。除背面饰绳纹外其余皆素面，绳纹较粗，绳径 0.3 ~ 0.5 厘米，绳纹不规则，斜向。泥胎含少量细砂粒和小石砾，胎色青灰偏白，砖体有粉状侵蚀现象。

标本 TN03W01 ④：2，长 34.2、宽 17、厚 5.8 厘米（图版一二〇）。

标本 TG5H3：16，长 40.2、宽 20.5、厚 7.3 厘米（图版一二一）。

标本 TG5H3：17，长 33.5、宽 17.2、厚 5.5 厘米（图版一二二）。

B 型，共 4 件。泥质灰陶，四边齐平，砖体较大，除背面饰绳纹外其余皆素面。

标本 H15：1，青灰色。背面饰竖向细绳纹，绳纹规整，绳径 0.1 ~ 0.2 厘米。长 32.3、宽 16.3、厚 7.2 厘米（图版一二三）。

标本 H63：1，青灰色。背面竖向绳纹，绳纹漫漶不清，绳径约 0.2 厘米。长 32、宽 16.5、厚 5.8 厘米（图版一二四）。

标本 H70：115，浅灰色。长 31、宽 15.5、厚 5.5 厘米（图版一二五）。

标本 H105：31，青灰色。表面平整，背面绳纹漫漶不清。长 32、宽 16、厚 5.5 厘米（图版一二六）。

C 型，共 3 件。泥质灰陶，四边齐平，砖体较小。素面，砖体致密。

标本 H61：2，青灰色。表面略鼓，背面可见较粗的竖向刮痕。长 27.5、宽 13.5、厚 5.5 厘米（图版一二七）。

标本 H61：11，残半，青灰色。背面残留有近土字划线。残长 23.8、宽 16、厚 5.7 厘米（图版一二八）。

标本 H66：14，青灰色。表面平整，背面较粗粝，隐约可见竖向刮痕，泥胎含少量细砂粒和小石砾。长 28.5、宽 14.5、厚 5.3 厘米（图版一二九）。

2）正方形砖

正方形砖共 7 件。

A 型 I 式，共 1 件。

标本 TN01W01 ⑥：1，残，泥质灰陶，青灰色，表面青揾。表面中间饰宝装双瓣莲花纹，中间饰莲蓬，莲瓣外有一周凸线纹，砖四角饰叶纹，其外装饰边框。边长 42.4、厚 7.5、边框宽 2.5 ~ 3.5 厘米（图九四，1；图版一三〇）。

A 型 II 式，共 2 件。泥质灰陶，模印莲花纹和乳钉纹等的组合纹饰。

标本 TN05W04 ④：6，残，浅灰色。表面饰莲花纹，背面素面。残长 22、残宽 15、厚

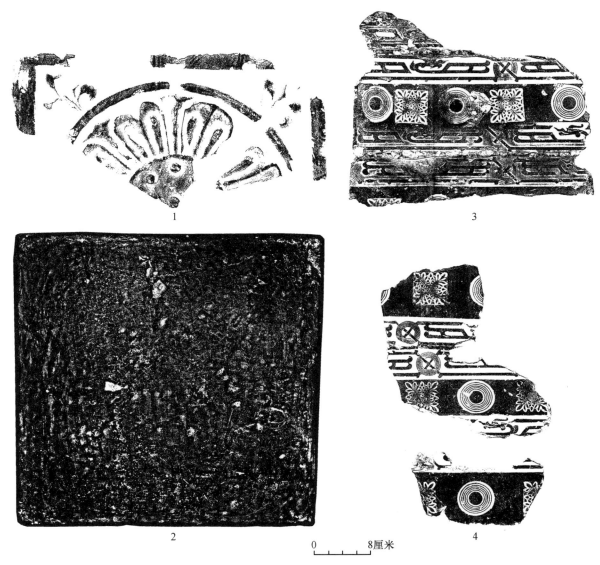

图九四　北朝正方形砖、长方形空心砖纹饰拓本

1. A 型 I 式正方形砖（TN01W01 ⑥∶1）　2. B 型正方形砖（H36∶19）

3、4. 长方形空心砖（TN02W04 ⑥∶19、TN02W04 ⑥∶20）

6.5 厘米（图版一三一）。

标本 TS01W01 ④∶45，残，浅灰色。表面饰莲花纹饰，纹饰整体粗壮，四边框内饰乳钉纹，框内四角处饰花纹。背面素面，不太平整。表面及侧面残留有一层 1 ~ 2 毫米厚的白灰。残长 16.5、残宽 15、厚 5.5 厘米（图版一三二）。

B 型，共 3 件。除背面外皆青掍，砖体厚大，制作规整。

标本 H60∶10，残长 15、残宽 11.1、厚 6.6 厘米（图版一三三）。

标本 H36∶19，边长 40、厚 7 厘米（图九四，2；图版一三四）。

标本 H61∶1，残长 21.5、残宽 18.6、厚 7 厘米（图版一三五）。

Ca 型，共 1 件。

标本 TN03W01 ④：18，残，泥质灰陶，浅灰色。砖体厚大，表面素面，背面粗绳纹，呈弧状，绳径 0.2 ~ 0.5 厘米。质地细腻。边长 34、厚 3.8 厘米。

3）长方形空心砖

长方形空心砖共 17 件，均为残块，深灰色，泥质灰陶，制作规整，表面青捆磨光，胎质细腻，残段发现四面有纹饰，模印较深，表面正中饰圆形八瓣复瓣莲花纹，两侧饰站立的有翼兽纹、兽首、羊足。有翼兽纹的两侧还饰有对称的莲花纹，莲花纹一侧为两行篆书"大齐天保元年造"或"大魏兴和二年造"，表面上下还饰一带状分布四叶忍冬与同心圆圈纹交替的装饰性纹饰，中间位置还有篆书或楷书"吉利"、"富贵"等，在靠近空心砖边缘为上下有两带穿璧交龙纹。空心砖侧面上下有两带穿璧交龙纹，中部为相间排列的四叶忍冬纹和同心圆圈纹。

标本 TN02W04 ⑥：19，残。表面四叶忍冬纹和同心圆圈纹相间排列，边框及侧面饰有穿璧交龙纹。内面中部有纵向凹槽，不太平整。残长 35.4、宽 14.5、厚 8 厘米（图九四，3；图版一三六）。

标本 TN02W04 ⑥：20，残。表面饰相间排列的同心圆圈纹及四叶忍冬纹，边框饰有穿璧交龙纹，残。侧面中部饰相间排列的同心圆圈纹及四叶忍冬纹，边框饰有穿璧交龙纹。砖中部为圆形空槽，内面不平整。残长 24、残宽 13.7、高 14.5 厘米（图九四，4；图版一三七）。

标本 TN03W01 ⑤：15，残。表面中部残存复瓣莲花纹，莲花纹右侧两行篆书"大魏……二年……"，上部饰同心圆圈纹及四叶忍冬纹，边框饰有穿璧交龙纹。内面较平整。残长 16.7、残宽 13.9、厚 4.2 厘米（图九五，1；图版一三八）。

标本 TN04W04 ⑤：1，残。表面下部并列为同心圆圈纹和有翼兽纹，上部中间为小同心圆圈纹，两侧饰为四叶忍冬纹，内面不太平坦。残长 24.3、残宽 17.5、厚 4.6 厘米（图版一三九）。

标本 TN05W03 ⑥：1，残，表面中部饰圆形八瓣复瓣莲花纹，莲花纹右侧饰有翼兽纹，左侧两行楷书"……兴和……造"，下部饰相间排列的同心圆圈纹及四叶忍冬纹，边框饰有穿璧交龙纹。侧面上部饰穿璧交龙纹，下部残存有四叶忍冬纹。内面磨光，较平坦。残长 36.4、残宽 22.2、厚 11.5 厘米（图九五，2；图版一四〇）。

标本 H23：24，残。表面下部残存复瓣莲花纹和有翼兽纹，其上饰同心圆圈纹，同心圆圈纹饰两侧各饰楷书"富贵"、"千秋"，表面及侧面边框饰有穿璧交龙纹。内面不平，中有一道横向划线。残长 20、残宽 19.2、厚 7.1 厘米（图版一四一）。

标本 H23：26，残。表面中部残存复瓣莲花纹和有翼兽纹，莲花纹上下饰同心圆圈纹，两同心圆圈纹饰右侧各饰楷书"千秋"和"萬崴"及四叶忍冬纹，边框饰有穿璧交龙纹。内面不太平坦。残长 33.2、残宽 15.8、厚 4.9 厘米（图版一四二）。

标本 H32：3，残。表面上部饰四叶忍冬纹，下部两行篆书"大齐……元年……"，边框饰有穿璧交龙纹，残。内面较平整。残长 12.4、残宽 16.6、厚 4.7 厘米（图九五，3；图版一四三）。

标本 H32：4，残。表面中部饰同心圆圈纹，左右两侧饰四叶忍冬纹，纹饰排列略呈倾斜状，边框及侧面饰有穿璧交龙纹。内面中部较平整。残长 18.4、宽 17.8、厚 7.5 厘米（图九五，4；图版一四四）。

1、3、4. ⊢────── 0 ────── 8厘米   2、5. ⊢────── 0 ────── 16厘米

图九五 北朝长方形空心砖纹饰拓本

1. TN03W01 ⑤：15 2. TN05W03 ⑥：1 3. H32：3 4. H32：4 5. H32：19

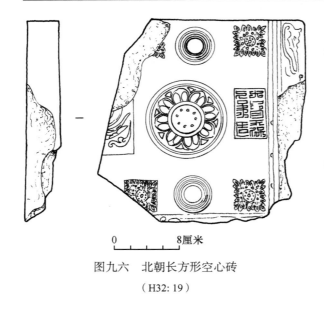

图九六　北朝长方形空心砖
（H32：19）

标本 H32：19，残，深灰色，表面青掍。残长 25.8、残宽 24、厚 3.7 厘米（图九五，5；图九六；图版一四五）。

标本 H43：4，残。表面中部残存复瓣莲花纹，下部饰同心圆圈纹饰及四叶忍冬纹。内面较平整。残长 16.7、残宽 15.5、厚 5.9 厘米（图版一四六）。

标本 H60：1，残。表面饰四叶忍冬纹和同心圆圈纹，边框及侧面饰有穿璧交龙纹。内面不平整，纵向中部高凸，中有圆形空槽。残长 18.1、宽 15.3、厚 7.6 厘米（图九七，1；图版一四七）。

标本 H60：3，残。表面残存同心圆圈纹及其右侧楷书“吉利”。背内不平。残长 12、残宽 9.7、厚 5.2 厘米（图版一四八）。

标本 H68：20，残。表面残存纹饰为四叶忍冬与同心圆圈纹，侧面残存纹饰为四叶忍冬纹，表面及侧面边框饰有穿璧交龙纹。内面不平整。残长 23.9、残宽 10.8、厚 7.4 厘米（图版一四九）。

标本 S3：1，应为空心砖侧面，残。表面中部饰四叶忍冬纹，左右两侧饰同心圆圈纹，边框及侧面饰有穿璧交龙纹。内面中部较平整。残长 31.2、宽 16.5、厚 5 厘米（图九七，2；图版一五〇）。

标本 S3：2，残。表面中部残存复瓣莲花纹，莲花纹左侧两行篆书“……天保……造”，下部饰同心圆圈纹饰及四叶忍冬纹。内面较平整。残长 21.5、残宽 16.3、厚 5.6 厘米（图九七，3）。

标本 TN02W03⑥：6，残。表面中部残存有翼兽纹和复瓣莲花纹。内面不太平坦。残长 20.5、残宽 17.5、厚 4.9 厘米（图九七，4；图版一五一）。

7. 脊兽

脊兽共 1 件。

标本 TN03W05④：1，残。泥质灰陶，下部分为一板瓦，兽作开口状，残缺上颌。残长 30、残宽 18、残高 14 厘米（图九八，1；图版一五二）。

8. 脊头瓦

脊头瓦共 6 件，均为泥质灰陶。

标本 TN02W04⑥：17，残缺右半部分。高浮雕兽面。残长 26、残宽 20、厚 3.8 厘米（图九八，2；图版一五三）。

标本 TN02W04⑥：18，残留右上部。近方形，灰色，质地细腻。表面呈凹凸高浮雕兽

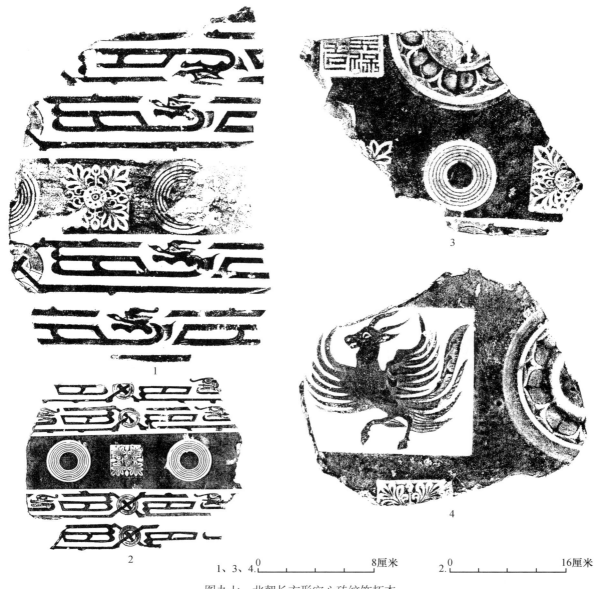

图九七 北朝长方形空心砖纹饰拓本
1. H60：1 2. S3：1 3. S3：2 4. TN02W03 ⑥：6

面，仅存一耳。瓦背面不太平坦。残长 12.7、残宽 9.9、厚 6.5 厘米（图九八，3）。

标本 H32：2，残留右上部。近方形，质地细腻。表面呈凹凸高浮雕兽面，额头正中有圆形穿孔，挑犄，犄似羊角分叉卷曲，竖耳，暴眼鼓睛，周围饰卷毛发。瓦背面较平整。残长 14.9、残宽 10.4、厚 6.9 厘米（图版一五四）。

标本 H60：8，残留右上部。近方形，质地细腻。表面呈凹凸高浮雕兽面，上部留有窄边，正中有圆形穿孔，竖耳，阔鼻，上部饰辐射状鬃毛，两侧饰卷毛发。瓦背面不太平坦。残长 25.5、残宽 19、厚 5.5 厘米（图版一五五）。

标本 TG3H2：10，残留右下部。近方形，质地细腻。表面呈凹凸高浮雕兽面，口大张，獠牙倒竖，周围饰卷毛发。瓦背面较平整。残长 16.6、残宽 11.3、厚 4.6 厘米（图版一五六）。

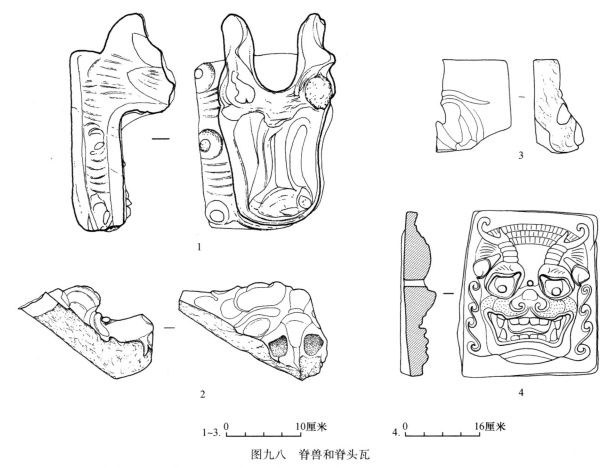

图九八　脊兽和脊头瓦

1. 脊兽（TN03W05 ④：1）　2 ~ 4. 脊头瓦（TN02W04 ⑥：17、TN02W04 ⑥：18、TN05W04 ⑤：9）

　　标本 TN05W04 ⑤：9，可复原。近方形，深灰色，表面青掍。表面呈凹凸高浮雕兽面，双犄角，贝壳状耳，方形眼睑，怒目圆睁，三角形鼻，口大张，獠牙倒竖，周围饰卷毛发，眉间有一圆形孔。瓦背面较平整。长 36、宽 26.5 ~ 30、厚 2.5 ~ 6.8 厘米（图九八，4；图版一五七）。

9. 石雕

　　石雕共 8 件。

　　石雕狮子，共 2 件。

　　标本 TN05W04 ⑤：8，砂石质，残存上身部分。深浮雕，狮作昂首状，怒目圆睁，长眉，口大张，舌上卷，唇齿外露，贝形耳立于眉梢，脑后鬃毛披覆，前胸壮硕。残高 9.5 厘米（图版一五八）。

　　标本 TS01W01 ④：34，残存头部。残长 20.5、残宽 20、残高 13.5 厘米（图九九，1；图版一五九）。

　　石雕莲花底座，共 4 件。

　　标本 TS01W01 ④：36，残，深灰色青石质。双层莲花底座，中部收束，底部为方座，四角削平，下部覆宝装复瓣莲花纹，上部饰一周仰莲莲花瓣。顶部残留一兽爪。残高 12.6、底座

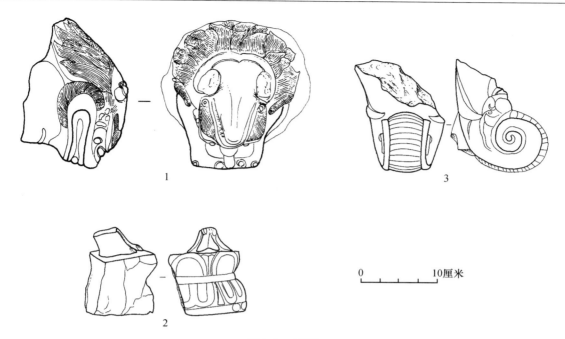

图九九　石雕

1. 石雕狮子（TS01W01④：34）　2. 石雕莲花底座（TS01W01④：36）　3. 石雕构件（TS01W01④：33）

残长 8.6、残宽 8.5 厘米（图九九，2）。

标本 TS01W01④：35，残，形制同 TS01W01④：36。残高 12.2、底座残长 9.4、残宽 8.5 厘米（图版一六〇）。

标本 TS01W01④：38，残片，形制同 TS01W01④：36。残高 8.6 厘米（图版一六一）。

标本 TN04W05④：12，残，形制同 TS01W01④：36。残高 10.2、底座残长 14.8、残宽 14.3 厘米（图版一六二）。

石雕构件，共 2 件。

标本 TS01W01④：33，残，灰色青石质，为兽形石雕残件，呈盘卷状。残长 14.6，残宽 11、残高 12.5 厘米（图九九，3）。

标本 TS01W01④：37，残，形制同 TS01W01④：33。残长 9.9、残宽 7.6、残高 8.1 厘米（图版一六三）。

10. 其他

其他器物共 7 件。

门枢砖共 5 件。门枢砖在砖块的一面凿出圆窝，然后用于支垫门轴底部。

标本 TN03W02⑥：4，为长方砖残半，近方形，泥质夹少量细砂粒和小石砾，浅灰色，质地细腻。一面中部有一圆形凹窝。砖长 15.7、宽 14.7、厚 5.2 厘米。凹窝直径 5.7、深 2.6 厘米（图一〇〇，1；图版一六四）。

标本 TN04W01⑥a：2，残，近方形，泥质，浅灰色，质地细腻。一面素面，一面粗绳纹，中部有一 V 形缺口，两面各有一圆形凹窝。砖边长 23、厚 8.2 厘米。凹窝直径 4.7、深 1.2

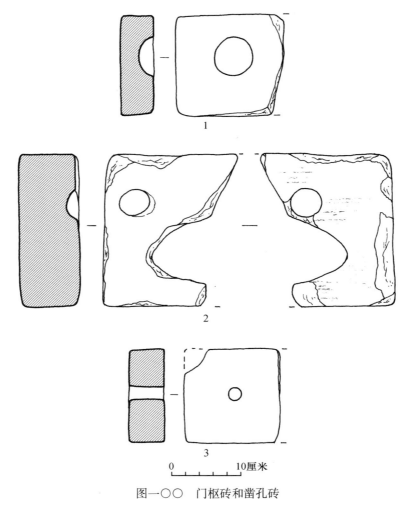

图一〇〇　门枢砖和凿孔砖

1、2. 门枢砖（TN03W02⑥：4、TN04W01⑥：2）　3. 凿孔砖（H120：14）

厘米（图一〇〇，2；图版一六五）。

标本 H70：58，残，形制同 TN04W01⑥：2。砖边残长 16.8、厚 6.4 厘米。凹窝直径 6、深 2.7 厘米（图版一六六）。

标本 H66：15，圆形，泥质，浅灰色，质地细腻。平面有一圆形凹窝，底部呈圜底。砖直径 10.7、厚 5.2 厘米。中间的窝直径 8.1、深 2.4 厘米（图版一六七）。

标本 H132：5，残，砂岩，深灰色。平面近梯形，剖面呈三角形。残长 10.2、宽 10 ~ 11.2、厚 2.3 ~ 6.9 厘米（图版一六八）。

凿孔砖共 1 件。

标本 H120：14，略残，为素面长方砖残半，泥质夹少量细砂粒和小石砾，青灰色，制作较规整。砖面正中凿一圆形透孔，孔壁留有凿痕。砖边长 13.8、厚 5、孔直径 2.2 厘米（图一〇〇，3；图版一六九）。

带凿窝砖共 1 件。

标本 H68：17，残半，为绳纹大长方砖残块，泥质，浅灰色。砖体较大且厚，绳纹砖面正中凿一圆形窝，略为圜底，孔壁留有凿痕。砖长 20.3、残宽 13.5、厚 7.9、孔口部直径 4、深约 5.9 厘米（图版一七〇）。

（二）生活用品

生活用品共 455 件，有陶器 206 件，瓷器 102 件，三彩器 12 件，低温釉陶器 19 件，石器 4 件，铜器 10 件，骨器 17 件，金器 1 件，琉璃器 1 件和钱币 83 枚。

1. 陶器

陶器共 206 件，有盆 102 件，罐 46 件，瓮 18 件，钵 7 件，碗 30 件，坩埚 1 件，扑满 1 件和帐座 1 件。

1）盆

盆共 102 件，其中完整 1 件，可复原 52 件。

A 型 I 式，共 11 件，多为口沿残片，泥质灰陶，敞口，窄平折沿，方唇，斜腹。

标本 TN02W04 ⑥：31，外壁口沿下有一周浅凹槽。残高 5.1、口径 50.2 厘米。

标本 H46：9，可复原。口沿外缘略向上翘起，唇部有两周浅凹槽。通高 14.5、口径 35.8 厘米（图一〇一，1；图版一七一）。

标本 H64：38，口沿外缘略向下翻，腹内壁饰数周网格纹。残高 7.2、口径 38.5 厘米（图一〇一，2）。

标本 H64：42，口沿外缘向上翘起，外壁口下有两周瓦棱纹，腹内壁饰多带》》》纹。残高 9.9、口径 52.2 厘米（图一〇一，3）。

标本 H64：45，残高 5.3、口径 48.9 厘米。

标本 H64：48，深斜腹，口沿外缘向上翘起，外壁口下有 3 周瓦棱纹，腹内壁饰数周》》》纹。残高 14.7、口径 46.9 厘米（图一〇二，1）。

标本 H64：49，唇上部有一周凹弦纹。残高 9.5、口径 46.8 厘米。

标本 H64：51，外壁口沿下有一周浅凹槽。残高 10、口径 36.4 厘米。

标本 H64：52，斜方唇，唇下部略外翘，外壁口沿下有一周浅凹槽。残高 7、口径 53 厘米。

标本 H120：6，斜弧腹。残高 11.1、口径 34.4 厘米。

标本 TG7H2：8，外壁口沿下有一周凹弦纹。残高 5.8、口径 36.4 厘米。

A 型 II 式，共 34 件，其中可复原 14 件。泥质灰陶，宽平折沿，口沿外缘向上翘起。

标本 TN02W01 ⑥：29，口沿残片，口微敛，圆唇，腹较直。外壁口沿下有一周浅凹槽，其下饰两周附加堆纹。残高 17.5、口径 84 厘米（图一〇一，4）。

标本 TN02W05 ⑥：2，可复原。泥质灰陶，宽平沿，斜腹，平底。口下饰一周瓦棱纹，口沿外缘向上翘起，腹内壁饰数周斜回字纹。通高 17.8、口径 41.6 厘米（图一〇一，5）。

标本 TN02W04 ⑥：32，口沿残片，敞口，方唇，弧腹略鼓。唇上有一周凸棱。残高 9.2、口径 85.6 厘米。

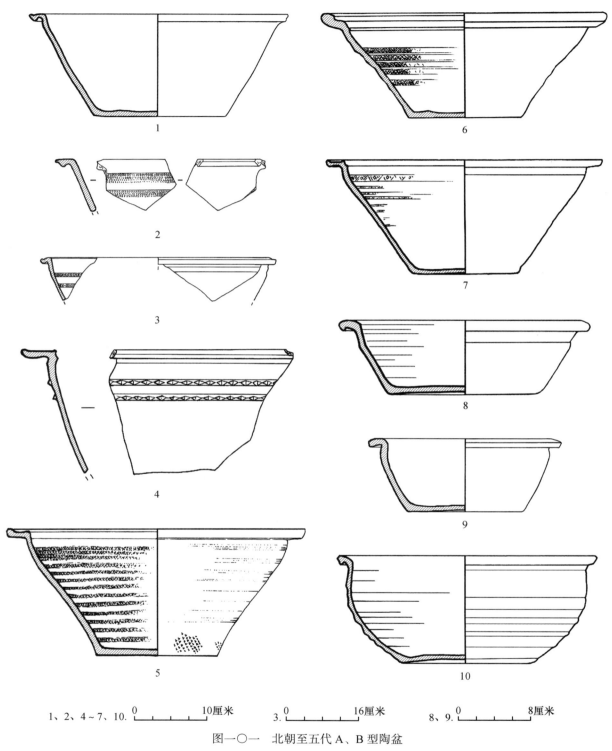

1、2、4~7、10. 0　　　　10厘米　　　3. 0　　　16厘米　　　8、9. 0　　　8厘米

图一〇一　北朝至五代 A、B 型陶盆

1~3.A 型Ⅰ式（H46：9、H64：38、H64：42）　4~7.A 型Ⅱ式（TN02W01 ⑥：29、TN02W05 ⑥：2、TN04W03 ⑤：7、H45：7）

8、9.B 型Ⅰ式（TN02W05 ⑤：1、H30：11）　10.B 型Ⅱ式（H52：43）

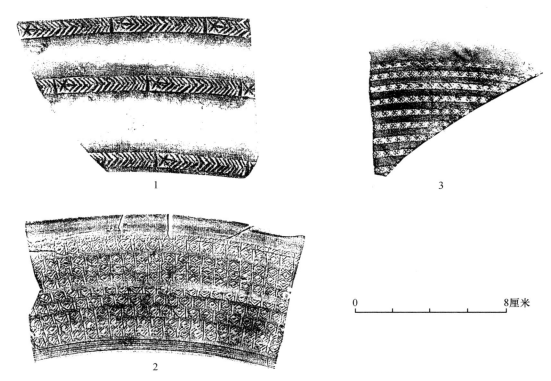

图一〇二　北朝至五代陶盆纹饰拓本

1.A 型 I 式（H64：48）　2、3.A 型 II 式（H23：33、H71：30）

标本 TN02W04⑥：34，口沿残片，敛口，方唇，弧腹。腹内壁饰数周斜回字纹。残高 11.4、口径 66.6 厘米。

标本 TN04W03⑤：7，可复原，深灰色，敞口，方唇，斜腹，平底。腹外壁饰数周瓦棱纹，内壁饰数周斜回字纹，内底饰多圈同心圆斜回字纹。通高 15、口径 36 厘米（图一〇一，6；图版一七二）。

标本 H19：1，可复原，深灰色，大口，圆唇，斜腹，平底。腹内壁饰数周斜回字纹，内底饰多圈同心圆斜回字纹。通高 17.8、口径 47 厘米（图版一七三）。

标本 H19：3，可复原。敞口，方唇，斜腹，平底。腹内壁饰数周》》》纹。通高 6.9、口径 23.1 厘米。

标本 H23：33，口沿残片，敞口，方唇，斜直腹。外壁口沿下有一周浅凹槽，腹内壁饰数周斜回字纹，其下饰 5 周凹弦纹。残高 10.4、口径 40.3 厘米（图一〇二，2）。

标本 H23：39，口沿残片，泥质红陶，口微敛，方唇，弧腹较直。外壁口沿下有一周浅凹槽，腹内壁饰数周斜回字纹。残高 7.1、口径 67.2 厘米。

标本 H23：51，可复原，敞口，方唇，唇部有一周浅凹槽，斜腹，平底。外壁口沿下有一周浅凹槽。通高 15、口径 38.5 厘米（图版一七四）。

标本 H38：5，可复原。深灰色，敞口，方唇，斜腹，平底。外壁口沿下有一周浅凹槽，腹内壁饰数周斜回字纹，内底饰多圈同心圆斜回字纹。通高 13.3、口径 37.8 厘米。

标本 H43∶7，口沿残片，敞口，圆唇，斜腹。腹内壁饰数周菱形纹。残高 8、口径 37.4厘米。

标本 H45∶7，可复原，侈口，尖唇，深腹斜壁，假圈足底。外壁口沿下有一周浅凹槽，腹内壁饰数周斜回字纹。通高 16、口径 38.5 厘米（图一〇一，7）。

标本 H45∶35，可复原，敞口，圆唇，深腹斜壁，平底。腹内壁及底饰数周菱形纹。通高 17.6、口径 48.3 厘米（图版一七五）。

标本 H48∶1，可复原，敞口，方唇，深腹斜壁，平底。腹外壁饰数周瓦棱纹。通高 26.9、口径 64.1 厘米。

标本 H52∶7，可复原，敞口，方唇，斜直腹。外壁口沿下饰数周瓦棱纹，腹内壁饰数周斜回字纹，内底饰多圈同心圆斜回字纹。通高 21、口径 58.6 厘米。

标本 H52∶36，口沿残片，敞口，尖唇，斜直腹。外壁口沿下饰数周瓦棱纹。残高 13.5、口径 56.8 厘米。

标本 H54∶4，可复原，敞口，方唇，深腹斜壁。外壁口沿下有一周浅凹槽，腹中部饰数周瓦棱纹。通高 22.1、口径 44.2 厘米（图版一七六）。

标本 H69∶2，可复原，敞口，方唇，深腹斜壁。外壁口沿下有一周浅凹槽，腹内壁饰数周斜回字纹，内底饰多圈同心圆斜回字纹。通高 14.5、口径 35.8 厘米（图版一七七）。

标本 H69∶3，可复原。敞口，方唇，深腹斜弧壁。外壁口沿下有一周浅凹槽。通高 35、口径 71 厘米。

标本 H70∶113，口沿残片，敞口，方唇。腹内壁饰数周斜回字纹。残高 4.7、口径 37.4 厘米。

标本 H71∶22，口沿残片，敞口，方唇，斜弧腹。外壁饰一周附加堆纹。残高 8.2、口径 79.4 厘米。

标本 H71∶30，口沿残片，敞口，方唇，斜直腹。唇部有一周浅凹槽，腹内壁饰数周斜方格纹。残高 6.4、口径 37.5 厘米（图一〇二，3）。

标本 H71∶31，口沿残片，口微敛，方唇，腹较直。外壁口沿下有一周凹槽，腹内壁饰数周斜回字纹。残高 10.1、口径 82.6 厘米。

标本 H71∶32，口沿残片，敞口，方唇，斜腹。残高 8、口径 76.8 厘米。

标本 H71∶35，可复原，敞口，方唇，深腹斜壁，平底中心略内凹。外壁口沿下饰一周瓦棱纹，近底部有一周浅凹槽。通高 25.2、口径 57.5 厘米。

标本 H71∶36，口沿残片，敞口，方唇，深腹斜壁。外壁口沿下饰数周瓦棱纹。残高 24.6、口径 73.5 厘米。

标本 H86∶1，口沿残片，泥质红陶，口微敛，方唇，斜弧腹。外壁口沿下有一周浅凹槽，腹内壁饰数周斜回字纹。残高 16、口径 46.6 厘米。

标本 H86∶5，口沿残片，敞口，圆唇，斜弧腹。外壁口沿下有一周浅凹槽。残高 11.8、口径 69 厘米。

标本 H86∶6，口沿残片，敞口，方唇，斜腹。残高 12.5、口径 70.4 厘米。

标本 H86：8，口沿残片，口微敛，圆唇，斜腹。残高 3.7、口径 59.2 厘米。

标本 H86：20，口沿残片，口微敛，方唇，弧腹。腹内壁饰数周斜回字纹。残高 4.5、口径 64 厘米。

标本 TG7H1：2，口沿残片，敞口，方唇，斜弧腹，腹内壁饰数周斜回字纹。残高 4.9、口径 29.7 厘米。

标本 TG5H3：11，口沿残片，敞口，尖唇，斜弧腹。外壁口沿下饰两周瓦棱纹，腹内壁饰数周斜回字纹。残高 5.4、口径 54 厘米。

B 型 I 式，共 21 件，其中可复原 17 件，均为泥质灰陶，方唇，敞口，坡折沿，口沿及内壁多饰暗弦纹。

标本 TN02W05 ⑤：1，可复原，斜腹，圈足，口下饰一周瓦棱纹，内底中部略凸起。通高 8.6、口径 24 厘米（图一〇一，8；图版一七八）。

标本 TN03W01 ⑤：1，可复原，斜腹，圈足，腹壁饰数周瓦棱纹。通高 14.8、口径 46 厘米（图版一七九）。

标本 TS01W01 ④：62，可复原，斜腹，平底，通高 14.6、口径 49.2 厘米。

标本 TN01W04 ⑤：8，可复原，斜腹，平底，外壁饰数周瓦棱纹。通高 9.9、口径 33.7 厘米（图版一八〇）。

标本 TN02W05 ⑤：13，可复原，尖唇，斜腹，平底，腹壁饰数周瓦棱纹。通高 8.5、口径 28.7 厘米（图版一八一）。

标本 H30：11，可复原，斜腹，平底，外壁口沿下有一周浅凹槽。通高 8.4、口径 18 厘米（图一〇一，9）。

标本 H43：1，可复原，斜腹，平底，外壁饰数周瓦棱纹。通高 10.7、口径 32.6 厘米（图版一八二）。

标本 H52：1，可复原，斜腹，平底，外壁饰数周瓦棱纹。通高 13.8、口径 48.7 厘米。

标本 H52：2，可复原，斜腹，平底，外壁饰数周瓦棱纹。通高 8.2、口径 28 厘米。

标本 H52：3，可复原，斜腹，平底，外壁饰数周瓦棱纹。通高 13.4、口径 47.7 厘米。

标本 H52：4，可复原，斜腹，平底，沿内侧有折棱，外壁饰数周瓦棱纹。通高 10.1、口径 35 厘米。

标本 H52：45，可复原，斜腹，平底。通高 12.9、口径 47.5 厘米。

标本 H52：46，可复原，斜腹，平底。高 9.8、口径 33.2 厘米（图版一八三）。

标本 H55：1，可复原，斜腹略弧，平底。通高 9.5、口径 34 厘米。

标本 H55：3，可复原，斜腹，平底，外壁口沿下饰两周瓦棱纹。通高 13.7、口径 45.2 厘米。

标本 H55：9，可复原，斜腹，平底，唇上有一周浅凹槽。通高 12.6、口径 41.4 厘米。

标本 H105：16，口沿残片，斜腹。残高 6.6、口径 67 厘米。

标本 H120：1，可复原，斜腹略弧，平底。内壁及底饰数带网格纹。通高 13.9、口径 36.8 厘米。

标本 H120：5，口沿残片，斜弧腹。残高 12.6、口径 41.1 厘米。

标本 TG3H2：5，口沿残片，斜弧腹。残高 6.7、口径 43.7 厘米。

标本 TG3H2：6，口沿残片，斜弧腹。残高 4.7、口径 24.8 厘米。

B 型Ⅱ式，共 5 件，其中可复原 1 件，均为泥质灰陶，方唇，敛口，坡折沿，口沿及内壁多饰暗弦纹。

标本 H52：43，可复原，弧腹略鼓，平底，外壁有数周瓦棱纹。通高 15.2、口径 36.2 厘米（图一〇一，10；图版一八四）。

标本 H64：39，口沿残片，弧腹略鼓，内壁饰斜网状方格纹。残高 7、口径 45.7 厘米。

标本 H64：41，口沿残片，弧腹略鼓。残高 4.6、口径 52.1 厘米。

标本 H64：46，口沿残片，口沿外缘略上翘，唇中部有一周浅凹槽，弧腹有瓦棱纹。残高 3.9、口径 39.7 厘米。

标本 H86：7，口沿残片，外壁口沿下有一周浅凹槽，弧腹略鼓，外壁上腹部有一圆形凹槽。残高 6.8、口径 56.8 厘米。

C 型Ⅰ式，共 8 件，均为口沿残片，泥质灰陶，侈口，斜折沿成坡状，外缘向上翘起。

标本 H42：12，方唇，斜弧腹。外壁口沿下有一周浅凹槽，腹内壁饰数周回字纹。残高 7.7、口径 43.1 厘米（图一〇三，1）。

标本 H60：113，尖圆唇，斜腹。残高 8.5、口径 31.2 厘米（图一〇三，2）。

标本 H60：124，尖圆唇，斜腹。残高 5、口径 32.3 厘米。

标本 H71：24，方唇，斜弧腹，外壁口沿下有两周瓦棱纹。残高 6.2、口径 40.3 厘米。

标本 H71：25，方唇，弧腹较直。残高 7、口径 56.3 厘米（图版一八五）。

标本 H71：26，方唇，斜弧腹。残高 6.3、口径 36.4 厘米（图版一八六）。

标本 H86：3，圆唇，斜弧腹。残高 3.1、口径 41.2 厘米。

标本 TN02W01⑥：31，圆唇，斜弧腹。腹内壁从上到下依次饰凹陷纹、水波纹及网状方格纹。残高 8.4、口径 65.7 厘米（图一〇三，3）。

D 型Ⅰ式，共 9 件，其中完整 1 件，可复原 7 件，均为泥质灰陶，敛口，卷沿，弧腹斜收，口沿及内壁饰暗弦纹。

标本 H23：1，可复原，泥质灰陶，敛口卷沿，弧腹略外鼓，平底。内壁为暗弦纹。通高 9.5、口径 26.9 厘米（图一〇三，4）。

标本 H53：2，可复原，尖唇，弧腹斜收，平底。近底部有一周槽线。通高 10.9、口径 35 厘米。

标本 H67：37，口沿残片，方唇，弧腹略外鼓。残高 7.2、口径 30.8 厘米。

标本 TN01W02⑤：12，可复原，尖唇，弧腹略外鼓，平底。口沿外侧有一周浅凹槽，外壁有一周浅凹槽。通高 10.1、口径 22.8 厘米（图一〇三，5；图版一八七）。

标本 TN02W03④：5，可复原，尖唇，弧腹略外鼓，平底。通高 11.6、口径 33.7 厘米（图版一八八）。

标本 TN05W02⑤：4，可复原，尖唇，弧腹略外鼓，圈足。通高 10.4、口径 36.5 厘米（图版一八九）。

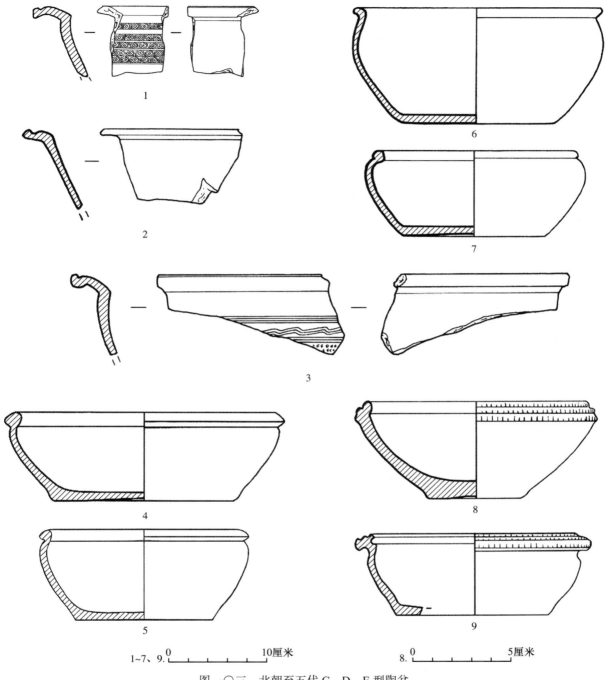

图一〇三　北朝至五代 C、D、E 型陶盆

1 ~ 3. C 型 I 式（H42：12、H60：113、TN02W01⑥：31）　4、5. D 型 I 式（H23：1、TN01W02⑤：12）
6、7. D 型 II 式（TS01W01④：63、TN05W04④：12）　8、9. E 型（H38：4、H13：2）

　　标本 TN05W02⑤：7，可复原，圆唇，弧腹斜收，平底。通高 10、口径 33.2 厘米（图版一九〇）。

　　标本 H52：44，完整，尖唇，弧腹斜收，平底。通高 9.1、口径 24 厘米（图版一九一）。

　　标本 H53：1，可复原，尖唇，弧腹斜收，平底。外壁中部有一周槽线。通高 13.7、口径

37.6 厘米（图版一九二）。

D 型 II 式，共 6 件，均可复原，均为泥质灰陶，敛口，卷沿，鼓腹。

标本 TS01W01 ④：63，圆唇，沿微卷，鼓腹，平底。通高 11.7、口径 26.1 厘米（图一〇三，6；图版一九三）。

标本 TN05W04 ④：2，尖唇，沿微卷，鼓腹，平底。口沿及内壁饰暗弦纹。通高 9.6、口径 23.7 厘米（图版一九四）。

标本 TN05W04 ④：11，方唇，沿微卷，鼓腹，平底。通高 11.6、口径 27.9 厘米（图版一九五）。

标本 TN05W04 ④：12，方唇，沿微卷，鼓腹，平底。通高 8.8、口径 21.1 厘米（图一〇三，7；图版一九六）。

标本 H28：12，尖唇，卷沿，鼓腹，平底。通高 8.8、口径 21.1 厘米（图版一九七）。

标本 H28：13，圆唇，沿微卷，鼓腹，平底。通高 10、口径 24 厘米（图版一九八）。

E 型，共 4 件，其中可复原 3 件，均为泥质灰陶，花口，折沿，口沿有两周凹槽，并饰有锯齿纹。

标本 H38：4，可复原，方唇，斜腹，平底。通高 5.3、口径 11.5 厘米（图一〇三，8；图版一九九）。

标本 H13：2，可复原，方唇，平折沿，腹微鼓，平底。通高 8.5、口径 20.7 厘米（图一〇三，9）。

标本 TN01W04 ⑤：5，口沿残片，尖唇，坡折沿，斜弧腹，外壁口沿下有一周浅凹槽。残高 5.3、口径 20.4 厘米。

标本 TN01W04 ⑤：18，可复原，方唇，平折沿，深腹弧壁。腹内壁饰多组凹弦纹。通高 12.2、口径 15.5 厘米（图版二〇〇）。

F 型，共 4 件，其中可复原 2 件，均为泥质灰陶，双沿，内沿上翘，敛口。

标本 TN01W03 ④：13，可复原，圆唇，斜腹，平底，外壁口沿下有一周浅凹槽。通高 11.3、口径 32 厘米（图版二〇一）。

标本 TS01W05 ④：23，口沿残片，圆唇，弧腹。残高 6.9、口径 25.2 厘米。

标本 H38：1，口沿残片，尖唇，弧腹斜收。残高 13.1、口径 32.4 厘米。

标本 TN05W02 ⑤：6，可复原，尖唇，斜直腹，平底，口沿及内壁饰暗弦纹，外壁饰数周瓦棱纹。通高 14、口径 36.7 厘米（图版二〇二）。

2）罐

罐共 46 件，其中完整 9 件，可复原 33 件，均为泥质灰陶。

Aa 型 I 式，共 1 件。

标本 J2：13，完整。方唇，盘口，单耳，短颈，圆肩，平底微内凹。肩部饰多周三角戳印纹。通高 15、口径 10.5 厘米（图一〇四，1；图版二〇三）。

Aa 型 II 式，共 3 件，其中完整 1 件，可复原 1 件，均为泥质灰陶，方唇，盘口，短颈，圆肩，平底。

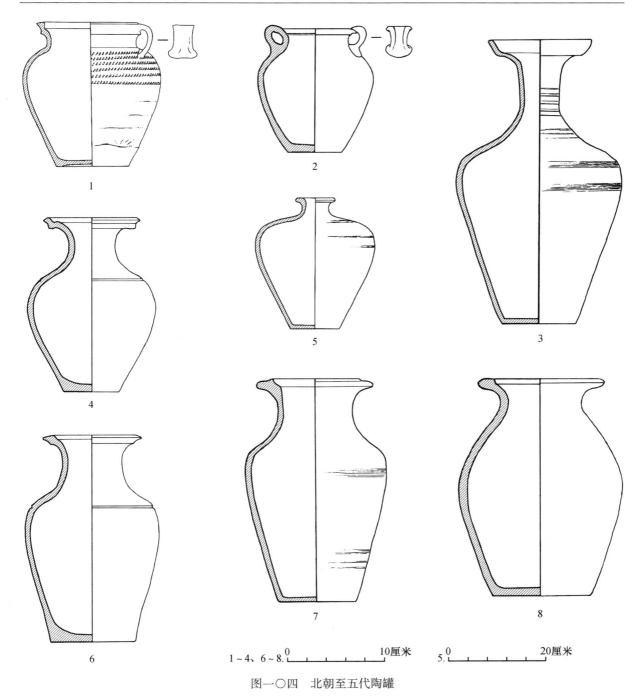

图一〇四　北朝至五代陶罐

1. Aa 型 I 式（J2：13）　2. Aa 型 II 式（TG3⑥：1）　3、4. Ab 型（J2：19、J2：14）

5. B 型（J2：6）　6～8. C 型 I 式（H69：1、H71：48、J2：10）

标本 TG3⑥：1，完整。双耳。通高 13、口径 7.5 厘米（图一〇四，2）。

标本 TN02W01⑥：3，残口，单耳，耳上部高出口沿，肩部有两周凹弦纹。残高 7.2、口径 9.6 厘米（图版二〇四）。

标本 TN05W01S4：1，可复原，双耳，大口，近底部有一周凹弦纹。通高 14.9、口径 34.5 厘米（图版二〇五）。

Ab 型，共 3 件，均可复原。

标本 J2：19，盘口，细长颈，圆肩，下腹弧收，平底中心内凹，颈中部有四周浅凹槽，颈下部及肩部饰三组六道凹弦纹。通高 30.3、口径 10.1 厘米（图一〇四，3；图版二〇六）。

标本 J2：14，盘口，长颈，圆肩，平底，肩部饰一周凹弦纹。通高 18、口径 9 厘米（图一〇四，4；图版二〇七）。

标本 J2：75，盘口微外侈，束颈，溜肩，下腹斜直内收，平底，唇中部及肩部各饰一周凹弦纹，器表饰暗弦纹。通高 23.5、口径 10.6 厘米（图版二〇八）。

B 型，共 3 件，其中可复原 1 件，均为敞口，圆肩，短束颈，圆肩。

标本 J2：6，可复原。口沿略外卷，尖圆唇，下腹弧收，平底，肩部饰一周凹线纹。通高 28.7、口径 8 厘米（图一〇四，5；图版二〇九）。

标本 H71：21，残，尖唇，唇下饰一周凸棱。残高 23.3、口径 14 厘米。

标本 H71：40，残，尖圆唇，卷沿。器内壁施小圆凸点，至颈部抹平。残高 11.4、口径 6.6 厘米。

C 型 I 式，共 9 件，其中完整 2 件，可复原 7 件，侈口，平沿，沿内部多有折棱，长颈，溜肩，长腹，平底。

标本 H69：1，可复原。尖唇，沿内部有折棱。通高 22、口径 9 厘米（图一〇四，6）。

标本 H71：37，可复原。尖唇。沿中部饰两周凹弦纹，肩部饰数周凸弦纹。通高 23.2、口径 9.9 厘米（图版二一〇）。

标本 H71：48，完整。尖圆唇。肩部饰两周凹弦纹。通高 23.8、口径 10.2 厘米（图一〇四，7；图版二一一）。

标本 J2：7，可复原，方唇。通高 26.7、口径 9.6 厘米（图版二一二）。

标本 J2：8，可复原，方唇，肩部饰一周凹弦纹。通高 26、口径 10.1 厘米。

标本 J2：9，可复原，方唇，肩部饰一周凹弦纹。通高 25、口径 8.3 厘米。

标本 J2：10，可复原，尖唇，底略内凹。通高 22.8、口径 11.4 厘米（图一〇四，8；图版二一三）。

标本 J2：11，可复原，尖唇。通高 26.3、口径 11.5 厘米（图版二一四）。

标本 J2：12，完整，尖唇。通高 18.1、口径 7.2 厘米（图版二一五）。

C 型 II 式，共 11 件，其中完整 1 件，可复原 10 件，平沿，沿内部多有折棱，短颈，圆腹，平底。

标本 J2：5，可复原，方唇。通高 28.5、口径 12 厘米（图版二一六）。

标本 J2：15，可复原，方唇，卷沿，肩部饰一周凹弦纹。通高 33.1、口径 13.6 厘米（图版二一七）。

标本 J2：16，可复原，方唇，肩部饰两周凹弦纹。通高 37、口径 14.7 厘米。

标本 J2：17，可复原，方唇，肩部隐约可见一组两周凹弦纹。通高 29.3、口径 11 厘米。

标本 J2：18，可复原，圆唇，颈部饰三周瓦棱纹，肩部饰一组三周凹弦纹。通高 31、口径 12.8 厘米（图版二一八）。

标本 J2：76，可复原，方唇，颈上部有一周浅凹槽，肩部饰一周凹弦纹。通高 29、口径 12.2 厘米。

标本 J2：84，可复原，方唇，颈下饰四周瓦棱纹，肩部饰一组五周凹弦纹。通高 31、口径 13.1 厘米。

标本 J1：2，可复原，方唇，卷沿，沿内侧及上腹部饰暗弦纹。通高 26.3、口径 11.6 厘米（图版二一九）。

标本 J1：5，可复原，尖唇，腹部饰一周凹弦纹。通高 26.8、口径 12.3 厘米（图一〇五，1；图版二二〇）。

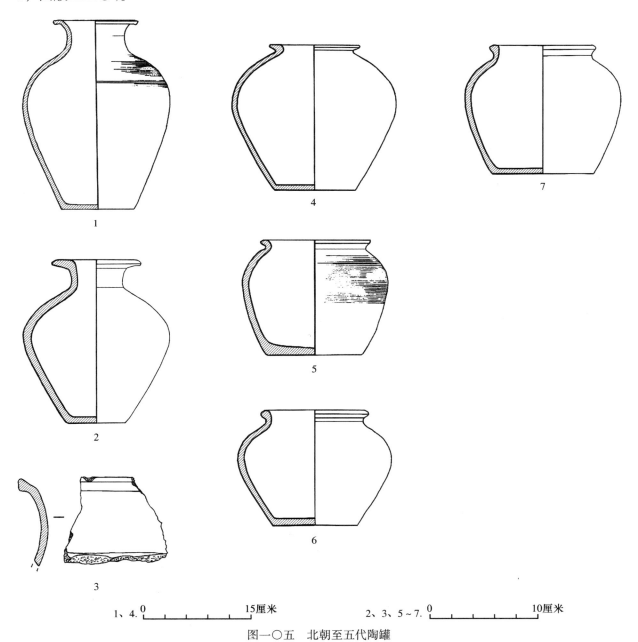

图一〇五　北朝至五代陶罐

1、2. C 型 II 式（J1：5、TN05W02 ⑤：5）3. D 型（H60：138）4～7. E 型（J2：20、H9：4、TN03W01 ④：4、TN03W01 ⑤：8）

标本 TG5H3：1，完整，方唇，卷沿，沿内侧及肩部饰暗弦纹。通高 29.8、口径 12.6 厘米（图版二二一）。

标本 TN05W02 ⑤：5，可复原，尖唇，卷沿。通高 16.6、口径 8.2 厘米（图一〇五，2）。

C 型Ⅲ式，共 2 件，均可复原，卷沿，敞口，扁圆腹，平底。

标本 H5：1，底微内凹。通高 14.5、口径 8.5 厘米（图版二二二）。

标本 TN04W01 ⑤：13，底微内凹。通高 13.9、口径 7.5 厘米（图版二二三）。

D 型，共 2 件。圆唇，敞口，长颈。

标本 TN03W02 ⑤：16，残。残高 27.6、口径 25.4 厘米（图版二二四）。

标本 H60：138，残，卷沿，颈下部有一周凸线纹。残高 9.2、口径 18.8 厘米（图一〇五，3；图版二二五）。

E 型，共 12 件，其中完整 4 件，可复原 8 件。体形小，呈扁体形。侈口，束颈，鼓腹，平底。

标本 J2：20，可复原，尖唇，卷沿。沿内侧有一周凹槽，肩上、下部各饰一周凹弦纹。通高 20.5、口径 13 厘米（图一〇五，4；图版二二六）。

标本 J2：21，可复原，外壁饰暗弦纹。通高 22.8、口径 14 厘米。

标本 J2：22，可复原，沿内侧有一周凹槽，肩部饰一周凹弦纹。通高 17、口径 13.4 厘米。

标本 J2：74，可复原，平底内凹，肩部饰一周凹弦纹。通高 14.3、口径 11.2 厘米。

标本 TN01W03 ⑤：3，可复原。通高 17.2、口径 10.6 厘米（图版二二七）。

标本 H9：4，完整。通高 11.5、口径 10.5 厘米（图一〇五，5）。

标本 TN01W01 ④：1，可复原。近底部有一周浅凹槽。通高 13.5、口径 10.7 厘米（图版二二八）。

标本 TN03W01 ④：4，完整，尖唇。通高 11.3、口径 8.9 厘米（图一〇五，6；图版二二九）。

标本 TN04W01 ④：6，可复原。通高 12.2、口径 10.2 厘米。

标本 TN05W01 ④：12，可复原。通高 13.4、口径 10.9 厘米。

标本 TN03W01 ⑤：8，完整，圆唇。口沿及上腹部饰暗弦纹。通高 12.5、口径 10.1 厘米（图一〇五，7；图版二三〇）。

标本 H1：1，完整。通高 12.3、口径 11.6 厘米（图版二三一）。

3）瓮

瓮共 18 件，完整 2 件，可复原 1 件。

A 型，共 6 件。均为口沿残片，泥质灰陶，直口，圆肩。

标本 TN02W03 ⑥：9，圆唇，颈部有一周凹弦纹。残高 11、口径 28.3 厘米（图一〇六，1；图版二三二）。

标本 TN02W03 ⑥：10，圆唇，颈部有一周瓦棱纹。残高 9.5、口径 28.7 厘米。

标本 H64：33，方唇。残高 5.6、口径 31.3 厘米。

标本 H105：3，方唇，肩部饰一带水波纹。残高 8.2、口径 19.2 厘米（图一〇六，2）。

标本 H105：4，方唇。残高 5.6、口径 24 厘米（图版二三三）。

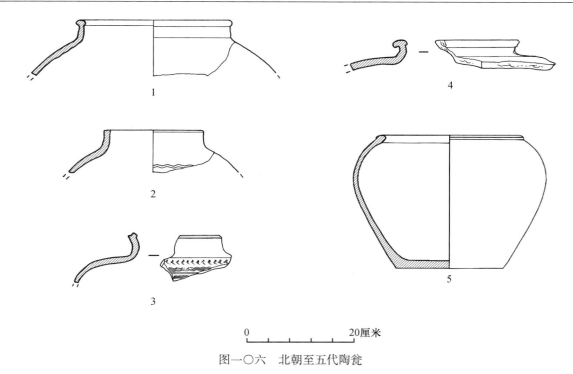

图一〇六　北朝至五代陶瓮

1、2. A 型（TN02W03 ⑥：9、H105：3）　3. B 型（H120：8）　4. C 型 I 式（TG7H2：6）　5. C 型 II 式（TN03W01 ⑤：25）

标本 H105：5，方唇。残高 4.3、口径 24.3 厘米。

B 型，共 4 件，均为口沿残片，泥质灰陶，侈口。

标本 TN03W01 ⑤：25，方唇，溜肩。残高 8、口径 24.4 厘米。

标本 TN02W03 ⑥：9，圆唇，圆肩。口内壁有一周凸棱，外壁颈部有一周凹弦纹。残高 10.1、口径 31 厘米。

标本 H120：8，方唇，唇上有一周浅凹槽，圆肩，肩部依次饰数周戳点纹和水波纹。残高 10、口径 21.7 厘米（图一〇六，3）。

标本 H120：9，圆唇，溜肩。残高 7.1、口径 28.1 厘米（图版二三四）。

C 型 I 式，共 6 件，可复原 2 件，均为泥质灰陶，圆唇，卷沿，矮领，圆肩。

标本 TN03W02 ⑤：20，口微敛。残高 3.8、口径 23.4 厘米。

标本 TN05W02 ⑥：3，基本完整。口微敛，肩部饰两周弦纹。高 39.6、口径 19.9 厘米。

标本 H66：18，口微侈，沿内下有一折棱。残高 6.4、口径 39 厘米（图版二三五）。

标本 TG3 ⑥：2，基本完整。口微侈，沿内下有一折棱，局部加拍绳纹。高 42.2、口径 18.9 厘米。

标本 TG3H2：2，口微侈，沿内下有一折棱。残高 8.3、口径 39 厘米（图版二三六）。

标本 TG7H2：6，敛口，沿内下有一折棱。残高 5.7、口径 38.8 厘米（图一〇六，4）。

C 型 II 式，共 2 件，可复原 1 件，均为泥质灰陶，圆唇，敛口，卷沿，圆肩。

标本 TN03W01 ⑤：25，可复原。弧腹，平底。通高 26、口径 28 厘米（图一〇六，5）。

标本 TS02W01 ④：5，肩上部有一小穿孔。通高 6.8、口径 19.2 厘米（图版二三七）。

4）钵

钵共 7 件，均可复原。

B 型，共 2 件，均为泥质灰陶，圆唇，直口，弧腹，平底。

标本 TN01W02 ⑤：11，通高 3.5、口径 9.5 厘米（图版二三八）。

标本 H58：1，通高 2.3、口径 9.2 厘米（图版二三九）。

C 型，共 4 件，敛口，深弧腹，平底。

标本 H120：11，圆唇。通高 7.3、口径 17 厘米（图版二四〇）。

标本 H70：59，圆唇。通高 8.6、口径 22.5 厘米（图版二四一）。

标本 TN03W05 ⑤：4，尖唇，内折沿。外壁饰三周瓦棱纹。高 4.4、口径 10.9 厘米（图一〇七，1；图版二四二）。

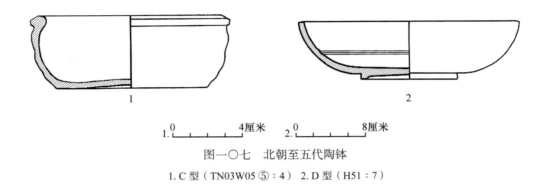

图一〇七　北朝至五代陶钵
1. C 型（TN03W05 ⑤：4）　2. D 型（H51：7）

标本 TN03W05 ⑤：6，尖唇，内折沿。内壁饰三周瓦棱纹。高 6.8、口径 16.5 厘米（图版二四三）。

D 型，1 件。

H51：7，圆唇，侈口，弧腹，窄圈足，平底。内壁饰三周凹弦纹。通高 7、口径 25 厘米（图一〇七，2；图版二四四）。

5）碗

碗共 30 件，其中完整 1 件，可复原 29 件。

A 型 I 式，共 8 件，其中完整 1 件，可复原 7 件，均为泥质红陶，尖唇，直口，深腹，腹壁较直，饼形足。

标本 TN05W02 ⑥：2，可复原。通高 7.3、口径 9.6 厘米（图一〇八，1）。

标本 TN05W02 ⑥：1，可复原。通高 6、口径 10.5 厘米（图一〇八，2）。

标本 H38：3，可复原。通高 5.9、口径 9.2 厘米（图版二四五）。

标本 H71：45，可复原，内外施黑彩。通高 5.6、口径 9.2 厘米（图版二四六）。

标本 H71：46，可复原，足施黑彩。通高 5.8、口径 9.2 厘米（图版二四七）。

标本 H71：47，完整，内外施黑彩。通高 6.3、口径 10.6 厘米（图版二四八）。

标本 TG5H3：4，可复原，内壁近底部有一周凹弦纹。通高 7、口径 13.4 厘米（图版二四九）。

标本 TG3 ⑥：1，可复原。通高 6.4、口径 12.8 厘米（图版二五〇）。

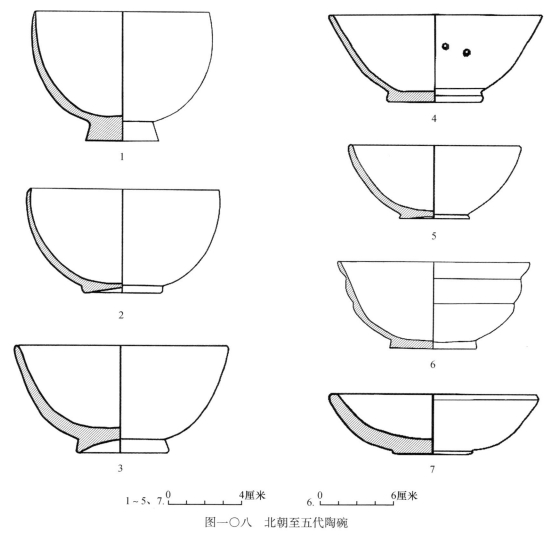

图一〇八　北朝至五代陶碗

1、2.A 型 I 式（TN05W02 ⑥：2、TN05W02 ⑥：1）　3、4.A 型 II 式（H14：1、J1：54）
5、6.B 型 I 式（H13：1、TG5H5：1）　7.B 型 II 式（TN04W04 ⑤：9）

A 型 II 式，共 7 件，均可复原。均为泥质红陶，尖唇，侈口，浅弧腹，饼形足。

标本 H14：1，内外施黑彩。通高 6.1、口径 11.5 厘米（图一〇八，3；图版二五一）。

标本 H23：3，内壁近底部有一周凹弦纹，内底中心下凹。通高 4.4、口径 11.8 厘米。

标本 H23：4，口沿部残留有黑彩。通高 5、口径 11.7 厘米（图版二五二）。

标本 H86：18，内壁残留有黑彩，内底微凹。通高 7.2、口径 13.4 厘米（图版二五三）。

标本 J1：4，内底微凹。通高 7.6、口径 15.4 厘米（图版二五四）。

标本 J1：53，内底微凹。通高 5.1、口径 10.8 厘米（图版二五五）。

标本 J1：54，外壁一侧有两穿孔。通高 4.8、口径 11.8 厘米（图一〇八，4；图版二五六）。

B 型 I 式，共 12 件，均可复原，均为泥质灰陶，侈口，弧腹，饼形足，有的足心内凹。

标本 TN02W01 ⑥：37，通高 6.5、口径 13.5 厘米。

标本 TN01W05 ⑤：2，方唇。通高 3.3、口径 9.1 厘米（图版二五七）。

标本 TN02W05 ⑤：7，圆唇，外壁唇下部及腹部各有一周凹弦纹。通高 6.6、口径 17.8 厘米。

标本 H13：1，圆唇，腹部有三周瓦棱纹。通高 4.2、口径 9.5 厘米（图一〇八，5）。

标本 H23：19，圆唇，饼形足不甚规整。通高 3.6、口径 9.3 厘米（图版二五八）。

标本 H30：1，圆唇，腹部有三周瓦棱纹。通高 7.5、口径 21.3 厘米。

标本 H45：8，尖唇。通高 3.9、口径 11.6 厘米（图版二五九）。

标本 H45：31，尖唇。通高 3.8、口径 10.9 厘米（图版二六〇）。

标本 H86：19，尖唇。通高 7.5、口径 14.3 厘米（图版二六一）。

标本 J2：25，尖唇。通高 4.7、口径 11 厘米。

标本 TG5H5：1，尖唇，唇下外腹有一周 1.2 厘米宽的浅凹槽。通高 7.3、口径 15.5 厘米（图一〇八，6）。

标本 TG7H2：1，尖唇。通高 4.5、口径 11.1 厘米（图版二六二）。

B 型 II 式，共 3 件，均可复原，均为泥质灰陶，侈口，浅弧腹，平底。

标本 TN04W04 ⑤：9，通高 3.5、口径 11 厘米（图一〇八，7）。

标本 TN03W01 ⑤：7，尖唇。通高 3.3、口径 9.8 厘米（图版二六三）。

标本 H23：5，方唇。通高 3.5、口径 9.4 厘米（图版二六四）。

6）扑满

扑满共 1 件。

标本 H52：5，可复原，泥质灰陶，深灰色。顶部与底部已残，顶部有一长方形孔，下腹有一圆孔。顶部饰多周凹弦纹。通高 9.2、腹最大径 9.6 厘米（图一〇九，1）。

7）帐座

帐座共 1 件。

标本 H153：1，残半，可复原，泥质灰陶，表面青掍磨光，底座方形，上为覆莲瓣形，中间钻孔。底座边长 23、上直径 10、通高 10.7、孔径 2.2 厘米（图一〇九，2；图版二六五）。

8）坩埚

坩埚共 1 件。

标本 TN01W03 ⑥：1，完整，圆唇，敞口，弧腹，圜底，口缘有一小流。内腹附着大量流铜液，外腹烧灼痕迹明显。胎色灰白，胎质较粗，含有大量砂粒等。通高 8.8、口径 7.4 厘米（图版二六六）。

2. 瓷器

瓷器共 102 件，其中有瓷碗 61 件，瓷盘 1 件，瓷钵 5 件，瓷罐 11 件，瓷盒 8 件，瓷执壶 5 件，注碗 1 件，瓷渣斗 1 件，瓷碾钵 5 件和其他 4 件。

1）碗

碗共 61 件，其中有可复原 50 件。器物型别具有多样化，釉色有白釉、酱釉、双色釉和青釉等，其中白釉瓷碗出土数量最多，双色釉、酱釉瓷碗次之，青釉瓷碗最少。

A 型，共 12 件，可复原 3 件，均为尖唇，直口，深腹下收，饼形足。

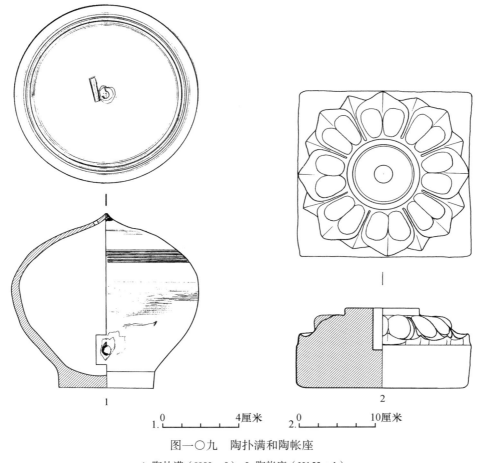

图一〇九 陶扑满和陶帐座

1.陶扑满（H52：5） 2.陶帐座（H153：1）

标本 TG5H3：18，可复原。足心内凹，内底有三个支钉痕。内壁施满釉，外壁施釉及饼形足，釉面有细碎开片，内底及外壁近足处有聚釉现象，呈黑褐色，且有流釉现象，呈泪滴状；釉色黄绿；胎色灰白，胎质细腻。口径12、底径4.5、通高6.5厘米（图一一〇，1）。

标本 TG5H3：2，可复原。足心内凹。内壁施满釉，外壁施釉不到底，釉面有细碎开片，内底有聚釉现象，呈深绿色；釉色浅绿；胎色黄白，胎质细腻。口径11.2、底径4.3、通高8.5、厚0.3～1厘米（图一一〇，2；图版二六七）。

标本 TN02W03⑤：31，可复原。内壁施满釉，外壁施釉至下腹部，釉面有细碎开片；釉色青灰；胎色黄白，胎质细腻。口径11、底径4、通高7、厚0.3～0.8厘米。

标本 TG5H3：3，残。底径4.5、残高8.2厘米。

标本 TN03W02⑥：5，残。底径2.5、残高4厘米。

标本 H54：5，残。足心内凹，内底有三个支钉痕。底径5、残高5厘米。

标本 H23：52，残。内壁未施釉，外壁施釉至口沿下，釉面有细碎开片；釉色灰青；胎色灰褐，胎质较粗。底径5.5、残高5.5厘米。

标本 H23：63，残。口径11.5、残高7厘米。

标本 H60：132，残。口径12、残高7.5厘米。

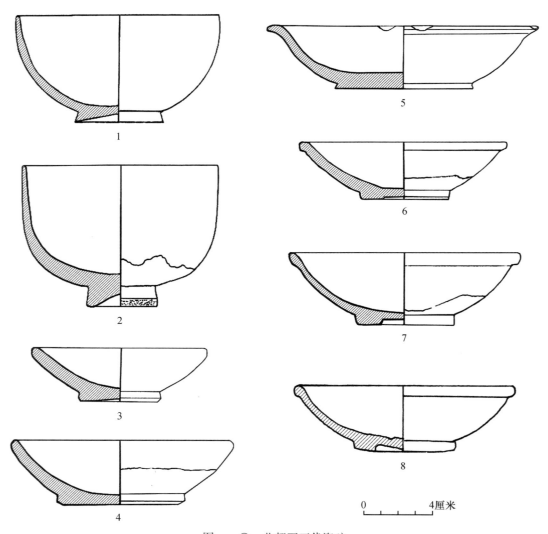

图一一〇　北朝至五代瓷碗

1、2. A 型（TG5H3：18、TG5H3：2）　3 ~ 5. Ba 型 I 式（TN05W03 ⑤：3、TN04W02 ⑤：2、TN03W01 ⑤：6）

6 ~ 8. Ba 型 II 式（TN04W03 ⑤：6、H23：69、H23：72）

标本 H60：133，残。釉色青灰；胎色青灰，胎质较粗。口径 14、残高 5 厘米。

标本 H54：12，残。足棱外斜削，足心内凹。内底聚釉，颜色黑褐，外壁施釉至饼形足；釉色青绿；胎色灰白，胎质细腻。底径 5.5、残高 2 厘米。

标本 H86：17，残。饼形足外撇，足底刻"善"字款识。内壁施满釉，有剥釉现象，釉面有细碎开片；釉色绿中泛黄；胎色灰白，胎质细腻。底径 4.8、残高 2.5、厚 0.6 厘米。

Ba 型 I 式，共 12 件，均可复原，饼形足。外腹施白釉，下腹有刮釉现象，有的仍有留釉痕，内腹施满釉，有支钉痕；有的胎色发红，有的灰色，有的灰色夹杂砂粒。

标本 TN04W02 ⑤：1，尖圆唇，侈口，斜弧腹，足棱外斜削。先施化妆土，再施白釉；内壁施满釉，外壁施釉至口沿下，釉面有细碎开片；釉色白中泛黄；胎色青灰，胎质较细。口径 12.5、底径 7、高 3.5、厚 0.5 厘米。

标本 TN05W03 ⑤：3，圆唇，侈口，斜弧腹。内壁施满釉，外壁施釉至腹部；釉色灰白；胎色青灰，胎质较粗。口径 10.3、底径 4.7、高 3.3、厚 0.5 厘米（图一一○，3；图版二六八）。

标本 TN04W02 ⑤：2，圆唇，侈口，足棱外斜削，内底残存一个支钉痕。内壁施满釉，外壁施釉至腹部，釉面有细碎开片；釉色白中泛黄；胎色黄白，胎质较粗。口径 13、底径 7.5、高 4、厚 0.4 ~ 0.6 厘米（图一一○，4；图版二六九）。

标本 TN04W04 ⑤：8，圆唇，直口，足棱外斜削，内底较平。内壁施满釉，外壁施釉至饼形足；釉色白中泛黄；胎色浅灰，胎质较粗。口径 6.2、底径 5、高 3.7、厚 0.3 厘米（图版二七○）。

标本 H23：73，尖圆唇，侈口，斜弧腹，足棱外斜削，内底残存一个支钉痕。先施化妆土，再施白釉，内壁施满釉，外壁施釉至口沿下；釉色白中泛黄；胎色青灰，胎质较细。口径 13、底径 7、高 3.5、厚 0.5 厘米（图版二七一）。

标本 TN03W01 ⑤：3，圆唇，侈口，足棱外斜削，内底残存两个支钉痕。先施化妆土，再施白釉，内壁施满釉，外壁施釉至下腹部，釉面有细碎开片；釉色白中泛黄；胎色黄白，胎质较粗。口径 13.5、底径 7.5、高 4.6、厚 0.5 ~ 0.7 厘米。

标本 TN02W05 ⑤：3，圆唇，侈口，斜弧腹，足棱外斜削。先施化妆土，再施白釉，内壁施满釉，外壁施釉至腹部；釉色白中泛黄；胎色红褐，胎质较粗。口径 10、底径 4.5、高 3、厚 0.5 厘米。

标本 H52：11，圆唇，侈口，斜弧腹，足棱外斜削。内底残存二个支钉痕，外壁下腹部有数周刀削痕。先施化妆土，再施白釉，内壁施满釉，外壁施釉至腹部；釉色白中泛青；胎色灰白，胎质较粗。口径 13、底径 7、高 4.2、厚 0.6 厘米。

标本 H52：12，圆唇，侈口，斜弧腹，足棱外斜削。内底残存一个支钉痕。内壁施满釉，外壁施釉至腹部；釉色白中泛黄；胎色浅灰，胎质较粗。口径 13、底径 7.5、高 4、厚 0.4 厘米。

标本 TN03W01 ⑤：6，圆唇，侈口，沿微外撇，斜弧腹。口缘作五瓣花口状，内壁沿花口至近内底有一窄凸棱。内壁施满釉，外壁施釉至饼形足；釉色白中泛黄；胎色黄白，胎质较细。口径 15.5、足径 7.5、高 3.7、厚 0.5 ~ 0.7 厘米（图一一○，5）。

标本 TN03W01 ⑤：2，圆唇，侈口，弧腹，足棱外斜削。先施化妆土，再施白釉，内壁施满釉，外壁施釉至腹部；釉色白中泛黄；胎色红褐，胎质较粗，含少量砂粒。口径 14.5、底径 7.5、高 3.7、厚 0.5 ~ 0.7 厘米。

标本 TS02W01 ④：1，圆唇，侈口。内壁施满釉，外壁施釉至腹部；釉色白中泛黄；胎色黄白，胎质较粗，含少量砂粒。口径 9.5、底径 5、高 3.1、厚 0.4 ~ 0.6 厘米。

Ba 型 Ⅱ式，共 10 件，可复原 8 件，均为圆唇，侈口，斜弧腹，玉璧形足。

标本 TN04W03 ⑤：6，可复原。口沿外卷呈厚圆唇。内壁施满釉，外壁施釉至下腹部；釉色灰白；胎色黄白，胎质较细。口径 12、底径 5.2、高 3.5、厚 0.2 ~ 0.4 厘米（图一一○，6；图版二七二）。

标本 H23：69，可复原。口沿外卷呈厚圆唇，内底较圜，足心微凸。内壁施满釉，外壁施釉至下腹部；釉色白中泛黄；胎色灰白，胎质较细。口径 13.5、底径 5.7、高 4.1、厚 0.3 ~ 0.5

厘米（图一一〇，7；图版二七三）。

　　标本 H23：71，可复原。口沿外卷呈厚圆唇，内底较圜。内壁施满釉，外壁施釉至近足处；釉色洁白；胎色灰白，胎质较细。口径 15、底径 6.7、高 4.5、厚 0.3~0.7 厘米（图版二七四）。

　　标本 H23：72，可复原。足心微凸。内壁施满釉，外壁施釉至玉璧形足，有聚釉现象，聚釉处泛青；釉色洁白；胎色灰白；胎质较细。口径 13、底径 5.8、高 3.8、厚 0.3~0.5 厘米（图一一〇，8；图版二七五）。

　　标本 TN02W03 ⑤：29，可复原。口沿外卷呈厚圆唇。内壁施满釉，外壁施釉至近足处；釉色白中泛青；胎色黄白，胎质较细。口径 11.5、底径 4.4、高 4、厚 0.3~0.4 厘米（图一一一，1）。

　　标本 TN01W05 ⑤：1，可复原。内壁施满釉，外壁施釉至玉璧形足；釉色洁白；胎色洁白，胎质细腻。口径 14、底径 8.6、高 3.9、厚 0.4~0.5 厘米。

　　标本 TN03W04 ⑤：4，可复原。外壁未施釉处有明显的拉坯弦纹。内壁施满釉，外壁施釉至近足处；釉色洁白；胎色洁白，胎质细腻。口径 12、底径 6.5、高 3.3、厚 0.2~0.4 厘米。

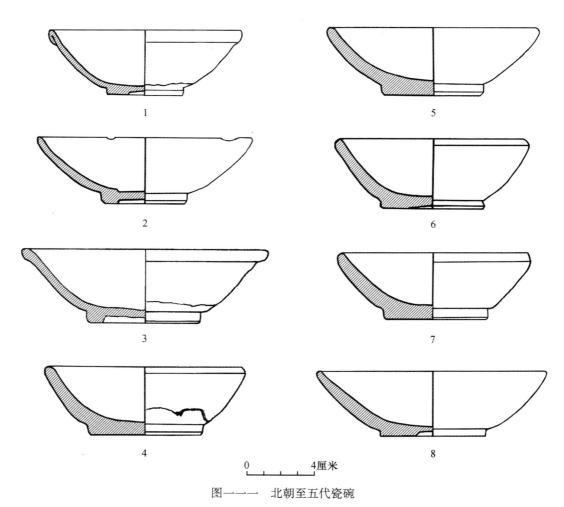

図一一一　北朝至五代瓷碗

1. Ba 型Ⅱ式（TN02W03 ⑤：29）　2、3. Ba 型Ⅲ式（TN04W02 ⑤：3、H23：70）　4~7. Bb 型Ⅰ式（TN03W05 ⑤：3、
TN04W04 ⑤：7、TN05W04 ⑤：7、H38：2）　8. Bb 型Ⅱ式（H52：10）

标本TN04W04⑤：4，可复原，斜弧腹，足心微凸，内底较平，残存一个支钉痕。内壁施满釉，外壁施釉至玉璧形足；釉色白中泛黄；胎色黄白，胎质较细。口径14.5、底径7.7、高4、厚0.6～0.8厘米。

标本TN04W02⑤：2，残。底径6、残高3、厚0.3～0.6厘米。

标本H37：6，残。底径5.6、残高3.5、厚0.3厘米。

Ba型Ⅲ式，共6件，均可复原，均为侈口，弧腹，圈足。

标本TN04W02⑤：3，圆唇，足棱外斜削，内底较圜。口缘作五瓣花口状。内壁施满釉，外壁施釉至圈足；釉色洁白；胎色洁白，胎质细腻。口径12.6、底径5.5、高4.5、厚0.3～0.5厘米（图一一一，2；图版二七六）。

标本H23：70，口沿外卷呈厚圆唇，圈足较窄，内底较平，残存一个支钉痕。内壁施满釉，外壁施釉至下腹部；釉色灰白；胎色灰白，胎质较粗。口径14.2、底径6.6、高4.2、厚0.3～0.4厘米（图一一一，3；图版二七七）。

标本TN02W03：22，圆唇，斜弧腹，宽圈足，足棱外斜削且有黏砂现象，内底残存一个支钉痕。内壁施满釉，外壁施釉至下腹部；釉色白中泛黄；胎色红褐，胎质较粗。口径15.5、底径7.3、高5、厚0.2～0.4厘米。

标本TN04W04⑤：12，口沿外卷呈厚圆唇，斜弧腹，宽圈足。内壁施满釉，外壁施釉至腹部；釉色白中泛青；胎色白中泛黄，胎质较粗。口径14.3、底径6.3、高4.2、厚0.2～0.4厘米。

标本TS01W05④：11，圆唇，斜弧腹，宽圈足，足棱内外均斜削，内底较平，有三个支钉痕。内壁施满釉，外壁施釉至下腹部；釉色白中泛黄；胎色白中泛黄，胎质较粗。口径12.7、底径6.1、高5.5、厚0.3～0.4厘米。

标本TN02W03⑤：23，尖圆唇，沿外卷，斜弧腹较深，足棱内斜削，内底较平，残存两个支钉痕。口缘作五瓣花口状，外壁沿花口至下腹部有竖向压痕。内壁施满釉，外壁施釉至圈足；釉色白中泛黄；胎色红褐，胎质较粗。口径14.2、底径6.5、高6.2、厚0.3～0.4厘米。

Bb型Ⅰ式，共7件，均可复原。外壁施褐色釉，内壁为白釉，先施白釉，白釉有流痕，有的外壁施深青褐色釉，均为圆唇，侈口，弧腹，饼形足。

标本H39：1，弧腹较深，足棱外斜削，内底残存一个支钉痕。内壁及口沿施满釉，釉色白中泛黄；外壁施釉至饼形足，釉色灰褐；胎色黄白，胎质较粗，含少量砂粒。口径16、底径8.8、高6.5、厚0.6～0.8厘米。

标本TN04W04⑤：5，足棱外斜削，内底残存一个支钉痕。内壁及口沿施满釉，釉色白中泛黄；外壁施釉至饼形足，釉色黑褐；胎色黄白，胎质较粗。口径11.5、底径6.5、高4、厚0.5～0.7厘米。

标本TN03W05⑤：3，内底残存一个支钉痕。内壁及口沿施满釉，釉色灰白；外壁施釉至饼形足，釉色红褐；胎色灰白，胎质较粗。口径12、底径6.5、高4.2、厚0.5厘米（图一一一，4；图版二七八）。

标本TN04W04⑤：7，内底残存一个支钉痕。内壁及口沿施满釉，釉色白中泛黄；外壁施釉至饼形足，釉色红褐；胎色灰白，胎质较粗。口径12.5、底径6、高4.2、厚0.5～0.6厘米（图一一一，5；图版二七九）。

标本 TN05W04 ⑤：7，内底残存一个支钉痕，外壁有粘连现象。内壁及口沿施满釉，釉色灰白；外壁施釉至饼形足，釉色红褐；胎色红褐，胎质较粗。口径 11.5、底径 6.2、高 4.2、厚 0.5 ~ 0.7 厘米（图一一一，6；图版二八〇）。

标本 H38：2，内底残存一个支钉痕。内壁及口沿施满釉，釉色白中泛黄；外壁施釉至饼形足，釉色黑褐；胎色灰白，胎质较粗。口径 12、底径 6、高 4、厚 0.6 ~ 0.8 厘米（图一一一，7；图版二八一）。

标本 TN01W04 ⑤：1，内底残存两个支钉痕。内壁及口沿施满釉，釉色灰白；外壁施釉至饼形足，釉色灰褐；胎色红褐，胎质较粗。口径 17、底径 9、高 6.6、厚 0.6 ~ 0.8 厘米。

Bb 型 Ⅱ式，共 1 件。

标本 H52：10，圆唇，侈口，斜弧腹，玉璧形足。内底残存两个支钉痕。内壁及口沿施满釉，釉色白中泛黄；外壁施釉至玉璧形足，釉色红褐；胎色黄白，胎质较粗。口径 13.7、底径 6.5、高 4、厚 0.4 ~ 0.6 厘米（图一一一，8；图版二八二）。

Bc 型，共 7 件，均可复原，施酱釉，有的黄褐色，有的深褐色，有的浅黄褐色，釉色晶莹发亮，多有冰裂片，外壁施釉，有的在口沿下，有的施及半腹，多为蘸釉或荡釉，此类碗体形小，均为圆唇，侈口，弧腹，平底。

标本 TN04W01 ⑤：14，斜弧腹，内底较平。内壁施满釉，外壁施釉至下腹部，口沿未施釉；釉色灰褐；胎色黄白，胎质较粗，含少量砂粒。口径 11.5、底径 5、高 3.5、厚 0.6 厘米（图一一二，1；图版二八三）。

标本 TN04W05 ⑤：3，内壁施满釉，外壁施釉至下腹部，口沿未施釉；釉色黄褐；胎色灰白，胎质较粗。口径 9.5、底径 4.8、高 3.5、厚 0.4 ~ 0.6 厘米（图一一二，2；图版二八四）。

标本 TN05W04 ⑤：6，斜弧腹，内底较平。内壁施满釉，外壁施釉至下腹部；釉色灰褐；胎色红褐，胎质较粗。口径 11、底径 4.5、高 3.8、厚 0.4 ~ 0.5 厘米（图一一二，3；图版二八五）。

标本 H25：1，内壁施满釉，外壁施釉至下腹部，口沿未施釉；釉色黑褐；胎色浅红褐，胎质较粗，含少量砂粒。口径 10.2、底径 5、高 3.8、厚 0.5 厘米（图一一二，4）。

标本 TN01W02 ⑤：10，内壁施满釉，外壁施釉至下腹部，口沿未施釉；釉色灰褐；胎色黄白，胎质较粗，含少量砂粒。口径 10、底径 4.7、高 3.2、厚 0.6 厘米（图版二八六）。

标本 H48：2，内底较平，残存一个支钉痕。内壁施满釉，外壁施釉至下腹部；釉色黑褐；胎色灰黑，胎质较粗。口径 10、底径 4、高 3、厚 0.4 ~ 0.5 厘米。

标本 H45：5，内壁施满釉，外壁施釉至口沿下，口沿未施釉；釉色黑褐；胎色灰白，胎质较粗，含少量砂粒。口径 9.8、底径 4.4、高 3.7、厚 0.5 厘米。

Bd 型 Ⅰ式，共 2 件，均可复原，均为圆唇，侈口，弧腹，饼形足。

标本 TN03W01 ⑤：23，内壁施满釉，外壁仅口沿施釉，有流釉现象，口沿有聚釉，釉面光亮；釉色浅绿；胎色红褐，火候低，胎质细腻。口径 10、底径 4、高 3.7、厚 0.4 ~ 0.6 厘米（图一一二，5；图版二八七）。

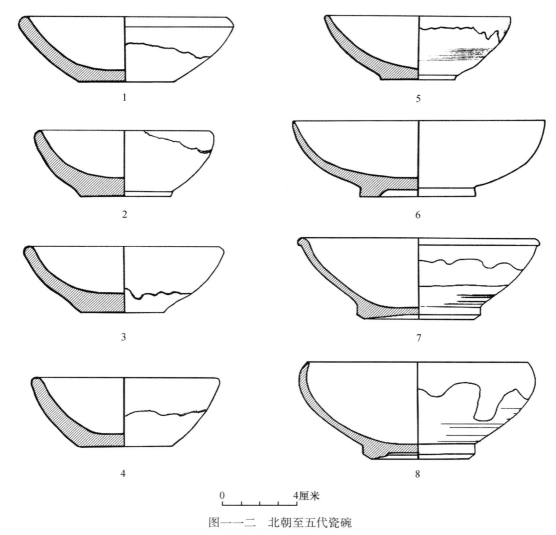

图一一二 北朝至五代瓷碗

1 ~ 4.Bc 型（TN04W01 ⑤：14、TN04W05 ⑤：3、TN05W04 ⑤：6、H25：1） 5.Bd 型 I 式（TN03W01 ⑤：23）
6.Bd 型 II 式（H115：1） 7.Be 型 I 式（TN02W03 ⑤：30） 8.Be 型 II 式（H52：9）

标本 H71：43，口径 7.5、底径 3.5、高 3.5、厚 0.3 ~ 0.5 厘米（图版二八八）。

Bd 型 II 式，共 1 件。

标本 H115：1，可复原，圆唇，侈口，浅弧腹，宽圈足外撇，足底残存两个支钉痕，内底较平。内外壁均施满釉，釉面光亮，有细碎开片，近圈足处聚釉，青绿色；釉色浅绿；胎色红褐，火候低，胎质细腻。口径 13.8、底径 6.3、高 4.2、厚 0.3 ~ 0.5 厘米（图一一二，6；图版二八九）。

Be 型 I 式，共 1 件。

标本 TN02W03 ⑤：30，可复原。圆唇侈口，弧腹，饼形足，足棱外斜削，足心微内凹，饼形足。内底残存一个支钉痕。标本先施化妆土，再施釉，内壁施满釉，外壁施釉至口沿下；釉色白绿相间；胎色黄白，胎质较细。口径 13.2、底径 5.5、高 4.6、厚 0.4 厘米（图一一二，7；图版二九〇）。

Be 型 II 式，共 2 件，均可复原，均为圆唇，口微敛，弧腹较深，宽圈足。

标本 TN05W05 ⑤：1，宽圈足外撇，足棱内外斜削，足心微凸，内底较圜。内壁施满釉，外壁施釉至近足处；釉色白绿相间；胎色黄白，胎质较粗，含少量砂粒。口径 12、底径 6.2、高 5.8、厚 0.4 厘米（图版二九一）。

标本 H52：9，足棱内外斜削，足心微凸，内底较圜，内壁施满釉，外壁施釉至口沿下，有流釉现象；釉色白绿相间；胎色黄白，胎质较粗，含少量砂粒。口径 11.5、底径 5.5、高 5.2、厚 0.4 厘米（图一一二，8；图版二九二）。

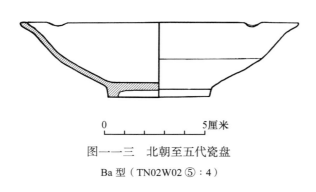

图一一三　北朝至五代瓷盘
Ba 型（TN02W02 ⑤：4）

2）盘

Ba 型，共 1 件。

标本 TN02W02 ⑤：4，可复原，尖圆唇，侈口，折腹，窄圈足。口缘作五瓣花口状，内底较平。内壁施满釉，外壁施釉至下腹部；釉色白中泛青；胎色灰白，胎质较细。口径 14.2、底径 5.6、高 3.2、厚 0.3～0.5 厘米（图一一三；图版二九三）。

3）罐

罐共 11 件，其中有完整器 1 件，可复原 2 件。瓷罐出土数量较少，釉色有白釉、褐釉等，白釉瓷罐最多。

Aa 型，共 6 件，其中可复原 2 件，均为敛口，圆肩，鼓腹。

标本 TN04W05 ④：12，可复原，尖唇，平底，内底有三个支钉痕。除口沿和下腹部有一周宽 2 厘米未施釉外，其余皆施满釉；釉色灰褐；胎色红褐，胎质较粗，含少量砂粒。口径 18、底径 10.5、高 12.3、厚 0.6～1 厘米（图版二九四）。

标本 TN04W04 ⑤：10，可复原，圆唇，饼形足，足棱外斜削，内底微凹。先施化妆土，再施釉，内壁施满釉，外壁施釉至下腹部，口沿未施釉，釉面有细碎开片；釉色白中泛黄；胎色黄白，胎质较粗，含少量砂粒。口径 10、底径 8、高 9、厚 0.6 厘米（图一一四，1；图版二九五）。

标本 H52：15，残。口径 10.5、残高 6.5、厚 0.5 厘米。

标本 H24：7，残。口径 9.5、残高 7、厚 0.6 厘米。

标本 TN01W04 ⑤：17，残。口径 7.5、残高 2.3、厚 0.2～0.6 厘米。

标本 TN04W02 ⑤：4，残。口径 16、残高 6、厚 0.5 厘米。

Ab 型，共 3 件，其中有完整器 1 件。

标本 TN04W01 ④：1，完整，圆唇，敛口，内折沿，折肩，弧腹，饼形足外撇。内壁施满釉，外壁施釉至下腹部；釉色黑褐；胎色黄白，胎质较粗，含少量砂粒。口径 3、底径 3.8、高 3.4、厚 0.4 厘米（图一一四，2）。

标本 H24：9，残。圆唇，侈口，束颈，圆肩，鼓腹。外壁腹部有竖向压痕。内外壁均施满釉，釉面有细碎开片；釉色白中泛青；胎色洁白；胎质细腻。口径 6.1、残高 5、厚 0.4 厘米（图一一四，3；图版二九六）。

标本 TN03W02 ⑤：23，残。圆唇，侈口，外折沿，束颈，溜肩。内外壁均施满釉；

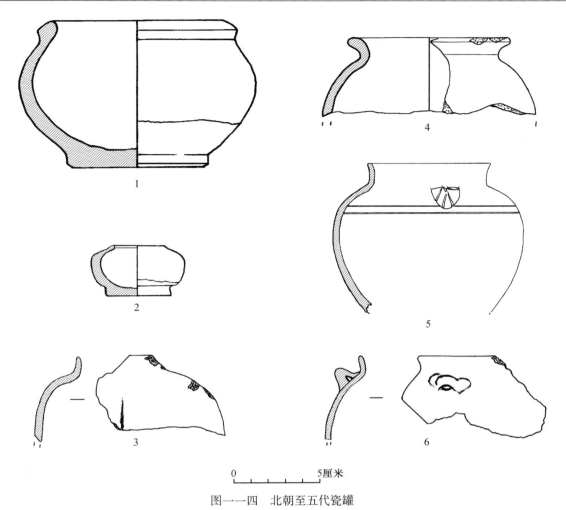

图一一四　北朝至五代瓷罐

1.Aa 型（TN04W04 ⑤：10）　2 ~ 4.Ab 型（TN04W01 ④：1、H24：9、TN03W02 ⑤：23）

5、6.B 型（TN04W03 ⑤：9、J2：73）

釉色白中泛黄；胎色灰白，胎质较粗，含少量砂粒。口径 8.5、残高 4.5、厚 0.4 ~ 0.6 厘米
（图一一四，4）。

B 型，共 2 件，均为圆唇，侈口，圆肩，鼓腹。

标本 TN04W03 ⑤：9，残。肩部有一残系，系下有两周凹弦纹。内外均施满釉；釉色洁
白；胎色洁白，胎质细腻。口径 6.5、残高 9、厚 0.3 ~ 0.5 厘米（图一一四，5；图版二九七）。

标本 J2：73，残。肩部有一横向桥形系。内外壁均施满釉，釉面有细碎开片；釉色浅黄；
胎色灰白，胎质较粗。口径 7.2、残高 5、厚 0.4 厘米（图一一四，6）。

4）钵

钵共 5 件，出土数量较少，根据口部特征不同，分 2 型。

A 型，共 1 件。

标本 H28：7，残。圆唇，侈口，卷沿，折腹。内壁施满釉，外壁施釉至下腹部；釉色白
中泛黄；胎色红褐，胎质较粗，含少量砂粒。口径 15、残高 6、厚 0.5 厘米（图一一五，1）。

B 型，共 4 件，均为尖唇，敛口，折沿，弧腹。

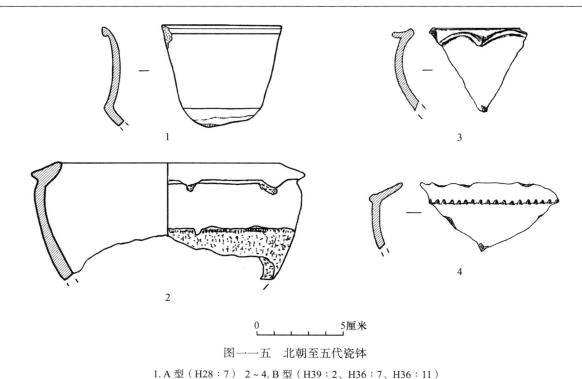

0　　　　　　　5厘米

图一一五　北朝至五代瓷钵

1. A 型（H28：7）　2～4. B 型（H39：2、H36：7、H36：11）

标本 H39：2，残。内折沿，口沿下饰有一周水波纹。内壁施满釉，外壁施釉至下腹部；釉色白中泛黄；胎色黄白，胎质较粗，含少量砂粒。口径 12.4、残高 6.5、厚 0.7 厘米（图一一五，2；图版二九八）。

标本 TN04W02⑤：3，残。外折沿。内外壁均施满釉；釉色白中泛黄；胎色黄白，胎质较细。口径 14.5、残高 4.5、厚 0.4 厘米（图版二九九）。

标本 H36：7，残。口径 11.2、残高 4.5、厚 0.5 厘米（图一一五，3）。

标本 H36：11，残。口径 17.2、残高 3.5、厚 0.4 厘米（图一一五，4；图版三〇〇）。

5）盒

盒共 8 件，可复原 7 件。瓷盒数量较少，由盒盖和盒底两部分组成，盒盖型制大同小异；盒底均为直腹，釉色有白釉和褐釉，其中白釉瓷盒出土数量相对较多。

盒盖，共 3 件，2 件可复原，均为盖顶微圜，折肩，直口，方唇。

标本 TN02W03⑤：9，可复原。内壁部分施釉，口沿未施釉，外壁施满釉；釉色白中泛青；胎色灰白，胎质较细。口径 5.5、高 1.5、厚 0.3 厘米（图一一六，1；图版三〇一）。

标本 H30：5，可复原。盖顶浮雕花卉和云朵的组合纹饰，并饰戳点底纹。内壁施满釉，釉色白中泛绿；外壁施满釉，釉色墨绿。胎色灰白，胎质较细。口径 8.5、高 2、厚 0.3 厘米（图一一六，2；图版三〇二）。

标本 H36：13，残。盖顶浮雕花卉纹和戳点圆圈纹。内壁施满釉，釉色白中泛绿；外壁施满釉，釉色墨绿。胎色黄白，胎质较细。口径 9.2、残高 2.2、厚 0.2 厘米（图一一六，3；图版三〇三）。

盒底，共 5 件，均可修复。

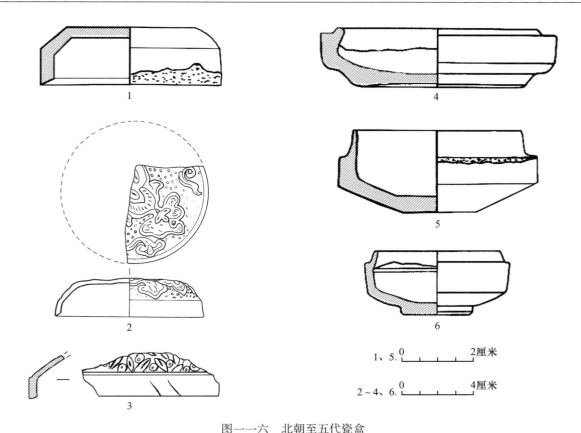

图一一六　北朝至五代瓷盒

1～3.瓷盒盖（TN02W03⑤：9、H30：5、H36：13）　4、5.C型Ⅰ式瓷盒底（TN04W01⑤：15、
TN03W04⑤：8）　6.C型Ⅱ式瓷盒底（TN04W03⑤：4）

C型Ⅰ式，共3件，均为尖唇，折肩，折腹，平底或微内凹底。

标本TN04W01⑤：15，敛口，内底微内凹。内壁施满釉，外壁施釉至近底处，口沿和肩部未施釉；釉色洁白；胎色黄白，胎质细腻。口径11、底径9.5、高3.3、厚0.2～0.7厘米（图一一六，4；图版三〇四）。

标本TN03W04⑤：8，直口，内底较平。内壁施满釉，外壁仅上腹部施釉；釉色黑褐；胎色红褐色，胎质较粗。口径4.5、底径3.3、高2.6、厚0.2～0.5厘米（图一一六，5；图版三〇五）。

标本TN02W02⑤：1，敛口，内底较平，口缘作五瓣花口状，腹壁亦作花瓣形。除口沿和肩部未施釉外，其余施满釉；釉色洁白；胎色洁白，胎质细腻。口径2.8、底径2、高1.5、厚0.2厘米。

C型Ⅱ式，共2件，均为尖唇，折肩，折腹，饼形足。

标本TN04W03⑤：4，敛口，足棱外斜削，内底较圜。内壁施满釉，外壁施釉至饼形足，口沿和肩部未施釉；釉色洁白；胎色洁白，胎质细腻。口径7、底径4、高3.8、厚0.2～0.4厘米（图一一六，6；图版三〇六）。

标本TN03W02⑤：24，直口，内底较圜。内壁施满釉，外壁施釉至饼形足，近足处有聚釉现象；釉色白中泛青；胎色灰白，胎质较细。口径4.5、底径2.8、高2.7、厚0.2厘米。

6）执壶

执壶共 5 件。

标本 TN03W01 ⑤：11，残。溜肩，弧腹，肩部有一残流。外壁自肩部至下腹部饰席纹，肩部饰三周凹弦纹。内壁部分施釉，外壁施釉至下腹部；釉色青中泛黄；胎色青灰，胎质较细。残高 16、厚 0.6～0.8 厘米。

标本 TS01W01 ④：56，残。方唇，侈口，束颈，溜肩。有一自肩部连接口沿下的执柄。内壁部分施釉，外壁施满釉；釉色灰褐；胎色黄白，胎质较粗，含有砂粒。口径 12、残高 7.5、厚 0.5～0.7 厘米（图版三〇七）。

标本 TN03W03 ⑤：3，残，肩部残存一圆柱形流。残高 4、厚 0.5 厘米（图版三〇八）。

标本 H30：4，残，肩部残存一圆锥形流。残高 4.5、厚 0.3 厘米。

标本 TN04W01 ⑤：1，残，圆唇，小口微侈，四角凸棱形颈，自颈部连接口沿向上一双泥条弧形执柄，间饰细泥条。标本施满釉；釉色深绿；胎色黄白，胎质较细。残高 7.5 厘米。

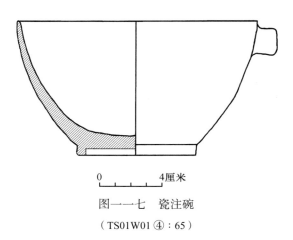

0　　　　　4厘米

图一一七　瓷注碗

（TS01W01 ④：65）

7）注碗

注碗共 1 件。

标本 TS01W01 ④：65，可复原，圆唇，斜弧腹，腹壁较深，圈足，足棱外斜削，内底较圜，口沿处有一圆柱形短流。内壁施满釉，外壁施釉至近底处；釉色白中泛青；胎色灰白，胎质细腻。口径 14.5、底径 7.8、高 9、厚 0.4～0.7 厘米（图一一七；图版三〇九）。

8）渣斗

渣斗共 1 件。

标本 H28：9，残，侈口，束腰，中间有一圆形穿孔。内外壁施满釉；釉色洁白；颜色洁白，胎质细腻。孔径 2.3、残高 3、厚 0.5 厘米。

9）碾钵

碾钵共 5 件，可复原 2 件。

标本 TN02W03 ⑤：27，可复原，圆唇，侈口，斜弧腹，玉璧形足，足棱外斜削，足心微凸，内底较圜。口沿有流，内壁自口沿至内底饰箆纹和戳点纹。内壁施满釉，外壁施釉至口沿下；釉色浅绿；胎色红褐，胎质较粗。口径 16.4、底径 6.8、高 4.8、厚 0.4 厘米（图一一八，1；图版三一〇）。

标本 H38：13，可复原，圆唇内卷，口微敛，斜弧腹，玉璧形足，足棱外斜削，足心微凸。内壁自口沿下至内底饰四道竖向和数周圆圈刻划纹。内壁未施釉，外壁施釉至腹部；釉色洁白；胎色洁白，胎质细腻。口径 12.5、底径 5.7、高 3.5、厚 0.3 厘米（图一一八，2；图版三一一）。

标本 H38：5，残，窄圈足，足棱外斜削。内壁饰竖向和圆圈刻划纹，内外壁均未施釉。胎色灰白，胎质较细。底径 5.5、残高 1.3 厘米。

标本 H55：8，残，圆唇，侈口，斜弧腹。口沿有流，内壁饰箆纹和戳点纹。内壁施满釉，

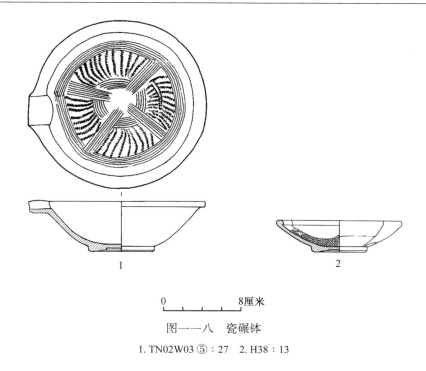

0　　　　　　　　8厘米

图一一八　瓷碾钵

1. TN02W03 ⑤ : 27　2. H38 : 13

外壁施釉至口沿下；釉色浅绿；胎色红褐，胎质较粗。口径 15.2、残高 4、厚 0.4 厘米。

标本 H52：21，残，圆唇，侈口，斜弧腹。口沿有流，内壁饰竖向和圆圈刻划纹。仅口沿处施釉；釉色青灰；胎色浅灰，胎质较细。口径 15、残高 4、厚 0.4 厘米。

10）其他

其他器物共 4 件。

标本 TN02W03 ④：1，瓷器盖，可复原。盖顶较圆，圆唇，直口，折肩，顶部饰宝珠形纽。内壁未施釉，外壁施满釉；釉色灰褐；胎色红褐，胎质较粗，含少量砂粒。口径 7.5、高 4.5、厚 0.3 ~ 0.8 厘米。

标本 H36：10，瓷塑，残，呈屈膝半蹲状，腰间和胯下着条状布带。除腿部以下皆施满釉；釉色白中泛青，部分位置施褐彩；胎色灰白，胎质细腻。残高 2.5 厘米。

标本 TN03W04 ⑤：3，瓷片，斜弧腹，平底。底部刻 "官" 字款识。内壁施满釉，外壁施釉至下腹部；釉色洁白；胎色洁白，胎质细腻。底径 3.8、残高 1.5 厘米。

标本 H45：34，骑兽瓷塑，残，仅存兽上身部分。人作扶兽颈骑状，兽首圆鼻高凸，双眼圆睁，内凹于眼眶，眉脊粗壮，嘴前凸微张，耳立脑后，鬃毛披覆，颈下饰羽状双翼。通体施满釉，釉面较厚，积釉处呈灰褐色；釉色黄褐；胎色灰白，胎质较细。残高 7 厘米（图版三一二）。

3. 三彩器

三彩器出土标本遗物 12 件，其中有三彩碗 5 件，三彩盘 2 件，三彩罐 2 件和其他 3 件。

1）碗

碗共 5 件，其中 4 件可复原。

A 型，共 1 件。

标本 TN03W02 ⑤：33，可复原，圆唇，直口，外折平沿，弧腹，饼形足，内底较平。标本先施化妆土再施釉，内壁未施釉，外壁施满釉；釉色黄褐、绿、白三色相间；胎色红褐，胎质较细。口径 12、底径 5.2、高 4.5、厚 0.6 厘米（图一一九，1）。

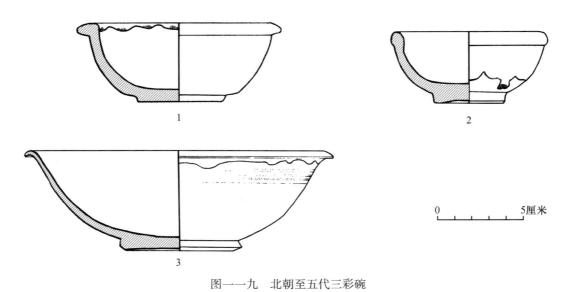

图一一九　北朝至五代三彩碗

1. A 型（TN03W02 ⑤：33）　2. B 型（TN04W04 ⑤：11）　3. C 型（TN02W03 ⑤：8）

B 型，共 3 件，其中可复原 2 件，均为圆唇，敛口，卷沿，弧腹。

标本 TN04W04 ⑤：11，可复原。饼形足微内凹，内底较平。内壁施满釉，釉色红褐；外壁施釉至下腹部，有流釉现象，釉色深绿；胎色红褐，胎质较细。口径 9.5、底径 4.2、高 4.1、厚 0.5 厘米（图一一九，2；图版三一三）。

标本 H23：6，可复原。饼形足，内底较平。标本先施化妆土再施釉，内外壁均施满釉；釉色红褐、绿、白三色相间；胎色红褐，胎质较细。口径 5.7、底径 2.8、高 2.5、厚 0.4 厘米。

标本 TN03W01 ⑤：19，残。口径 10、残高 5.7、厚 0.4 厘米。

C 型，共 1 件。

标本 TN02W03 ⑤：8，可复原。尖唇，侈口，坡折沿，斜弧腹，饼形足微内凹，足棱外斜削，内底较圜，有三个支钉痕。先施化妆土再施釉，内壁施满釉，外壁施釉至口沿下；釉色红褐、黄、绿、白四色相间；胎色黄白，胎质较细。口径 18、底径 7、高 6、厚 0.4～0.6 厘米（图一一九，3；图版三一四）。

2）盘

盘共 2 件，均可复原，均为圆唇，侈口，斜腹，平底，内底较平。

标本 H30：2，斜弧腹较浅。盘身及口沿作四瓣花口状，内底外圈饰两周凸弦纹，内饰联珠纹、花卉与云朵的组合纹，内壁上下各饰一周凸弦纹，内饰树叶纹和锦地纹。器物内外壁施满釉；釉色黄、绿、白三色相间；胎色灰白，胎质细腻。口径 13.5、底径 9、高 1.85、厚 0.2 厘米（图一二〇，1；图版三一五）。

标本 H25：5，盘身及口沿作倭角四方形，内底饰花卉纹，内壁饰蝴蝶和云朵纹。器物内

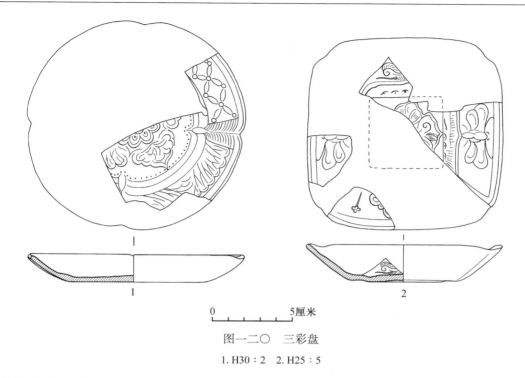

图一二〇　三彩盘
1. H30：2　2. H25：5

外壁均施满釉，釉色绿、白相间，部分地方点缀红褐色釉；胎色灰白，胎质细腻。口径13、底径7.5、高2、厚0.2厘米（图一二〇，2；图版三一六）。

3）罐

罐共2件，均为圆唇，侈口，折沿外撇，束颈，圆肩，鼓腹。

标本H115：2，残，先施化妆土再施釉，内壁仅口沿施釉，外壁施满釉，有剥釉现象；釉色红褐、黄、绿、白四色相间；胎色红褐，胎质较细。口径8、残高7.6、厚0.6厘米（图一二一，1）。

标本TN01W05⑤：3，残，先施化妆土再施釉，内壁仅口沿施釉，外壁施满釉；釉色黄、绿、白三色相间；胎色红褐，胎质较细。口径11.7、残高3、厚0.5厘米。

4）其他

其他器物共3件。

标本H30：6，残片，器口呈弧形，外壁饰珍珠地羽状纹饰，底饰弧线纹。器物内外壁均施满釉，内底有聚釉现象，呈墨绿色；釉色红褐、绿相间，部分位置有白色点缀；胎色黄白，胎质较细。残高5、厚0.6厘米（图一二一，2；图版三一七）。

标本H23：64，残足，兽形足，足根粗壮，蹄饰四爪，施满釉，有剥釉现象；釉色黄、绿、白三色相间；胎色黄白，胎质较细。残高6.5厘米。

标本H23：6，残足，马蹄形足，足根粗壮，马蹄较平，施满釉；釉色黄、浅绿、白三色相间；胎色黄白，胎质较细。残高4.7厘米。

4. 低温釉陶器

低温釉陶器共出土标本遗物19件，其中有釉陶碗17件和釉陶炉2件。

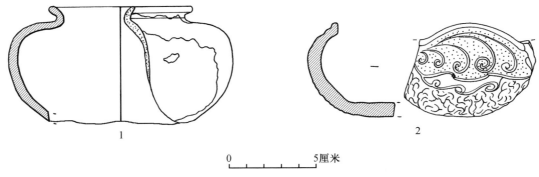

0　　　　　　　　5厘米

图一二一　北朝至五代三彩罐和三彩残片

1. 三彩罐（H115∶2）　2. 三彩残片（H30∶6）

1）碗

碗共 17 件，出土数量较多，为泥质红陶，有黄釉、绿釉、红褐釉和黑褐釉四种。

A 型，共 8 件，均可复原，均为圆唇，侈口，弧腹，饼形足。

标本 H27∶1，斜弧腹，足心微内凹，内底较圜，残存一个支钉痕，施满釉，有剥釉现象；釉色黄绿；胎色红褐，胎质较细。口径 16.5、底径 7.2、高 5.3、厚 0.7～1 厘米（图版三一八）。

标本 H27∶2，斜弧腹，足心微内凹，足棱外斜削，内底较平，有三个支钉痕，内壁施满釉，外壁施釉至饼形足，有流釉现象；釉色黄绿；胎色红褐，胎质较细。口径 16.5、底径 7、高 5.2、厚 0.6～0.8 厘米（图版三一九）。

标本 H28∶1，足心微内凹，内底较圜，有三个支钉痕。内壁施满釉，外壁施釉至下腹部，有流釉现象；釉色黄绿；胎色红褐，胎质较细。口径 16.2、底径 7.2、高 5.5、厚 0.6～1 厘米（图版三二○）。

标本 TN03W02⑤∶34，饼形足较矮，内底较平。内壁施满釉，外壁未施釉，有剥釉现象；釉色深黄；胎色红褐，胎质较细。口径 10.2、底径 3.5、高 3.8、厚 0.4～0.7 厘米（图版三二一）。

标本 TN04W04⑤∶6，饼形足较矮，内底较平。内壁施满釉，外壁仅口沿施釉，有剥釉现象；釉色深黄；胎色红褐，胎质较细。口径 11.4、底径 5.2、高 3.4、厚 0.4～0.6 厘米（图一二二，1；图版三二二）。

标本 TN03W02⑤∶22，饼形足较矮，内底较平。内壁施满釉，外壁仅口沿施釉，有剥釉现象；釉色深黄；胎色红褐，胎质较细。口径 10.2、底径 4.3、高 3.5、厚 0.4～0.6 厘米。

标本 TN03W04⑤∶9，饼形足较矮，内底较平。内壁施满釉，外壁仅口沿施釉，有剥釉现象；釉色深黄；胎色红褐，胎质较细。口径 10.5、底径 4.5、高 3.2、厚 0.4～0.7 厘米。

标本 TN03W02⑤∶21，饼形足较矮，内底较平。内壁施满釉，外壁仅口沿施釉；釉色深黄；胎色红褐，胎质较细。口径 10、底径 3.2、高 3.5、厚 0.5～0.8 厘米。

B 型，共 3 件，可复原 1 件，均为圆唇，侈口，斜弧腹。

标本 H54∶1，可复原，玉璧形足，内底较圜，残存一个支钉痕。内壁施满釉，外壁施釉至腹部，有流釉现象；釉色灰绿；胎色红褐，胎质较细。口径 16.1、底径 6.9、高 5.5、厚 0.6～0.8 厘米（图一二二，2；图版三二三）。

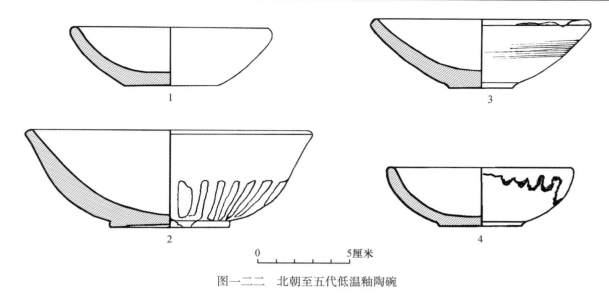

图一二二　北朝至五代低温釉陶碗

1. A 型（TN04W04 ⑤：6）　2. B 型（H54：1）　3、4. C 型（H52：13、TN03W01 ⑤：24）

标本 TN01W04 ⑤：16，残，内壁施满釉，外壁施釉至腹部，釉色深绿；胎色红褐，胎质较细。口径 13.2、残高 3、厚 0.7 厘米。

标本 TN02W03 ⑤：14，残，内壁施满釉，外壁施釉至腹部，釉色墨绿；胎色红褐，胎质较细。口径 10.2、残高 2.5、厚 0.6 厘米。

C 型，共 6 件，均可复原，均为圆唇，弧腹。

标本 TN04W02 ⑤：3，侈口，斜弧腹，小饼形足较矮，内底较平。内壁施满釉，外壁施釉至腹部，有流釉现象；釉色红褐；胎色红褐，胎质较细。口径 10.5、底径 3、高 3.2、厚 0.5 厘米（图版三二四）。

标本 H52：13，侈口，斜弧腹，小饼形足较矮，内底较圜。内壁施满釉，外壁仅口沿施釉，有流釉现象；釉色红褐；胎色红褐，胎质较细。口径 12、底径 3.3、高 3.8、厚 0.7 厘米（图一二二，3；图版三二五）。

标本 TN03W01 ⑤：24，口微敛，平底，内底较平。内壁施满釉，外壁仅口沿施釉，有流釉现象，内底聚釉，黑褐色；釉色红褐；胎色红褐，胎质较细。口径 10.5、底径 4.5、高 3.4、厚 0.5 厘米（图一二二，4；图版三二六）。

标本 H54：2，侈口，斜弧腹，小饼形足较矮，内底较平。内壁施满釉，外壁仅口沿施釉；釉色红褐；胎色红褐，胎质较细。口径 11.5、底径 4、高 3.2、厚 0.5 厘米。

标本 H52：22，侈口，斜弧腹，小饼形足较矮，内底较平。内壁施满釉，外壁仅口沿施釉；釉色红褐；胎色红褐，胎质较细。口径 10.2、底径 3.5、高 3.4、厚 0.5 厘米。

标本 H54：3，侈口，平底，内底较平。内壁施满釉，外壁仅口沿施釉，釉面基本剥落；釉色红褐；胎色红褐，胎质较细。口径 10、底径 3.6、高 3、厚 0.5 厘米。

2）炉

炉共 2 件，均可复原，圆唇，侈口。

　　标本 TN01W02 ⑤：13，可复原，弧腹，平底内凹，三矮兽足外撇。内壁施满釉，外壁施釉至下腹部，有流釉现象，内底聚釉，墨绿色；釉色深绿；胎色红褐，胎质较细。口径 12.3、底径 6.8、高 8.8、厚 0.5 ~ 0.8 厘米（图一二三，1；图版三二七）。

　　标本 H145：1，可复原，束颈，圆肩，鼓腹，圜底，三矮兽足外撇。内壁近口沿施釉，外壁施釉至腹部，有流釉现象；釉色深绿；胎色红褐，胎质细腻。口径 8.6、通高 9.8 厘米（图一二三，2；图版三二八）。

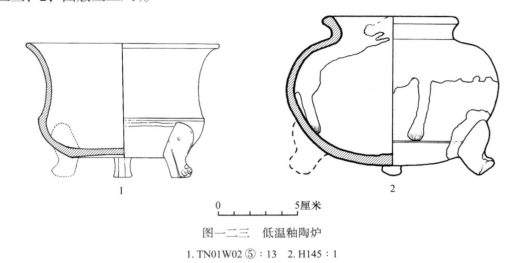

图一二三　低温釉陶炉

1. TN01W02 ⑤：13　2. H145：1

5. 石器

石器标本共出土 4 件，其中有佛造像 1 件，帐座 2 件和带板 1 件。

1）佛造像

佛造像共 1 件。

　　标本 TN05W05 ⑤：2，神王造像，白石质，头缺失。佛像结半跏趺坐状，上身半裸，披覆两臂通肩的轻薄贴体袈裟，下身着贴体薄裙，腰间束带，脚着长靴，衣褶刻画简单；右手在胸前持宝珠，左手抚膝。残高 14 厘米（图一二四；图版三二九 ~ 图版三三二）。

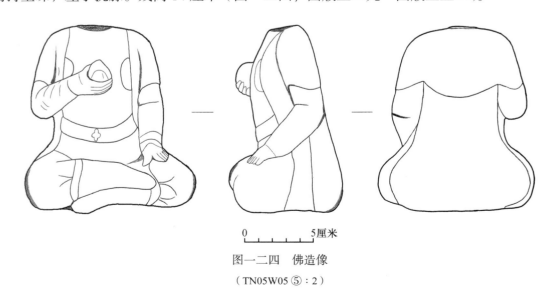

图一二四　佛造像

（TN05W05 ⑤：2）

2）帐座

帐座共 2 件。

标本 TN04W01 ⑥ a：1，残半，深灰色砂岩。底座方形，上为覆盆，中间钻孔，器表凿痕明显。底座边长 15.7、覆盆直径 15.7、通高 7.7、上孔径 2.5、下孔径 3.5 厘米（图一二五；图版三三三）。

标本 TG7H2：9，残半，黄褐色砂岩。底座方形，上为覆盆，中间钻孔。底座边长 14.7、覆盆直径 13.8、通高 7.1、上孔径 2.2、下孔径 3.3 厘米（图版三三四）。

3）带板

带板共 1 件。

标本 H157：3，煤晶石质，近方形。带板正面浅浮雕加饰阴线纹琢刻成奏乐胡人吹笛形象。胡人深目，高鼻，着帽，身披飘带，盘坐在圆形蒲团上，手持横笛，作吹笛状。背面光素，四角有四组结缀用的穿孔，每组两个。长 5.2、宽 4.9、厚 0.8 厘米（图一二六；图版三三五、图版三三六）。

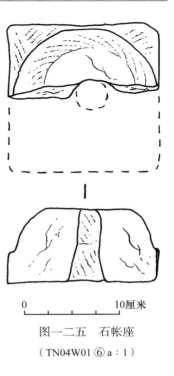

0　　　　　　　　　10厘米

图一二五　石帐座

（TN04W01 ⑥ a：1）

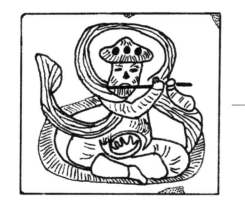
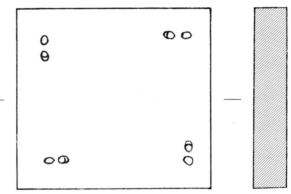

0　　　　　　　　　4厘米

图一二六　石带板

（H157：3）

6. 铜器

铜器共 10 件。

标本 J1∶1，铜器盖。盖体较厚，浅覆钵形。外腹及内腹顶部均有数周凹弦纹。通高 5.5、直径 25.2 厘米（图版三三七）。

标本 J1∶70，铜饰。圆柱形，两侧有对穿小孔，中空，平底，底部有一圆孔。直径 2.5、通高 2.2 厘米（图一二七，1）。

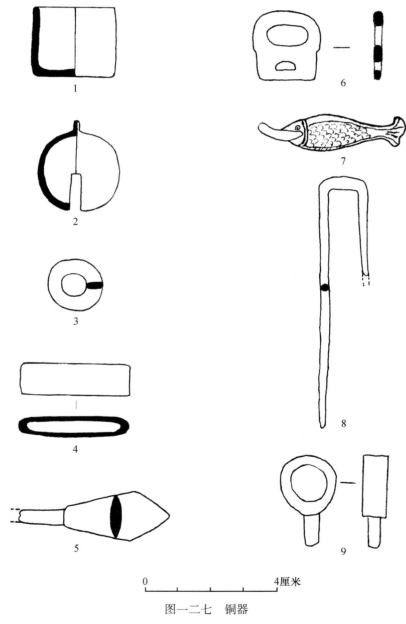

图一二七　铜器

1.铜饰（J1∶70）　2.铜铃（J1∶71）　3.铜环（J1∶72）　4.铜饰（H23∶78）　5.铜镞（H23∶79）
6.铜带扣（H4∶3）　7.铜鱼形饰（TN03W02④∶1）　8.铜钗（J2∶89）　9.铜饰（TN02W05⑤∶15）

标本 J1：71，铜铃。球形，中空，顶部有一小钮，底部开一弧形口。直径 2.5、通高 3 厘米（图一二七，2；图版三三八）。

标本 J1：72，铜环。内径 0.6、外径 1.5、厚 0.1 厘米（图一二七，3）。

标本 H23：78，铜饰。扁条形，中空。长 3.3、宽 0.9、厚 0.7 厘米（图一二七，4）。

标本 H23：79，铜镞。箭头呈菱形，尖锋，刃部较钝，圆柱形铤，锈蚀较严重。长 4.5 厘米（图一二七，5）。

标本 H4：3，铜带扣，扁平状，有椭圆和方形两框。长 2.1、宽 1.6、厚 0.3 厘米（图一二七，6）。

标本 TN03W02④：1，铜鱼形饰，扁平状，鱼嘴前有弯形装饰，双面线刻鱼纹。长 4.7、宽 1、厚 0.1 厘米（图一二七，7；图版三三九）。

标本 J2：89，铜钗，残。整体呈 U 形。长 8、宽 1.5 厘米（图一二七，8）。

标本 TN02W05⑤：15，铜饰，环形，连接一短柱。长 2.7、宽 1.6、厚 0.8（图一二七，9）。

7. 骨器

骨器共出土标本遗物 17 件，其中有骨簪 8 件，骨梳 3 件，骨刮板 1 件，骨针 1 件和其他 4 件。

1）簪

簪共 8 件。

标本 H147：1，锥形，由兽骨磨制而成，头粗尾细。骨色偏黄褐色，骨密度较大。长 11.8、直径 0.3 厘米（图一二八，1）。

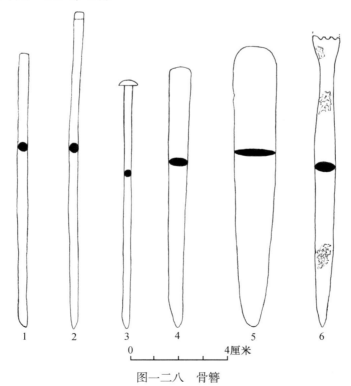

图一二八　骨簪

1. H147：1　2. H71：49　3. H147：3　4. TS01W02⑤：1　5. H52：47　6. TS01W01④：66

标本 H147：2，长 10.8、直径 0.4 厘米（图版三四〇）。

标本 H71：49，簪头饰两周凹弦纹。骨色灰白，骨密度较大。长 13.8、直径 0.4 厘米（图一二八，2）。

标本 H147：3，锥形，由兽骨磨制而成，簪头一扁圆帽。骨色偏黄褐色，骨密度较大。长 10.4、直径 0.3、帽径 0.8 厘米（图一二八，3；图版三四一）。

标本 H147：4，长 8.5、直径 0.3、帽径 0.6 厘米。

标本 TS01W02 ⑤：1，扁条形，由兽骨磨制而成，簪头呈三角形，簪尾尖状。骨色偏黄褐色，骨密度较大。长 11.3、宽 0.6、厚 0.2 厘米（图一二八，4；图版三四二）。

标本 H52：47，扁条形，由兽骨磨制而成，簪头弧形，簪尾尖状。骨色偏灰褐色，骨密度较大。长 12.2、宽 0.2～1.6、厚 0.2 厘米（图一二八，5）。

标本 TS01W01 ④：66，残，扁圆形，由兽骨磨制而成，簪头残，饰三个圆孔，簪尾尖状。骨色洁白，骨密度较大，有虫噬纹。长 12.6、宽 0.8、厚 0.4 厘米（图一二八，6；图版三四三）。

2）梳

梳共 3 件。

标本 TN05W04 ④：13，梳齿残，半圆形，骨梳雕刻成梳背和梳齿两部分，梳背呈月牙状，梳齿由梳背内侧雕刻而成。骨色白中泛黄，骨密度较大。长 8.8、残宽 2、厚 0.3、梳齿宽 0.1、梳齿间距 0.05 厘米（图一二九，1；图版三四四）。

标本 TN02W05 ⑤：14，残，残存部分呈条状，梳背呈圆角条状，一侧有子母卡槽。骨梳雕刻成梳背和梳齿两部分，梳齿由梳背内侧雕刻而成。残长 8.8、残宽 2.1、厚 0.1、梳齿宽 0.1、梳齿间距 0.02 厘米（图一二九，2；图版三四五）。

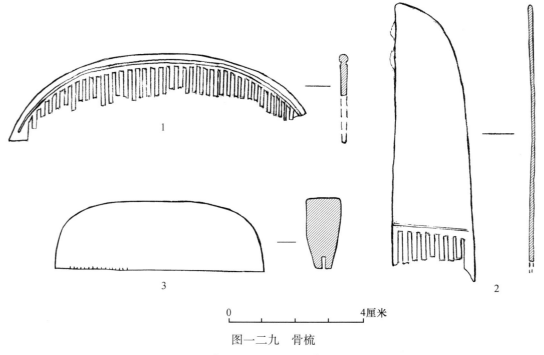

图一二九　骨梳

1. TN05W04 ④：13　2. TN02W05 ⑤：14　3. J2：87

标本 J2：87，梳背，象牙质，月牙状，通体打磨光滑，施有黑彩。长 6.3、宽 2.2 厘米（图一二九，3；图版三四六）。

3）刮板

刮板共 1 件。

标本 J1：69，残缺一角，三角形，双面雕刻，一面高浮雕天鹅花卉纹，两只天鹅曲颈相戏；一面阴线雕花卉纹。残长 5.7、宽 2.6 厘米（图一三○；图版三四七、图版三四八）。

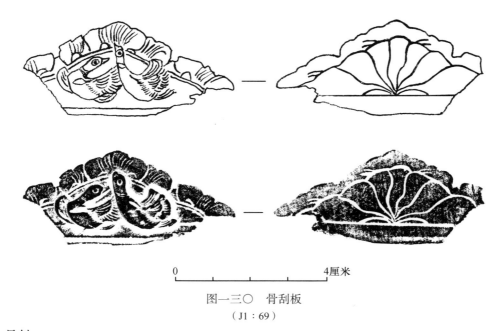

图一三○　骨刮板
（J1：69）

4）骨针

骨针共 1 件。

标本 TS01W02⑤：2，残。扁锥形，一端一圆孔，另一端呈尖状。长 17、宽 1.5、厚 0.9 厘米（图一三一，1）。

5）其他

其他器物共 4 件。

标本 J1：68，骨刀。刀首月牙状，柄部较长，呈方柱形，雕刻数周凹槽，四面雕刻双同心圆，柄首为一圆环，做工繁复。长 8.7、宽 1.2 厘米（图一三一，2；图版三四九）。

标本 J2：89，长方条形器。条形器两端略小于中部，一端面饰同心圆圈纹。长 10.7、宽 0.4 厘米（图一三一，3；图版三五○）。

标本 H60：145，鹿角。长 33.7 厘米（图一三一，4）。

标本 H25：6，鹿角。刀削痕明显。长 23 厘米（图一三一，5）。

8. 金器

金器共 1 件。

标本 H32：20，小金珠，圆球状，金黄色。直径 0.4 厘米（图版三五一）。

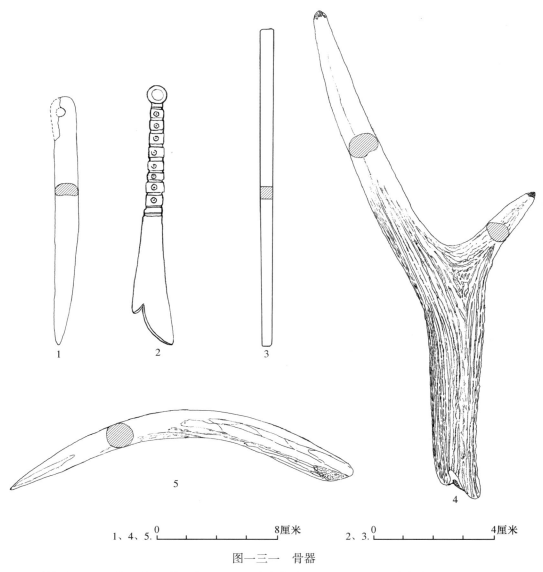

图一三一　骨器

1. 骨针（TS01W02 ⑤：2）　2. 骨刀（J1：68）　3. 长方条形器（J2：89）　4、5. 鹿角（H60：145、H25：6）

9. 玻璃器

玻璃器共 1 件。

标本 TN02W01 ⑥：38，玻璃珠，残半，圆球形，深蓝色，圆形穿孔，表面有白色沁蚀。直径 1.8、孔径 0.4 厘米（图版三五二）。

10. 钱币

钱币共 83 枚，有开元通宝 17 枚，乾元重宝 1 枚，五铢 63 枚和常平五铢 2 枚。

1）开元通宝

开元通宝共 17 枚。

A 型 I 式，共 12 枚。正面钱文清晰、规整，穿郭俱佳，铜质优良，铸造工艺考究，背面素面，钱径 2.4～2.5 厘米，穿径 0.6～0.7 厘米。

标本 J2：85，钱体较厚。钱径 2.5、穿径 0.7、郭宽 0.2 厘米（图一三二，1）。

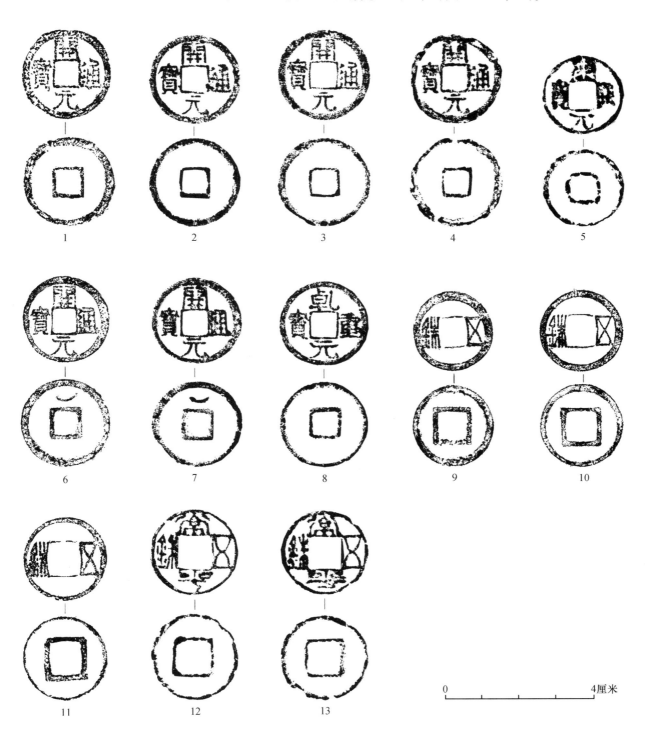

0　　　　　　　　4厘米

图一三二　北朝至五代钱币

1～4.A 型 I 式开元通宝（J2：85、J2：90、H157：1、H37：7）　5.A 型 II 式开元通宝（TN02W03 ④：7）

6、7.B 型 I 式开元通宝（TS01W02 ⑤：3、TS01W02 ⑤：4）　8.B 型乾元重宝（TG2 ⑤：1）

9～11.五铢（TN02W05 ⑥：1、TN02W05 ⑥：2、J2：84）　12、13.常平五铢（H157：2、H158：1）

标本 J2：86，钱径 2.5、穿径 0.7、郭宽 0.2 厘米。

标本 J2：90，钱径 2.4、穿径 0.6、郭宽 0.2 厘米（图一三二，2）。

标本 H157：1，钱径 2.5、穿径 0.7、郭宽 0.2 厘米（图一三二，3）。

标本 H37：7，钱径 2.5、穿径 0.7、郭宽 0.2 厘米（图一三二，4）。

A 型 Ⅱ 式，共 3 枚。钱文不甚清晰、规整，穿郭较差，铜质粗劣，铸造工艺较差，背面素面，钱径 2.2 ~ 2.3 厘米，穿径 0.6 厘米。

标本 TN02W03 ④：7，钱径 2.2、穿径 0.6、郭宽 0.1 厘米（图一三二，5）。

B 型 Ⅰ 式，共 2 枚。正面钱文清晰、规整，穿郭俱佳，铜质优良，铸造工艺考究，背面加铸掐痕。

标本 TS01W02 ⑤：3，背穿上加铸掐痕。钱径 2.5、穿径 0.7、郭宽 0.2 厘米（图一三二，6）。

标本 TS01W02 ⑤：4，背穿上加铸掐痕。钱径 2.4、穿径 0.6、郭宽 0.2 厘米（图一三二，7）。

2）乾元重宝

B 型，共 1 枚。

标本 TG2 ⑤：1，钱文清晰、规整，字体较大，呈扁宽形，穿郭俱佳，铜质优良，铸造工艺考究。钱径 2.4、穿径 0.6、郭宽 0.2 厘米（图一三二，8）。

3）五铢

五铢共 63 枚。钱文"五"字直笔，"铢"字三角头。钱文规整清晰，郭穿俱佳，铜质优良，铸造工艺考究。

标本 TN02W05 ⑥：1，钱径 2.25、穿径 0.8、郭宽 0.3 厘米（图一三二，9）。

标本 TN02W05 ⑥：2，钱径 2.3、穿径 0.9、郭宽 0.2 厘米（图一三二，10）。

标本 J2：84，钱径 2.2、穿径 0.9、郭宽 0.15 厘米（图一三二，11）。

4）常平五铢

常平五铢共 2 枚。钱文规整清晰，郭穿俱佳，铜质优良，铸造工艺较考究。

标本 H157：2，钱径 2.4、穿径 0.9、郭宽 0.05 厘米（图一三二，12）。

标本 H158：1，钱径 2.4、穿径 0.9、郭宽 0.05 厘米（图一三二，13）。

第五章 魏晋十六国遗迹及遗物

第一节 遗 迹

此次发掘共发现魏晋十六国时期遗迹 26 处，其中有 3 座窖穴，1 座墓葬，22 座灰坑（图一三三）。

（一）窖穴

窖穴共 3 座。

1. 窖 1

窖 1 位于 TN03W04 的南部偏西，部分压在南隔梁下，⑦层下开口，打破⑧层和生土，东部被 H130 打破，距地表 3.2 米。顶部坍塌，平面近圆形，南北长 3.05、东西宽 3 米，底部东西长 2.3、南北宽 2.2 米，剖面呈口大底小倒梯形，深 0.6～2.05 米。窖壁用长方形砖错缝平砌，由底部向上逐层收分，现存 34 层砖。窖底无砖铺底，较平，清理底部填土时发现有板灰痕迹，由于腐朽严重，木板尺寸不详。口部居北侧，为东西向砖砌平台，外砌砖东西长 2.3、南北宽 0.32 米，砌砖北侧有 10～15 厘米厚的踩踏面，与窖 2 南壁相间，距窖底 1.7 米，此段应为窖穴的进出口。该窖的用砖规格有两种，分别为：32 厘米 ×16 厘米 ×5 厘米、30 厘米 ×15 厘米 ×5 厘米。

窖内填土上部为黄褐色土，土质较硬，下部为灰绿色土，夹红烧土块，土质较松，出土较多砖瓦块和少许陶片，底部填土浮选出较多植物种子（图一三四；图版三五三～图版三五五）。

2. 窖 2

窖 2 位于 TN03W04 的北中部，部分延伸到 TN04W04 中部，⑦层下开口，打破⑧层及生土，距地表 3.5 米。平面呈长方形，南北长 4.9 米，东西宽 1.96 米，残高 0.3～1.62 米（5～26 层砖）。窖壁用长方形砖错缝平砌，壁面变形严重，仅存东西段。窖底有一不规则形坑。窖壁垂直规整，窖底无铺砖，较平坦。清理窖底部时，发现有木板灰痕迹，由于腐朽严重，板灰尺寸不详。该窖的用砖规格为：32 厘米 ×16 厘米 ×5 厘米、30 厘米 ×15 厘米 ×5 厘米。该窖自上而下填土一致，均为灰绿色土，土质较松，内含砖块较多，出土少量陶片，底部填土浮选

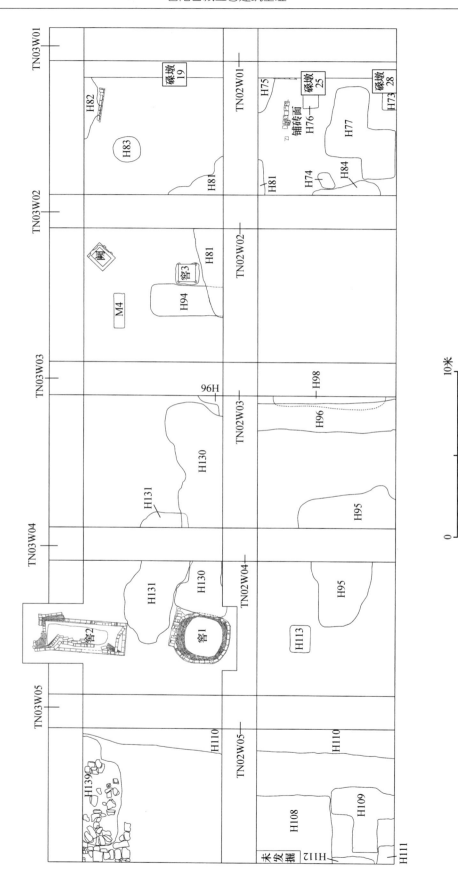

北

图一三三　⑦层下遗迹平面图

0　　　　　　　　　10米

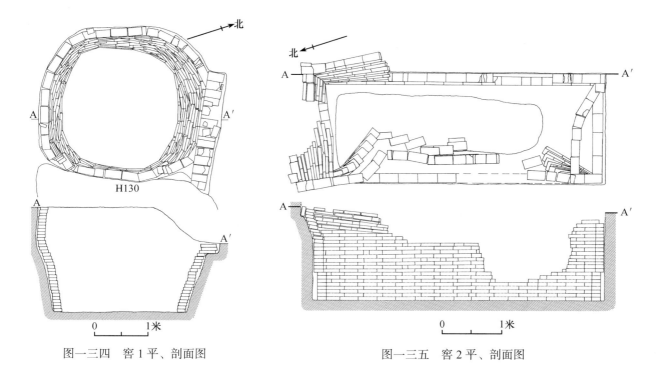

图一三四　窑1平、剖面图　　　　　　　　　图一三五　窑2平、剖面图

出较多植物种子（图一三五；图版三五六~图版三五八）。

3. 窑 3

窑 3 位于 TN03W02 的东南部，⑦层下开口，打破⑧层和生土，被 H25 打破，距地表 3.5 米。平面呈方形，口大底小呈倒梯形，上口边长 1 米，下底边长 0.8 米，残存深 1 米。四角有直径 10 厘米的柱洞，四壁附有木板灰，每壁均为四块长条形木板拼接而成，木板厚度不详。坑内填灰褐土，土质较松、较纯净，无出土遗物（图一三六；图版三五九、图版三六〇）。

（二）墓葬

墓葬共 1 座。

M4 位于 TN03W02 北部偏西，⑦层下开口，打破⑧层，距地表 3.1 米。竖穴砖室墓，方向 108°。墓底部横铺两排砖，接着在上面顺砌五层长方形砖，

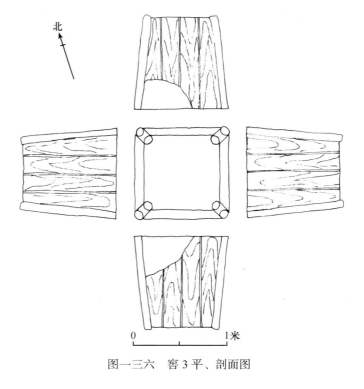

图一三六　窑3平、剖面图

顶部用斜竖立人字形砖合顶，外侧用两层卧立砖覆盖，顶部横压平砖一层。墓室平面为长方形，砖室墓壁较规整，墓底平坦。外框长2、宽0.7米，深0.9米，内壁长1.55、宽0.23～0.28米，高0.55米。砖室顶部填黄褐色花土，土质较硬，有木板灰痕迹。由于淤积，葬具尺寸不详。人骨一具，头向东，面向上，仰身直肢葬，骨骼保存较好，墓主人为男性，年龄10～12岁，墓主人右手旁随葬一件铁刀（图一三七；图版三六一、图版三六二）。

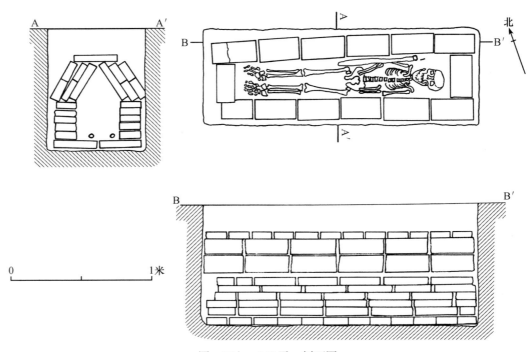

图一三七　M4平、剖面图

　　M4：1，铁刀，完整。环首，条状柄，平背，刀身截面呈三角形，弧状刀刃，较薄，腐蚀较严重。长50.3、刀身宽3、背宽1.2、刃宽0.1厘米（图一三八；图版三六三）。

图一三八　M4：1铁刀

（三）灰坑

灰坑共22座。

1. H83

H83位于TN03W01的西北部，⑦层下开口，打破⑧层至生土，距地表3.2米。平面近圆形，坑底呈锅底状，坑壁垂直，较光滑，直径1.5、深1.8米。填土为灰褐色沙土，土质较疏松。包含物有较多卵石，出土少许陶片（图一三九；图版三六四）。

2. H94

H94 位于 TN03W02 的南中部，延伸至南壁下，⑦层下开口，打破生土，被 H81 打破，距地表 3.7 米。平面近长方形，剖面呈长方形，底较平，坑壁加工光滑。南北可见长 4.2 米，东西宽 2 米，坑深 1.7 米。填土为黄色细砂土夹黑灰色土，土质松软。出土较多陶片，可辨器形有盆、甑和罐（图一四〇；图版三六五）。

3. H113

H113 位于 TN02W04 北部偏西，⑦层下开口，打破生土，被 H60 打破，距地表 3 米。平面呈长方形，剖面近方形，坑壁垂直，较光滑，坑底平整。东西长 1.6 米，南北宽 1.15 米，坑深 1 米。坑内填土为灰绿色土，土质较疏松。无遗物出土（图一四一；图版三六六）。

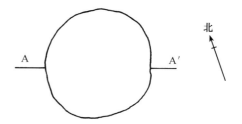

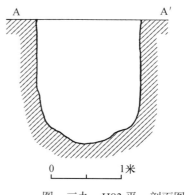

图一三九　H83 平、剖面图

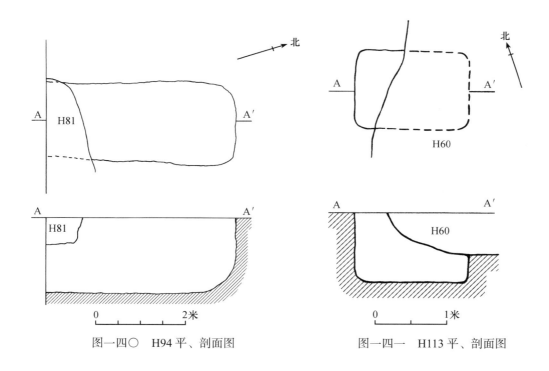

图一四〇　H94 平、剖面图　　　　图一四一　H113 平、剖面图

第二节　遗　物

魏晋十六国遗物出土比较丰富，共 285 件，有建筑构件 101 件和生活用品 184 件。

（一）建筑构件

建筑构件共 101 件，有板瓦 46 件，筒瓦 14 件，瓦当 8 件，砖 32 件和石构件 1 件。

1. 板瓦

板瓦共 46 件。

Aa 型，共 12 件。凸面瓦身饰成组状的细绳纹，每组宽 4 厘米，每组 16 条绳纹为多见，绳径约 0.2 厘米，凸面宽端饰斜绳纹、斜向篮纹或斜网格纹，多呈 45°；凹面饰布纹，比较规整；侧棱内切。瓦色有深灰色、青灰色和红褐色三种，均为泥质灰陶，形体均较大，制作规整，端面齐平。

标本 TN02W05 ⑦：13，残存窄端部分。窄端面齐平。凸面饰绳纹，窄端 9 厘米绳纹被抹平；凹面近窄端有布纹带状褶皱痕迹。残长 27、窄端残宽 19.4、厚 1.5~2 厘米（图一四二，1；图一四三，1；图版三六七）。

标本 TN02W04 ⑦：32，残。窄端面齐平。凸面绳纹分组不明显，窄端 11 厘米绳纹被抹平，抹痕呈瓦棱状。残长 32.2、窄端残宽 15.2、厚 1.3~1.9 厘米（图一四二，2；图一四三，2）。

标本 TN02W04 ⑦：33，残存窄端部分。窄端面齐平。凸面窄端表面抹平，饰 45° 斜篮纹；凹面近窄端收薄且加拍斜方格纹；残长 26.3、宽端残宽 19.5、厚 1~2.6 厘米（图一四二，3；图一四三，3；图版三六八）。

标本 TN02W04 ⑦：34，残存宽端部分。端面末端略上翘。凸面宽端饰斜绳纹；凹面宽端 9.5 厘米布纹被抹平且收薄呈坡状。残长 27、宽端残宽 18.5、厚 0.8~1.9 厘米（图一四二，4；图一四三，4；图版三六九）。

标本 TN03W03 ⑦：5，残半。窄、宽端面齐平，侧棱切痕极窄。凸面窄端纹饰被抹平，饰 45° 斜篮纹，宽端 8 厘米绳纹被抹平；凹面近宽端加拍交错方格纹。长 49.7、宽端残宽 8.2、宽端残宽 7.7、厚 1.4~2.5 厘米（图一四三，5）。

标本 TN03W04 ⑦：1，残半。凸面窄端纹饰被抹平，饰 45° 斜篮纹；凹面近窄端 9.5 厘米处加拍斜方格纹。残长 32.5、宽端宽 30.5、厚 1.2~2.1 厘米。

标本 H67：1，完整，端面齐平，两侧近侧棱处各有一圆形凹槽。凸面宽端纹饰抹平，窄端 8.7 厘米被抹平；凹面距宽端 10.5 厘米处有宽 0.8 厘米的横向凹槽，宽端略收薄。长 49.1、窄端宽 27.5、宽端宽 30.6、厚 1~2.3 厘米（图一四四；图版三七〇）。

标本 H67：42，基本完整。端面末端略上翘。凸面宽端纹饰被抹平，窄端 6 厘米绳纹被抹平；凹面距宽端 10.5 厘米处有宽 0.8 厘米的横向凹槽，近宽端 4 厘米长略收薄。长 47.5、窄端宽 25.7、宽端残宽 32.2、厚 1.8~2.4 厘米（图一四五；图版三七一）。

标本 H74：1，残存宽端部分。端面齐平略呈坡状，一侧近侧棱处有一圆形凹槽。凸面宽端纹饰被抹平，饰 45° 斜篮纹；凹面近宽端加拍斜方格纹。残长 21.8、宽端残宽 7.7、厚 1.8~

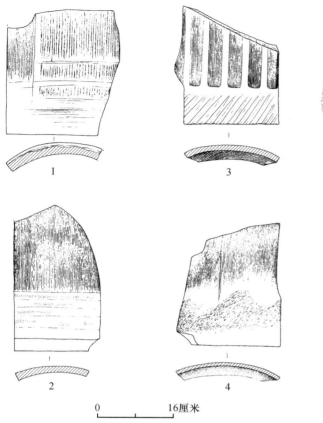

图一四二　魏晋十六国 Aa 型板瓦

1. TN02W05 ⑦：13　　2. TN02W04 ⑦：32
3. TN02W04 ⑦：33　　4. TN02W04 ⑦：34

图一四三　魏晋十六国 Aa 型板瓦纹饰拓本

1. TN02W05 ⑦：13　　2. TN02W04 ⑦：32
3. TN02W04 ⑦：33　　4. TN02W04 ⑦：34
5. TN03W03 ⑦：5

图一四四　魏晋十六国 Aa 型板瓦纹饰拓本

（H67：1）

图一四五　魏晋十六国 Aa 型板瓦纹饰拓本

（H67：42）

2.7 厘米。

　　标本 H74：2，残存宽端部分。端面齐平略呈坡状。凸面宽端绳纹被抹平，饰 45° 斜篮纹，局部与绳纹交错；凹面近宽端 6.5 厘米加拍斜方格纹。残长 14.2、宽端残宽 11、厚 1.4～2.3 厘米。

　　标本窖 1：13，残存宽端部分。凸面宽端纹饰被抹平，饰斜篮纹；凹面近宽端加拍斜方格纹。残长 26.5、宽端残宽 20.7、厚 1.5～2.4 厘米（图一四六，1；图版三七二）。

　　标本窖 2：3，残存宽端部分。凸面宽端饰斜向网格纹；凹面近宽端饰戳点纹，一侧近侧棱处有一圆形凹槽。残长 10.1、宽端残宽 16.5、厚 1.5～2.8 厘米。

　　Ab 型，共 5 件。凸面瓦身饰成组状的细绳纹，绳纹稍粗，纹饰之间宽窄不一，绳径 0.2～0.3 厘米，相距不均匀，有的 0.2 厘米，有的 0.5 厘米。每组宽 3.5～4 厘米，每组八条多见，有的五六条。凹面饰布纹，侧棱内切，青灰色。

　　标本窖 1：16，残存窄端部分。端面弧角齐平。凸面窄端 5.5 厘米绳纹被抹平。残长 14.4、窄端残宽 13.3、厚 1.5～2.3 厘米（图一四六，2；图版三七三）。

　　标本窖 1：17，残存窄端部分。近窄端部分内收呈斜坡状，端面齐平。凸面绳纹相距不均

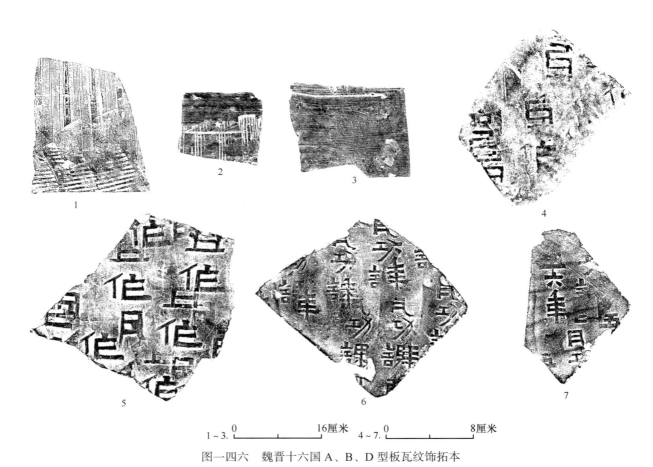

图一四六　魏晋十六国 A、B、D 型板瓦纹饰拓本

1. Aa 型（窖 1：13）　2. Ab 型（窖 1：16）　3. B 型（TN03W04⑦：12）　4～7. D 型（TN03W01⑦：10、TN03W01⑦：12、H70：2、H70：3）

匀，每组 5 条。残长 18、窄端残宽 9.5、厚 1.4~2.4 厘米。

标本窖 1∶18，残损较多。凸面绳纹较清晰，每组 6 条。残长 12、残宽 15.9、厚 1.5~2 厘米（图版三七四）。

标本 H130∶7，残存窄端部分。端面齐平略呈坡状。凸面绳纹较粗糙，窄端 5 厘米绳纹被抹平；凹面局部抹平。残长 18.1、窄端残宽 7.7、厚 1.3~1.9 厘米（图版三七五）。

标本 H130∶12，残存宽端部分。端面齐平，靠侧棱处还有一圆形凹窝。凸面宽端加拍斜篮纹，中部局部抹平；凹面距宽端 5 厘米处有横向凹槽，凹槽至宽端部分抹，平且略收薄。残长 15.3、窄端残宽 12.3、厚 1.7~2.8 厘米（图版三七六）。

B 型，共 4 件。素面板瓦，形体偏大，瓦体厚达 3.5 厘米，侧棱内切。凸面素面，不平整；凹面饰布纹，有竖板状印痕。颜色呈深灰色、青灰色和红褐色三种。

标本 TN03W04 ⑦∶12，残存窄端部分，瓦色黑灰，瓦体薄。凸面瓦身有横向刮痕，距窄端 1.8 厘米处有横向勒痕，端面尖圆。残长 17.7、窄端残宽 19.6、厚 1.3~1.7 厘米（图一四六，3；图版三七七）。

标本 H130∶14，残存窄端部分，黄褐色。凸面瓦窄端有横向刮痕，与端面相接处抹圆，端面齐平。残长 34、窄端残宽 18、厚 2.1~2.5 厘米（图版三七八）。

标本 H130∶49，一侧残，深灰色。凸面窄端略凸起，两端面齐平；凹面距窄端 6.5 厘米处有宽约 1.2 厘米的横向凹槽；侧棱切痕切透。长 46.2、窄端残宽 16、宽端残宽 12、厚 2.5~3.5 厘米。

标本 TG7 ⑦∶30，残存窄端部分，瓦色深灰。凸面近窄端横向略内凹，端面齐平；凹面近窄端有一圆形指压痕。残长 19.6、窄端残宽 12、厚 1.6~2 厘米（图版三七九）。

C 型，共 13 件。篮纹板瓦，形体偏大。凸面篮纹有横拍、斜拍和竖拍三种；凹面饰布纹，有的宽端饰网格纹；侧棱内切；颜色呈深灰色、青灰色和红褐色三种。

标本 TN03W04 ⑦∶2，残存宽端部分，深灰色。凸面竖拍篮纹略倾斜，局部加拍斜长方形凹槽，宽端面齐平；凹面宽端 5.8 厘米抹平，一侧近侧棱处有半圆形凹槽。残长 17.8、宽端残宽 17、厚 1.7~2.3 厘米。

标本 TN03W04 ⑦∶4，残存宽端部分，青灰色。凸面宽端斜拍篮纹，端面齐平；凹面宽端 11 厘米加拍大网格纹。残长 18.5、宽端残宽 20.2、厚 1.5~1.9 厘米。

标本 H67∶12，残一角，黄褐色，瓦身中部略内曲。凸面宽端斜拍篮纹，窄端素面，两端面齐平；凹面宽端 4 厘米加拍网格纹。长 40.4、窄端宽 27.5、宽端残宽 7.8、厚 1.7~2.2 厘米（图版三八〇）。

标本 H105∶20，残一角，黑灰色。凸面宽端斜拍篮纹，窄端素面，窄端面抹圆，宽端面齐平；凹面有数道纵向褶皱，靠宽端两侧棱处还各有一半圆形凹窝。长 38.5、窄端残宽 14.3、宽端宽 33.6、厚 1.5~2 厘米（图版三八一）。

标本 H130∶1，残存宽端部分，浅灰色。凸面窄端斜拍篮纹，宽端素面，宽端面齐平；凹面近窄端处有一道浅凹槽。残长 22.5、窄端残宽 12.3、厚 1.5~2.1 厘米。

标本 H130∶4，残损较多，瓦色黄褐。凸面横拍篮纹，宽端面齐平。残长 20.3、宽端残宽

11.2、厚 1.3~1.8 厘米。

标本 H130：13，残存宽端部分，浅灰色。凸面宽端竖拍篮纹略倾斜，宽端面齐平。残长 20.5、宽端残宽 8.4、厚 1.1~2.1 厘米。

标本 H130：15，残存宽端部分，深灰色。凸面宽端斜拍篮纹交错，宽端面齐平。残长 12.5、宽端残宽 15.6、厚 1.6~2.1 厘米。

标本 H130：17，残损较多，浅灰色。凸面宽端竖拍篮纹，宽端面齐平。残长 8.1、宽端残宽 11.3、厚 2~2.2 厘米。

标本 TG3 ⑦：25，残存宽端部分，浅灰色。凸面斜拍篮纹不太清晰，宽端面齐平；凹面距宽端 8.5 厘米处有 1 厘米宽横向凹槽，宽端 1.5 厘米抹平。残长 23.5、宽端残宽 20、厚 2.2 厘米。

标本 TG4 ⑦：3，残损较多，浅灰色。凸面横拍篮纹略倾斜；凹面有一道纵向褶皱。残长 25.4、残宽 16.5、厚 1.9~2.2 厘米。

标本 TG5 ⑦：5，残损较多，深灰色。凸面竖拍篮纹。残长 11.6、残宽 16.5、厚 1.9~2.6 厘米。

标本 TG5 ⑦：7，残存宽端部分，浅灰色。凸面横拍篮纹不太清晰，宽端面齐平。残长 22.5、宽端残宽 20.5、厚 1.5~1.8 厘米。

D 型，共 12 件，均为泥质灰陶，瓦体厚，凸面拍印陶文；凹面饰布纹；瓦端齐平，侧棱内切。

标本 TN02W01 ⑦：8，残存宽端部分，浅灰色。凸面拍印阳文陶文"瓦作"；凹面布纹宽端 2 厘米长抹平。残长 12.1、宽端残宽 11.3、厚 1.9~2.3 厘米。

标本 TN03W01 ⑦：10，残存宽端部分，红褐色。凸面拍印阳文陶文"瓦作"；凹面布纹宽端 4.8 厘米长抹平；侧棱切痕极细。残长 16、宽端残宽 9.9、厚 1.7~2.1 厘米（图一四六，4；图版三八二）。

标本 TN03W01 ⑦：12，残存宽端部分，浅灰色。凸面拍印阳文陶文"瓦作"；凹面布纹宽端 2.5 厘米长抹平。残长 16.7、宽端残宽 11、厚 2~2.2 厘米（图一四六，5；图版三八三）。

标本 H70：2，残存宽端部分，深灰色。凸面拍印阳文陶文"六年"、"月工"等；凹面布纹宽端 2.5 厘米长抹平，距宽端 6.5 厘米处还有一处宽 0.7 厘米的横向凹槽；侧棱切痕较细。残长 13.4、宽端残宽 14.8、厚 1.7~2.2 厘米（图一四六，6；图版三八四）。

标本 H70：3，残损较多，深灰色。凸面拍印阳文陶文"六年"、"二月功"、"言"等；侧棱切痕极细。残长 14.7、残宽 9.2、厚 1.7~1.8 厘米（图一四六，7；图版三八五）。

标本 H70：4，残存宽端部分，浅灰褐色。凸面拍印阳文陶文"杏瓦作"；凹面布纹宽端 3 厘米长抹平。残长 18.5、宽端残宽 23、厚 1.7~2.2 厘米（图版三八六）。

标本 H70：5，残存宽端部分，浅灰色。凸面拍印阳文陶文"杏瓦作"；凹面布纹宽端 5.8 厘米长抹平；侧棱切痕较细。残长 10.5、宽端残宽 18.6、厚 1.9~2.7 厘米（图一四七，1；图版三八七）。

标本 H70：55，残损较多，深灰色。凸面拍印阴文陶文"作……之故……记耳"等。残长

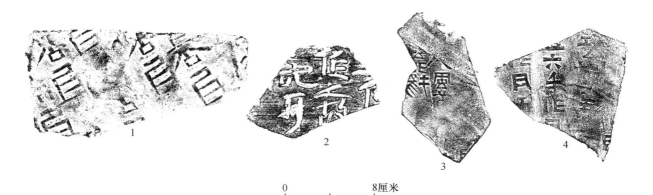

图一四七 魏晋十六国 D 型板瓦纹饰拓本

1. H70：5 2. H70：55 3. H70：56 4. H70：57

8.4、残宽 12.1、厚 1.6 ~ 2.3 厘米（图一四七，2；图版三八八）。

标本 H70：56，残损较多，浅灰色。凸面拍印阳文陶文"□风"、"□扬"等。残长 14.4、残宽 9、厚 2.2 ~ 2.3 厘米（图一四七，3）。

标本 H70：57，残损较多，深灰色。凸面拍印阳文陶文"六年"、"二月功"等。残长 14、残宽 11.4、厚 1.7 ~ 1.8 厘米（图一四七，4）。

标本 H80：6，残损较多，深灰色。凸面拍印阳文陶文"月"等。残长 14.8、残宽 13.4、厚 1.6 ~ 2 厘米（图版三八九）。

标本 H80：9，残存宽端部分，灰色。凸面拍印阳文陶文"瓦作"；凹面布纹宽端 4.5 厘米长抹平。残长 16、宽端残宽 11、厚 1.7 ~ 2.3 厘米（图版三九○）。

2. 筒瓦

筒瓦共 14 件。

Aa 型，共 6 件。泥质灰陶，瓦舌长，上端尖圆，侧棱内切。凸面成组拍印竖细绳纹，凹面为布纹，凹面瓦舌前端布纹抹去。

标本 TN03W03 ⑦：2，基本完整，深灰色。凸面绳纹上端 5 厘米抹平，瓦舌前端略上翘；凹面布纹瓦舌前端抹平，瓦舌前端 2 厘米削薄呈坡状，距下端 0.7 厘米处有一道横向凹槽。长 43、宽 13.5、厚 1.3 ~ 3、瓦舌长 4 厘米（图一四八，1；图一四九；图版三九一）。

标本 H117：11，基本完整，深灰色。凸面绳纹上端 8.5 厘米抹平，绳纹间距不均，瓦舌前端略上翘；凹面布纹瓦舌端抹平，有一道纵向褶皱。长 44.4、宽 14.9、厚 1.4 ~ 3.2、瓦舌长 3.9 厘米（图一五○）。

标本 H139：2，残存上端局部，灰色，局部红褐色。凸面绳纹上端 1.9 厘米抹平，瓦舌略呈坡状，上有两道横向凸棱；凹面瓦舌前端 1.3 厘米削薄。残长 13.7、残宽 11.5、厚 1.3 ~ 2.3、瓦舌长 4.7 厘米。

标本窑 1：1，基本完整，深灰色。凸面绳纹上端 8.2 厘米抹平，瓦舌前端略上翘；凹面布纹瓦舌前端抹平，瓦舌前端 2.3 厘米削薄呈坡状。长 46.5、宽 13.5 ~ 14.4、厚 1.2 ~ 3.1、瓦舌长

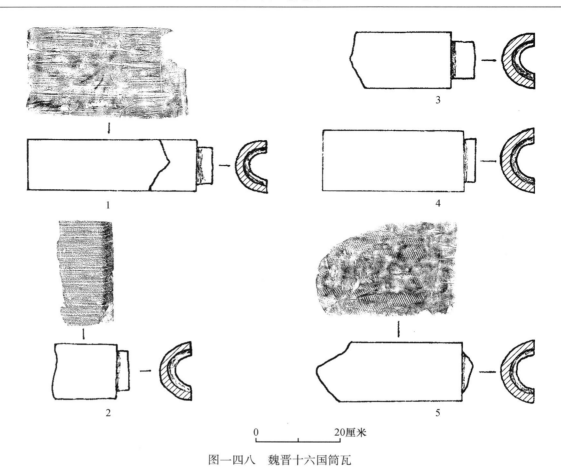

图一四八　魏晋十六国筒瓦

1. Aa 型（TN03W03 ⑦：2）　2. Ab 型（TN02W04 ⑦：6）　3. Ba 型（TN03W05 ⑦：8）　4. Bb 型（TN03W03 ⑦：1）
5. C 型（TG3 ⑦：1）

3.6 厘米（图一五一；图版三九二）。

标本窖 1：2，残存上端，深灰色。凸面绳纹上端 4 厘米抹平，瓦舌略呈坡状；凹面布纹瓦舌前端抹平，瓦舌前端 2.4 厘米削薄呈坡状。残长 23、宽 13.9、厚 1.4～2.9、瓦舌长 3.6 厘米（图版三九三）。

标本窖 1：4，残存上端，浅灰色。凸面绳纹上端 4 厘米抹平，瓦舌前端上翘；凹面布纹瓦舌前端抹平，瓦舌前端 3.5 厘米削薄呈坡状。残长 17.6、宽 14.2、厚 1.5～2.9、瓦舌长 4.8 厘米（图版三九四）。

Ab 型，共 2 件。泥质灰陶，瓦舌短，上端齐平，侧棱内切。凸面成组拍印竖细绳纹，凹面为布纹。

标本 TN02W04 ⑦：6，残，深灰色，瓦体薄。凸面细绳纹较规整，瓦舌略呈坡状。残长 18、宽 14、厚 0.9～2.3、瓦舌残长 2.7 厘米（图一四八，2；图版三九五）。

标本窖 2：2，残，深灰色。凸面绳纹漶漫不清；凹面布纹瓦舌前端抹平。残长 11、残宽 10.4、厚 1.1～2.2、瓦舌长 3 厘米。

Ba 型，共 4 件。泥质灰陶，瓦舌长，上端齐平，侧棱内切。凸面为素面，凹面饰布纹。

标本 TN02W04 ⑦：3，残，灰色。凹面瓦舌部位布纹被抹去。残长 32.4、宽 14、厚 1.4 ~ 3.2、瓦舌残长 3.7 厘米（图版三九六）。

标本 TN03W05 ⑦：8，下端残，灰色。凹面瓦舌部位布纹被抹去；侧棱切痕较深。残长 30、宽 14.2、厚 1.6 ~ 4.1、瓦舌长 4.6 厘米（图一四八，3；图版三九七）。

标本 H130：22，仅存上端局部，灰色。瓦舌中部有横向浅凹槽；凹面瓦身与瓦舌连接处有一圈褶皱，瓦舌部位布纹被抹去。残长 9.2、宽 13、厚 1.2 ~ 3、瓦舌长 3.9 厘米（图版三九八）。

标本 TG3 ⑦：3，残，灰色。凹面瓦舌部位布纹被抹去。残长 17、宽 13.2、厚 1.2 ~ 3、瓦舌长 3.6 厘米。

Bb 型，共 1 件，饰布纹。

标本 TN03W03 ⑦：1，灰色，泥质灰陶，瓦体厚重。瓦舌短，瓦舌弧度较大，前端有凸棱。凸面为素面，瓦体内弧；凹面饰布纹，两侧有纵向褶皱；侧棱内切。长 35.7、宽 15.4、厚 1.4 ~ 3.4、瓦舌长 2.5 厘米（图一四八，4；图版三九九）。

C 型，共 1 件。

标本 TG3 ⑦：1，残，泥质灰陶，青灰色，瓦体厚重。凸面篮纹斜拍，分布不均匀，斜拍角度 30° 左右；凹面饰布纹，瓦舌部位布纹抹去；侧棱内切。残长 37、宽 14 ~ 15.2、厚 1.6 ~ 3.2、瓦舌残长 1.8 厘米（图一四八，5；图一五二；图版四〇〇）。

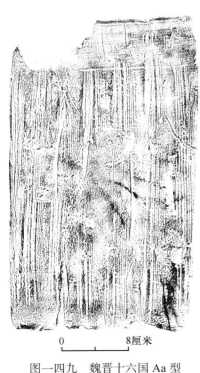

0　　　　8厘米

图一四九　魏晋十六国 Aa 型
筒瓦纹饰拓本

（TN03W03 ⑦：2）

0　　　　8厘米

图一五〇　魏晋十六国 Aa 型
筒瓦纹饰拓本

（H117：11）

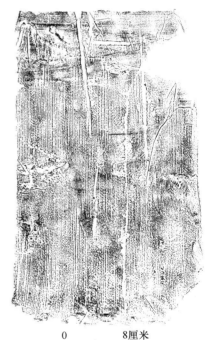

0　　　　8厘米

图一五一　魏晋十六国 Aa 型
筒瓦纹饰拓本

（窑 1：1）

3. 瓦当

瓦当共 8 件。

A 型，共 1 件。

标本 H117：2，残半，灰色，附筒瓦残块。主题纹饰为乳钉卷云纹，边轮内由两条单线弦纹将圆当括成内、外两个圆圈。内圈中心饰高凸的乳钉纹，外圈由四组连接弦纹的单线界格将外圈分为四个扇面，每个扇面内饰两朵云纹，云纹由界格下向上开始卷曲，中间有断笔，两组云纹中间不相交，有一 V 形凸棱装饰。边轮较窄，低于当面纹饰；背面较平整，与筒瓦黏接处用细泥抹平。筒瓦凸面素面，凹面布纹。直径 15、边轮厚 1.7 厘米。筒瓦残长 7.1、残宽 14.5、厚 1.3 ~ 1.5 厘米（图一五三，1；图版四〇一）。

B 型，共 1 件。

标本 H108：8，完整，深灰色，附筒瓦残块。主题纹饰为乳钉卷云纹，边轮内由两条单线弦纹将圆当括成内、外两个圆圈。内圈中心饰高凸的乳钉纹，乳钉纹外加饰一周浅凸棱，外

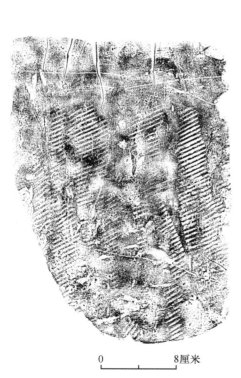

0   8厘米

图一五二　魏晋十六国 C 型筒瓦纹饰拓本

（TG3 ⑦：1）

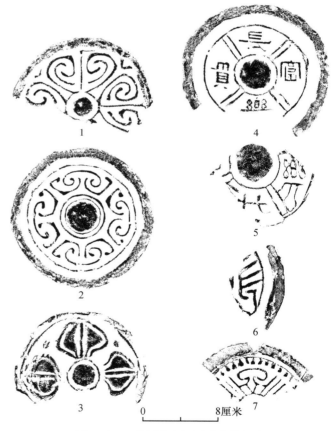

0   8厘米

图一五三　魏晋十六国瓦当纹饰拓本

1. A 型（H117：2）　2. B 型（H108：8）　3. C 型（TN04W01 ⑤：2）

4 ~ 6. D 型（H130：26、TN02W04 ⑦：10、TN03W03 ⑦：168）

7. E 型（TN03W02 ⑦：6）

圈无界格，云纹为四组，每组均由上向下向内卷曲，中间有断笔，边轮较窄且高于当面云纹，与当心圆乳钉齐平；背面乳钉位置微有内凹，与筒瓦黏接处用细泥抹平。筒瓦凸面素面，凹面布纹，侧棱内切。直径16、边轮厚1.9厘米。筒瓦残长7.1、残宽13.3、厚1～1.2厘米（图一五三，2；图一五四，1；图版四〇二）。

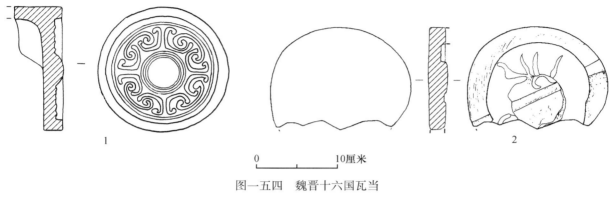

0　　　　　　　10厘米

图一五四　魏晋十六国瓦当
1. B 型（H108∶8）　2. F 型（H94∶1）

C 型，共1件。

标本 TN04W01 ⑤∶2，残半，灰色。当面主题纹饰为乳钉四叶纹，略凸起，边轮内由两条单线弦纹将圆当括成内、外两个圆圈。内圈中心饰高凸的乳钉纹，外圈饰柿蒂纹，两柿蒂纹之间靠近边轮位置装饰一圆点，边轮极窄，边轮与当面纹饰齐平，外侧饰一周短竖直划线纹；背面较平整，当背面不接筒瓦位置呈坡状。直径13.9、边轮厚1.7厘米（图一五三，3；图版四〇三）。

D 型，共3件。文字瓦当，主题纹饰为乳钉文字，边轮内由两条单线弦纹将圆当括成内、外两个圆圈。内圈中心饰高凸的乳钉纹，外圈由四组连接弦纹的双线界格将外圈分为四个扇面，每个扇面内饰一字，主要有"長樂富貴"等，边轮较窄。

标本 H130∶26，残，浅灰色，附筒瓦残块，残留少量白灰。当面饰"長樂富貴"四字，边轮高于当面纹饰；背面较平整，与筒瓦黏结处以细泥抹平，筒瓦凸面为素面，凹面饰布纹。直径14.5、边轮厚2.3厘米。残长6.5、残宽12、厚1.2～1.6厘米（图一五三，4；图版四〇四）。

标本 TN02W04 ⑦∶10，残，浅灰色，残留少量白灰。当面可辨"樂"字和"未"上半；背面较平整。残长11.4厘米（图一五三，5；图版四〇五）。

标本 TN03W03 ⑦∶168，残，灰色，残留有少量白灰。当面可辨"長"字；边轮窄平，高于当面纹饰，外侧与筒瓦黏接部分有纵向抹痕；当背残留少量白灰。残长9.7、边轮厚2.8厘米（图一五三，6；图版四〇六）。

E 型，共1件。

标本 TN03W02 ⑦∶6，残存近四分之一，深灰色。主题纹饰为乳钉卷云纹瓦当，边轮内由两条单线弦纹将圆当括成内、外两个圆圈。内圈中心饰高凸的乳钉纹，外圈由四组连接弦纹的三线界格将外圈分为四个扇面，每个扇面内饰一朵蘑菇状云纹，每组云纹由界隔线向内卷曲呈蘑菇状，当面云纹外侧饰一周三角形装饰和一周凸线纹。边轮较窄，高于当面纹饰；当背平整。残长 12.1、边轮厚 2 厘米（图一五三，7；图版四〇七）。

F 型，共 1 件。

标本 H94：1，残半，灰色。当面素纹，背面饰布纹，中间褶皱聚成圆泥团，边轮略高于当背。直径 16.6、边轮厚 2 厘米（图一五四，2；图版四〇八）。

4. 砖

砖共 32 件，有长方形砖 15 件，正方形砖 14 件和空心砖 3 件。

1）长方形砖

长方形砖共 15 件。

A 型，共 7 件。长方形砖素面，四边齐平，砖体厚大。

标本 TN02W01 ⑦：16，泥质灰陶，深灰色。长 30.7、宽 15、厚 5.7 厘米（图版四〇九）。

标本窖 1：44，泥质灰陶，青灰色。长 31.5、宽 15.5、厚 5.6 厘米（图一五五，1；图版四一〇）。

标本窖 1：45，泥质灰陶，青灰色。一面残留少量白灰。长 25.4、宽 13.5、厚 4.4 厘米。

标本 H81：18，泥质红陶，红褐色。长 29.5、宽 15.3、厚 5.6 厘米（图版四一一）。

标本 H135：1，泥质灰陶，青灰色。一面有纵向刮痕。长 29.5、宽 14.5、厚 5.6 厘米（图版四一二）。

标本 H135：2，残半，泥质灰陶，灰色。残长 20.5、宽 16.5、厚 4.7 厘米（图版四一三）。

标本 H135：3，残半，泥质灰陶，浅灰色。表面不太平整，一面残留少量白灰。残长 18.1、宽 14.5、厚 5 厘米。

B 型，共 2 件。泥质灰陶，四边齐平，砖体厚大。除背面饰绳纹外其余皆素面，绳纹较粗，绳径 0.3 ~ 0.5 厘米。

标本 TN02W01 ⑦：17，灰色，制作规整。背面饰竖直粗绳纹，有四道横向浅凹槽，绳径 0.3 ~ 0.5 厘米。长 29、宽 14、厚 5.4 厘米（图版四一四）。

标本 TG3 ⑦：32，深灰色。背面饰竖直粗绳纹，不太清晰，局部加拍斜绳纹交错，绳径 0.3 ~ 0.5 厘米。长 31.5、宽 15.5、厚 5.6 厘米（图一五五，2；图版四一五）。

C 型，共 3 件。泥质加砂灰陶，四边齐平，砖体厚大。除背面饰绳纹外其余皆素面，绳纹较细，绳径 0.2 厘米。

标本 TN02W01 ⑦：19，深灰色，外包一层灰色略浅的陶衣，制作规整。背面饰竖向细绳纹，一侧两角加拍斜绳纹。长 30.4、宽 14.8、厚 5.6 厘米（图版四一六）。

标本 TN02W01 ⑦：20，灰色，外包一层青灰色陶衣，制作规整。背面饰竖向细绳纹。长 29、宽 14、厚 5.3 厘米（图一五六，1；图版四一七）。

标本 TN02W01 ⑦：21，浅灰色。背面饰竖向细绳纹。长 29.3、宽 14.4、厚 5.3 厘米（图版四一八）。

D 型，共 1 件。泥质灰陶，四边齐平，砖体厚大。除背面饰绳纹外其余皆素面，饰横向

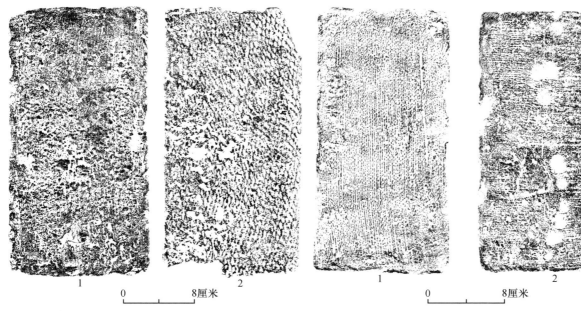

图一五五 魏晋十六国 A、B 型长方形砖纹饰拓本
1. A 型（窖 1：44） 2. B 型（TG3 ⑦：32）

图一五六 魏晋十六国 C、D 型长方形砖纹饰拓本
1. C 型（TN02W01 ⑦：20） 2. D 型（窖 1：46）

绳纹。

标本窖 1：46，浅灰色，有水锈和烧灼痕迹。绳径 0.2～0.3 厘米，纵向还有排列不规则的指压纹。长 28、宽 14、厚 5.5 厘米（图一五六，2；图版四一九）。

E 型，共 2 件。泥质灰陶，四边齐平，砖体厚大。除背面饰绳纹加菱形纹外其余皆素面。

标本 TN02W01 ⑦：18，残，灰色。纹饰较凌乱，绳径 0.2 厘米，背面素面。长 30.3、残宽 14.3、厚 6.4 厘米（图一五七；图版四二〇）。

标本 TN03W01 ⑦：21，残半，浅灰色。绳径 0.2～0.3 厘米。残长 12.1、宽 15.4、厚 5.2 厘米（图版四二一）。

2）正方形砖

正方形砖共 14 件。

A 型，共 3 件。泥质灰陶，素面，薄小方砖，有的有边框。

标本 TN03W04 ⑦：29，残存近四分之一，灰色。表面边框较窄且与砖面齐平，背面较平整。残长 15.3、残宽 12.5、厚 2.4 厘米（图一五八；图版四二二）。

标本 H84：4，残存近四分之一，灰色。砖面较平整，无边框，一面一角有二指压纹。残长 17.4、残宽 13.5、厚 1.9 厘米（图版四二三）。

标本 H84：5，残存一角，灰色。砖面较平整，一面有不太明显的边框，一面刮痕明显；砖侧面有一处边长 1.5 厘米的方形凹槽。

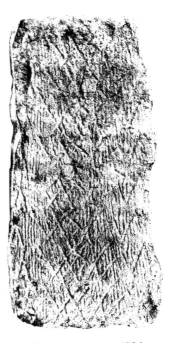

图一五七 魏晋十六国 E 型
长方形砖纹饰拓本
（TN02W01 ⑦：18）

图一五八　魏晋十六国 A 型正方形砖拓本
（TN03W04 ⑦：29）

残长 14.5、残宽 9.5、厚 2.5 厘米。

B 型，共 1 件。

标本 H131：16，残半，泥质夹砂灰陶，灰色。表面饰小方格网纹，局部叠压交错，略倾斜；背面素面，不太平整。边长 26.3、厚 3.7 厘米（图一五九，1；图版四二四）。

C 型，共 2 件。泥质灰陶，内凹方框，方框内饰多层菱形纹，边框上饰菱形纹和 ⚓ 纹。

标本 TN02W01 ⑦：1，残存一角，灰色。边框两边相交处饰三道凸棱，凸棱两侧各饰一 ⚓ 纹，一侧边框中部饰双层菱形纹；背面素面，不太平整。残长 16.3、残宽 13.8、厚 3.3 厘米（图一五九，2；图版四二五）。

标本 TN03W04 ⑦：30，残存一角，深灰色。形制、纹饰同 TN02W01 ⑦：1。残长 17.5、残宽 12.8、厚 2.6 厘米（图版四二六）。

D 型，共 2 件。泥质灰陶，内凹方框，方框内饰网格纹和动物纹。

标本 H84：2，残存近四分之一，深灰色。表面饰斜方格纹，每个方格中间饰小圆形乳钉，中间有方形框，框内饰一浮雕状龟纹，龟呈趴伏状，椭圆形龟背上饰凸起鳞状龟甲，腿前屈，前腿粗壮，后腿纤细，爪可辨二趾，龟侧饰草叶纹，方框四角饰圆环纹；背面素面，平整。残

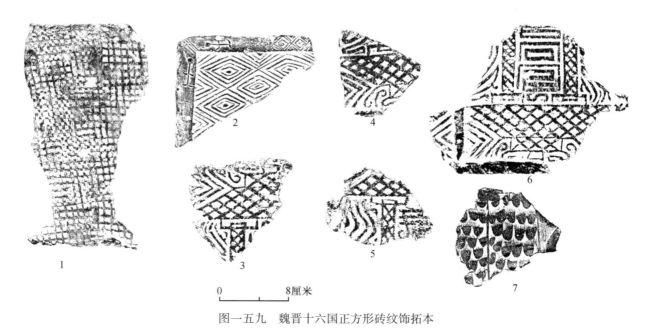

图一五九　魏晋十六国正方形砖纹饰拓本

1. B 型（H131：16）　2. C 型（TN02W01 ⑦：1）　3～6. F 型（TN03W01 ⑦：20、H95：4、H95：5、TG4 ⑦：12）
7. G 型（TN02W01 ⑦：2）

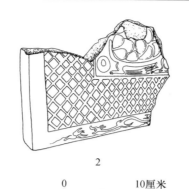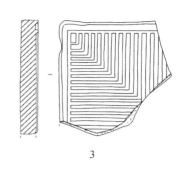

1　　　　　　　　　　　　　　　2　　　　　　　　　　　　　3

0　　　　　　　10厘米

图一六〇　魏晋十六国正方形砖

1、2. D 型（TN03W01 ⑦：19、H84：2）　3. E 型（TG3 ⑦：23）

长 20.3、残宽 13.8、厚 3.9 厘米（图一六〇，2；图版四二七）。

标本 TN03W01 ⑦：19，残存近四分之一，灰色，表面有烧灼痕迹。形制、纹饰同 H84：2，龟首呈三角形，短颈。残长 20.1、残宽 13.2、厚 4.4 厘米（图一六〇，1；图版四二八）。

E 型，共 1 件。

标本 TG3 ⑦：23，残存近四分之一，泥质灰陶，浅灰色。表面有内凹方框，方框内饰直角折线纹，中部略压平；背面素面，较平整。残长 15.6、残宽 14.4、厚 2 厘米（图一六〇，3；图版四二九）。

F 型，共 4 件。泥质夹砂灰陶，表面饰菱形网格纹和曲线纹，内饰文字"長宜髙官"。

标本 TN03W01 ⑦：20，残存一角，灰色。表面残存部分饰菱形网格纹；背面素面，平整。残长 12.8、残宽 12.6、厚 6.8 厘米（图一五九，3；图版四三〇）。

标本 H95：4，残，灰褐色。边框较窄，表面饰菱形网格纹；背面素面，平整。残长 10.6、残宽 9.8、厚 7.2 厘米（图一五九，4；图版四三一）。

标本 H95：5，残，深灰色。表面施一层浅灰色陶衣，残存"長"字及周围菱形网格纹和曲线纹；背面素面，平整。残长 13.5、残宽 10.5、厚 7 厘米（图一五九，5；图版四三二）。

标本 TG4 ⑦：12，残，深灰色。窄边框，表面中间饰"髙官"二字，字上下两侧饰菱形网格纹，左右两侧依次饰长方框包裹菱形网格纹和曲线纹饰；背面素面，平整。残长 23.6、残宽 17.7、厚 6.5 厘米（图一五九，6；图版四三三）。

G 型，共 1 件。

标本 TN02W01 ⑦：2，残，泥质灰陶，浅灰色。表面饰扁平的鱼鳞纹；背面素面，平整。残长 15、残宽 11.8、厚 4.2 厘米（图一五九，7；图版四三四）。

3）空心砖

空心砖共 3 件，均为残块，为泥质灰陶。

标本 TN03W03 ⑦：40，残存正面及侧面局部，浅灰色。表面及侧面均饰竖向细绳纹，局部加拍斜向交错绳纹，绳径 0.2～0.3 厘米；内面较平整。残长 23.7、残宽 10.5、残高 5.4 厘米

（图版四三五）。

标本 H130：27，残存正面局部，灰色。表面饰大菱形纹，菱形纹内间饰四叶纹和卷草纹；内面不平整，局部加拍菱形内十字纹。残长 25、残宽 12.5、厚 2.5 厘米（图版四三六）。

标本 H139：21，残存正面及侧面局部，灰色。表面素面，内面不平整。残长 20、残宽 16.5、残高 3.9 厘米。

5. 石构件

石构件共 1 件。

TN03W02 ⑦：3，砂石质，覆斗形，两侧有榫。顶部饰方形柿蒂纹，一侧饰龙虎纹。长 1.26、宽 1.05、厚 0.57 米（图一六一；图版四三七；图版四三八）。

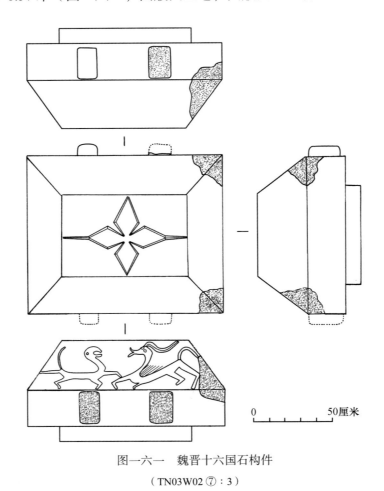

图一六一　魏晋十六国石构件

（TN03W02 ⑦：3）

（二）生活用品

生活用品共出土标本遗物 184 件，其中有陶器 164 件，铜器 10 件，骨器 1 件，蚌器 2 件和钱币 7 枚。

1.陶器

陶器共164件，完整1件，可复原84件，有盆65件，罐27件，瓮27件，钵40件，甑2件，盘2件和柱盘1件。

1）盆

盆共65件，可复原37件。

A型，共3件，均为口沿残片，泥质灰陶，圆唇，侈口，外壁饰斜向细绳纹。

标本TN03W01⑦：43，残高9、口径60.8厘米（图一六二，1；图版四三九）。

标本TG5⑦：12，残高7.2、口径65.8厘米。

标本TG5⑦：10，残高9.6、口径46.6厘米（图版四四〇）。

Ba型，共18件，可复原1件，均为泥质灰陶，方唇，侈口，宽平折沿，沿外端略上翘，外沿稍宽，斜弧腹。

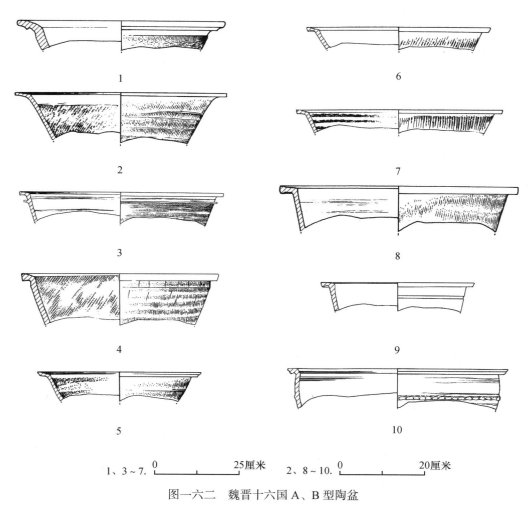

1、3~7. ⊢————25厘米　2、8~10. ⊢————20厘米

图一六二　魏晋十六国A、B型陶盆

1. A型（TN03W01⑦：43）　2~9. Ba型（TN02W04⑦：34、TN03W03⑦：102、H97：25、H130：41
TG3⑦：17、TG3⑦：22、窑2：10、窑2：13）　10. Bb型（TN03W05⑦：22）

标本 TN02W04 ⑦：34，残。外壁饰细绳纹，有数周抹断痕；内壁饰粗绳纹，部分被抹平。残高 12.8、口径 51.8 厘米（图一六二，2）。

标本 TN03W01 ⑦：29，残。残高 7、口径 43.8 厘米。

标本 TN03W05 ⑦：32，残。外壁饰细绳纹，内壁饰戳点纹，壁上有一穿孔。残高 20.3、口径 54.4 厘米。

标本 TN03W03 ⑦：82，残。外壁饰绳纹，部分被抹平；内壁饰戳点纹。残高 16.8、口径 60.6 厘米。

标本 TN03W03 ⑦：102，残。外壁饰细绳纹，绳纹局部被抹平，口沿下饰一周瓦棱纹。残高 10、口径 49.1 厘米（图一六二，3）。

标本 TN03W05 ⑦：30，残。口沿上饰有两周凹弦纹。外壁饰细绳纹，有数周抹断痕；内壁饰粗绳纹，部分被抹平。残高 14.1、口径 72.2 厘米。

标本 TN03W05 ⑦：39，残。外壁饰细绳纹，有数周抹断痕；内壁饰粗绳纹。残高 10.8、口径 50.8 厘米。

标本 TN03W03 ⑦：137，可复原。平底，壁上有数个穿孔，应当是碎裂后修复孔。外壁饰有竖向绳纹和数周凹弦纹，绳纹局部被抹平。通高 28.8、口径 52 厘米（图版四四一）。

标本 H67：39，可复原。平底，壁上有两个穿孔。内、外壁饰有带状折线纹，口沿下饰有一周凹弦纹；内壁两组纹饰相接的地方被抹平。通高 25.9、口径 51.4 厘米。

标本 H95：9，残。外壁饰细绳纹；内壁饰粗绳纹，大部分被抹平。残高 5.4、口径 46 厘米。

标本 H97：25，残。残高 16.2、口径 59.5 厘米（图一六二，4）。

标本 H130：41，残。残高 9、口径 48.8 厘米（图一六二，5；图一六三，1；图一六三，2）。

标本 TG3 ⑦：11，残。残高 9.2、口径 54.6 厘米。

标本 TG3 ⑦：17，残。外壁饰篮纹。残高 7.7、口径 54.5 厘米（图一六二，6）。

标本 TG3 ⑦：22，残。外壁饰篮纹；内壁饰有波浪纹，有数周抹断痕。残高 6.8、口径 52.6 厘米（图一六二，7；图一六三，3；图一六三，4）。

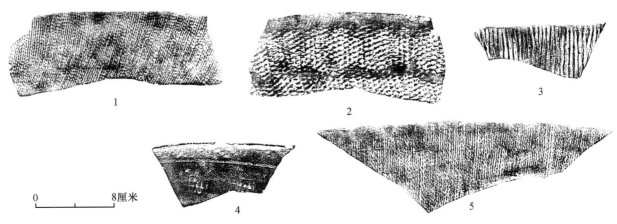

图一六三　魏晋十六国 Ba 型陶盆纹饰拓本

1. H130：41 外壁　　2. H130：41 内壁　　3. TG3 ⑦：22 外壁　　4. TG3 ⑦：22 内壁　　5. 窑 2：10

标本窖 2：9，残。外壁饰细绳纹，有一穿孔。残高 10.5、口径 73.4 厘米。

标本窖 2：10，残。残高 11.3、口径 57.3 厘米（图一六二，8；图一六三，5）。

标本窖 2：13，残。口沿下饰一周凹弦纹。残高 7.5、口径 45.5 厘米（图一六二，9）。

Bb 型，共 25 件，可复原 24 件，均为方唇，侈口，窄平折沿，平底。

标本 TN03W04 ⑦：1，可复原，泥质灰陶。口沿上有一周凹槽，斜弧腹。内壁饰有带状折线纹。通高 22.1、口径 51 厘米。

标本 TN03W04 ⑦：2，可复原，泥质夹砂灰陶。斜弧腹。内壁和盆底饰带状米字纹。通高 24、口径 51 厘米。

标本 TN03W04 ⑦：3，可复原，泥质夹砂灰陶。斜弧腹。口缘饰一周凹弦纹。通高 16.6、口径 41 厘米。

标本 H90：1，可复原，泥质灰陶。口沿上有一周凹槽，斜直腹，壁上有两个修复时的穿孔。通高 8.1、口径 21.5 厘米（图版四四二）。

标本 H94：1，可复原，泥质灰陶。口沿上饰一周凹弦纹，斜弧腹。通高 14、口径 35.8 厘米。

标本 H94：2，可复原，泥质灰陶。斜弧腹。外壁饰有数周凹弦纹。通高 24.2、口径 50.5 厘米。

标本 H94：3，可复原，泥质夹砂灰陶。斜弧腹。通高 18、口径 40.5 厘米（图版四四三）。

标本 H94：4，可复原，泥质红陶。斜弧腹。口沿下饰有数周水波纹。通高 23.4、口径 38.6 厘米（图一六四，1；图版四四四）。

标本 H94：40，可复原，泥质红陶。斜弧腹。口沿下饰有数周水波纹。通高 11.4、口径 19 厘米（图一六四，2）。

标本 TN03W04 ⑦：32，可复原，泥质红陶。口沿上饰有一周凹弦纹，斜弧腹。口沿下饰两周凹弦纹，中间饰数周水波纹。通高 10.8、口径 33.2 厘米（图一六四，3；图一六五，1）。

标本 H135：2，可复原，泥质夹砂灰陶。通高 17.1、口径 40.8 厘米。

标本 H111：3，可复原，泥质灰陶。器物有变形，口沿外缘略向下翻，口沿上有一周凹槽，折腹。通高 11.7、口径 28 厘米（图版四四五）。

标本 H109：3，可复原，泥质灰陶。口沿外缘略向下翻。外壁上部饰斜绳纹，下部素面；内壁饰有一周凹弦纹。通高 10.9、口径 26.4 厘米（图一六四，4；图版四四六）。

标本 H135：3，可复原，泥质灰陶。斜弧腹。通高 12.2、口径 31.3 厘米（图版四四七）。

标本 H135：4，可复原，泥质灰陶。斜弧腹。通高 17.4、口径 42.6 厘米（图版四四八）。

标本 H135：5，可复原，泥质夹砂灰陶。斜弧腹。外壁腹部饰三周凹弦纹。通高 17.7、口径 39.1 厘米。

标本 H135：6，可复原，泥质夹砂灰陶。斜直腹。通高 15.7、口径 36.6 厘米。

标本 H135：8，可复原，泥质夹砂灰陶。斜弧腹。内壁及盆底饰带状短斜条纹。通高 23.1、口径 48.7 厘米。

标本 H135：10，可复原，泥质灰陶。口沿上饰有一周凹弦纹，斜弧腹。内壁及盆底饰带状短斜条纹。通高 25.4、口径 53.3 厘米。

标本 H135∶12，可复原，泥质夹砂灰陶。斜弧腹。腹部饰三周凹弦纹。通高 22.8、口径 51.3 厘米。

标本 H135∶16，可复原，泥质灰陶。斜弧腹。内壁及盆底饰带状网格纹。通高 25.2、口径 58.3 厘米。

标本 H135∶21，可复原，泥质灰陶。斜弧腹。内壁及盆底饰带状折线纹。通高 22、口径 46.4 厘米。

标本 TG4 ⑦∶10，可复原，泥质灰陶。斜直腹。通高 10、口径 25.2 厘米（图版四四九）。

标本 TG3 ⑦∶12，可复原，泥质灰陶。平折沿，斜直腹。通高 12.5、口径 30.4 厘米。

标本 TN03W05 ⑦∶22，残，泥质灰陶。方唇，敛口，鼓腹。外壁饰有一周附加堆纹和水波纹。残高 9.8、口径 56.2 厘米（图一六二，10）。

C 型，共 15 件，可复原 9 件，均为侈口，斜折沿。

标本 TN03W01 ⑦∶33，残，泥质灰陶。方唇，斜弧腹。外壁饰粗绳纹，内壁饰数周短斜条纹。残高 9.5、口径 46.4 厘米（图一六四，5；图一六五，2）。

标本 TN03W02 ⑦∶1，可复原，泥质红陶。尖圆唇，折腹，平底，内底有一周凹槽。外壁腹部饰两周凹弦纹。通高 7.5、口径 20.2 厘米（图一六四，6；图版四五〇）。

标本 TN03W05 ⑦∶47，残，泥质灰陶。方唇，斜弧腹。外壁饰篮纹，内壁饰数周短斜条纹。残高 5.7、口径 45 厘米。

标本 TN05W01 ⑦∶26，可复原，泥质灰陶。尖圆唇，口沿上有一周凹槽，斜弧腹，平底。通高 19.5、口径 47.2 厘米（图版四五一）。

标本 H67∶40，可复原，泥质灰陶。尖唇，折腹，饼形足。内壁腹部一周凹槽。通高 9.3、口径 21.2 厘米。

标本 H75∶1，可复原，泥质红陶。尖圆唇，口沿外缘略向上翘起，斜弧腹，圈足，内底有一周凹槽，壁上及底部有 8 个穿孔。外壁腹部饰两周凹弦纹。通高 11.2、口径 28.8 厘米（图一六四，7；图版四五二）。

标本 H94∶5，可复原，泥质夹砂灰陶。方唇，斜弧腹，平底。内壁饰带状短斜条纹。通高 23.7、口径 49.2 厘米（图版四五三）。

标本 H135∶7，可复原，泥质灰陶。方唇，沿上有一周凹槽，斜弧腹，平底。内壁饰带状短竖条纹。通高 13.3、口径 38.8 厘米。

标本 H135∶9，可复原，泥质灰陶。圆唇，斜弧腹，平底。外壁饰数周瓦棱纹，近底部饰一周凹弦纹；内壁饰带状折线纹。通高 23、口径 53.1 厘米（图版四五四）。

标本 H135∶17，可复原，泥质灰陶。方唇，斜弧腹，平底。内壁及盆底饰带状网格纹。通高 28.6、口径 57.5 厘米。

标本 H135∶19，可复原，泥质灰陶。尖圆唇，斜弧腹，平底。通高 21.7、口径 43.5 厘米（图版四五五）。

标本 窑1∶35，残，泥质灰陶。方唇，斜弧腹。残高 9.8、口径 45.2 厘米。

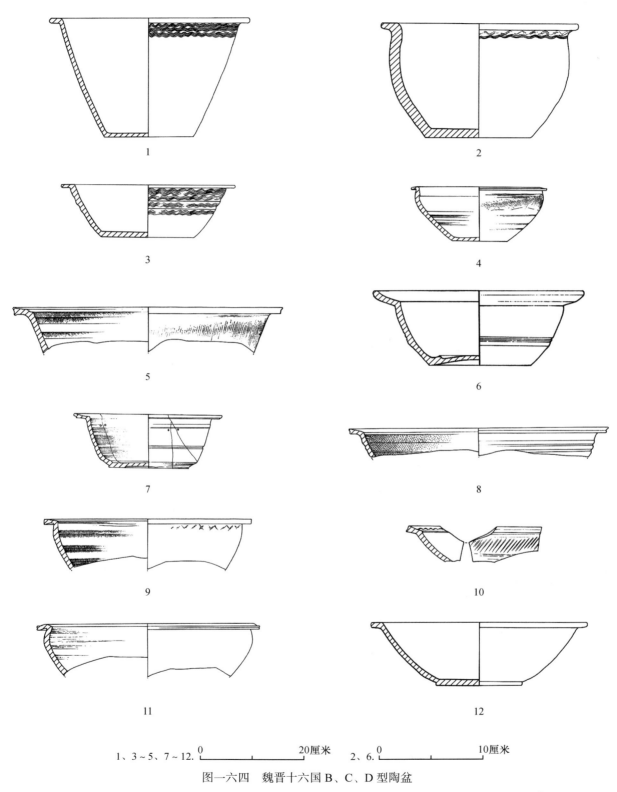

1、3 ~ 5、7 ~ 12.　0 ⎣_____⎦ 20厘米　　2、6.　0 ⎣_____⎦ 10厘米

图一六四　魏晋十六国 B、C、D 型陶盆

1~4. Bb 型（H94：4、H94：40、TN03W04 ⑦：32、H109：3）　5 ~ 10. C 型（TN03W01 ⑦：33、TN03W02 ⑦：1、
H75：1、TG3 ⑦：15、TG3 ⑦：21、窖 1：36）　11、12. D 型（TN03W01 ⑦：37、H135：121）

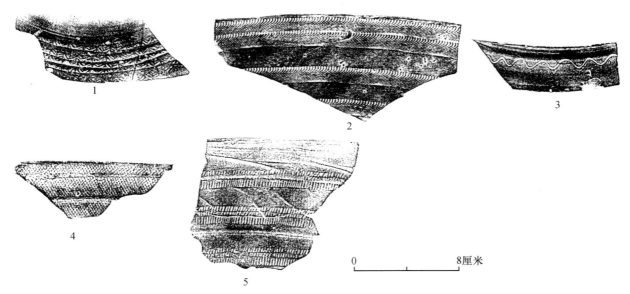

图一六五　魏晋十六国 Bb、C 型陶盆纹饰拓本

1. Bb 型（TN03W04 ⑦：32） 2～5. C 型陶盆（TN03W01 ⑦：33、窖 1：36、TG3 ⑦：15、TG3 ⑦：21）

　　标本 TG3 ⑦：15，残，泥质灰陶。方唇，斜弧腹。外壁饰瓦棱纹；内壁饰数周三角形戳点纹。残高 6.4、口径 50.4 厘米（图一六四，8；图一六五，4）。

　　标本 TG3 ⑦：21，残，泥质灰陶。方唇，斜弧腹。外壁素面；内壁饰数周短竖条纹。残高 10.2、口径 40.6 厘米（图一六四，9；图一六五，5）。

　　标本 窖 1：36，残，泥质灰陶。方唇，斜弧腹。口沿上饰有一周波浪纹，外壁饰篮纹。残高 8、口径 42.2 厘米（图一六四，10；图一六五，3）。

　　D 型，共 4 件，可复原 3 件，均为坡折沿，斜弧腹。

　　标本 TN03W01 ⑦：37，残，泥质灰陶。圆唇，唇上有一周凹槽，口微敛。残高 10.3、口径 43.7 厘米（图一六四，11）。

　　标本 TN03W04 ⑦：24，可复原，泥质灰陶。方唇，唇上有一周凹槽，侈口，平底，盆底有一个穿孔。外壁饰斜绳纹，部分被抹平。通高 17.2、口径 46.6 厘米（图版四五六）。

　　标本 H135：18，可复原，泥质灰陶。方唇，侈口，平底。通高 13.2、口径 32.4 厘米。

　　标本 H135：121，可复原，泥质红陶。方唇，侈口，饼形足，底部有一周凹槽。通高 12.7、口径 42.2 厘米（图一六四，12）。

　　2）罐

　　罐共 27 件，完整 1 件，可复原 4 件。

　　A 型，共 3 件，均为泥质灰陶，方唇，直口，圆肩。

　　标本 TN03W01 ⑦：27，残。内壁饰有三角形戳印纹。残高 7.4、口径 12.2 厘米（图一六六,1；图版四五七）。

　　标本 TN03W01 ⑦：34，残。肩部饰一周凹弦纹。残高 6.3、口径 9 厘米（图版四五八）。

　　标本 H74：7，残。肩部饰两周凹弦纹，内壁饰网格纹。残高 4.6、口径 12.8 厘米。

B 型 I 式，共 5 件，可复原 1 件，均为泥质灰陶，侈口，长颈。

标本 TN03W02 ⑦：5，残。尖圆唇，侈口，外折平沿。残高 8.2、口径 20.4 厘米（图一六六，2；图一六七，1）。

标本 H67：38，可复原。方唇，侈口，溜肩，鼓腹，平底。肩部饰一周凹弦纹，其下饰带状短竖条纹和半环形弧线纹的组合纹饰。通高 27.6、口径 11.2 厘米（图版四五九）。

标本 H95：30，残。方唇，圆肩。唇上饰两周凹弦纹，外壁饰细绳纹；内壁饰戳印纹。残高 13.8、口径 14.5 厘米（图一六六，3）。

标本 H130：33，残。尖圆唇，外折平沿。残高 6.4、口径 17.3 厘米（图一六六，4）。

标本 H139：37，残。方唇，外折平沿。残高 6.7、口径 21.8 厘米。

B 型 II 式，共 5 件，完整 1 件，可复原 1 件，均为泥质灰陶，侈口，短颈。

标本 TN03W02 ⑦：4，残。圆唇，圆肩。颈部饰数周瓦棱纹。残高 4.5、口径 12.4 厘米。

标本 TN03W03 ⑦：161，残。圆唇。残高 3.9、口径 10.8 厘米。

标本 H84：1，完整。圆唇，圆肩，斜直腹，平底。肩部饰两周凹弦纹夹一周斜回字形纹。通高 15.8、口径 8 厘米（图一六六，5；图一六七，2；图版四六〇）。

标本 H130：34，残。方唇，溜肩。肩部饰数周瓦棱纹。残高 6.2、口径 15.9 厘米（图一六六，6）。

标本 H135：22，可复原。圆唇，圆肩，鼓腹，平底。肩部饰有两周凹弦纹夹一周水波纹；腹部局部饰网格纹。通高 20、口径 7 厘米（图一六七，3；图版四六一）。

C 型，共 2 件，可复原 1 件，均为泥质灰陶，敛口。

标本 H67：39，可复原。圆唇，矮领，圆肩，肩部有四个穿孔耳系，鼓腹，平底。腹部饰有一周凹弦纹。通高 20.2、口径 11 厘米（图版四六二）。

标本窑 2：8，残。方唇，圆腹，上腹部饰有一周折线篦纹。残高 17.2、口径 30 厘米（图一六六，7；图一六七，4；图版四六三）。

D 型，共 7 件，均为泥质红陶，夹砂，有云母，外壁饰瓦棱纹。

标本 H95：34，残。尖圆唇，敛口，口沿上有凹槽，弧腹。残高 10.3、口径 41 厘米。

标本 H95：35，残。尖圆唇，敛口，口沿上有凹槽。残高 10.8、口径 33 厘米（图版四六四）。

标本 H95：8，残。尖圆唇，敛口，口沿上有凹槽。残高 15.2、口径 22.6 厘米（图一六六，8；图版四六五）。

标本 H95：33，残。尖圆唇，敛口，宽平沿，弧腹。残高 11.4、口径 40 厘米（图一六六，9；图版四六六）。

标本 H139：42，残。尖圆唇，敛口，内折窄平沿，弧腹。残高 7.2、口径 28 厘米（图一六六，10；图版四六七）。

标本 TN02W04 ⑦：35，残。方唇，直口，口沿下饰有一周凹弦纹。残高 11.4、口径 22 厘米（图一六六，11；图版四六八）。

标本 H95：32，残。方唇，直口。残高 7.2、口径 36.8 厘米（图版四六九）。

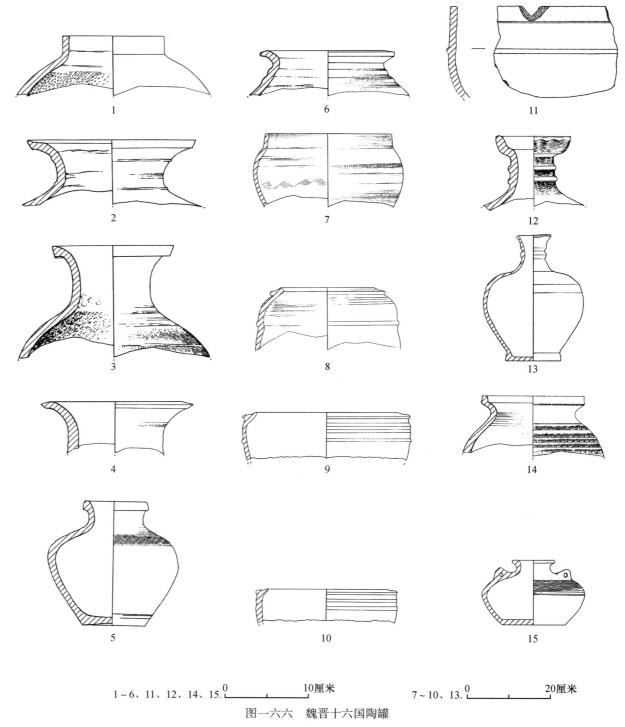

1～6、11、12、14、15.　0　　　　　　10厘米　　　　　　7～10、13.　0　　　　　　20厘米

图一六六　魏晋十六国陶罐

1. A 型（TN03W01⑦：27）　2～4. B 型 I 式（TN03W02⑦：5、H95：30、H130：33）　5、6. B 型 II 式（H84：1、H130：34）
7. C 型（窑 2：8）　8～11. D 型（H95：8、H95：33、H139：42、TN02W04⑦：35）　12～14. E 型（TN03W04⑦：34、
TG5H3：1、TN03W01⑦：32）　15. F 型（H135：25）

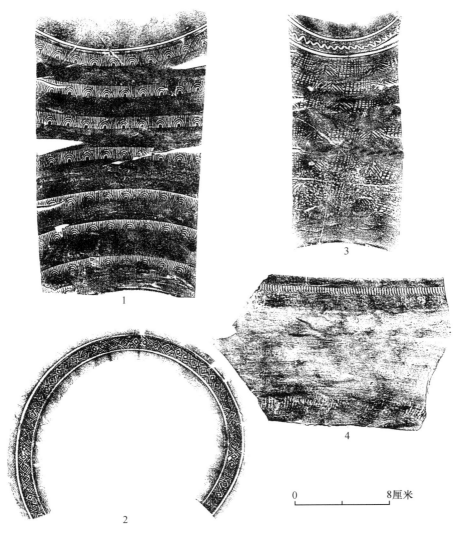

图一六七　魏晋十六国 B、C 型陶罐纹饰拓本

1. B 型 I 式（TN03W02 ⑦：5）　2、3. B 型 II 式（H84：1、H135：22）　4. C 型（窑 2：8）

E 型，共 4 件，盘口。

标本 TN03W04 ⑦：34，残，泥质红陶。尖圆唇，长颈。口沿下及颈部饰满波浪纹。残高 8.6、口径 9 厘米（图一六六，12；图一六八，1；图版四七〇）。

标本 TN03W01 ⑦：39，残，泥质灰陶。残高 3.3、口径 13.6 厘米。

标本 TG5H3：1，残，泥质灰陶。长颈，折肩，斜弧腹，饼形足，颈部饰有两周凸棱。残高 22.1 厘米（图一六六，13；图版四七一）。

标本 TN03W01 ⑦：32，残，泥质灰陶。方唇，圆肩，肩部饰数周叠压的菱形纹。残高 7.3、口径 11.8 厘米（图一六六，14）。

F 型，共 1 件，可复原。

标本 H135：25，泥质红陶。圆唇，侈口，外折平沿，短颈，折肩，斜弧腹，平底，整体较矮。肩部饰对称泥条形系，腹部饰凹弦纹和水波纹。通高 7.7、口径 5.2 厘米（图一六六，

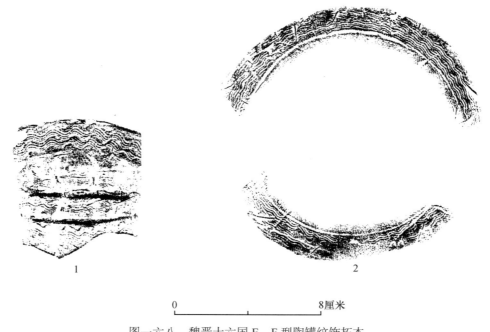

0　　　　　　　　　　　　　　8厘米

图一六八　魏晋十六国 E、F 型陶罐纹饰拓本

1. E 型（TN03W04 ⑦：34）　2. F 型（H135：25）

15；图一六八，2；图版四七二）。

3）瓮

瓮共 27 件，可复原 1 件，均为泥质灰陶。

Aa 型，共 1 件。

标本 H130：36，残。方唇，口下有一周凹槽，圆肩，腹壁薄。外壁饰绳纹，有数周抹断痕。残高 10.2、口径 45.8 厘米（图一六九，1；图一七〇，1；图版四七三）。

Ab 型，共 8 件，均为敛口，腹壁厚，颈部较长，体型大。

标本窖 1：25，残。方唇。颈部饰一周凹弦纹；外壁饰绳纹，大部分被抹平；内壁饰戳印纹。残高 8.3、口径 23.5 厘米（图一六九，2）。

标本 TN03W03 ⑦：78，残。方唇。外壁饰绳纹，大部分被抹平。残高 18、口径 51.2 厘米（图版四七四）。

标本 H130：35，残。方唇。唇上及外壁饰绳纹，部分被抹平，残高 11.6、口径 50.4 厘米（图一六九，3）。

标本 TG3 ⑦：8，残。方唇，颈部下有一周凹槽，素面。残高 5.7、口径 45.8 厘米。

标本窖 1：23，残。残高 18.8、口径 58.6 厘米（图版四七五）。

标本窖 1：24，残。外壁饰绳纹，大部分被抹平；内壁饰戳印纹。残高 11、口径 44 厘米。

标本窖 1：40，残。残高 8.9、口径 33.8 厘米。

标本窖 2：6，残。方唇，素面。残高 14.3、口径 49.4 厘米（图一六九，4；图版四七六）。

B 型 I 式，共 7 件，可复原 1 件，均为方唇，直口，短颈，圆肩，肩部饰细绳纹，局部被抹平，内壁饰交错粗绳纹。

标本 H130：32，残。圆唇，颈部外饰有两周凸弦纹，圆肩，素面。残高 10.6、口径 37.6 厘米（图一六九，5；图版四七七）。

标本 TN02W04⑦：12，残。残高 5.5、口径 30.8 厘米。

标本 TN02W04⑦：13，残。残高 9.2、口径 31.6 厘米。

标本 TN02W04⑦：14，残。唇上有一周凹槽。残高 6.7、口径 22.9 厘米（图一六九，6）。

标本 TN02W04⑦：26，残。残高 7.9、口径 31.7 厘米（图一六九，7；图一七〇，2）。

标本 H135：11，可复原。弧腹，平底。通高 53.8、口径 36.4 厘米（图版四七八）。

标本 TG3⑦：10，残。圆唇，素面。残高 8.4、口径 37.1 厘米（图一六九，8）。

B 型 II 式，共 11 件，均为直口，颈部较长，圆肩。

标本 TN03W05⑦：11，残。方唇。外壁饰绳纹；内壁饰戳印纹。残高 8.8、口径 23 厘米（图版四七九）。

标本 TN03W05⑦：20，残。残高 7.4、口径 24.1 厘米（图一六九，9；图一七〇，3；图版四八〇）。

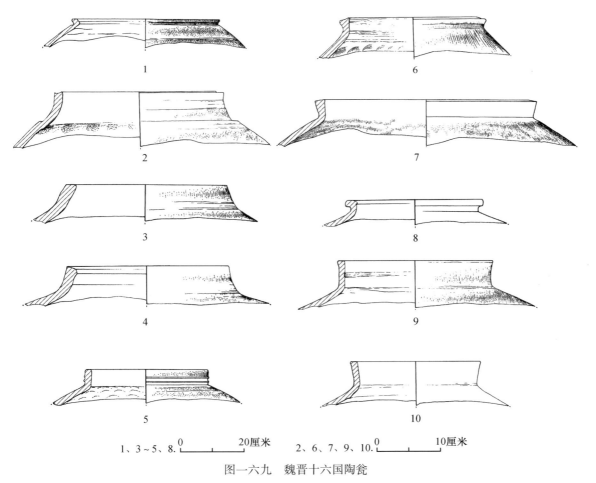

1、3~5、8. $\underset{0}{\vdash}$ ———— 20厘米 　2、6、7、9、10. $\underset{0}{\vdash}$ ———— 10厘米

图一六九　魏晋十六国陶瓷

1. Aa 型（H130：36）　2~4. Ab 型（窑 1：25、H130：35、窑 2：6）　5~8. B 型 I 式（H130：32、TN02W04⑦：14、TN02W04⑦：26、TG3⑦：10）　9、10. B 型 II 式（TN03W05⑦：20、H130：38）

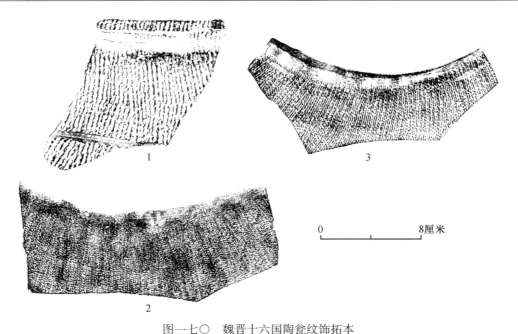

图一七〇　魏晋十六国陶瓮纹饰拓本

1. Aa 型（H130：36）　2. B 型 I 式（TN02W04 ⑦：26）　3. B 型 II 式（TN03W05 ⑦：20）

标本 TN03W05 ⑦：21，残。残高 10.2、口径 27.2 厘米。

标本 H130：25，残。方唇，素面。残高 5.8、口径 31.2 厘米。

标本 H130：37，残。方唇，素面。残高 8.7、口径 28.3 厘米（图版四八一）。

标本 H130：38，残。残高 8.1、口径 20.6 厘米（图一六九，10）。

标本 H139：26，残。方唇，颈部下饰有数周弦纹。外壁饰绳纹，有数周抹断痕。残高 9.2、口径 21.6 厘米。

标本 TG4 ⑦：5，残。残高 5.7、口径 22.2 厘米。

标本 TG5 ⑦：8，残。素面。残高 8.9、口径 34.8 厘米。

标本 TG5 ⑦：9，残。残高 6.9、口径 34 厘米。

标本窑 2：7，残。方唇。颈部饰绳纹，大部分被抹平；内壁饰有戳印纹。残高 9.1、口径 33 厘米。

4）钵

钵共 40 件，可复原 37 件。

A 型 I 式，共 26 件，可复原 25 件，均为泥质灰陶，尖圆唇，敞口，无颈，弧腹，平底。

标本 TN02W04 ⑦：16，可复原。浅弧腹。外壁饰两周瓦棱纹。通高 3.7、口径 9.8 厘米（图一七一，1）。

标本 TN03W05 ⑦：18，可复原。深弧腹。外壁饰数周瓦棱纹。通高 7.8、口径 21.5 厘米（图一七一，2）。

标本 TN03W03 ⑦：198，可复原。深弧腹。通高 3.8、口径 9.6 厘米（图一七一，3）。

标本 TN03W03 ⑦：163，可复原。浅弧腹。通高 5.9、口径 17.3 厘米（图一七一，4；图版四八二）。

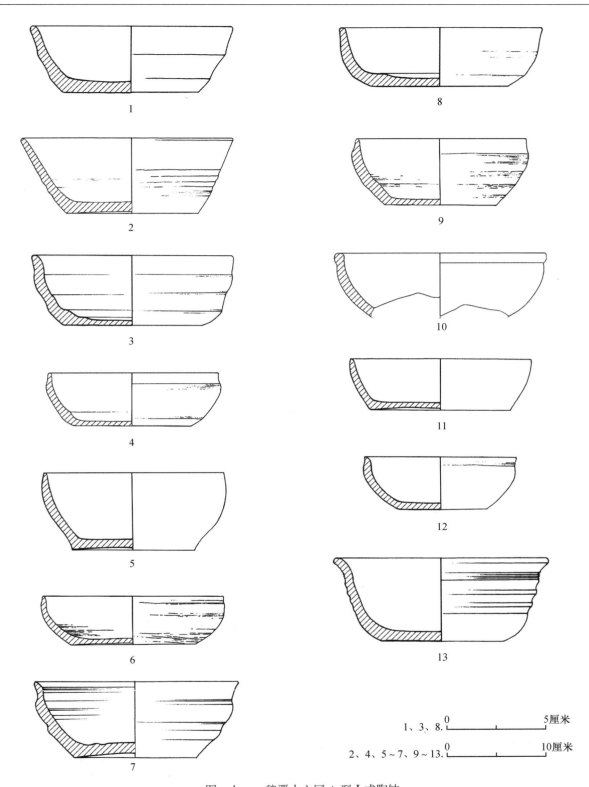

图一七一　魏晋十六国 A 型 I 式陶钵

1. TN02W04 ⑦：16　2. TN03W05 ⑦：18　3. TN03W03 ⑦：198　4. TN03W03 ⑦：163

5. TN03W03 ⑦：167　6. TN03W03 ⑦：177　7. H82：5　8. TN03W03 ⑦：183　9. TN02W03 ⑦：184

10. H109：9　11. TN03W03 ⑦：200　12. H130：45　13. H108：12

标本 TN03W03 ⑦：167，可复原。深弧腹。通高 8、口径 18.3 厘米（图一七一，5；图版四八三）。

标本 TN03W03 ⑦：177，可复原。通高 5、口径 18 厘米（图一七一，6；图版四八四）。

标本 H82：5，可复原。外壁饰瓦棱纹。通高 7.9、口径 19.3 厘米（图一七一，7；图版四八五）。

标本 TN03W03 ⑦：183，可复原。浅弧腹。通高 3.4、口径 9.9 厘米（图一七一，8）。

标本 TN02W03 ⑦：184，可复原。深弧腹。外壁饰瓦棱纹。通高 6.7、口径 17.3 厘米（图一七一，9）。

标本 H109：9，残。口沿下饰一周凹弦纹。残高 6.4、口径 21.5 厘米（图一七一，10）。

标本 TN03W03 ⑦：200，可复原。浅弧腹。通高 5.9、口径 18.4 厘米（图一七一，11）。

标本 TN03W03 ⑦：55，可复原。深弧腹。外壁饰有绳纹，绳纹有抹平痕。通高 7、口径 15.4 厘米。

标本 TN03W03 ⑦：67，可复原。浅弧腹。外壁饰有绳纹，绝大部分被抹平。通高 5.7、口径 16.2 厘米。

标本 TN03W03 ⑦：146，可复原。浅弧腹。通高 6.5、口径 16.9 厘米。

标本 TN03W03 ⑦：151，可复原。深弧腹。通高 7、口径 16.9 厘米。

标本 TN03W04 ⑦：6，可复原。深弧腹。通高 7.4、口径 18.4 厘米。

标本 TN03W04 ⑦：7，可复原。深弧腹。通高 6.8、口径 17.3 厘米。

标本 TN03W04 ⑦：8，可复原。浅弧腹。腹部有两周凹弦纹；外壁饰绳纹，大部分被抹平。通高 6.2、口径 16.1 厘米。

标本 H90：2，可复原。浅弧腹。口沿下饰有一周凹弦纹；外壁饰有戳点纹，大部分被抹平。通高 6.3、口径 16.7 厘米（图版四八六）。

标本 H94：8，可复原。浅弧腹。口沿下饰两周凹弦纹。通高 6.2、口径 17.8 厘米。

标本 H94：9，可复原。浅弧腹。外壁饰两周瓦棱纹。通高 6.4、口径 17.8 厘米。

标本 H94：10，可复原。浅弧腹。通高 6.3、口径 16.9 厘米。

标本 H94：11，可复原。浅弧腹，口沿下有一周凹弦纹。通高 5.6、口径 15.8 厘米。

标本 H135：15，可复原。浅弧腹。通高 5.4、口径 16.2 厘米。

标本 H130：45，可复原。浅弧腹。口沿下饰两周凹弦纹。通高 5.6、口径 15 厘米（图一七一，12）。

标本 H108：12，可复原。深弧腹。口沿下三周凹弦纹，外壁饰瓦棱纹。通高 8.4、口径 21.5 厘米（图一七一，13；图版四八七）。

A 型Ⅱ式，共 12 件，均可复原，均为敛口，无颈，弧腹，平底。

标本 TN03W03 ⑦：175，泥质灰陶。尖圆唇。通高 6.2、口径 15.2 厘米（图一七二，1；图版四八八）。

标本 TN03W03 ⑦：176，泥质灰陶。尖圆唇。通高 7、口径 18.4 厘米（图一七二，2；图版四八九）。

标本 TN03W05 ⑦：160，泥质灰陶。尖圆唇。通高 6.8、口径 16.1 厘米（图一七二，3；图版四九〇）。

标本 TN03W03 ⑦：178，泥质灰陶。尖圆唇。口沿下饰一周凹弦纹。通高 6.1、口径 17.2 厘米（图一七二，4）。

标本 TN03W03 ⑦：195，泥质灰陶。尖圆唇。口沿下饰两周凹弦纹。通高 6.2、口径 16.1 厘米（图一七二，5）。

标本 TN03W03 ⑦：60，泥质灰陶。尖圆唇，通高 4.3、口径 9.5 厘米。

标本 TN03W04 ⑦：5，泥质夹砂灰陶。方唇。通高 9.6、口径 21.8 厘米。

标本 H81：9，泥质夹砂灰陶。方唇。通高 10、口径 23.7 厘米（图版四九一）。

标本 H94：6，泥质夹砂灰陶。方唇。通高 11.5、口径 24.2 厘米（图版四九二）。

标本 H94：7，泥质夹砂灰陶。方唇。腹部饰有一周凹弦纹。通高 10、口径 24 厘米。

标本 H135：14，泥质夹砂灰陶。方唇。通高 9.4、口径 21.3 厘米（图版四九三）。

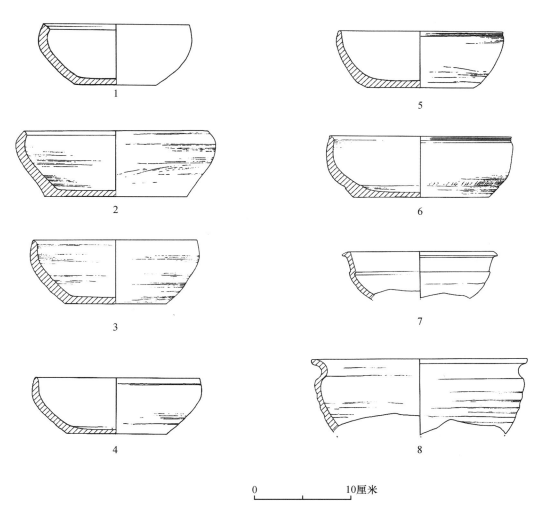

0   10厘米

图一七二 魏晋十六国 A、B 型陶钵

1～6. A 型 II 式（TN03W03 ⑦：175、TN03W03 ⑦：176、TN03W05 ⑦：160、TN03W03 ⑦：178、TN03W03 ⑦：195、H131：21） 7、8. B 型（TN02W04 ⑦：27、H111：5）

标本 H131：21，泥质灰陶。尖圆唇。口沿下饰一周凹弦纹。通高 6.4、口径 18.5 厘米（图一七二，6）。

B 型，共 2 件，均为泥质灰陶，圆唇，侈口，束颈，弧腹。

标本 TN02W04 ⑦：27，残。残高 5.3、口径 15.6 厘米（图一七二，7；图版四九四）。

标本 H111：5，残。残高 8.1、口径 22.3 厘米（图一七二，8；图版四九五）。

5）甑

甑共 2 件，均可复原，均为泥质灰陶。方唇，侈口，斜弧腹，平底。

标本 TN03W03 ⑦：123，宽平折沿，底有七个穿孔。外壁饰有绳纹，绳纹被多道抹断。通高 30.5、口径 57.6 厘米（图一七三，1；图版四九六）。

标本 H94：1，斜折沿，盆底有七个穿孔。通高 31、口径 62.5 厘米（图一七三，2；图版四九七）。

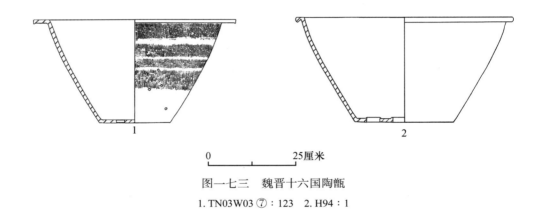

0　　　　　　25厘米

图一七三　魏晋十六国陶甑
1. TN03W03 ⑦：123　2. H94：1

6）盘

盘共 2 件，均可复原，泥质灰陶，侈口，平底。

标本 TN03W04 ⑦：4，圆唇，坡折沿，口沿下有一周凹弦纹，浅斜弧腹。通高 7.8、口径 31.6 厘米（图一七四，1；图版四九八）。

标本 TN03W04 ⑦：10，方唇，宽平折沿，口沿下有一周凹弦纹，斜直腹。外壁局部饰有绳纹，近底处饰有数道瓦棱纹。通高 8.9、口径 58.7 厘米（图一七四，2；图版四九九）。

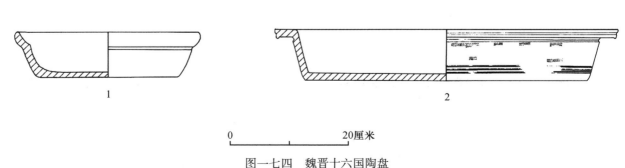

0　　　　　　20厘米

图一七四　魏晋十六国陶盘
1. TN03W04 ⑦：4　2. TN03W04 ⑦：10

7）其他

柱盘共 1 件。

标本 TN03W04 ⑦：33，残，泥质红陶。尖圆唇，直口，弧腹，平底。残高 7.7、口径 24.2 厘米（图一七五；图版五〇〇）。

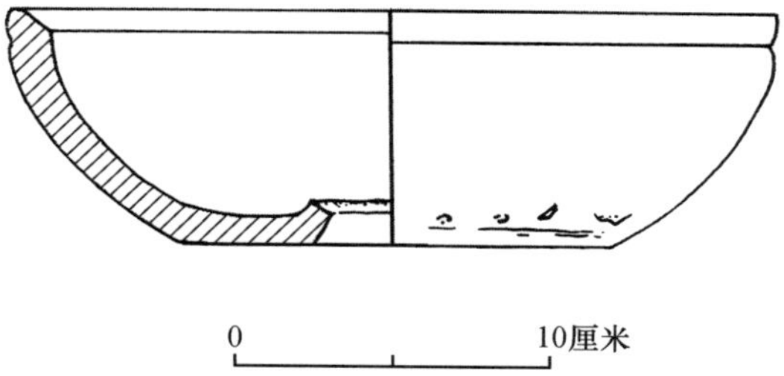

0　　　　　10厘米

图一七五　魏晋十六国陶柱盘
（TN03W04 ⑦：33）

2. 铜器

铜器共 10 件，有印 1 件，泥箅 1 件，铜镞 3 件，铺首 1 件，铜环 1 件，盖弓帽 1 件，弩机构件 1 件和铜块 1 件。

1）印

印共 1 件。

标本 TN02W03 ⑦：2，方形，桥形钮，阴刻"军曲侯印"印文。边长 2.4、高 2 厘米（图一七六，1；图版五〇一；图版五〇二）。

2）泥箅

泥箅共 1 件。

标本 TN02W03 ⑦：3，分盖和箅身两部分。圆形蚌镶嵌镂空青铜盖，盖顶有穿孔；深弧腹箅身，平底，腹部有一扁耳。口径 4、底径 2.5、高 5.8 厘米（图一七六，2；图版五〇三）。

3）铜镞

铜镞共 3 件。

标本 TN03W04 ⑦：35，箭头呈四棱锥形，刃部较钝，连接圆柱形铤，铤较长，铤尾较细。长 11.1 厘米（图一七六，3；图版五〇四）。

标本 TG6 ⑦：1，箭头呈三棱状，刃部锋利，铤部缺失。残长 4 厘米（图一七六，4；图版五〇五）。

标本 TG6 ⑦：2，箭头呈四棱状，刃部锋利，铤部缺失，锈蚀严重。残长 3 厘米（图一七六，5）。

4）铺首

铺首共 1 件。

标本 H120：15，兽面形，兽面高凸，线条较清晰，兽头单竖犄，犄较粗壮，额上有鬃，扇形耳，双耳向外斜，两眉高凸呈雁形，眉梢上翘，怒目圆睁，条形鼻向内屈，脸侧饰鬃毛。高 4.5、宽 4.5 厘米（图一七六，6；图版五〇六）。

5）铜环

铜环共 1 件。

标本 TG3 ⑦：33，外径 3.7、内径 2.7 厘米（图一七六，7）。

6）盖弓帽

盖弓帽共 1 件。

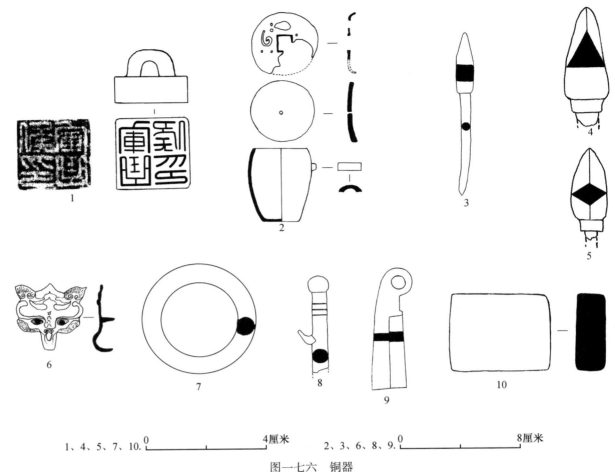

1、4、5、7、10.　0　　　　　　　　　　4厘米　　　2、3、6、8、9.　0　　　　　　　　8厘米

图一七六　铜器

1. 印（TN02W03 ⑦：2）　2. 泥箅（TN02W03 ⑦：3）　3～5. 铜镞（TN03W04 ⑦：35、TG6 ⑦：1、TG6 ⑦：2）　6. 铺首（H120：15）　7. 铜环（TG3 ⑦：33）　8. 盖弓帽（H76：14）　9. 弩机构件（TN02W03 ⑦：7）　10. 铜块（TN02W03 ⑦：4）

标本 H76：14，圆柱形，中空，顶部饰一圆球，中部连接一锥形弯钩。残高 6.5（图一七六，8）。

7）弩机构件

弩机构件共 1 件。

标本 TN02W03 ⑦：7，仅存悬刀部分，环形尾部，扁体。长 8.4、宽 2、厚 0.8 厘米（图一七六，9；图版五〇七）。

8）铜块

铜块共 1 件。

标本 TN02W03 ⑦：4，长方体，锈蚀较严重。长 3.3、宽 2.6、厚 1 厘米（图一七六，10）。

3. 骨器

骨器共 1 件。

标本 TN03W05 ⑦：58，簪，动物角磨制，扁条形，簪头方形，簪尾尖状，簪首刻"五

俎",灰白色。长15.7、宽1.4、厚0.15厘米(图一七七;
图版五〇八)。

4. 蚌

蚌共2件。

标本TN03W03⑦:202,蚌壳,未加工。长7.3、宽5.3厘米。

标本TN02W01⑦:22,海贝,长1.7、宽1.2厘米。

5. 钱币

钱币共7枚,均为五铢,锈蚀较严重,无郭,钱文浅且模糊、不规整,铜质较差,铸造工艺粗劣,钱体较薄。

标本TN03W04⑦:37,"五"字交笔微曲,"铢"字模糊不清,钱体不平整。钱径2.4、穿径0.9厘米(图一七八,1)。

标本TN02W05⑥:3,"五"字交笔微曲,"朱"字上方下圆,"铢"字"金"头呈长三角形,"五"字与"铢"字等长。钱径2.35、穿径0.92厘米(图一七八,2)。

标本H60:146,"五"字交笔微曲,"铢"字模糊不清。钱径2.3、穿径0.85厘米(图一七八,3)。

标本H73:5,"五"字较瘦,交笔微曲,"铢"字"金"头呈三角形。钱径2.45、穿径0.95厘米(图一七八,4)。

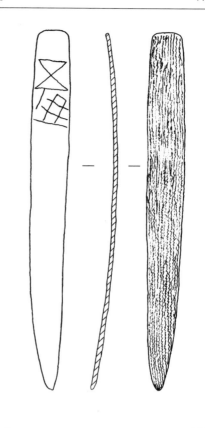

0　　　　　　　　　　　　8厘米

图一七七　骨簪

(TN03W05⑦:58)

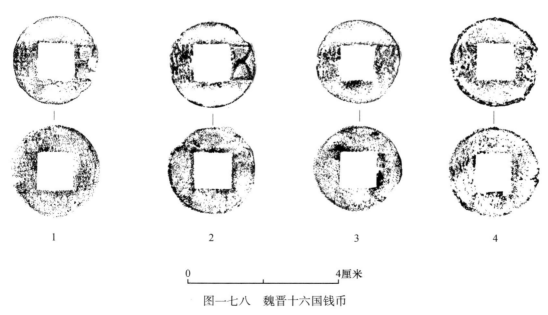

1　　　　　　2　　　　　　3　　　　　　4

0　　　　　　　　　　　　4厘米

图一七八　魏晋十六国钱币

1. TN03W04⑦:37　2. TN02W05⑥:3　3. H60:146　4. H73:5

第六章 东周、汉代遗迹及遗物

第一节 遗 迹

东周、汉代共发现 23 处遗迹现象，其中水井 2 口，灰坑 21 座（图一七九）。

（一）水井

水井共 2 口。

1. J3

J3 位于 TN02W04 的西南角，部分压在南壁下，⑧层下开口，打破生土，距地表 3.75 米。该井建筑方法是先挖好竖穴井坑，用两丁夹一横卧立砖围砌，围砌砖与土坑井壁之间填充较纯净的黄褐土并且夯实，土质坚硬，每层用十丁十横卧立砖围砌，部分横卧立砖与井壁之间有一丁卧立顶砖。口部塌陷，平面呈圆形，剖面为筒状，井壁光滑，砖砌规整，用砖规格为 31.5 厘米 ×16 厘米 ×6 厘米。外圈直径 1.85 米，内圈直径 0.85 米，发掘至 3.5 米处，井水不断渗出，为了安全停止发掘，现发掘 18 层砖。井内填土上部为黄褐花土，土质较松，内含较多长条砖，下部距井口 1.7 米时出水，填土变成黑淤泥，出土铜釜、内壁有戳点纹的罐以及刻画 <<<< 罐等，罐颈部较短，肩部较耸，大平底。方格纹和布纹叠在一起的板瓦，表面斜饰模糊不清的细绳纹，有的板瓦绳纹成组排列（图一八〇；图版五〇九；图版五一〇）。

2. J4

J4 位于 TN02W05 东北部，⑧层下开口，打破生土，口部被 H123 和 D3 打破，距地表 3.8 米。平面外圈呈圆角方形，剖面为筒状，井壁用大小相异的上水石围砌而成，垒砌不规整，井壁凹凸不平。井口宽 1.9 ~ 2.2 米，内圈直径 0.8 米，深 1.8 米，从井口破坏处向下，残存上水石 11 ~ 13 层。填土为黄褐色土，土质较松，内含较多沙积石块，出土 5 件较完整的陶罐和少量碎陶片以及瓦头和瓦尾抹去绳纹的筒瓦，有很深的外切痕，还有一些绳纹较粗的板瓦。井壁主要是由上水石垒砌而成，用上水石垒砌井的做法，在晋阳古城还是第一次发现，它对东周时期砌井的工艺研究有着重要的意义和价值（图一八一；图版五一一；图版五一二）。

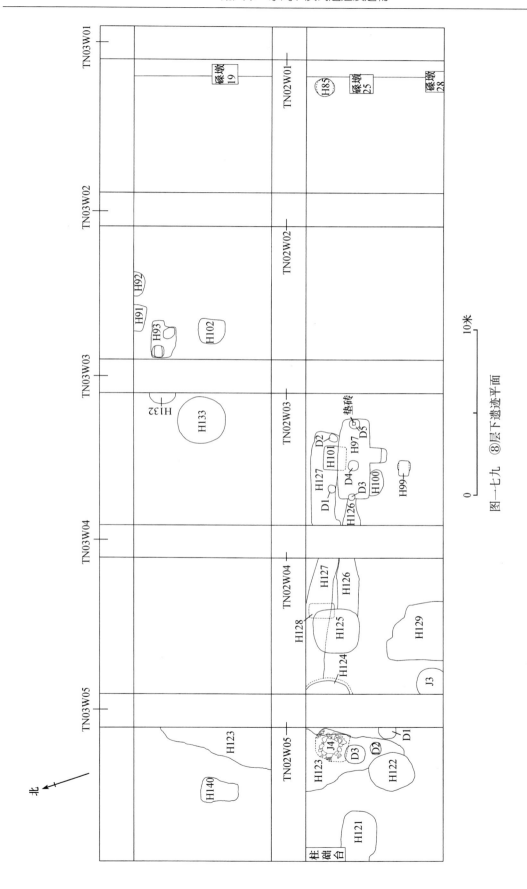

图一七九 ⑧层下遗迹平面

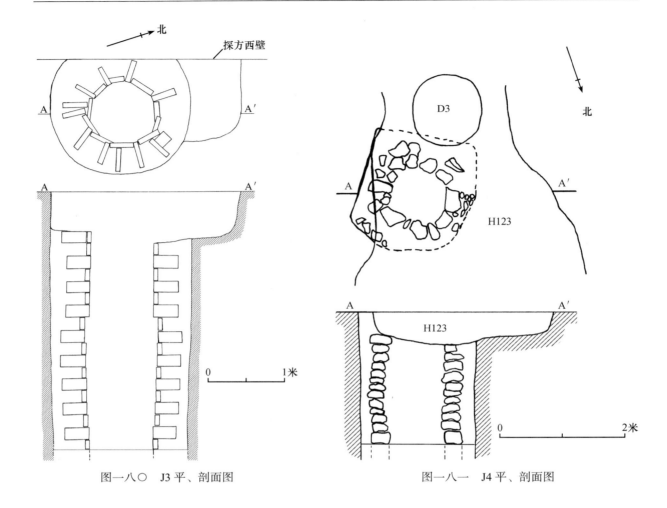

图一八〇　J3 平、剖面图　　　　　　　　　图一八一　J4 平、剖面图

（二）灰坑

灰坑共 21 座。

1. H97

H97 位于 TN02W03 的北中部，⑧层下开口，打破 H101、H127、H126、H100 和生土，东部被 H96 打破，距地表深 3.8 米。平面呈圆角长方形，剖面近长方形，坑壁较直，加工光滑。东西长 4.9 米，南北宽 1.5 ~ 1.9 米，深 0.75 ~ 0.95 米。另外，它的南部有一斜坡通道，中部东西两端及中心位置各有一柱洞，北部边缘外东西两侧也各有一柱洞。

H97D1 平面近圆形，直径 0.5、深 0.4 米。

H97D2 平面呈不规则圆形，南北长 0.5、东西宽 0.4、深 0.6 米。

H97D3 平面呈不规则圆形，南北最长 0.4、东西宽 0.4、深 0.4 米。

H97D4 平面近椭圆形，短径 0.57、长径 0.7、深 0.6 米。

H97D5 平面近圆形，直径 0.6、深 0.55 米，底部有一垫砖。其南部通道，上部通道口南北长1、东西宽0.75～1、底部东西长0.85～1、南北宽0.7、深0.9米。填土上半部为红褐色土，土质较硬，较纯净，下半部为灰褐色土，土质较疏松，内含较多砖瓦残片、陶片和瓦当，底部有1～2厘米厚的黄褐细砂土，柱洞内填土均为灰褐土，土质较疏松，出土有很多云纹瓦当、几何纹方砖，还有一些动物形象的方砖残块，绳纹成组拍印板瓦等（图一八二；图版五一三）。

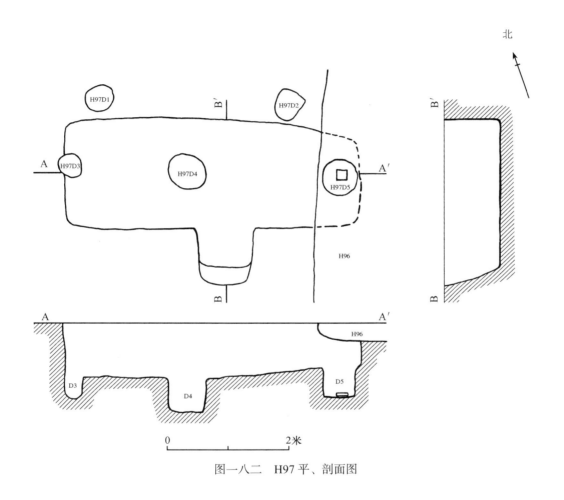

图一八二　H97平、剖面图

2. H101

H101位于TN02W03的北部偏东，⑧层下开口，打破H127和生土，被H97打破，距地表3.9米。平面近长方形，坑内侧用木板拼接呈正方形，木板与坑壁之间填埋小河卵石和河沙并且夯实。东西长1.5、南北宽1.35、深1.35米，坑内有木板灰痕迹，边长1米，每边残存5块，宽18～20厘米，高1米。填土上部为灰褐色沙土，土质较疏松，距底部0.5米处为黑淤泥，出土1件完整陶罐、少许瓦当和碎陶片（图一八三；图版五一四）。

3. H133

H133位于TN03W03的东中部，⑧层下开口，打破生土，被H130打破，距地表3.7米。

平面近圆形，剖面呈筒状，坑壁加工光滑，坑底较平坦。直径 2.75、深 0.85 米。填土为红褐色斑土，土质较硬，出土少许陶片、1 件完整陶罐和 1 件陶碗（图一八四；图版五一五）。

4. H140

H140 位于 TN03W05 的南中部，⑧层下开口，打破生土，距地表 3.5 米。平面呈不规则形，剖面近筒形，坑壁、坑底加工粗糙，坑底南高北低。南北长 2.15、东西宽 1 ~ 1.5、深 1.2 ~ 1.5 米。填土为红褐色土夹红烧土颗粒和草木灰，土质较硬，出土平沿盆、接底的敞口罐、甑等（图一八五；图版五一六）。

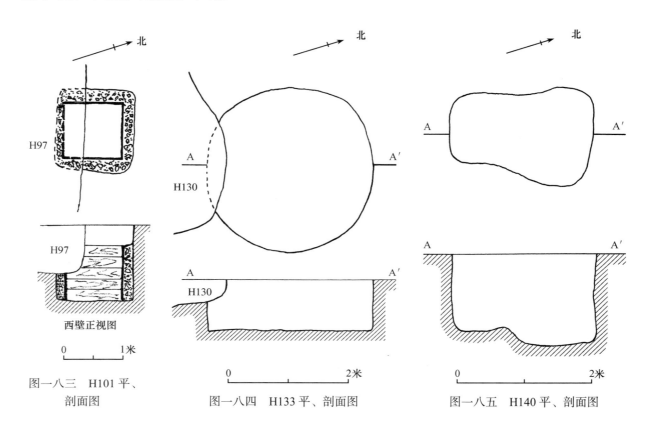

图一八三　H101 平、剖面图　　　　图一八四　H133 平、剖面图　　　　图一八五　H140 平、剖面图

第二节　遗　物

遗址出土东周、汉代标本遗物丰富，共 363 件，其中建筑构件 203 件，生活用品 160 件。

（一）建筑构件

建筑构件共出土标本 203 件，其中板瓦 32 件，筒瓦 30 件，瓦当 51 件，砖 81 件和其他 9 件。

1. 板瓦

板瓦共 32 件。

A 型，共 3 件。手制，瓦体薄。凸面饰斜细绳纹和竖向细绳纹，绳径约 0.3 厘米；凹面素面，凹凸不平。深灰色，侧棱外切。

标本 TG4 ⑧：1，残存部分。端面较薄饰绳纹，凸面竖向细绳纹排列疏密不均，局部较模糊，凹面至端突然收薄。残长 16.7、端残宽 15.5、厚 0.4 ~ 1.4 厘米（图一八六，1；图版五一七）。

标本 H122：14，残。凸面竖向细绳纹排列紧密。残长 14.4、残宽 13.9、厚 0.9 ~ 1.2 厘米（图一八六，2；图版五一八）。

标本 H122：18，残存部分。端面较薄饰绳纹，凸面细绳纹竖向交错，凹面至端突然收薄。残长 17、端残宽 15.5、厚 0.5 ~ 1.4 厘米（图一八六，3；图版五一九）。

B 型 I 式，共 2 件。手制，瓦体薄，凸面饰竖向绳纹，近端抹平；凹面饰戳点纹，大部分被抹平；端面齐平，侧棱内切。

标本 TN03W05 ⑧：1，残存部分，泥质灰陶，灰色。凸面规整竖向绳纹略倾斜，局部加

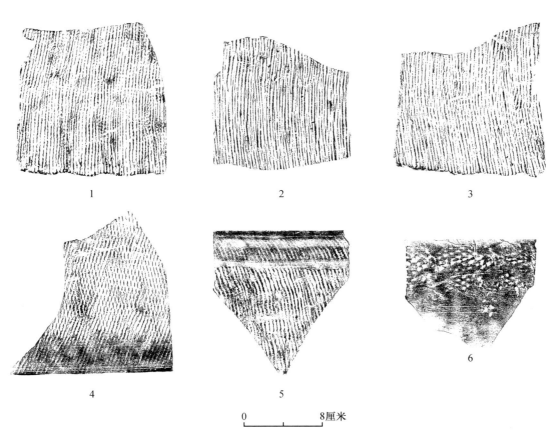

0　　　　　　　8厘米

图一八六　东周、汉代 A、B 型板瓦纹饰拓本

1 ~ 3. A 型（TG4 ⑧：1、H122：14、H122：18）　4 ~ 6. B 型 I 式（TN03W05 ⑧：1、TN03W05 ⑧：2 凸面、TN03W05 ⑧：2 凹面）

拍斜绳纹交错，绳径均约 0.3 厘米，近端 3 厘米宽的绳纹被抹平；凹面饰戳点纹，仅局部隐约可见。残长 17.3、端面残宽 16.7、厚 1～1.2 厘米（图一八六，4；图版五二〇）。

标本 TN03W05 ⑧：2，残存部分，泥质红陶，红褐色。凸面竖向绳纹，绳径 0.2～0.3 厘米，局部压平不太清楚，近端 4 厘米绳纹被抹平；凹面近端戳点纹较清晰，其余抹平。残长 15.5、端面残宽 13.9、厚 0.9～1 厘米（图一八六，5；图一八六，6；图版五二一）。

B 型 Ⅱ 式，共 5 件。手制，瓦体薄，凸面饰竖向绳纹，条状横向抹断，两端抹平；凹面多饰戳点纹或方格纹，大部分被抹平；端面齐平，侧棱内切，切痕较浅；颜色以青灰色为主。

标本 TN03W05 ⑧：10，残存部分，泥质灰陶，青灰色。凸面绳纹规整，绳径约 0.2 厘米；凹面戳点纹仅局部隐约可见，抹痕明显。残长 16.9、端残宽 19.5、厚 0.8～1.1 厘米（图一八七，1）。

标本 TN03W05 ⑧：11，残存部分，泥质灰陶，青灰色。凸面绳纹抹断间隔向下渐宽，绳径约 0.3 厘米；端面抹圆。残长 27.5、端面残宽 7.5、厚 0.9～1.3 厘米（图一八七，2；图版五二二）。

标本 TN02W05 ⑧：4，残存部分，泥质红陶，红褐色。凸面绳纹较粗糙，绳径 0.3～0.5 厘米；凹面凹凸不平。残长 20、端面残宽 15.2、厚 0.8～1.1 厘米（图一八七，3；图版五二三）。

标本 TN02W04 ⑧：8，残存部分，泥质灰陶，青灰色。凸面局部饰交错绳纹，绳径均约 0.4 厘米。残长 19.6、端面残宽 5.2、厚 0.9～1.3 厘米（图一八七，4）。

标本 TG3 ⑧：2，残，泥质灰陶，浅灰色。凸面绳纹规整，一端略倾斜，绳径约 0.4 厘

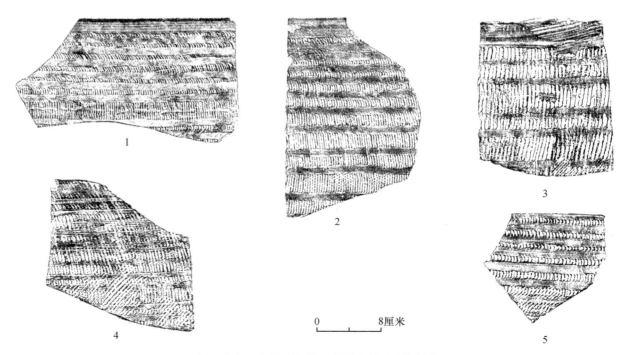

0　　　　　8厘米

图一八七　东周、汉代 B 型 Ⅱ 式板瓦纹饰拓本

1. TN03W05 ⑧：10　2. TN03W05 ⑧：11　3. TN02W05 ⑧：4　4. TN02W04 ⑧：8　5. TG3 ⑧：2

米；凹面饰方格纹。残长 14.3、残宽 14.9、厚 1.4 厘米（图一八七，5）。

C 型 I 式，共 3 件。泥质灰陶，模制，瓦体薄，凸面饰竖向粗绳纹，多段抹断，绳径 0.3 ~ 0.4 厘米；凹面布纹平整；端齐平，侧棱内切；火候高，颜色呈青灰色。

标本 TN03W05 ⑧：12，残存部分。凸面不太平整，近端 3.5 ~ 4.5 厘米绳纹被抹平。残长 30.4、端残宽 17.6、厚 0.7 ~ 1.1 厘米（图一八八，1；图版五二四）。

标本 TN03W05 ⑧：13，残存部分。凸面近端 5 厘米绳纹被抹平。残长 34.6、端面残宽 14.7、厚 1 ~ 1.3 厘米（图一八八，2；图版五二五）。

标本 H96：15，残存部分。凸面近端大部分绳纹被抹平，长约 6.5 厘米，且抹平部分呈瓦棱状凹凸不平。残长 13.9、端残宽 19、厚 1 ~ 1.5 厘米（图版五二六）。

C 型 II 式，共 2 件。泥质灰陶，模制，瓦体薄，凸面饰竖向细绳纹，多段抹断，绳径 0.2 厘米；凹面布纹平整；端面齐平，侧棱内切。

标本 TN02W05 ⑧：1，残，浅灰色。凸面绳纹较规整。残长 12.8、残宽 10.4、厚 1.1 ~ 1.4 厘米（图一八八，3）。

标本 TN03W05 ⑧：8，残存部分，深灰色。凸面近端 6 厘米绳纹被抹平。残长 21.2、端

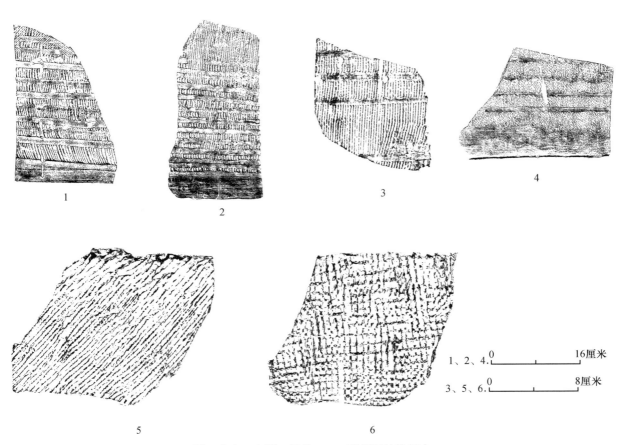

图一八八　东周、汉代 C、D 型板瓦纹饰拓本
1、2. C 型 I 式（TN03W05 ⑧：12、TN03W05 ⑧：13）　3、4. C 型 II 式（TN02W05 ⑧：1、TN03W05 ⑧：8）　5、6. D 型 I 式
（TN03W05 ⑧：15 凸面、TN03W05 ⑧：15 凹面）

面残宽 29.2、厚 0.8～1.3 厘米（图一八八，4；图版五二七）。

D 型 I 式，共 2 件。模制，瓦体薄，宽端捏成花边状，凸面饰粗绳纹，侧棱内切。

标本 TN03W05 ⑧：15，残存部分，泥质红陶，黄褐色。凸面饰斜向粗绳纹，绳径约 0.4 厘米；凹面饰方格纹。残长 14.7、端面残宽 12.8、厚 0.8～1.6 厘米（图一八八，5；图一八八，6；图版五二八）。

标本 H97：7，残存部分，泥质灰陶，青灰色。凸面饰竖向粗绳纹，局部饰交错绳纹，绳径 0.5 厘米；凹面饰菱形纹。残长 21.5、端面残宽 23.8、厚 1.3～1.6 厘米（图一八九，1；图一八九，2；图版五二九）。

D 型 II 式，共 5 件。泥质灰陶，模制，瓦体薄，宽端捏成花边状，凸面饰竖向细绳纹，下端饰交错绳纹，侧棱内切。

标本 TN02W04 ⑧：7，残存部分，灰色。凹面饰布纹，近端饰粗菱形纹。残长 15.7、端面残宽 20.2、厚 1.2～1.3 厘米（图一八九，3；图一八九，4）。

标本 TN02W05 ⑧：5，残存部分，灰色。凸面绳纹中部有横向抹断痕；凹面饰布

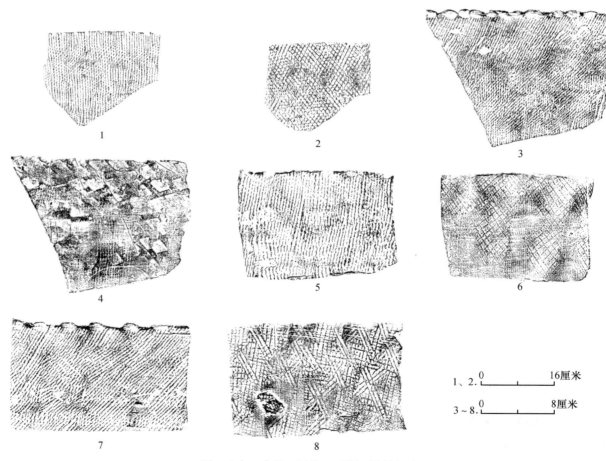

图一八九　东周、汉代 D 型板瓦纹饰拓本

1、2. D 型 I 式（H97：7 凸面、H97：7 凹面）　3～8. D 型 II 式（TN02W04 ⑧：7 凸面、TN02W04 ⑧：7 凹面、TN02W05 ⑧：5 凸面、TN02W05 ⑧：5 凹面、TN03W05 ⑧：7 凸面、TN03W05 ⑧：7 凹面）

纹，近端饰菱形纹。残长12.7、端面残宽17、厚0.7~1.1厘米（图一八九，5；图一八九，6；图版五三〇）。

标本TN02W05⑧：12，残存部分，浅灰色。凹面饰布纹，近端处饰方格纹。残长14.3、端面残宽20.2、厚0.8~1.2厘米（图版五三一）。

标本TN03W05⑧：7，残存板瓦部分，灰色。凸面近端加拍斜绳纹交错，中部抹断几道；凹面布纹，近端又饰方格纹。残长13.8、端面残宽20、厚1.2~1.4厘米（图一八九，7；图一八九，8；图版五三二）。

标本H111：11，一角残，黑色。端面齐平，凸面窄端3.8厘米绳纹被抹平，宽端绳纹略凌乱；凹面饰布纹，近宽端饰方格纹。长44.5、窄端残宽14.3、宽端宽31.8、厚1~1.3厘米（图一九〇；图版五三三）。

E型Ⅰ式，共7件。泥质灰陶，模制，凸面饰斜向粗绳纹；凹面饰布纹或菱形网格纹，下端齐平，侧棱内切。

图一九〇　东周、汉代D型Ⅱ式板瓦纹饰拓本
（H111：11）

标本TN03W05⑧：3，残存部分，浅灰色，凸面近端4厘米绳纹被抹平。残长18.8、端面残宽12.4、厚1~1.3厘米（图一九一，1；图版五三四）。

标本TN03W05⑧：4，残存部分，灰色。凹面布纹，近端被抹平，呈横弦纹。残长20、端面残宽13、厚0.9~1.2厘米（图一九一，2；图版五三五）。

标本TN03W05⑧：5，残存部分，浅灰色。形制、纹饰同TN03W05⑧：4。残长17.4、端面残宽18.7、厚0.9~1.3厘米（图一九一，3；图版五三六）。

标本TN03W05⑧：14，残存部分，浅灰色。凹面布纹近端被抹平。残长19.5、端残宽15.5、厚0.9~1.4厘米（图一九一，4；图版五三七）。

标本H122：10，残存部分，浅灰色。凸面近端2.5厘米绳纹被抹平，绳径约0.8厘米。残长18、端面残宽7.3、厚1.1~1.6厘米（图一九一，5；图版五三八）。

标本TG3⑧：1，残存部分，浅灰色。凸面饰45°斜向粗绳纹；凹面饰菱形纹。残长13.5、端面残宽18、厚1~1.4厘米（图一九一，6）。

标本TG3⑧：7，残存部分，灰色。残长17、端面残宽10.5、厚0.9~1.4厘米。

E型Ⅱ式，共3件。泥质灰陶，模制，凸面先饰交错绳纹，近端再饰竖向绳纹，绳纹较细；凹面饰布纹、方格纹或菱形网格纹，端面齐平，侧棱内切。

标本TN02W04⑧：6，残存部分，灰色。凸面近窄端局部抹平；凹面布纹，近宽端饰方格纹。残长30.8、端面残宽17.5、厚1.1~1.5厘米（图版五三九）。

标本TN03W03⑧：6，残存下端部分，灰色。凹面饰菱形网格纹。残长26.5、端残宽

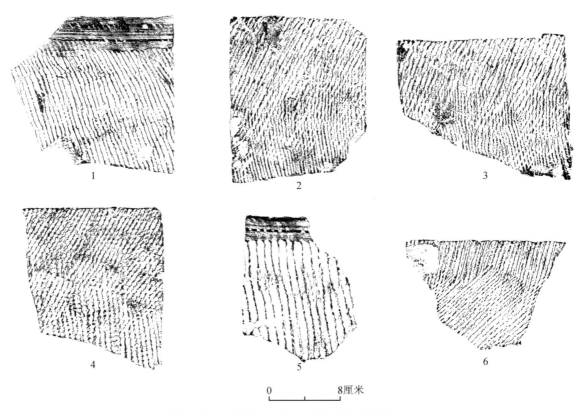

图一九一　东周、汉代 E 型 I 式板瓦纹饰拓本

1. TN03W05 ⑧：3　2. TN03W05 ⑧：4　3. TN03W05 ⑧：5　4. TN03W05 ⑧：14　5. H122：10　6. TG3 ⑧：1

15.3、厚 0.9 ~ 1.4 厘米（图版五四〇）。

标本 TN03W05 ⑧：23，残存部分，灰色。凸面近端绳纹局部被抹平；凹面布纹。残长 12.9、端残宽 13.9、厚 1.2 ~ 1.7 厘米（图版五四一）。

2. 筒瓦

筒瓦共 30 件。

B 型 I 式，共 6 件。泥质灰陶，模制，浅灰色，凸面饰竖向绳纹，绳纹较粗，绳径 0.4 厘米，下端绳纹被抹平，凹面布纹；瓦舌短，略呈坡状，瓦舌与体部相接处齐平；侧棱外切，切痕深，几乎切透。

标本 J4：7，下端略残。凸面上端 5 厘米绳纹被抹平；凹面下端 3 厘米绳纹被抹平；近瓦舌处略内收，下端末尾处略上翘。长 42、宽 13.1 ~ 14、厚 0.9 ~ 1.6、瓦舌长 1.5 厘米（图一九二，1；图版五四二）。

标本 J4：8，残存上端部分。近上端中部有一穿孔。凸面上端 3.5 厘米绳纹被抹平；凹面布纹局部被抹平。残长 22.5、宽 14.6、厚 0.9 ~ 1.5、瓦舌长 1.1 厘米（图版五四三）。

标本 TN02W05 ⑧：15，残存上端部分。凸面上端 5 厘米绳纹被抹平；凹面瓦舌饰竖向细绳纹。残长 25.2、宽 14.7、厚 1.1 ~ 1.6、瓦舌长 1.3 厘米（图版五四四）。

标本 TN03W05⑧：28，残存上端部分。凸面上端5厘米绳纹被抹平；凹面布纹有两道纵向褶皱痕。残长28、宽13.3、厚0.9~1.2、瓦舌长1厘米（图版五四五）。

标本 TN03W05⑧：35，残存上端部分。凸面上端6.7厘米绳纹被抹平。残长22.5、残宽12.3、厚0.9~1.4、瓦舌长1.3厘米。

标本 TN03W05⑧：36，残存下端部分。下端处略上翘。凹面下端2.8厘米布纹被抹平。残长13.6、残宽7.2、厚0.7~1.1厘米。

B型Ⅱ式，共5件。泥质灰陶，模制，凸面饰绳纹，条状横向抹断痕；瓦舌与上式比较变化不太大，瓦舌与瓦体相接部分略有凸起，侧棱外切，切痕较深。

标本 TN02W04⑧：11，残存上端部分，青灰色。残长27、宽13.8、厚0.7~1.1、瓦舌长1.5厘米（图一九二，2）。

标本 H122：12，残存上端部分，青灰色。残长13.3、残宽9.5、厚1.1~1.9、瓦舌长2厘米。

标本 H139：1，残存上端部分，浅灰色。瓦舌厚且长。长7.5厘米。残长17.6、残宽9.9、厚1.2~2.1、瓦舌长7.5厘米（图一九二，3）。

标本 TG2⑧：9，残存上端部分。瓦舌前端向内斜削。残长18.6、宽14.2、厚0.7~1.1、瓦舌长1.6厘米（图一九二，4；图版五四六）。

标本 H109：1，完整，深灰色。凸面上端0.7厘米及下端4.5厘米绳纹被抹平。长32.8、宽13、厚1.1~1.6、瓦舌长2厘米（图版五四七）。

B型Ⅲ式，共11件。泥质灰陶，模制，瓦舌呈弧面，瓦舌较长；瓦舌与体部相接部分有明显转折，侧棱外切，有的切痕很深，有的无明显切痕。

标本 TN02W05⑧：14，残存上端部分，浅灰色。凸面上端3厘米绳纹被抹平，瓦舌呈弧面坡状；侧棱切痕切透。残长13.3、宽18、厚1.1~1.8、瓦舌长4厘米（图版五四八）。

标本 TN03W05⑧：27，残存上端部分，深灰色。凸面上端1厘米及下端21厘米绳纹被抹平；侧棱切痕切透。长40、宽13.5~14.9、厚1.2~1.6、瓦舌长2.4厘米（图一九二，5；图版五四九）。

标本 TN03W05⑧：29，残存上端部分，深灰色。凸面上端2.8厘米绳纹被抹平；下端齐平，侧棱切痕切透。残长22.3、残宽15.2、厚1.2~2.2、瓦舌长3.3厘米（图一九三，1）。

标本 TN03W05⑧：32，残存上端部分，浅灰色。凸面绳纹上端近瓦舌处5厘米绳纹被抹断；瓦舌较薄，呈尖圆状，侧棱一侧瓦舌部位未完全切开。残长28.9、宽15.7、厚1.4~1.8、瓦舌长2.5厘米（图一九三，2；图版五五〇）。

标本 TN03W05⑧：34，残存上端部分，浅灰色。凸面绳纹较粗且略倾斜，绳径0.3~0.5厘米，有多道抹断；侧棱切痕切透。残长22.5、宽17、厚1.2~1.7、瓦舌长2.5厘米（图一九三，3）。

标本 TN03W05⑧：39，残存上端部分，深灰色。凸面上端1.7厘米绳纹被抹平；侧棱切痕切透。残长31.3、宽14.6、厚1.1~1.6、瓦舌长2.3厘米（图版五五一）。

标本 H97：11，残存上端部分，深灰色。上端齐平，凸面上端3.5厘米绳纹被抹平；凹

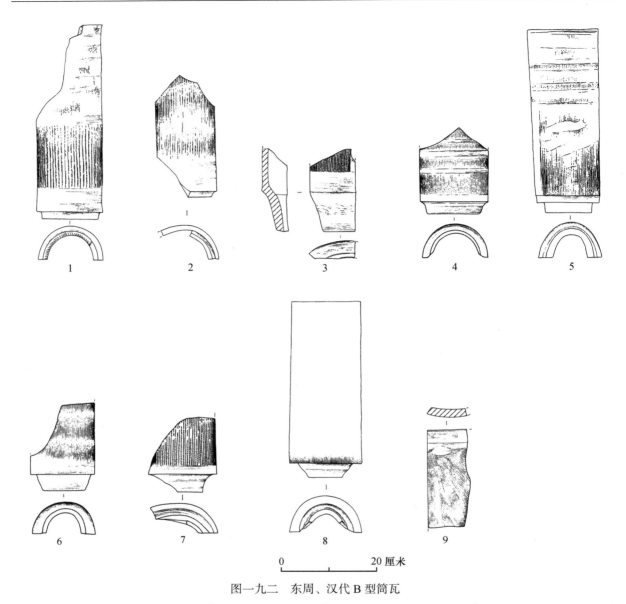

图一九二　东周、汉代 B 型筒瓦

1. I 式（J4：7） 2 ~ 4. II 式（TN02W04⑧：11、H139：1、TG2⑧：9） 5、6. III 式（TN03W05⑧：27、H97：11） 7 ~ 9. IV式
（TN02W04⑧：13、H97：10、TG3⑧：11）

面布纹瓦舌部位抹平。残长 18.6、宽 13.3、厚 1 ~ 2、瓦舌长 3.9 厘米（图一九二，6；图版五五二）。

　　标本 H130：19，残存上端部分，深灰色。上端内削呈尖状，凸面上端 6.5 厘米绳纹被抹平，绳纹较粗，绳径 0.3 ~ 0.5 厘米。残长 22.4、宽 13.8、厚 1.1 ~ 2.3、瓦舌长 2.2 厘米（图一九三，4）。

　　标本 TG2⑧：5，残存上端部分，浅灰色。上端齐平，凸面绳纹略粗，绳径 0.3 ~ 0.5 厘米，上端 1.5 厘米绳纹被抹平，中部有横向抹断。残长 18.8、宽 15.1、厚 0.9 ~ 2.1、瓦舌长 5 厘米（图版五五三）。

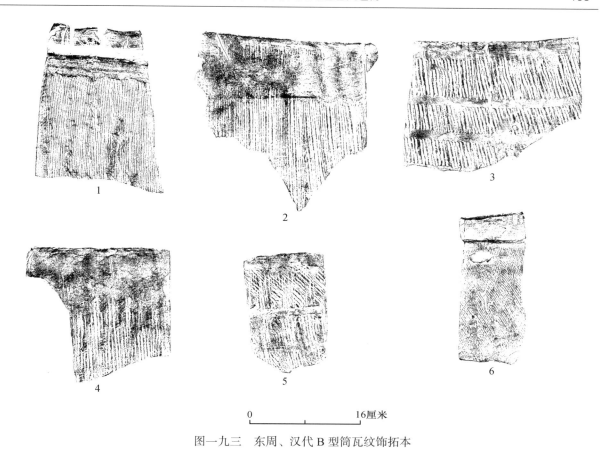

0　　　　　　16厘米

图一九三　东周、汉代 B 型筒瓦纹饰拓本

1～5.Ⅲ式（TN03W05 ⑧：29、TN03W05 ⑧：32、TN03W05 ⑧：34、H130：19、TG3 ⑧：15）6.Ⅳ式（TG3 ⑧：11）

标本 TG3 ⑧：10，残存上端部分，浅灰色。上端尖圆状，凸面上端 2 厘米绳纹被抹平；侧棱切痕切透。残长 19.7、残宽 10.2、厚 1.1～2、瓦舌长 3.7 厘米。

标本 TG3 ⑧：15，残存上端部分，深灰色。凸面绳纹有多道抹断痕，局部饰斜向绳纹；侧棱切痕切透。残长 19.8、残宽 10.5、厚 1.1～1.6、瓦舌残长 2 厘米（图一九三，5）。

B 型Ⅳ式，共 8 件。泥质灰陶，模制，凸面饰绳纹；瓦舌前端上翘，瓦舌与体部相接部折棱明显；侧棱内切。

标本 TN02W04 ⑧：13，残存上端部分，浅灰色。凸面绳纹较粗，绳径 0.4～0.5 厘米，上端 1.4 厘米绳纹被抹平，瓦舌端面抹圆；凹面布纹、瓦舌部位被抹平。残长 16、残宽 13.6、厚 1.5～2.8、瓦舌长 3.5 厘米（图一九二，7）。

标本 TN02W04 ⑧：17，残存上端部分，浅灰色。凸面绳纹组状拍印，上端 2.8 厘米绳纹被抹平；瓦舌端面齐平，略向内折回，侧棱切痕较浅。残长 10.6、残宽 14.2、厚 1～2.2、瓦舌长 3.4 厘米。

标本 TN03W02 ⑧：1，残存上端部分，浅灰色。凸面饰绳纹，然后抹光成素面；凹面近上端 0.8 厘米处有一道横向浅凹槽；瓦舌端面齐平。残长 9.5、残宽 10.1、厚 1.1～2.7、瓦舌长 4.1 厘米。

标本 H97：10，残存上端部分，浅灰色。凸面饰绳纹，然后抹光成素面；凹面有数道纵向褶皱。长 38.2、宽 14.5、厚 1~2.2、瓦舌长 2.8 厘米（图一九二，8；图版五五四）。

标本 H123：9，残存上端部分，浅灰色。凸面上端 2.4 厘米绳纹抹平；瓦舌端面抹圆，侧棱切痕较浅。残长 11.1、残宽 9.4、厚 1~2.3、瓦舌长 4.2 厘米。

标本 H127：7，残存上端部分，深灰色。凸面饰绳纹；瓦舌与瓦体相接处的折棱陡直，端面抹圆。残长 14.5、残宽 10.5、厚 1.1~1.8、瓦舌长 4 厘米。

标本 TG3 ⑧：11，残存上端部分，浅灰色。凸面饰斜绳纹。残长 21.5、残宽 8.7、厚 1~1.2、瓦舌长 2.9 厘米（图一九二，9；图一九三，6）。

标本 TG3 ⑧：12，残存上端部分，浅灰色。凸面饰交错绳纹，较乱，局部被抹平；瓦舌断面齐平，内切痕较浅。残长 18.2、残宽 10.9、厚 1~1.4、瓦舌长 2.6 厘米。

3. 瓦当

瓦当共 51 件。

Aa 型，共 1 件。

标本 TN02W04 ⑧：19，完整，泥质灰陶，灰色，附筒瓦，筒瓦残。素面；背面较平整，与筒瓦黏接痕迹明显。筒瓦凸面素面，凹面布纹，侧棱外切且与瓦当连接处有半圆形凹槽。直径 14.6、厚 1 厘米。筒瓦残长 10.7、宽 14.6、厚 1.1~1.7 厘米（图一九四，1；图版五五五）。

B 型，共 1 件。

标本 TN02W05 ⑧：17，边轮略残，泥质灰陶，灰色。当面主题纹饰为卷云纹，边轮内由两条单线弦纹将圆当括成内、外两个圆圈。内圈中心饰网格纹，外圈由四组连接弦纹的双线界格将外圈分为四个扇面，每个扇面内饰两朵云纹，云纹自界隔线上端向下卷曲，边轮较窄且略高于当面云纹，外缘有横向刮痕；当背不太平整，有敷泥的抹痕。直径 15.7、边轮厚 1.7~2.5 厘米（图一九四，2；图一九五，1；图版五五六）。

Ca 型，共 3 件。泥质灰陶，当面主题纹饰为乳钉卷云纹瓦当，边轮内由两条单线弦纹将圆当括成内、外两个圆圈。内圈中心饰高凸的乳钉纹，外圈由四组连接弦纹的双线界格将外圈分为四个扇面，每个扇面内饰一朵蘑菇状云纹，云纹由界格下向上开始卷曲，蘑菇云纹中心下部饰短竖条线纹，边轮较窄，背面乳钉部位呈凹球状。

标本 TN02W03 ⑧：3，完整，浅灰色，当面残留有少量白灰。云纹构图较简单，云纹迁曲部分不断笔，云纹卷曲的程度较大，呈平顶状，边轮高于当面云纹，与当心乳钉齐平；背面凹槽直径大于乳钉直径。直径 13.2、边轮厚 2~2.4 厘米（图一九四，3；图一九五，2；图版五五七）。

标本 H97：22，残，浅灰色。当面有烧灼痕迹；背面较平整。残长 8.5、厚 1.4 厘米（图一九五，3）。

标本 J1：47，完整，灰色，附筒瓦，筒瓦残。云纹构图较简单，云纹迁曲部分不断笔，云纹卷曲的程度较大，呈平顶状，边轮与当心乳钉齐平；背面较平整，与筒瓦黏接处用细泥抹平，但仍可见接缝痕迹。筒瓦凸面饰绳纹，凹面布纹，侧棱内切。直径 14.6、边轮厚 2.3 厘

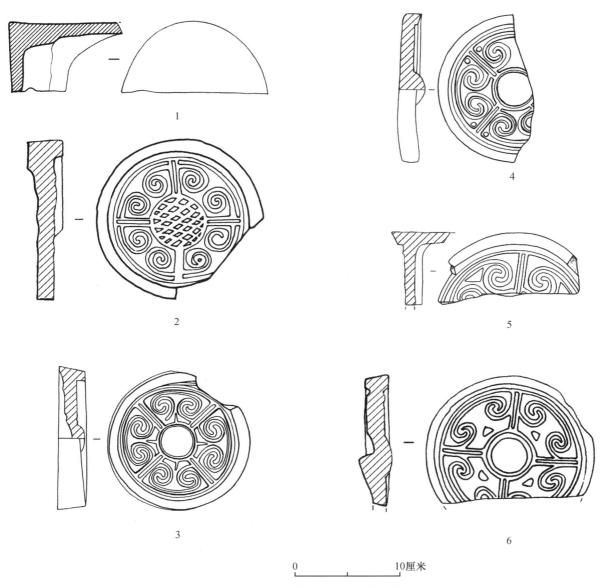

图一九四　东周、汉代 A、B、C 型瓦当

1. A 型（TN02W04 ⑧：19）　2. B 型（TN02W05 ⑧：17）　3. Ca 型（TN02W03 ⑧：3）　4. Cb 型（H96：9）　5、6. Cc 型
（TN03W03 ⑧：10、H84：7）

米。筒瓦残长 7.7、宽 14.4、厚 1 ~ 1.3 厘米（图一九五，4；图版五五八）。

　　Cb 型，共 3 件。泥质灰陶，当面主题纹饰为乳钉卷云纹瓦当，边轮内由两条单线弦纹将圆当括成内、外两个圆圈。内圈中心饰高凸的乳钉纹，外圈由四组连接弦纹的双线界格将外圈分为四个扇面，每个扇面内饰一朵蘑菇状云纹，云纹由界格下向上开始卷曲，扇面上部两侧各饰一个圆点，边轮窄，体薄。

　　标本 H96：9，残半，浅灰色。云纹构图较简单，云纹迂曲部分不断笔，云纹卷曲的程度较大，呈平顶状，边轮与当心乳钉齐平，低于当心乳钉；背面较平整。直径 14.7、边轮厚 1.7

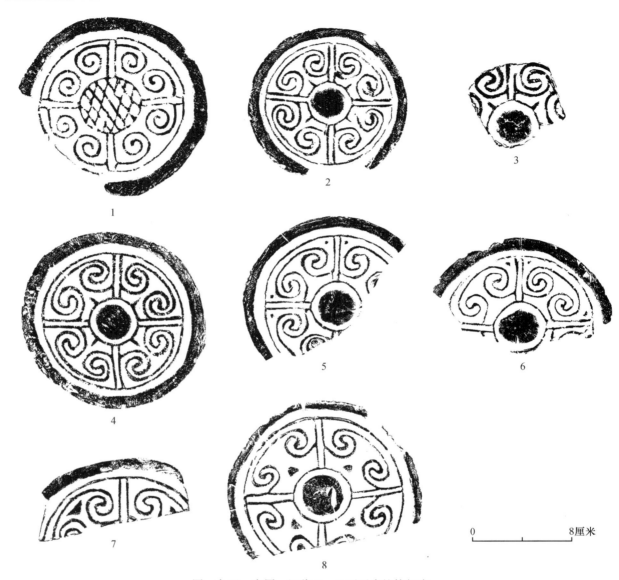

图一九五　东周、汉代 B、C 型瓦当纹饰拓本

1. B 型（TN02W05 ⑧：17）　2～4. Ca 型（TN02W03 ⑧：3、H97：22、J1：47）　5、6. Cb 型（H96：9、H97：21）　7、8. Cc 型
（TN03W03 ⑧：10、H84：7）

厘米（图一九四，4；图一九五，5；图版五五九）。

　　标本 H96：13，残，浅灰色。残长 11 厘米。

　　标本 H97：21，残半，瓦色灰，正面残留有少量白灰。云纹构图较简洁，云纹迁曲部分不断笔，云纹卷曲的程度较大，呈平顶状，边轮与当心乳钉齐平，低于当心乳钉；背面较平整。直径 14.2、边轮厚 2.7 厘米（图一九五，6；图版五六〇）。

　　Cc 型，共 2 件。泥质灰陶，当面主题纹饰为乳钉卷云纹瓦当，边轮内由两条单线弦纹将圆当括成内、外两个圆圈。内圈中心饰高凸的乳钉纹，外圈由四组连接弦纹的双线界格将外圈分为四个扇面，每个扇面内饰一朵蘑菇状云纹，云纹由界格下向上开始卷曲，蘑菇云纹中心上下或下部饰三角形。边轮较窄，体稍厚。

标本 TN03W03 ⑧：10，残半，深灰色，附筒瓦，筒瓦残。云纹构图较简洁，各组蘑菇形云纹中心上饰一尖部向内的小三角形凸起。云纹迁曲部分不断笔，云纹卷曲的程度较小，呈平顶状。背面较平整，胎体含砂量较大。直径 12.8、边轮厚 2.1 厘米。筒瓦残长 7.3、残宽 9.4、厚 1.2 ~ 1.5 厘米（图一九四，5；图一九五，7；图版五六一）。

标本 H84：7，完整，深灰色。云纹构图较简洁，各组蘑菇形云纹中心下饰一尖部向内的小三角形凸起。云纹迁曲部分不断笔，云纹卷曲的程度较小，呈平顶状，边轮高于当面云纹，与当心圆乳钉齐平；当背敷泥抹平，乳钉部位呈凹球状，胎体含砂量较大。直径 15.2、边轮厚 2.2 厘米（图一九四，6；图一九五，8）。

Cd 型，共 2 件。泥质灰陶，当面主题纹饰为乳钉卷云纹瓦当，边轮内由两条单线弦纹将圆当括成内、外两个圆圈。内圈中心饰高凸的乳钉纹，外圈由四组连接弦纹的双线界格将外圈分为四个扇面，每个扇面内饰一朵蘑菇状云纹，云纹由界格下向上开始卷曲，蘑菇云纹中心上下饰圆点。边轮较窄，背面平整。

标本 H127：10，边轮残，灰色。云纹构图较简洁，云纹迁曲部分断笔，云纹卷曲的程度较小，呈平顶状，边轮高于当心乳钉；背面较平整，饰浅绳纹。直径 14.1、边轮厚 3.6 厘米（图一九六，1；图一九七，1；图版五六二）。

标本 H131：13，完整，深灰色，附筒瓦，筒瓦残。云纹构图较简洁，云纹迁曲部分不断笔，云纹卷曲的程度较小，呈平顶状，边轮略高于当面云纹，低于当心乳钉；当背较平整，与筒瓦黏接处用细泥抹平。直径 18、边轮厚 1.8 厘米。当背筒瓦残长 6.2、宽 13.8、厚 1 ~ 1.2 厘米（图一九六，2；图一九七，2；图版五六三）。

Ce 型，共 10 件。泥质灰陶，当面主题纹饰为乳钉卷云纹瓦当，边轮内由两条单线弦纹将圆当括成内、外两个圆圈。内圈中心饰高凸的乳钉纹，外圈由四组连接弦纹的双线界格将外圈分为四个扇面，每个扇面内饰一朵蘑菇状云纹，由两侧界隔线下部向中间卷曲呈蘑菇形，当心乳钉纹外增加一圈凸线纹；颜色浅灰发亮，边轮窄，瓦体薄。

标本 TN02W04 ⑧：25，残半，深灰色。云纹构图较简单，迁曲部分不断笔，云纹卷曲的程度较大，呈平顶状，边轮高于当面云纹，与当心乳钉齐平；背面不太平整。直径 14.6、边轮厚 2.6 厘米（图一九七，3）。

标本 TN03W03 ⑦：54，残存四分之一，深灰色。云纹构图较复杂，迁曲部分不断笔，云纹卷曲的程度较大，呈平顶状，边轮高于当面纹饰；背面敷泥抹平。直径 14.8、边轮厚 2.5 厘米（图一九六，3；图一九七，4）。

标本 TN03W03 ⑧：11，残，附筒瓦。云纹构图较简洁，迁曲部分不断笔，云纹卷曲的程度较小，呈平顶状，边轮极窄且高于当面纹饰；背面不太平整。直径 13.3 厘米。筒瓦凸面素面，凹面布纹，残长 6.1、残宽 12.9 厘米（图一九七，5）。

标本 H96：6，完整，浅灰色，附筒瓦，筒瓦残。云纹构图较简洁，迁曲部分不断笔，云纹卷曲的程度较小，呈平顶状，边轮较窄且高于当面纹饰，略低于当心乳钉；当背较平整，与筒瓦黏接处用细泥抹平。直径 16.5、边轮厚 1.6 厘米。背面筒瓦凸面饰粗绳纹，凹面饰布纹，

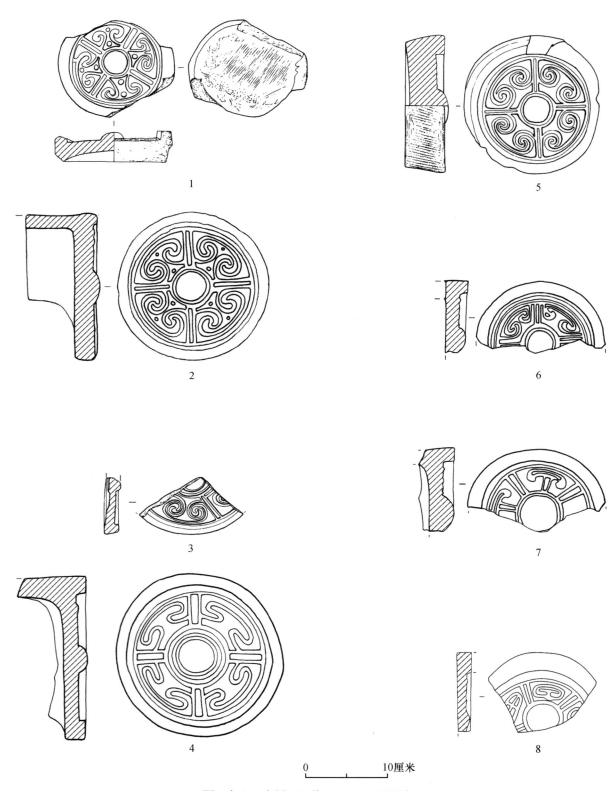

图一九六　东周、汉代 C、D、E 型瓦当

1、2. Cd 型（H127：10、H131：13）　3、4. Ce 型（TN03W03 ⑦：54、H96：6）　5、6. Cf 型（TN02W04 ⑧：20、TN02W03 ⑧：2）
7. D 型（TN02W05 ⑧：20）　8. E 型（TN02W05 ⑧：16）

残长 6.1、宽 16、厚 1.2 厘米（图一九六，4；图一九七，6；图版五六四）。

标本 H96：7，残半，浅灰色，附筒瓦，筒瓦残。形制同 H96：6。直径 16.5、边轮厚 1.7 厘米。筒瓦凸面饰粗绳纹，凹面饰布纹，残长 6.6、宽 16.5、厚 0.9 ~ 1.3 厘米（图一九七，7；图版五六五）。

标本 H96：8，残半，浅灰色，附筒瓦，筒瓦残。形制同 H96：6。直径 14.2、边轮厚 1.5 厘米。筒瓦凸面饰粗绳纹，凹面饰布纹，残长 11.3、残宽 10.7、厚 1.2 厘米（图一九七，8）。

标本 H96：12，残半，浅灰色，附筒瓦，筒瓦残。形制同 H96：6。直径 15.2、边轮厚 1.4 厘米。筒瓦凸面饰粗绳纹，凹面饰布纹，残长 7.9、残宽 14.9、厚 0.9 ~ 1.1 厘米。

标本 H97：20，残半，浅灰色，附筒瓦，筒瓦残。形制同 H96：6。直径 16.2、边轮厚 1.7 厘米。筒瓦凸面饰粗绳纹，凹面饰布纹，残长 6.5、宽 15.5、厚 0.9 ~ 1.4 厘米（图一九八，1；图版五六六）。

标本 H97：23，残，浅灰色。形制同 H96：6。直径 11.1 厘米。

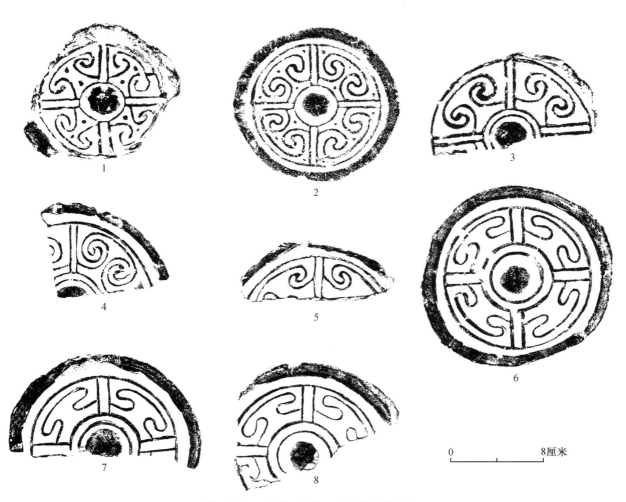

图一九七　东周、汉代 C 型瓦当纹饰拓本

1、2. Cd 型（H127：10、H131：13）　3 ~ 8. Ce 型（TN02W04 ⑧：25、TN03W03 ⑦：54、TN03W03 ⑧：11、H96：6、H96：7、H96：8）

　　标本 H121∶10，残，灰褐色，当面残留少量朱砂。形制同 H96∶6。残长 13.7、边轮厚 2.6 厘米（图一九八，2；图版五六七）。

　　Cf 型，共 15 件。泥质灰陶，当面主题纹饰为乳钉卷云纹瓦当，边轮内由两条单线弦纹将圆当括成内、外两个圆圈。内圈中心饰高凸的乳钉纹，外圈由四组连接弦纹的双线界格将外圈分为四个扇面，每个扇面内饰一朵蘑菇状云纹，由两侧界隔线下部向中间卷曲呈蘑菇形，云纹迁曲部分断笔，体厚重，边轮略宽，外侧饰绳纹，浅灰色，当面多残留少量白灰。

　　标本 TN02W03 ⑧∶2，残半，附筒瓦，筒瓦残。边轮略高于当面云纹，低于当心乳钉；当背较平整，与筒瓦黏接处敷泥抹平。直径 14.5、边轮厚 2.2 厘米。筒瓦凸面素面，凹面饰布纹，侧棱内切。残长 11.5、宽 13.8、厚 1.1 ~ 1.2 厘米（图一九六，6；图一九八，3）。

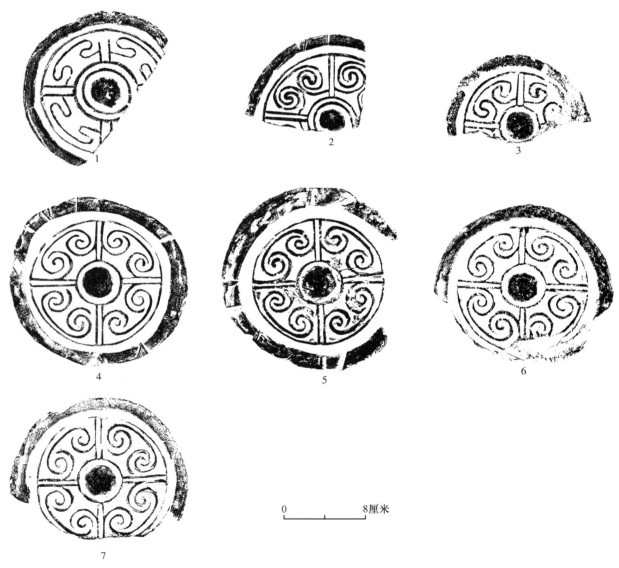

0　　　　　　　　8厘米

图一九八　东周、汉代 C 型瓦当纹饰拓本

1、2. Ce 型（H97∶20、H121∶10）　3 ~ 7. Cf 型（TN02W03 ⑧∶2、TN02W04 ⑧∶20、TN02W04 ⑧∶21、TN02W04 ⑧∶22、
TN02W04 ⑧∶23）

标本TN02W04⑧：20，完整。边轮略高于当面纹饰；背面饰浅交错绳纹。直径17.5、边轮厚4.1厘米（图一九六，5；图一九八，4；图版五六八）。

标本TN02W04⑧：21，完整。形制同TN02W04⑧：20。直径17.5、边轮厚4.2厘米（图一九八，5；图版五六九）。

标本TN02W04⑧：22，完整。形制同TN02W04⑧：20。直径17、边轮厚3.8厘米（图一九八，6；图版五七〇）。

标本TN02W04⑧：23，完整。形制同TN02W04⑧：20。直径17、边轮厚3.4厘米（图一九八，7）。

标本TN02W04⑧：24，残半。形制同TN02W04⑧：20。残长16.6、边轮厚3.3厘米。

标本TN02W04⑧：26，残半。形制同TN02W04⑧：20。残长15.4、边轮厚3厘米。

标本TN02W04⑧：27，残半。形制同TN02W04⑧：20。残长14.5、边轮厚3.7厘米。

标本TN02W05⑧：18，残半。形制同TN02W04⑧：20。直径16.8、边轮厚3.6厘米（图一九九，1）。

标本TN02W05⑧：19，残半。形制同TN02W04⑧：20。残长17.2、边轮厚3.6厘米（图一九九，2）。

标本TN02W05⑧：21，残半。形制同TN02W04⑧：20。残长14.9、边轮厚3.5厘米。

标本TN03W05⑧：53，残半。形制同TN02W04⑧：20。直径17.6、边轮厚3.3厘米（图一九九，3）。

标本H96：11，残半。形制同TN02W04⑧：20。残长12.5、边轮厚4.7厘米。

标本H131：10，残半。形制同TN02W04⑧：20，边轮有指压的抹痕。残长13.3、边轮厚1.9厘米。

标本TG5⑧：1，残半，附筒瓦，筒瓦残。形制同TN02W04⑧：20。残长14.5、边轮厚3.5厘米。筒瓦凸面抹为素面，凹面饰布纹。残长6.7、残宽7.2、厚1.2厘米。

D型，共1件。

标本TN02W05⑧：20，残半，浅灰色，当面残留少量白灰。泥质灰陶，当面主题纹饰为T字形纹饰，边轮内由两条单线弦纹将圆当括成内、外两个圆圈。内圈中心饰高凸的乳钉纹，外圈由四组连接弦纹的双线界格将外圈分为四个扇面，每个扇面内饰T字形双线纹饰，边轮高于当面纹饰；当背较平整。直径15.3、边轮厚3厘米（图一九六，7；图一九九，4；图版五七一）。

E型，共1件。

标本TN02W05⑧：16，残半，浅灰色，当面及边轮覆一层白灰。泥质灰陶，当面主题纹饰为田字形纹饰，边轮内由两条单线弦纹将圆当括成内、外两个圆圈。内圈中心饰高凸的乳钉纹，外圈由四组连接弦纹的双线界格将外圈分为四个扇面，每个扇面内饰田字形纹饰，边轮高于当面纹饰，一侧有浅槽；背面平整，饰浅绳纹。直径16、边轮厚1.9厘米（图一九六，8；图一九九，5；图版五七二）。

F型，共8件。泥质灰陶，当面主题纹饰为文字，边轮内由两条单线弦纹将圆当括成内、

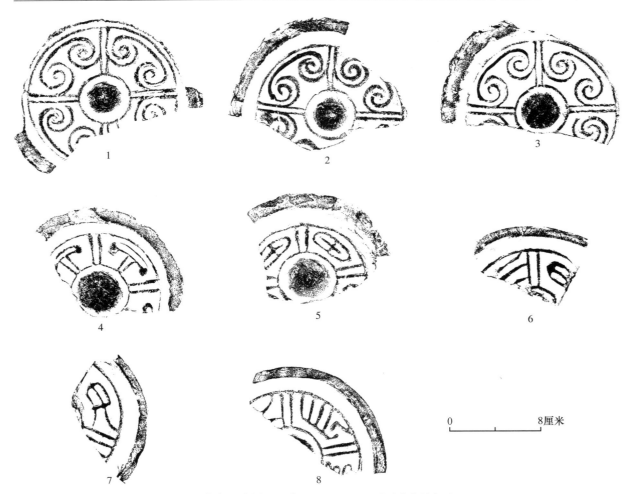

图一九九　东周、汉代 C、D、E、F 型瓦当纹饰拓本

1～3. Cf 型（TN02W05 ⑧：18、TN02W05 ⑧：19、TN03W05 ⑧：53）　4. D 型（TN02W05 ⑧：20）　5. E 型（TN02W05 ⑧：16）
6～8. F 型（TN03W02 ⑧：2、H91：9、H91：10）

外两个圆圈。内圈中心饰高凸的乳钉纹，外圈由四组连接弦纹的双线界格将外圈分为四个扇面，每个扇面内装饰一个字，主要有"貴"、"樂未"等，文字均为隶书。

标本 TN02W04 ⑧：28，残，灰色。当面可辨"長"字半边；边轮窄平，高于当面纹饰；当背与筒瓦黏结处以细泥抹平。残长 9、边轮厚 2.9 厘米（图二〇〇，1）。

标本 TN03W02 ⑧：2，残，灰瓦。当面可辨"未"和"長"字半边；边轮窄平，高于当面纹饰；背面敷泥抹平。残长 11.5、边轮厚 2.8 厘米（图一九九，6）。

标本 H91：8，残，浅灰色。当面可辨"貴"字；边轮高于当面纹饰；背面较平整，饰浅交错绳纹。残长 9.2、边轮厚 2.5 厘米（图二〇〇，2；图二〇一，4）。

标本 H91：9，残，深灰色，附筒瓦残块。当面可辨"央"字；边轮窄平，高于当面纹饰；当背较平整，与筒瓦粘接处以细泥抹平。残长 13、边轮厚 2.8 厘米。筒瓦凸面为素面，凹面饰布纹。残长 6.7、残宽 12、厚 1～1.4 厘米（图一九九，7；图二〇〇，3）。

标本 H91：10，残，灰色。当面可辨"長"及"樂"字的半边；边轮窄平，高于当面

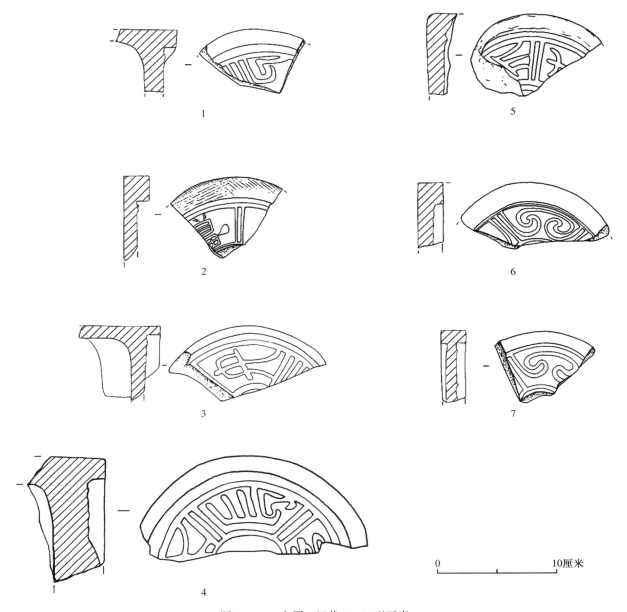

图二〇〇　东周、汉代F、G型瓦当

1~5.F型（TN02W04⑧：28、H91：8、H91：9、H91：10、H91：11）　6、7.G型（H121：9、窑1：11）

纹饰；背面较平整，与筒瓦粘接处以细泥抹平。残长15.2、边轮厚2.2厘米（图一九九，8；图二〇〇，4；图版五七三）。

标本H91：11，残，灰色，残留有少量白灰。当面可辨"樂"字下半及"未"字上半；边轮高于当面纹饰；背面较平整。残长11.2、边轮厚2.4厘米（图二〇〇，5；图二〇一，1）。

标本H95：7，残半，深灰色。当面可辨"未"字；边轮窄且平，高于当面纹饰；背面较平整，边轮及当背有明显抹痕。残长14.8、边轮厚2.7厘米（图二〇一，2；图版五七四）。

标本H64：25，残，浅灰色。当面可辨"貴"字；背面较平整。残径9.3厘米（图二〇一，3）。

G 型，共 4 件。泥质灰陶，当面主题纹饰为乳钉卷云纹，边轮内由两条单线弦纹将圆当括成内、外两个圆圈。内圈中心饰高凸的乳钉纹，外圈由四组连接弦纹的单线界格将外圈分为四个扇面，每个扇面内饰一朵蘑菇状云纹，每个扇面中左右两侧各有一由外向下向内卷曲云纹，两云纹中间相连，有的有断笔，有的没断笔。

标本 TN02W05 ⑧：22，残，深灰色。云纹迂曲部分不断笔；背面平整。残长 8.3、边轮厚 1.9 厘米。

标本 H110：3，残半，深灰色，当面残留一层白灰。云纹迂曲部分不断笔；边轮高于当面纹饰；背面饰浅绳纹与边轮相连。残长 14.5、边轮厚 2.1 厘米（图二〇一，5；图版五七五）。

标本 H121：9，残半，深灰色，当面残留一层白灰。云纹迂曲部分不断笔；边轮较宽且高于当面纹饰；背面浅绳纹敷泥抹平。残长 12.7、边轮厚 2.2 厘米（图二〇〇，6；图二〇一，6；图版五七六）。

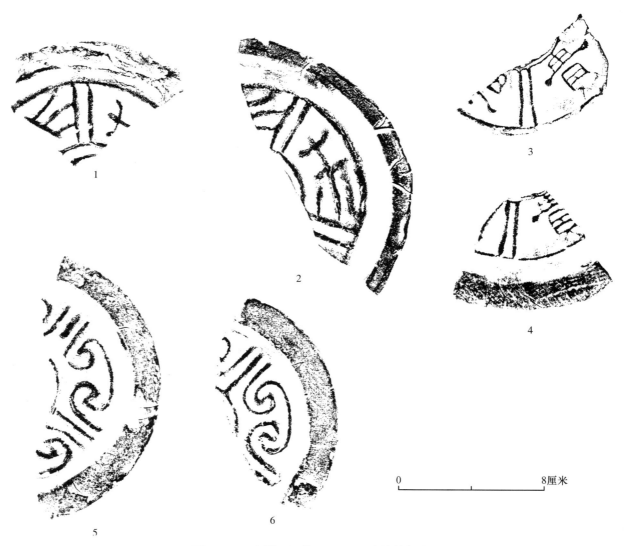

0　　　　　　　8厘米

图二〇一　东周、汉代 F、G 型瓦当纹饰拓本

1～4. F 型（H91：11、H95：7、H64：25、H91：8）5、6. G 型（H110：3、H121：9）

标本窑1∶11，残。残长14.7、边轮厚2.5厘米（图二〇〇，7）。

4. 砖

砖共81件。

1）长方形砖

长方形砖共7件。

A型，共4件。泥质灰陶，模制，制作较规整。四边齐平，砖体厚大，素面。

标本J3∶10，青灰色。一面有白灰。长31.3、宽15、厚6.1厘米（图版五七七）。

标本J3∶11，青灰色。长31.6、宽16、厚6.4厘米（图二〇二，1；图版五七八）。

标本J3∶15，深灰色。长29.7、宽14.7、厚5厘米（图版五七九）。

标本H127∶16，灰褐色。残长22.8、宽15.5、厚5.5厘米（图版五八〇）。

B型，共1件。

标本J3∶13，泥质灰陶，浅灰色。表面素面，背面饰竖向粗绳纹，绳纹略模糊，绳径0.3～0.4厘米。长31.3、宽15.2、厚6.1厘米（图二〇二，2；图版五八一）。

C型，共1件。

标本J3∶14，泥质灰陶，青灰色。表面素面，背面饰竖向细绳纹，绳径0.1～0.2厘米，一端饰不规则圆形图案。长30.3、宽14.7、厚5.2厘米（图二〇二，3；图版五八二）。

D型，共1件。

标本J3∶12，泥质灰陶，青灰色，胎质粗糙。表面素面，背面横向粗绳纹，绳径0.2～0.4厘米。长32.4、宽15.9、厚5.5厘米（图二〇二，4；图版五八三）。

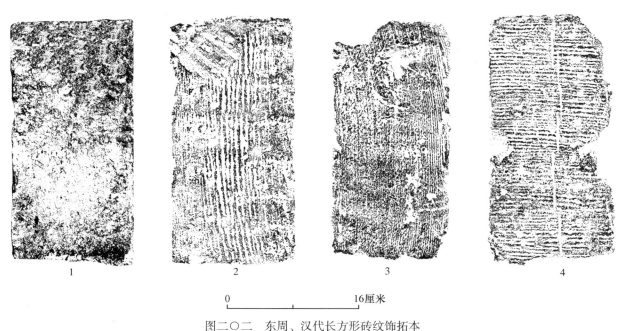

1　　　　　　2　　　　　　3　　　　　　4

0　　　　　　　　16厘米

图二〇二　东周、汉代长方形砖纹饰拓本

1. A型（J3∶11）　2. B型（J3∶13）　3. C型（J3∶14）　4. D型（J3∶12）

2）正方形砖

正方形砖共 70 件。

A 型，共 2 件。泥质灰陶，素面方砖，有的一面刻划纹。

标本 TN02W01 ⑧：1，残，质地细腻，深灰色。一面有刻划纹。残长 15、残宽 10.3、厚 3.6 厘米（图二〇三，1）。

标本 TN02W01 ⑧：7，完整，质地细腻，深灰色。一面有较多褶痕。边长 25.2、厚 3.7 ~ 5.2 厘米（图版五八四）。

Ba 型，共 3 件。泥质灰陶，模制，制作规整。砖边齐平，表面印纹较深，模印凸棱方格纹，方格宽 0.5 厘米，有的拍印整齐，有的方格有叠压交错，此类砖边缘凸起，中间内凹，胎夹砂多；背面不平。

标本 TN02W01 ⑧：12，残半，灰色。表面小方格网纹局部叠压交错，背面素面。残长 21.5、残宽 14.6、厚 3.2 厘米（图版五八五）。

标本 TN02W05 ⑧：25，残半，浅灰色。表面小方格网纹局部叠压交错，不太整齐；背面素面。残长 20.8、残宽 18、厚 3.4 厘米（图二〇三，2；图版五八六）。

标本 TG3 ⑧：17，残存近三分之一，深灰色。表面小方格网纹局部叠压交错，背面素面。边长 24.7、厚 3.6 厘米（图二〇三，3）。

Bb 型，共 2 件。模制，制作规整。砖边齐平，表面印纹较深，模印圆形戳点纹，边缘凸起，中间内凹。

标本 TN02W01 ⑧：13，残半，泥质红陶，黄褐色。背面素面，不太平整。残长 24、残宽 22.2、厚 3.2 厘米（图二〇三，4；图版五八七）。

标本 TN03W05 ⑧：54，残半，泥质灰陶，灰褐色。背面素面，含砂较多，较平整。残长 24.8、残宽 17、厚 2.7 厘米（图版五八八）。

Bc 型，共 24 件。模制，制作规整。砖边齐平，正面印纹较深，模印网格纹，网格为菱形格或为斜方格，网格纹内饰圆形乳钉、方锥体、米字纹、斜目字纹、多层菱形纹或两横一竖线纹，有的背面饰小网格纹。

标本 TN02W01 ⑧：8，残损较多，泥质灰陶，灰色。内凹方框，饰菱形网格纹，边框较窄；背面素面，较平整。残长 13.2、残宽 9.8、厚 2.9 厘米（图二〇三，5）。

标本 TG3 ⑧：25，残损较多，泥质灰陶，灰色。饰小菱形网格纹，网格较小；背面素面，较平整。残长 8.2、残宽 8、厚 3.1 厘米（图二〇三，6）。

标本 TN02W01 ⑧：19，残半，泥质灰陶，浅灰色，制作规整。内凹方框，饰菱形网格纹；背面素面，较平整。残长 25、残宽 22、厚 3 厘米（图二〇三，7；图版五八九）。

标本 TN02W01 ⑧：22，残存近四分之一，泥质灰陶，灰色，制作规整。内凹方框，菱形网格纹内饰乳钉纹；背面素面，平整。残长 18.5、残宽 12.3、厚 3 厘米。

标本 TN03W01 ⑧：8，残存近四分之一，泥质灰陶，灰褐色。边框较窄，内饰斜方格纹；背面素面，较平整。残长 18.5、残宽 16、厚 3.6 厘米（图二〇三，8；图版五九〇）。

标本 TG5 ⑧：6，残，泥质灰陶，灰色。斜方网格纹内饰乳钉纹；背面素面，较平整。残

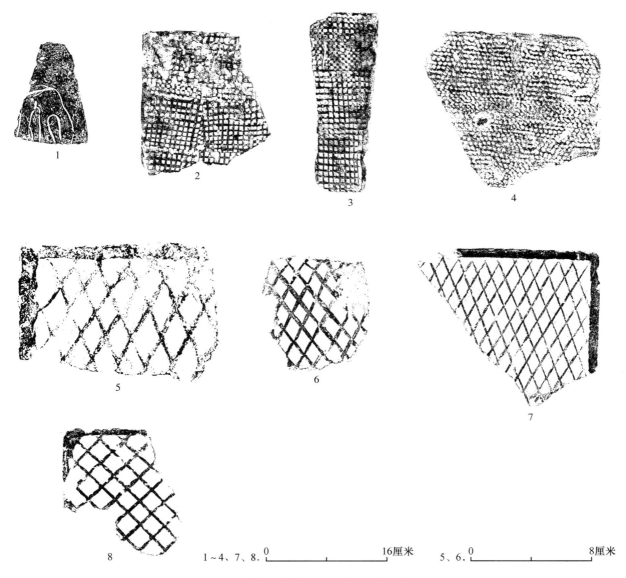

图二〇三　东周、汉代 A、B 型正方形砖纹饰拓本

1. A 型（TN02W01 ⑧：1）　2、3. Ba 型（TN02W05 ⑧：25、TG3 ⑧：17）　4. Bb 型（TN02W01 ⑧：13）　5~8. Bc 型
（TN02W01 ⑧：8、TG3 ⑧：25、TN02W01 ⑧：19、TN03W01 ⑧：8）

长 12.9、残宽 6.4、厚 2.1 厘米（图二〇四，1）。

　　标本 TN02W05 ⑧：28，残，泥质灰陶，灰色。方砖边框极窄，菱形网格纹内饰乳钉纹；背面素面，较平整。残长 18.1、残宽 14.9、厚 3.2 厘米（图二〇四，2）。

　　标本 TN02W01 ⑧：20，残半，泥质灰陶，浅灰色。菱形网格纹内饰乳钉纹，乳钉纹顶部被按平；背面素面，不太平整。残长 26.6、残宽 20、厚 3.1 厘米（图二〇四，3）。

　　标本 TN02W01 ⑧：21，残半，泥质灰陶，灰色。菱形网格纹内饰乳钉纹，砖边缘有指压痕迹；背面素面，较平整。残长 28、残宽 17.1、厚 2.9 厘米（图二〇四，4；图版五九一）。

　　标本 TG3 ⑧：21，残存近三分之一，泥质灰陶，浅灰色。边框较宽，正方网格纹内饰方

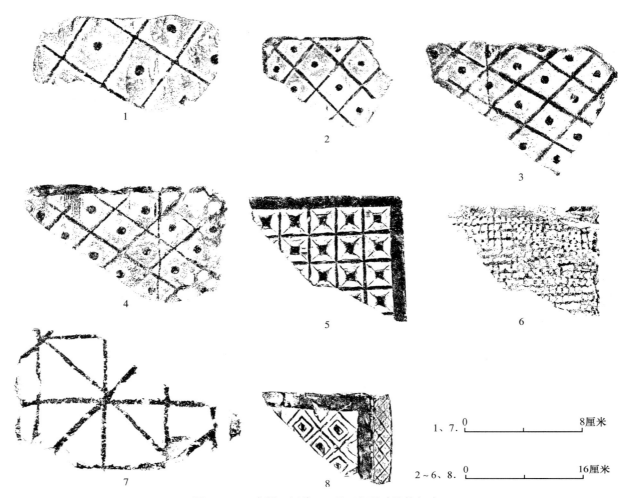

图二〇四　东周、汉代 Bc 型正方形砖纹饰拓本

1. TG5 ⑧：6　2. TN02W05 ⑧：28　3. TN02W01 ⑧：20　4. TN02W01 ⑧：21　5. TG3 ⑧：21 表面　6. TG3 ⑧：21 背面
7. TN03W04 ⑦：27　8. H97：14

锥体，方锥体四角与方格四角有短线相接；背面饰网格纹，较平整。残长 21.8、残宽 18、厚 3 厘米（图二〇四，5；图二〇四，6；图版五九二）。

标本 TN02W05 ⑧：23，残半，泥质红陶，颜色红。无边框，菱形网格纹内饰多层菱形纹，线条较粗，局部有横向隔断；背面素面，较平整。边长 27.7、厚 4 厘米。

标本 TN03W04 ⑦：27，残，泥质灰陶，深灰。边框较窄，大正方网格纹内饰米字纹，线条较粗；背面素面，不太平整。残长 15.8、残宽 10.9、厚 2.6 厘米（图二〇四，7）。

标本 H97：14，残存一角，泥质灰陶，灰褐色。斜方网格纹内饰多层菱形纹；背面素面，较平整；砖侧面局部饰菱形网格纹。残长 15.7、残宽 13.1、厚 2.8 厘米（图二〇四，8）。

标本 H97：19，残半，泥质灰陶，灰色。边框较窄，菱形网格纹内饰米字纹；背面素面，较平整。残长 23.7、残宽 19.4、厚 4 厘米（图二〇五，1；图版五九三）。

标本 TG3 ⑧：18，残半，泥质灰陶，灰色。边框较宽，斜方网格纹内饰多层菱形纹；背面饰小网格纹，残留少量白灰，较平整。边长 26、厚 3.5 厘米（图二〇五，2；图版五九四）。

标本 TN02W01 ⑧：14，残半，泥质灰陶，深灰色。边框较宽，斜方网格纹内饰多层菱形纹；背面素面，较平整。边长 26.5、厚 3.3 厘米（图二〇五，3）。

标本 TN02W01 ⑧：15，残存近三分之一，泥质灰陶，深灰色。边框较宽，斜方网格纹内饰多层菱形纹；背面隐约可见小网格纹，较平整。残长 22.8、残宽 16.2、厚 3 厘米（图二〇五，4）。

标本 TN02W01 ⑧：16，残半，泥质灰陶，浅灰色。边框较宽，斜方网格纹内饰多层菱形纹；背面素面，较平整。边长 26.5、厚 3.2 厘米（图二〇五，5）。

标本 TN02W01 ⑧：17，残存近四分之一，泥质灰陶，灰色。边框较宽，斜方网格纹内饰多层菱形纹，残留有少量白灰；背面隐约可见小网格纹，较平整。残长 16.7、残宽 15.6、厚 3.3 厘米（图二〇五，6）。

标本 TN02W01 ⑧：23，残存近四分之一，泥质灰陶，灰色。无边框，斜方网格纹内饰斜目字纹，局部叠压交错；背面素面，较平整。残长 23、残宽 12.4、厚 3.3 厘米（图版五九五）。

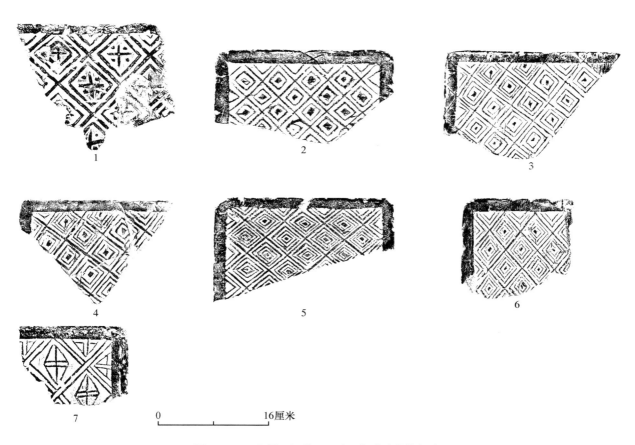

图二〇五　东周、汉代 Bc 型正方形砖纹饰拓本

1. H97：19　2. TG3 ⑧：18　3. TN02W01 ⑧：14　4. TN02W01 ⑧：15　5. TN02W01 ⑧：16　6. TN02W01 ⑧：17
7. TN02W01 ⑧：30

标本 TN02W01 ⑧：30，残，泥质灰陶，灰色。边框较宽，菱形网格纹内饰多层菱形纹，菱形纹内饰两横一竖线纹；背面素面，不太平整。残长 16、残宽 11.9、厚 3.3 厘米（图二○五，7）。

标本 TN02W04 ⑧：31，完整，泥质灰陶，灰色。方砖无边框，菱形网格纹内饰多层菱形纹，纹饰漶漫不清；背面素面，不太平整。边长 27、厚 4 厘米（图二○六，1；图版五九六）。

标本 TN02W05 ⑧：26，残半，泥质红陶，黄褐色。边框较宽，菱形网格纹内饰多层菱形纹；背面饰小网格纹，较平整，一角有近圆形凹坑。边长 26.5、厚 3.3 厘米。

标本 H97：16，完整，泥质灰陶，深灰色，制作规整。边框较宽，菱形网格纹内饰多层菱形纹；背面隐约可见小菱形网格纹，较平整。边长 27.2、厚 3.2 厘米（图二○六，2；图版五九七）。

Bd 型，共 1 件。

标本 TN02W01 ⑧：18，残存近四分之一，泥质灰陶，灰色。边框较宽，内饰直线折角纹；背面饰网格纹，较平整。残长 17.5、残宽 12.1、厚 3.8 厘米（图二○六，3；图版五九八）。

Ca 型，共 15 件。均为泥质灰陶，模制，制作规整，砖边齐平，表面沿砖边内有一凸线方框，方框内饰有对称双龙，中间饰一龟形象。

标本 H139：1，残一角，灰色。方框内四角各饰一小乳钉纹，内模印对称双龙，中间饰一龟形象，龟爪与龙间各饰一小乳钉纹。龙形象凶猛，龙身为单线凸棱，曲颈昂首，龙身上下部各有双腿，爪不明显，龙身中部偏上外侧有三角形翼，龙口大张，鼻上翘，舌上仰，唇下倾，额上有上翘双犄角，龙颈和腿部边缘饰小锯齿纹凸棱，龟呈伏状，三角形头，两侧有短凸棱呈八字状装饰，背部为三条圆弧凸弦纹形成的圆形，其上有凸棱交错形成的网格纹龟甲，对称双腿前屈，爪不明显；背面素面，较平整。边长 27、厚 2.5 厘米（图版五九九）。

标本 H84：8，残一角，灰色。方框内模印对称双龙中间饰一龟形象，龟颈两侧各饰一鱼纹。龙身较细且迂曲，为单线凸棱，曲颈昂首，龙身上下部各有双腿，爪不明显，龙身中部偏

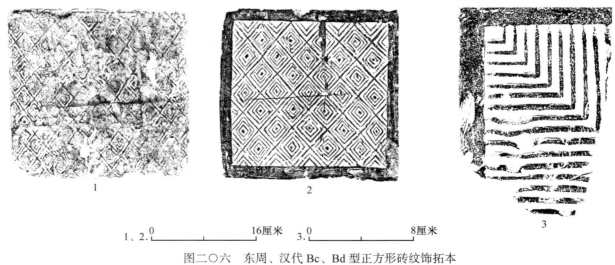

图二○六　东周、汉代 Bc、Bd 型正方形砖纹饰拓本

1、2. Bc 型（TN02W04 ⑧：31、H97：16）　3. Bd 型（TN02W01 ⑧：18）

上外侧饰上下叠压三角形翼，内饰网格纹，龙口大张，鼻上翘，舌上仰，唇下倾，龟呈伏状，三角形头，两侧有短凸棱呈八字状装饰，背部为三条圆弧凸弦纹形成的圆形，其上有凸棱交错形成的网格纹龟甲，对称双腿前屈，爪不明显；背面素面，不太平整。边长 26.5、厚 2.7 厘米（图二〇七，1；图版六〇〇 ）。

标本 H84∶9，残一角，浅灰色。形制、纹饰同 H139∶1。背面素面，较平整。边长 26、厚 2.2 厘米（图二〇七，2；图版六〇一 ）。

标本 TN02W01 ⑧∶28，残半，浅灰色。形制、纹饰同 H139∶1。背面素面，较平整。边长 26.5、厚 2.9 厘米。

标本 TN02W01 ⑧∶36，残半，深灰色。方框内模印对称双龙，中间饰一龟形象，龟颈两侧各饰一鱼纹。龙身为单线凸棱，龙身上下部各有双腿，前爪三趾，后爪四趾，龙身中部偏上饰三角形翼，内饰网格纹，龙口大张，鼻上翘，舌上仰，唇下倾，龟呈伏状，三角形头，两侧有短凸棱呈八字状装饰，背部为三条圆弧凸弦纹形成的圆形，其上有凸棱交错形成的网格纹龟甲，对称双腿前屈，爪有四趾；背面素面，较平整。边长 27.5、厚 2.2 厘米。

标本 TN02W03 ⑧∶4，残半，深灰色。形制、纹饰大体同 H139∶1，龙身较迂曲，龙翼上部饰两翼骨，两龙尾中间饰对称两弧状凸棱，龙爪和龟爪可辨为三趾；背面素面，较平整。边长 26.5、厚 2.1 厘米。

标本 TN02W03 ⑧∶6，残半，灰色。形制、纹饰大体同 H139∶1。残长 24、残宽 17、厚 2.5 厘米。

标本 TN02W04 ⑧∶32，残半，灰色，砖体有烧灼痕迹。形制纹饰纹饰同 H139∶1。边长 27、厚 2.7 厘米。

标本 TN02W04 ⑧∶33，残半，深灰色。表面纹饰略模糊，形制、纹饰大体同 H139∶1，龟尾后端无圆点纹，一侧龙身下部有较明显指压纹；背面素面，较平整。边长 27、厚 2.6 厘米。

标本 TN02W04 ⑧∶34，残半，灰色。形制、纹饰同 H139∶1。边长 26.2、厚 3 厘米。

标本 TN02W04 ⑧∶40，残半，浅灰色。形制、纹饰大体同 H139∶1，鳞片状龟甲中饰小圆点纹；背面素面，较平整，有烧灼痕迹。边长 26.2、厚 2.8 厘米。

标本 TN02W05 ⑧∶24，残半，浅灰色。形制、纹饰大体同 H139∶1，龟背边缘亦饰小锯齿纹凸棱；背面素面，较平整。边长 26.5、厚 2.5 厘米。

标本 TN03W02 ⑧∶3，残，浅灰色。形制、纹饰大体同 H84∶8，龙身较迂曲，龙翼上部饰两翼骨，龟颈两侧各饰一鱼；背面素面，较平整。残长 12.7、残宽 12、厚 2.4 厘米。

标本 TN03W03 ⑧∶16，残，深灰色。方框内可辨一龙一龟，纹饰细且浅，龙身为双线凸棱，中部有横向凸棱以示龙身，龙身迂曲，龙身上下部各有双腿，腿前屈，爪不明显，中间龟呈伏状，龟背有鳞状龟甲，腿前屈，爪有三趾；背面素面，较平整。残长 12.9、残宽 10.2、厚 2.7 厘米。

标本 TG3 ⑧∶24，残半，浅灰色。形制、纹饰同 H139∶1。残长 25.7、残宽 20.7、厚 2.5 ～ 2.9 厘米。

　　Cb 型，共 2 件。均为泥质灰陶，模制，制作规整，砖边齐平，表面沿砖边内饰双凸直线方框，两凸直线内饰折线纹和乳钉纹。

　　标本 TN02W01 ⑧：33，残，灰色，表面残留少量白灰。方框内残留一龙，龙身为单线凸棱，上部有斜向间隔的凸棱以示龙脊，龙身下部可辨两爪，爪端有三趾；背面素面，较平整。

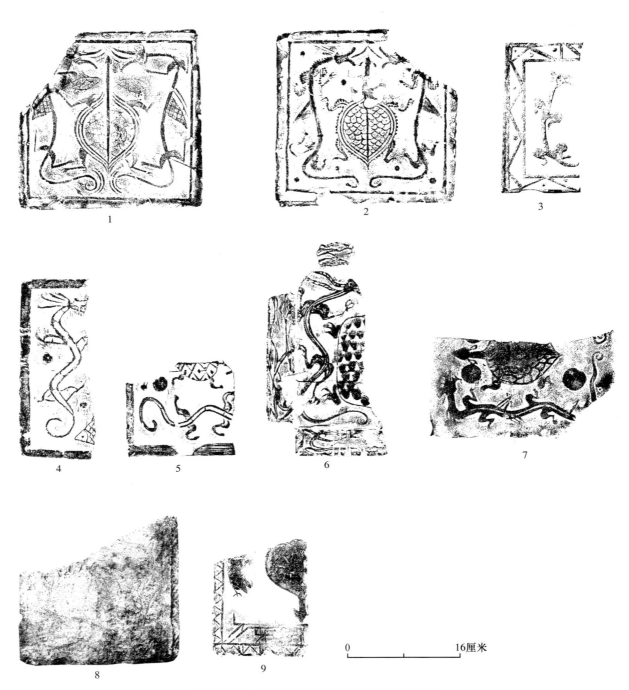

0　　　　　16厘米

图二〇七　东周、汉代 C 型正方形砖纹饰拓本

1、2. Ca 型（H84：8、H84：9）　3. Cb 型（H97：17）　4、5. Cc 型（H97：15、H139：22）　6、7. Cd 型（H60：7、H95：6）
8. Ce 型（TN02W01 ⑧：35）　9. Cf 型（H84：3）

残长 21.1、残宽 13.7、厚 3.5 厘米。

标本 H97：17，残半，浅灰色，表面残留少量白灰。方框内残留一龙，龙身为单线凸棱，整体粗壮，直身，曲颈，龙身上下部各有双腿，腿前屈，爪不明显；背面素面，不太平整。边长 21.7、厚 3.2 厘米（图二〇七，3；图版六〇二）。

Cc 型，共 10 件。泥质灰陶，模制，制作规整，砖边齐平，表面沿砖边内凹一方框，方框内为纹饰区，饰有对称双龙，中间饰一龟形象，龙有单线凸棱和双线凸棱。

标本 H97：18，残半，灰色。方框内从右至左依次饰龙纹、龟纹、龙纹。龙身为单线凸棱，昂首，屈身，卷尾，龙身上下各有双腿，腿前屈，爪不明显，龙口大张，舌端上扬，凸目圆睁，额上犄角后扬；龟呈伏状，三角形头，两侧有短凸棱，呈八字状装饰，颈部稍短，背部为一圆弧凸弦纹形成的圆形，其上有凸棱交错形成的龟甲，腿前屈，龟颈两端及龟尾后端还各饰两个对称的圆圈纹；凹框内边缘及龟首两侧圆圈纹上部还以单线凸棱表示云朵和海水，背面不太平整。残长 26.2、残宽 15.4、厚 2.7 厘米（图版六〇三）。

标本 H97：15，残半，灰色。形制、纹饰大体同 H97：18。龙身为双线凸棱，龙身外侧有一圆乳钉；龙尾内侧饰一鱼纹；背面饰多层菱形纹，较平整。边长 26.5、厚 3.3 厘米（图二〇七，4；图版六〇四）。

标本 H139：22，残存近四分之一，深灰色。龙身为双线凸棱。龟背饰菱形龟甲，龟尾后端饰圆乳钉纹；背面素面，较平整。残长 16、残宽 14.9、厚 3.2 厘米（图二〇七，5；图版六〇五）。

标本 TN02W03⑧：7，残，深灰色。形制、纹饰大致同 H97：18。龙身为单线凸棱，身上饰横向凸棱，龙爪可辨二趾，龟爪可辨三趾，龟背中脊连至龟首；背面素面，较平整。残长 18.3、残宽 11.8、厚 3.7 厘米。

标本 TN02W04⑧：30，残，灰色。龙身为单线凸棱，两侧龙身粗壮且有横向凸棱，直身，卷尾，有双翼，饰斜向凸棱，龙腿前屈，爪可辨三趾；龟背中脊两侧饰折线凸棱以示龟甲，腿前屈，爪可辨三趾，龟尾后端还饰两个对称的乳钉纹；背面素面，较平整。残长 23.3、残宽 19.6、厚 2.5 厘米。

标本 TN02W04⑧：37，残存近四分之一，深灰色。形制、纹饰同 H97：18。残长 17.9、残宽 15.4、厚 3.3 厘米。

标本 TN02W04⑧：38，残，深灰色。一侧龙身为双线凸棱，中间有横向凸棱，龙爪可辨二趾，另一侧龙身为单线凸棱，仅见卷曲龙尾；龟背中脊向下延伸至方砖边缘，龟爪可辨三趾；背面素面，较平整。残长 20.4、残宽 10.8、厚 3.3 厘米。

标本 TN02W04⑧：43，残存近四分之一，深灰色。一侧龙身为单线凸棱，另一侧龙身为双线凸棱，仅见卷曲龙尾。龟爪可辨三趾，龟背中脊延伸至凹框内缘；背面素面，较平整。残长 18.8、残宽 17.2、厚 2.9 厘米（图版六〇六）。

标本 TN03W01⑧：7，残，灰色。龙身为双线凸棱，中间有横向凸棱；砖侧面有指压痕迹；背面素面，较平整。残长 18、残宽 12.3、厚 3.5 厘米。

标本 TG5⑧：7，残存近四分之一，灰色。龙身为双线凸棱，昂首，屈身，龙身上下各有双腿，腿前屈，爪可辨三趾，龙口大张，上下各饰两颗獠牙，鼻上翘，舌上卷，唇下有须，凸目圆睁，额上犄角飞扬，龙身中部两侧有三角形翼；龟颈两端饰乳钉纹；背面素面，不太平整。残长 17.2、残宽 14.4、厚 3.1 厘米。

Cd 型，共 9 件。无方框，砖边齐平，饰有对称双龙，中间饰一龟形象，龙身为双线凸棱。

标本 TN02W01 ⑧：37，残半，浅灰色。龙身下部饰双腿，前屈，下侧饰近三角形翼，翼上饰凸线纹，龟背部为一圆弧凸弦纹形成的圆形，饰交错凸线纹，龙纹内侧饰乳钉纹；背面素面，较平整。边长 27.5、厚 3.2 厘米（图版六〇七）。

标本 TN02W01 ⑧：38，残存近三分之一，深灰色。形制、纹饰同 TN02W01 ⑧：37。边长 27、厚 3.9 厘米（图版六〇八）。

标本 TN02W01 ⑧：39，残半，深灰色。龙身粗壮，曲颈，身蜿蜒，卷尾，龙身上下各有双腿和双翼，腿前屈，爪可辨三趾，双翼上饰斜向凸棱，龙口大张，上下各饰两颗獠牙，鼻上翘，舌上扬，唇下有须，额上犄角飞扬；龟呈伏状，菱形龟首饰须和双耳，颈略短粗，圆叶形龟背有中脊，中脊两侧饰鳞状龟甲，前腿后屈，后腿前屈，可辨三趾，龟首上部近砖边缘处饰两道八字形凸棱，龟颈两端及龟尾后端还各饰两个对称的乳钉纹；背面素面，较平整。残长 20.4、残宽 19.9、厚 3.2 厘米。

标本 TN02W01 ⑧：40，残存近四分之一，深灰色。形制、纹饰同 TN02W01 ⑧：39。残长 18.3、残宽 15.5、厚 3.1 厘米。

标本 TN02W01 ⑧：41，残半，灰色。形制、纹饰同 TN02W01 ⑧：39。残长 23.3、残宽 16、厚 2.9 厘米。

标本 TN02W04 ⑧：36，残存近四分之一，浅灰色。正面纹饰漶漫不清。残长 21.7、残宽 15.6、厚 3.4 厘米。

标本 TG5 ⑧：3，残，深灰色。正面纹饰漶漫不清。残长 15.8、残宽 15.7、厚 3.1 厘米。

标本 H60：7，残半，灰褐色。龙身较细且中部有脊线，昂首，曲颈，龙头微上扬，身蜿蜒，尾向下卷，龙身上下有双腿，腿后屈，爪可辨三趾，龙首额上犄角飞扬；龟呈伏状，龟背近方，饰凸起鳞状龟甲，腿短粗后屈，可辨三趾，边缘饰凸棱，从龙首开始沿龙身外侧向下延伸，背面素面，较平整。边长 24.7、厚 4.4 厘米（图二〇七，6；图版六〇九）。

标本 H95：6，残半，浅灰色。形制、纹饰同 TN02W01 ⑧：39。边长 26.5、厚 3.9 厘米（图二〇七，7；图版六一〇）。

Ce 型，共 1 件。

标本 TN02W01 ⑧：35，残半，泥质灰陶，较为厚重，灰色。纹饰为阴刻，漶漫不清，可辨两龙一龟，砖边缘有长条形凹槽，为砖范；背面素面，不太平整，中部有一圆形钻孔。边长 27、厚 3.7 厘米（图二〇七，8；图版六一一）。

Cf 型，1 件。

标本 H84：3，残存近四分之一，泥质灰陶，浅灰色。表面沿砖边内饰双凸直线方框，两凸直线内和外侧饰折线纹。方框内饰龟，三角形龟首饰须和双耳，颈略短粗，圆叶形龟背上饰鳞状龟甲，前腿前屈，爪不可辨，龟首上部有房，龟侧饰一猪；背面素面，不太平整。残长

17.7、残宽 14.5、厚 3.5 厘米（图二〇七，9；图版六一二）。

3）空心砖

空心砖共 4 件，均为残块，为泥质灰陶，表面绳纹上拍印多层菱形纹，略内凹；侧面饰绳纹，局部交错。

标本 TN02W04 ⑧：29，残存正面及侧面局部，青灰色。表面纹饰漶漫不清。残长 60、宽 31.2、残高 8 厘米（图版六一三）。

标本 TN03W05 ⑧：58，残存侧面局部，灰色。残长 16、残宽 12.9、厚 3 厘米（图版六一四）。

标本 H97：13，残，深灰色。残长 16.5、残宽 14.7、厚 3.6 厘米（图版六一五）。

标本 TG3 ⑧：23，残，青灰色。表面绳纹漶漫不清。残长 28.5、残宽 24、厚 1.8 ~ 3.1 厘米（图版六一六）。

5. 其他

其他器物共 9 件。

标本 TN02W04 ⑧：41，残，泥质灰陶，浅灰色。剖面呈 L 形，侧面素面；正面饰多个同心圆纹，边缘有重叠；背面素面，不太平整。残长 19.1、残宽 14、残高 4.5、厚 2.2 厘米（图版六一七）。

标本 TN02W04 ⑧：82，两侧残，泥质灰陶，浅灰色。为板瓦泥坯制作，比板瓦短，较厚重，凸面饰斜向绳纹，绳径约 0.3 厘米，上端饰交错绳纹，绳径约 0.2 厘米，下端 6.8 厘米绳纹被抹平，末尾处较厚且略上翘，两端面齐平；凹面饰布纹，局部有褶皱。长 19.8、下端残宽 16、厚 2.1 ~ 3.7 厘米（图二〇八；图版六一八）。

标本 TN02W04 ⑧：83，两侧残，泥质灰陶，青灰色。形制、纹饰同 TN02W04 ⑧：82。凸面上端 2.5 厘米长略凸起，下端 7.5 厘米绳纹被抹平；凹面饰布纹。长 19.4、下端残宽 6.4、厚 2.2 ~ 3.3 厘米。

标本 TN02W05 ⑧：62，残，泥质灰陶，青灰色，局部有烧灼痕迹。形制、纹饰同 TN02 W04 ⑧：82。残长 9.2、下端残宽 20.8、厚 1.6 ~ 3.6 厘米。

TN03W03 ⑧：30，残，泥质灰陶，青灰色。形制、纹饰同 TN02W04 ⑧：82。凸面下端 8 厘米绳纹被抹平，末尾加厚且上翘明显。残长 16、下端残宽 24、厚 2.1 ~ 5.3 厘米。

标本 H97：4，残，泥质灰陶，青灰色。形制、纹饰同 TN02W04 ⑧：82。残长 14.1、残宽 22、厚 2.5 ~ 3.1 厘米。

标本 H97：9，两侧残，泥质灰陶，青灰

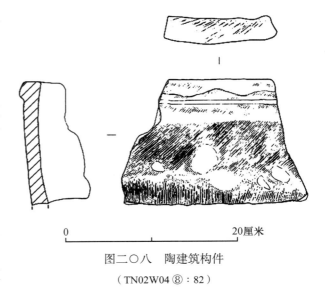

图二〇八　陶建筑构件

（TN02W04 ⑧：82）

色。形制、纹饰同 TN02W04 ⑧：82。长 19.5、下端残宽 15.2、厚 2.3～3.9 厘米。

标本 H123：2，残，泥质灰陶，浅灰色。形制、纹饰同 TN02W04 ⑧：82。下端 8.2 厘米绳纹被抹平，绳纹不太清晰，局部有一层白灰。残长 16.4、下端残宽 25、厚 1.9～4.9 厘米。

标本 H123：11，残，泥质灰陶，浅灰色。一面饰多个同心圆纹，局部边缘有重叠，中间饰一个略凸起的圆乳钉；背面素面，不太平整。残长 17、残宽 11、厚 1.8～2.5 厘米。

（二）生活用品

生活用品共出土标本 160 件，其中陶器 138 件，铜器 2 件，骨器 1 件和钱币 19 枚。

1. 陶器

陶器共 138 件，有盆、罐、瓮、钵、豆、甑、壶和其他。

1）盆

盆共 28 件。

A 型，共 6 件，可复原 1 件，均为泥质灰陶，尖唇，斜沿上有一周凹槽，斜弧腹。

标本 TN02W05 ⑧：50，残。腹部略鼓。外壁饰细绳纹，口沿下部分被抹平。残高 10.1、口径 49 厘米。

标本 TN02W01 ⑧：61，残。残高 7.7、口径 43.8 厘米。

标本 H122：32，残。平底。外壁饰粗绳纹，口沿下部分被抹平。通高 18.1、口径 31.4 厘米（图版六一九）。

标本 H122：34，可复原。通高 16.8、口径 29.3 厘米（图二〇九，1；图版六二〇）。

标本 H123：42，残。残高 8.2、口径 38.2 厘米。

标本 H140：18，残。残高 9.3、口径 28.8 厘米。

Ba 型，共 6 件，均为泥质灰陶，方唇，敞口，宽平折沿，斜弧腹。

标本 TN02W01 ⑧：65，残。口部饰一周瓦棱纹，外壁饰有细绳纹，部分被抹平。残高 8、口径 41.2 厘米。

标本 TN02W03 ⑧：18，残。外壁饰有细绳纹和两周附加堆纹，绳纹有数周被抹平。残高 8.8、口径 50.8 厘米（图版六二一）。

标本 TN02W03 ⑧：23，残。口沿外缘略向上翘起，唇部及外壁饰有细绳纹。残高 10.4、口径 63.6 厘米（图版六二二）。

标本 H140：15，残。外壁饰细绳纹。残高 7、口径 49.8 厘米（图二〇九，2）。

标本 TN02W05 ⑧：47，残。口沿下饰数周瓦棱纹，外壁饰网格纹。残高 7.8、口径 34.8 厘米（图二〇九，3）。

标本 H96：28，残。口沿上有数周凹槽，素面。残高 7.4、口径 45.4 厘米。

Bb 型，共 10 件，均为方唇，敞口，窄平折沿斜弧腹。

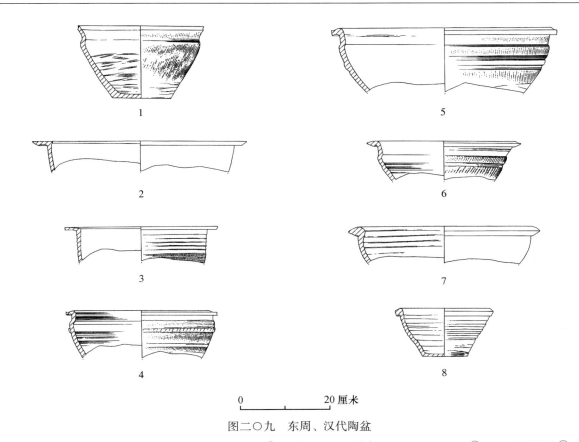

图二〇九　东周、汉代陶盆

1. A 型（H122：34）　2、3. Ba 型（H140：15、TN02W05 ⑧：47）　4～6. Bb 型（H96：26、TN02W03 ⑧：21、TN03W01 ⑧：16）
7、8. C 型（TN02W03 ⑧：22、TN02W05 ⑧：39）

　　标本 H96：22，残，泥质红陶。口沿外缘略向下翻，沿上有一周凹槽。外壁饰有绳纹。残高 7.1、口径 46.4 厘米。

　　标本 TN02W03 ⑧：21，残，泥质灰陶。残高 15.3、口径 50.2 厘米（图二〇九，5）。

　　标本 TN03W01 ⑧：16，残，泥质灰陶。口沿外缘略向下翻，沿上有一周凹槽。外壁上部饰粗绳纹，绳纹有数周抹断痕，下部素面。残高 9.2、口径 34.8 厘米（图二〇九，6）。

　　标本 TN02W04 ⑧：70，残，泥质灰陶。口沿上有一周凹槽。外壁上部饰粗绳纹。绳纹被抹断，下部素面；内壁饰有数周瓦棱纹。残高 14.8、口径 43 厘米。

　　标本 TN02W04 ⑧：69，残，泥质灰陶。口沿外缘略向下翻，沿上有一周凹槽。外壁上部饰粗绳纹，绳纹有数周抹断痕，下部素面。残高 11.4、口径 40.6 厘米（图版六二三）。

　　标本 H96：26，残，泥质灰陶。口沿外缘略向下翻，沿上有一周凹槽。外壁上部饰绳纹及一周附加堆纹，下部素面。残高 11.2、口径 34 厘米（图二〇九，4；图版六二四）。

　　标本 H96：29，残，泥质灰陶。残高 7.8、口径 46.2 厘米。

　　标本 H96：31，残，泥质灰陶，素面。残高 8.3、口径 47.8 厘米。

　　标本 H97：30，残，泥质灰陶，口沿上有五圈凹槽，素面。残高 4.9、口径 42.2 厘米。

　　标本 TG3 ⑧：42，残，泥质灰陶。外壁饰绳纹。残高 6.2、口径 45.8 厘米。

C型，共6件，可复原1件，均为泥质灰陶，方唇，侈口，卷沿。

标本TN03W01⑧：19，残。沿上有一周凹槽，鼓腹，外壁饰绳纹。残高4.8、口径42.8厘米。

标本TN02W03⑧：22，残。鼓腹，素面。残高8.3、口径43.4厘米（图二〇九，7）。

标本TN02W05⑧：39，可复原。斜弧腹，平底。外壁饰数周瓦棱纹。通高10.9、口径20.3厘米（图二〇九，8；图版六二五）。

标本TN03W05⑧：85，残。残高5.9、口径38.8厘米。

标本H97：32，残。弧腹，素面。残高8.4、口径44厘米。

标本TG4⑧：6，残。沿上有一周凹槽，斜弧腹。外壁饰绳纹，绳纹有数周抹断痕。残高12.9、口径45.8厘米。

2）罐

罐共21件，均为泥质灰陶。

Ⅰ式，共7件，完整1件，可复原4件，均为方唇，平沿，长颈，圆肩，下腹急收，平底。

标本J4：1，完整。外壁饰竖向绳纹，下腹近底处绳纹抹平。绳纹有数周抹平痕。通高27.1、口径12厘米（图版六二六）。

标本J4：2，可复原。外壁饰竖向绳纹，有数周抹断痕，下腹近底处绳纹抹平，有数道凹弦纹；内壁颈部饰有数道瓦棱纹。通高23.8、口径11.2厘米（图版六二七）。

标本J4：3，可复原。外壁饰竖向绳纹，颈部以下绳纹被抹平，下腹近底处绳纹抹平。通高25、口径11.8厘米（图二一〇，1；图版六二八）。

标本J4：4，残。外壁饰竖向绳纹，颈部下绳纹被抹平，下腹近底处绳纹抹平。残高21.8厘米（图二一〇，2）。

标本J4：5，可复原。外壁饰竖向绳纹，绳纹有多周抹平痕，下腹近底处绳纹抹平。通高26.2、口径11.2厘米（图版六二九）。

标本J4：6，残。外壁饰竖向绳纹，绳纹有多周抹平痕，下腹近底处绳纹抹平。残高23.9厘米。

标本H109：2，可复原。外壁饰竖向绳纹，绳纹有多周抹平痕，下腹近底处绳纹抹平。通高28.8、口径12.7厘米（图二一一，1；图版六三〇）。

Ⅱ式，共7件，可复原6件。口沿外翻，颈较短，溜肩，腹部下收，平底。

标本H96：1，可复原。方唇。外壁饰交错绳纹，有数周抹断痕。通高19.1、口径10.8厘米（图二一〇，3；图二一一，2；图版六三一）。

标本H96：3，可复原。方唇。外壁饰交错粗绳纹，部分被抹平。通高21、口径10.2厘米（图二一一，3；图版六三二）。

标本H97：1，可复原。尖圆唇，素面。通高28.7、口径11.2厘米（图二一一，5；图版六三三）。

标本H97：2，可复原。方唇。唇上有三周凹槽，素面。通高30、口径12.5厘米

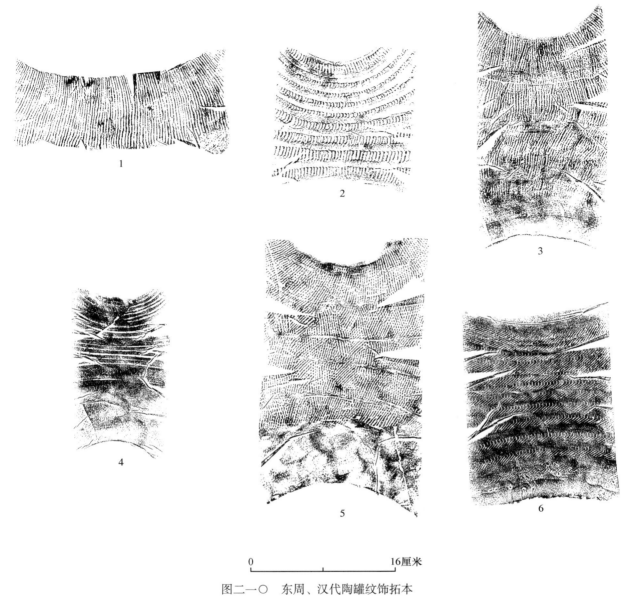

图二一〇　东周、汉代陶罐纹饰拓本

1、2. Ⅰ式（J4∶3、J4∶4）　3. Ⅱ式（H96∶1）　4～6. Ⅲ式（TG3⑧∶40、H96∶2、H96∶4）

（图二一一，6；图版六三四）。

标本 H97∶3，残。方唇。素面。残高 26.2 厘米。

标本 H122∶1，可复原。方唇。唇上有两周凹槽，口沿下有一周凹槽。外壁饰粗绳纹，被多道抹断，口沿下及下腹近底处被抹平。通高 22.8、口径 11 厘米（图二一一，4；图版六三五）。

标本 H133∶1，可复原。尖圆唇。外壁饰粗绳纹，口沿下及下腹近底处被抹平。通高 14.2、口径 10.8 厘米（图二一一，7；图版六三六）。

Ⅲ式，共 7 件，完整 2 件，可复原 3 件。方唇，侈口，短颈，肩微鼓，底径变大，整体矮

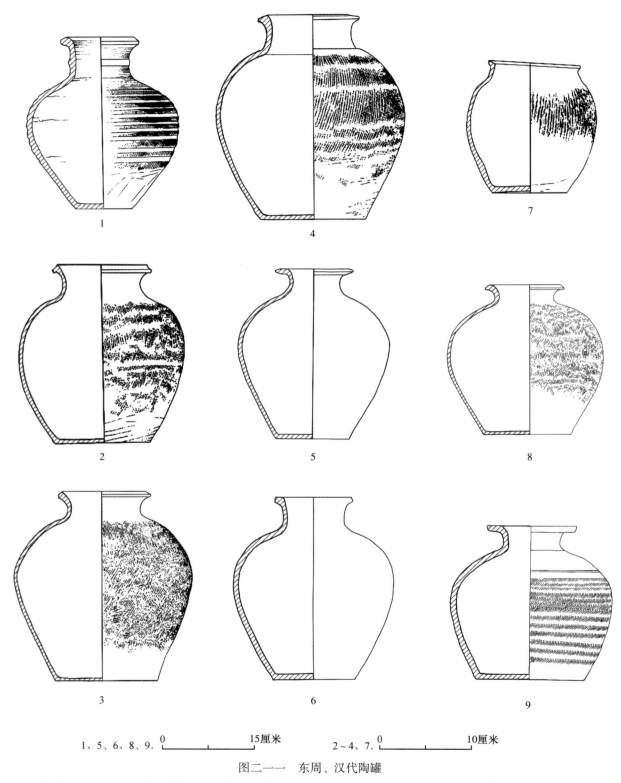

1、5、6、8、9. 0 ⊢—————⊣ 15厘米　　　　2~4、7. 0 ⊢—————⊣ 10厘米

图二一一　东周、汉代陶罐

1. Ⅰ式（H109∶2）　2~7. Ⅱ式（H96∶1、H96∶3、H122∶1、H97∶1、H97∶2、H133∶1）　8、9. Ⅲ式（H96∶2、H96∶4）

胖，平底。

标本 TG3 ⑧：40，可复原。肩部及腹部饰有凹弦纹，下腹部素面。通高 15、口径 7.2 厘米（图二一〇，4；图版六三七）。

标本 H96：2，可复原。外壁饰交错绳纹，有数周抹断痕，下腹近底处被抹平。通高 25.8、口径 12.3 厘米（图二一〇，5；图二一一，8；图版六三八）。

标本 H96：4，完整。肩部饰一周凹弦纹，以下饰竖折短线纹。通高 25.3、口径 14.3 厘米（图二一〇，6；图二一一，9；图版六三九）。

标本 J3：1，完整。肩部饰一周竖折短线纹，以下饰细绳纹；内壁饰布纹。通高 12.8、口径 9.2 厘米（图版六四〇）。

标本 J3：2，残。外壁饰绳纹和网格纹，部分被抹平。残高 22.8 厘米。

标本 J3：3，残。肩部饰一周凹弦纹，以下饰竖折短线纹。残高 22.8 厘米。

标本 J3：4，可复原。外壁饰粗绳纹，颈部及下腹近底处被抹平。通高 25.1、口径 15.4 厘米。

3）瓮

瓮共 6 件。

A 型，共 3 件，均为泥质灰陶，方唇，直口，圆肩。

标本 TN02W03 ⑧：12，残。矮领。外壁饰细绳纹。残高 5.4、口径 27.5 厘米（图二一二，1；图二一三，1；图版六四一）。

标本 TN03W02 ⑧：14，残。高领，素面。残高 7.5、口径 18.6 厘米（图二一二，2；图版六四二）。

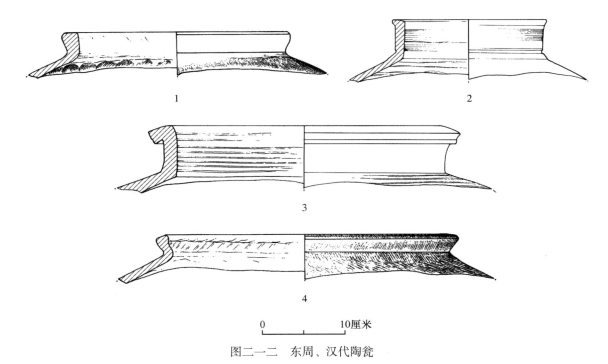

图二一二 东周、汉代陶瓮

1、2.A 型（TN02W03 ⑧：12、TN03W02 ⑧：14） 3.B 型（TN02W05 ⑧：38） 4.C 型（TN02W04 ⑧：54）

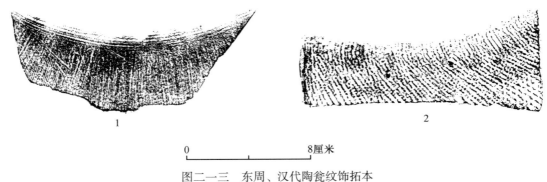

图二一三　东周、汉代陶瓮纹饰拓本

1. A 型（TN02W03 ⑧：12）　2. C 型（TN02W04 ⑧：54）

标本 H123：12，残。短颈，外壁饰细绳纹。残高 8.1、口径 38.8 厘米（图版六四三）。

B 型，共 1 件。

标本 TN02W05 ⑧：38，残。泥质灰陶，方唇，唇上有一周凹槽，口沿外缘略向下翻，平折沿，短颈，圆肩，素面。残高 9.1、口径 36.2 厘米（图二一二，3；图版六四四）。

C 型，共 2 件，均为泥质灰陶，方唇，侈口，圆肩，外壁饰交错绳纹。

标本 H123：46，残。残高 6.5、口径 50.2 厘米（图版六四五）。

标本 TN02W04 ⑧：54，残。残高 5.9、口径 36.6 厘米（图二一二，4；图二一三，2；图版六四六）。

4）钵

钵共 30 件，可复原 26 件，均为泥质灰陶。

I 式，共 6 件，均可复原，均为直腹，平底。

标本 TN02W04 ⑧：78，方唇。通高 6.9、口径 18.2 厘米（图二一四，1；图版六四七）。

标本 TG3 ⑧：46，方唇。通高 7.4、口径 17.3 厘米（图二一四，2；图版六四八）。

标本 TG3 ⑧：47，尖圆唇。口沿下有一周凹槽。通高 7.2、口径 17.8 厘米（图二一四，3；图版六四九）。

标本 TN02W01 ⑧：66，尖圆唇。口沿下有一周凹槽。通高 4.1、口径 12.8 厘米（图二一四，4；图版六五〇）。

标本 TN03W01 ⑧：22，尖圆唇。通高 4.4、口径 14 厘米（图二一四，5）。

标本 TG3 ⑧：45，尖圆唇。通高 8.6、口径 20.5 厘米（图二一四，6）。

II 式，共 7 件，均可复原，均为侈口、折腹。

标本 TN02W05 ⑧：55，圆唇，饼形足。通高 5.1、口径 15.3 厘米（图二一四，7；图版六五一）。

标本 TN02W05 ⑧：57，方唇，平底，底心微凸。通高 10.7、口径 23 厘米（图二一四，8；图版六五二）。

标本 TN02W05 ⑧：58，方唇，平底。通高 6.1、口径 11.1 厘米（图二一四，9；图版六五三）。

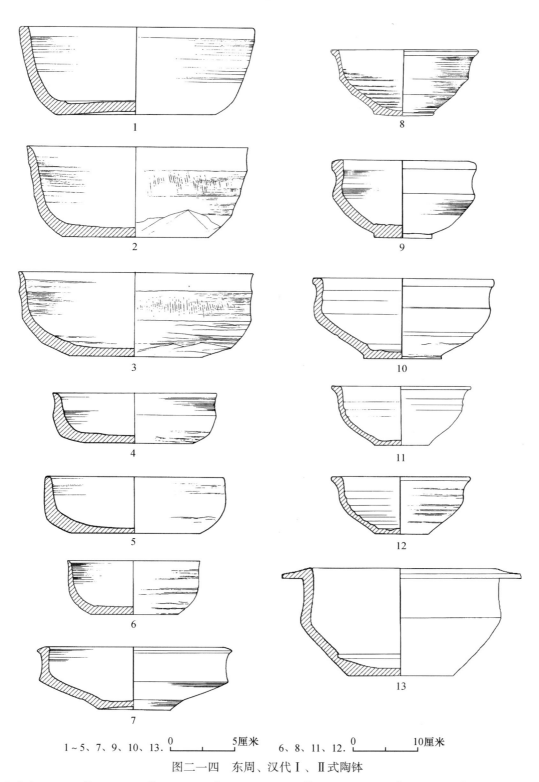

1～5、7、9、10、13. $\underset{0}{\llcorner\!\!\!\!\underline{\qquad}\!\!\!\!\lrcorner}$ 5厘米　　6、8、11、12. $\underset{0}{\llcorner\!\!\!\!\underline{\qquad}\!\!\!\!\lrcorner}$ 10厘米

图二一四　东周、汉代Ⅰ、Ⅱ式陶钵

1～6. Ⅰ式（TN02W04⑧：78、TG3⑧：46、TG3⑧：47、TN02W01⑧：66、TN03W01⑧：22、TG3⑧：45）　7～13. Ⅱ式
（TN02W05⑧：55、TN02W05⑧：57、TN02W05⑧：58、TN03W05⑧：87、H122：37、H122：30、H133：2）

标本 TN03W05 ⑧：87，方唇，饼形足。通高 6.7、口径 14.5 厘米（图二一四，10；图版六五四）。

标本 H122：37，方唇，平沿，平底。通高 9.2、口径 21.4 厘米（图二一四，11；图版六五五）。

标本 H122：30，方唇，平底。通高 9.3、口径 21.7 厘米（图二一四，12；图版六五六）。

标本 H133：2，尖圆唇，外折平沿，平底。通高 8.8、口径 18.6 厘米（图二一四，13；图版六五七）。

Ⅲ式，共 17 件，可复原 13 件，均为弧腹。

标本 TN02W05 ⑧：60，残。尖唇，敛口，口沿下有一周凹槽。残高 7.7、口径 19.6 厘米。

标本 TN02W05 ⑧：88，可复原。方唇，侈口，浅弧腹，圈足。口沿下饰三周凹弦纹。通高 6.1、口径 17.9 厘米（图二一五，1）。

标本 TN03W05 ⑧：89，可复原。方唇，侈口，浅弧腹，平底，外壁饰数周瓦棱纹。通高 3.9、口径 15.2 厘米（图二一五，2）。

标本 TN03W03 ⑦：166，可复原。尖圆唇，侈口，口沿下有一周凹槽，浅弧腹，平底。通高 5.3、口径 17.4 厘米（图二一五，3；图版六五八）。

标本 TN03W03 ⑦：174，可复原。尖圆唇，侈口，口沿下有一周凹槽，深弧腹，平底。外壁饰数周凹弦纹。通高 7.4、口径 16.5 厘米（图二一五，4）。

标本 TN03W03 ⑦：182，可复原。尖圆唇，直口，斜弧腹，平底。通高 7、口径 18.3 厘米（图二一五，5）。

标本 H60：99，可复原。方唇，敛口，深弧腹，平底。通高 7.7、口径 16.5 厘米（图版六五九）。

标本 H64：54，残。尖圆唇，侈口，口沿下有三周凹槽。残高 7.1、口径 19.6 厘米。

标本 H71：44，可复原。尖圆唇，直口，斜弧腹，平底。通高 6.1、口径 15 厘米。

标本 H76：11，可复原。尖圆唇，口微敛，深弧腹，平底。通高 6.1、口径 14.3 厘米（图二一五，6；图版六六〇）。

标本 H91：6，残。圈足，底部饰拉坯弦纹。残高 3.2、底径 12 厘米。

标本 H120：12，可复原。尖圆唇，侈口，口沿下有一周凹槽，深弧腹，平底。通高 7、口径 17 厘米。

标本 H122：44，残。深弧腹，饼形足。残高 7.1、底径 10.1 厘米。

标本 H123：14，可复原。尖圆唇，侈口，平底。口沿下饰三周凹弦纹，外壁饰瓦棱纹。通高 8.4、口径 20.9 厘米（图二一五，7）。

标本 H123：16，可复原。通高 7.8、口径 22.1 厘米（图二一五，8）。

标本 TG3H3：8，可复原。尖圆唇，口微敛，口沿下有一周凹弦纹，浅弧腹，平底。外壁饰绳纹。通高 6.3、口径 16.4 厘米（图版六六一）。

标本 J3：5，可复原。尖圆唇，口微敛，斜弧腹，圈足。通高 4.8、口径 12 厘米（图二一五，9；图版六六二）。

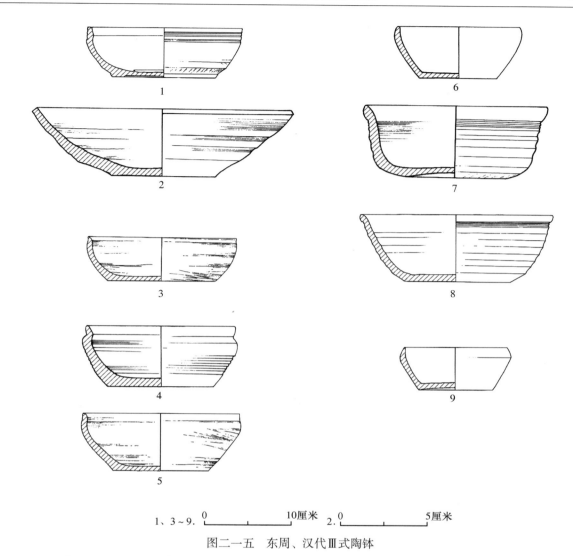

1、3～9. 0 ⌐————⌐————⌐ 10厘米　2. 0 ⌐————⌐————⌐ 5厘米

图二一五　东周、汉代Ⅲ式陶钵

1. TN02W05⑧：88　2. TN03W05⑧：89　3. TN03W03⑦：166　4. TN03W03⑦：174　5. TN03W03⑦：182　6. H76：11
7. H123：14　8. H123：16　9. J3：5

5）豆

豆共22件。可复原4件，均为泥质灰陶。

Ⅰ式，共8件。均为圆唇，侈口，折腹，豆盘深。

标本 TN03W01⑧：13，残存盘身。盘内底饰同心暗弦纹。残高5.2、口径11.5厘米。

标本 TN02W05⑧：33，残存盘身。盘内底饰同心暗弦纹。残高4.2、口径12.5厘米（图二一六，1；图版六六三）。

标本 TN02W04⑧：49，残存盘身。盘内底饰同心暗弦纹。残高4.5、口径12.3厘米（图二一六，2；图版六六四）。

标本 TN03W05⑧：67，残柄。豆柄中空，制作规整，较高，喇叭形底。残高11.9、底径10厘米。

标本 H85：11，残柄。豆柄中空，制作规整，较高，喇叭形底，底沿较平。残高9.9、底

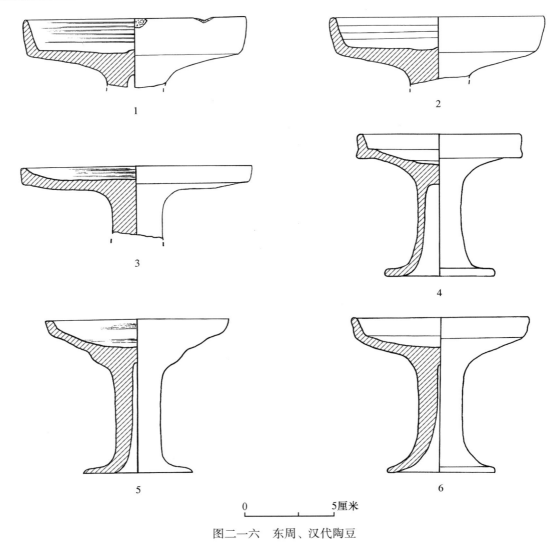

图二一六　东周、汉代陶豆

1、2. I 式（TN02W05 ⑧：33、TN02W04 ⑧：49）　3. II 式（H128：1）　4～6. III 式（TN02W05 ⑧：34、H122：2、H122：3）

径 8.4 厘米。

　　标本 H123：28，残存盘身。圆唇，侈口，折腹。盘身较深，盘底饰同心暗弦纹，残高 4.2、口径 13.2 厘米（图版六六五）。

　　标本 H133：13，残存盘身。圆唇，侈口，折腹。盘身较深，内壁腹部及底部各饰一周折线暗纹，盘底饰同心暗弦纹。残高 4.6、口径 14.8 厘米。

　　标本 H140：12，残柄。豆柄中空，喇叭形底。残高 6.2、底径 9.7 厘米。

　　II 式，共 5 件，均为圆唇，侈口，豆盘较浅。

　　标本 TN03W01 ⑧：11，残柄。豆柄粗糙且中空，喇叭形足。残高 10.5、底径 8.4 厘米。

　　标本 TN02W04 ⑧：48，残存盘身。残高 2.4、口径 14 厘米。

　　标本 H128：1，残存盘身。盘内底饰同心暗弦纹。残高 3.8、口径 13 厘米（图二一六，3；图版六六六）。

标本 H127：11，残柄。豆柄粗糙且中空，喇叭形足。盘内底饰有数周同心暗弦纹。残高14.9、底径 8.1 厘米。

标本 H123：27，残存盘身。残高 3.4、口径 14.4 厘米。

Ⅲ式，9 件，可复原 4 件，均为圆唇，侈口，豆盘很浅。

标本 TN02W05 ⑧：34，可复原。折腹，豆柄粗糙且中空，喇叭形足。口径 9.2、足径 6、通高 8 厘米（图二一六，4；图版六六七）。

标本 TN02W05 ⑧：35，残柄。豆柄粗糙且中空，喇叭形足。残高 7.1、底径 5.7 厘米。

标本 TN02W05 ⑧：37，残柄。残高 6.5、底径 8.4 厘米。

标本 TN03W02 ⑧：12，残。折腹，豆柄粗糙且中空。残高 7、口径 9.4 厘米。

标本 H122：2，可复原。弧腹，豆柄粗糙且中空，喇叭形足。口径 10、足径 6.4、通高 9 厘米（图二一六，5；图版六六八）。

标本 H122：3，可复原。折腹，豆柄中空，喇叭形足。口径 10、足径 6、通高 9.1 厘米（图二一六，6；图版六六九）。

标本 H122：4，可复原。折腹，豆柄粗糙且中空，喇叭形足。口径 9.4、足径 5.8、通高 8.4 厘米（图版六七〇）。

标本 H122：7，残。折腹，豆柄粗糙且中空。残高 7.8、口径 9.4 厘米。

标本 H122：8，残。折腹，豆柄粗糙且中空。残高 8.3、口径 8.8 厘米。

6）甑

甑共 7 件。

标本 TN02W03 ⑧：14，残，泥质灰陶。平底，底部有圆形穿孔，孔径 0.5 厘米。厚 0.9 厘米。

标本 TN02W03 ⑧：15，残，泥质灰陶。斜腹，平底，底部有圆形穿孔，孔径 0.8 厘米。残高 7、底径 20.8 厘米。

标本 TN02W03 ⑧：16，残，泥质红陶。斜腹，平底，底部有圆形穿孔，孔径 0.5 厘米。残高 5、底径 18 厘米。

标本 TN03W01 ⑧：14，残，泥质灰陶。斜腹，平底，底部有圆形穿孔，孔径 0.8 厘米。残高 4.5、底径 16.8 厘米。

标本 TG3 ⑧：41，残，泥质灰陶。平底微内凹，底部有圆形穿孔，孔径 0.5 厘米。厚 0.9 ~ 1.5、底径 18.6 厘米。

标本 H140：13，残，泥质灰陶。斜腹，平底。底部有圆形穿孔。外壁饰绳纹，近底处被抹平。残高 9.9、底径 18 厘米。

标本 H140：14，残，泥质灰陶。斜腹，平底。底部有圆形穿孔，孔径 0.9 厘米。外壁饰绳纹，近底处被抹平。残高 6.2、底径 17.5 厘米（图二一七）。

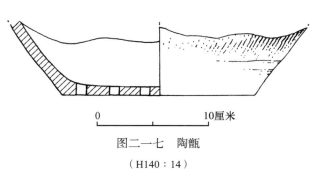

图二一七　陶甑

（H140：14）

7）鬲

共 7 件，均为泥质夹砂灰陶。

标本 H140：1，残。鼓腹，袋状锥足。上腹部饰绳纹，下腹及裆部饰粗绳纹。残高 21.6 厘米（图二一八，1；图版六七一）。

标本 TN03W03 ⑧：21，残。方唇，侈口，短颈，鼓腹。外壁饰粗绳纹。残高 12.4、口径 26 厘米（图二一八，2；图版六七二）。

标本 TN03W03 ⑧：22，残。饰粗绳纹。厚 0.8 ~ 1.3 厘米。

标本 H85：2，残。方唇，侈口，短颈，颈下有一周凹槽，鼓腹。外壁饰绳纹。残高 13.7、口径 24.1 厘米（图二一八，3；图版六七三）。

标本 H133：10，残。方唇，侈口，短颈，鼓腹。颈下饰两周凹弦纹，以下饰绳纹。残高 9.5、口径 24.2 厘米（图二一八，4；图版六七四）。

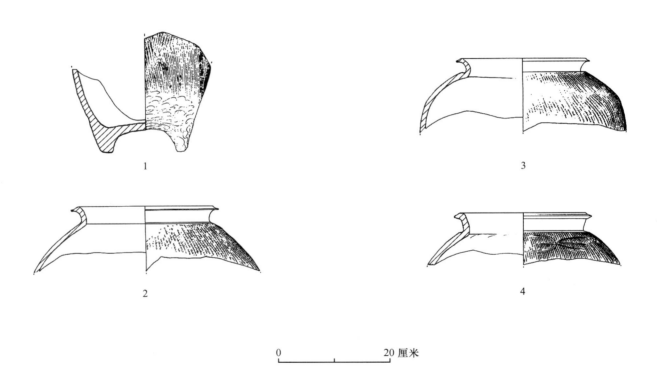

0　　　　　　　　　　20 厘米

图二一八　陶鬲

1. H140：1　2. TN03W03 ⑧：21　3. H85：2　4. H133：10

标本 H140：8，残。饰粗绳纹。残高 5.8 厘米。

标本 H140：20，残。尖圆唇，侈口，平沿，短颈。颈下饰一周凹弦纹，外壁饰粗绳纹，颈部被抹平。残高 5、口径 11.4 厘米。

8）壶

壶共 1 件。

标本 H122：28，残，泥质灰陶。方唇，侈口，平沿，长颈。颈部饰两周凸弦纹。残高 10.3、口径 16.2 厘米（图二一九）。

9）其他

其他器物共 16 件。

标本 H133：3，器盖，泥质灰陶。圜顶，直口。高 3.8、口径 7.9 厘米（图二二〇；
图版六七五）。

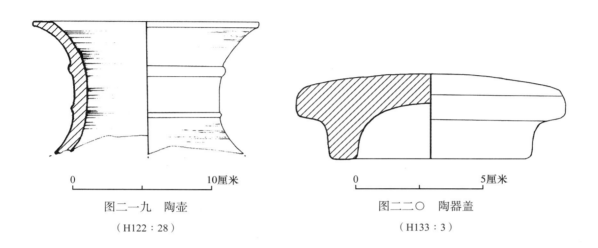

图二一九　陶壶　　　　　　　　　　图二二〇　陶器盖
（H122：28）　　　　　　　　　　　（H133：3）

标本 H97：35，帐座，泥质灰陶，完整。整体为四棱台，中间有一圆孔。底部刻有
“張□□許”四字。上底边长 9.2、下底边长 14.2、上孔径 1.6、下孔径 1.2、通高 6.4 厘米
（图二二一；图版六七六、图版六七七）。

标本 TN03W03 ⑧：29，陶器残足，泥质灰陶。圆柱形，中空。残高 7.5 厘米。

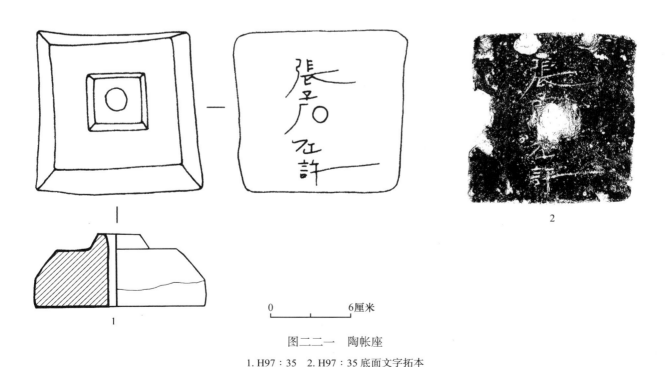

2

1

图二二一　陶帐座
1. H97：35　2. H97：35 底面文字拓本

　　标本 TN02W05 ⑧：59，陶楼模型，残，泥质灰陶。方形，残存屋檐部分，屋檐饰凸棱形屋脊和瓦垄。残长 12.2、残宽 10.5、残高 3.3 厘米（图版六七八）。

　　标本 TN03W01 ⑧：21，纺轮，泥质灰陶。圆饼形，中间有一穿孔。径 6.7、孔径 0.8、厚 2 厘米（图二二二，1；图版六七九）。

　　标本 TN03W03 ⑧：28，纺轮，泥质灰陶。锥形，平底，中间有一圆形孔。斜面饰有三周凹弦纹。底径 4.4、孔径 0.9、厚 2.6 厘米（图二二二，2；图版六八〇）。

　　标本 H122：5，纺轮，泥质灰陶。锥形，平顶，平底，中间有一圆形孔。底径 5、孔径 0.8、厚 1.9 厘米（图二二二，3；图版六八一）。

　　标本 H122：9，纺轮，泥质灰陶。锥形，平底，中间有一圆形孔。底径 5.4、孔径 1.3、厚 2.6 厘米（图二二二，4；图版六八二）。

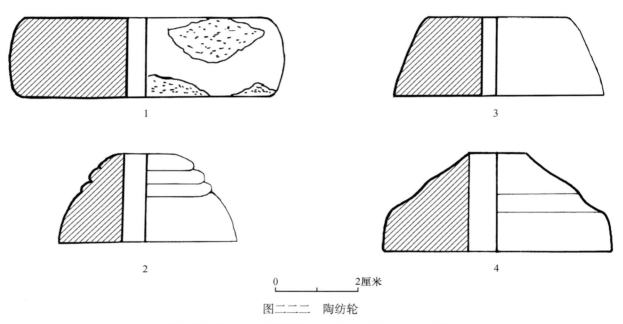

图二二二　陶纺轮

1. TN03W01 ⑧：21　2. TN03W03 ⑧：28　3. H122：5　4. H122：9

　　标本 H122：36，支钉，泥质灰陶。倒锥形，平底。通高 3.5、底径 2.2 厘米（图二二三；图版六八三）。

　　标本 TN02W01 ⑧：3，搓板，残，泥质灰陶。表面整齐地刻画成方形凸起。残长 15.5、残宽 13.6、厚 3.2 厘米（图版六八四）。

　　标本 TN02W05 ⑧：36，盖豆，残底，泥质灰陶。豆柄中空，喇叭形底。残高 6.8、底径 11.5 厘米。

　　标本 TN02W01 ⑧：47，盖豆，残，泥质灰陶。圆唇，直口，折腹，腹下饰两周瓦棱纹。残高 7.1、口径 18.8 厘米（图二二四，1）。

　　标本 H122：45，盖豆，残，泥质灰陶。圆唇，直口，折腹，素面。残高 7.5、口径 17.6

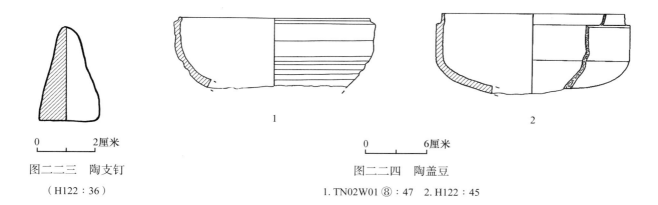

图二二三　陶支钉
（H122∶36）

图二二四　陶盖豆
1. TN02W01 ⑧∶47　2. H122∶45

厘米（图二二四，2）。

标本 J4∶10，盖豆，残底，泥质灰陶。盘底较平，豆柄中空，喇叭形底。残高 3.9、底径 8.1 厘米。

标本 H97∶24，陶器残口，泥质灰陶。直口，口缘和腹部各有一周附加堆纹，腹部有一个三角形穿孔和两个圆圈纹。残高 6.4、口径 25.8 厘米。

标本 H123∶48，陶器残片，夹砂灰陶。方錾形耳。圆唇，口微敛，外壁近口沿处有方形凸起。残高 6.7 厘米。

2. 铜器

铜器共 2 件。

1）罐

罐共 1 件。

标本 J3∶16，残。尖唇，敛口，口沿有对称双环形立耳，弧腹，平底，底可见范线。口径 13、底径 9.2、高 20、厚 0.4 厘米（图二二五，1；图版六八五）。

2）带钩

带钩共 1 件。

标本 H127∶17，体形较长，器身较直，钩身断面三角形，扣纽位于钩的顶端且较大。长 11.8、高 1、钩尾长 0.8 厘米（图二二五，2；图版六八六）。

3. 骨器

骨器共 1 件。

标本 H96∶32，簪。圆锥形，由兽骨磨制而成，头粗尾细。骨色偏黄褐色，骨密度较大。长 14.5、直径 0.5 厘米（图二二五，3）。

4. 钱币

钱币共出土 19 枚，有五铢、货泉、大泉五十和半两。

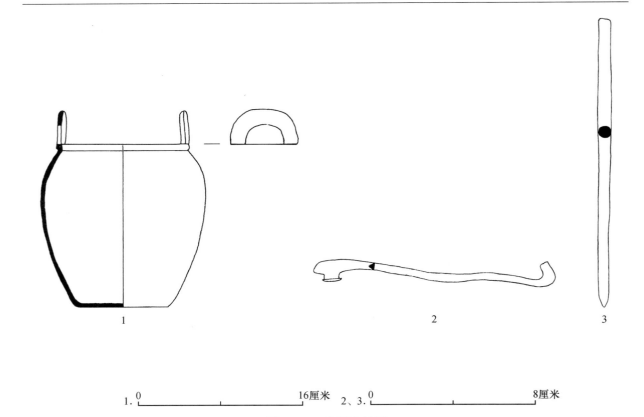

1. 0   16厘米   2、3. 0   8厘米

图二二五　铜器和骨器

1. 铜罐（J3：16）　2. 铜带钩（H127：17）　3. 骨簪（H96：32）

1）五铢

五铢共 14 枚，"五"字相交有直笔和曲笔两种，"铢"字三角头。

A 型，共 3 枚。穿上一横杠。钱文清晰、规整，穿郭俱佳，铜质优良，铸造工艺考究。

标本 TN03W04 ⑦：36，"五"字较窄且交笔较直，"铢"字"金"字旁模糊，"朱"字上方下圆。钱径 2.52、穿径 1、郭宽 0.15 厘米（图二二六，1）。

标本 H135：123，"五"字交笔较直，"朱"字上下方折，"铢"字"金"字头呈三角形，下四点较长。钱径 2.5、穿径 1、郭宽 0.1 厘米（图二二六，2）。

标本 TN02W05 ⑥：7，磨边，"五"字交笔微曲，"铢"字锈蚀严重，文字模糊。钱径 2.25、穿径 1 厘米（图二二六，3）。

B 型，共 4 枚。"五"字交笔弯曲大，上下两横出头且接于内、外郭。钱文清晰、规整，穿郭俱佳，铜质优良，铸造工艺考究。

标本 TN03W03 ⑥：1，"朱"字上下方折，略低于"金"字旁，"金"字头呈大三角形，下四点较短，"五"字与"铢"字等长。钱径 2.5、穿径 0.9、郭宽 0.1 厘米（图二二六，4）

标本 TN02W05 ⑥：6，"朱"字上下方折，略高于"金"字旁，"金"字头呈大等腰三角形，下四点较长，"五"字比"铢"字略长。钱径 2.6、穿径 1.05、郭宽 0.1 厘米（图二二六，5）。

标本 H135：122，"朱"字上方下圆，与"金"字旁相平，"金"字头呈小三角形，下四点

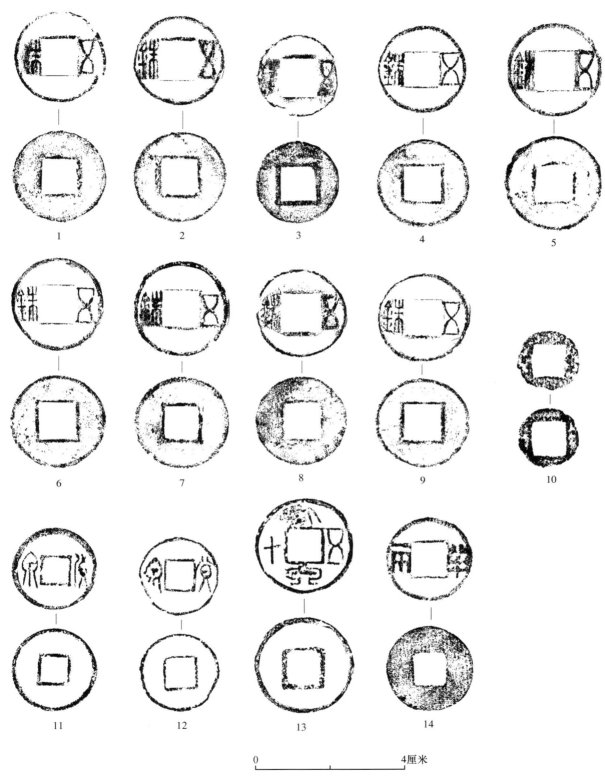

图二二六　东周、汉代出土钱币

1 ~ 3. A 型五铢（TN03W04 ⑦：36、H135：123、TN02W05 ⑥：7）　4 ~ 6. B 型五铢（TN03W03 ⑥：1、TN02W05 ⑥：6、
H135：122）　7 ~ 9. C 型五铢（TN02W05 ⑥：4、TN02W05 ⑥：8、H73：3）　10. D 型五铢（TN02W01 ⑦：23）　11、12. 货泉
（TS01W02 ⑤：1、TN02W05 ⑥：5）　13. 大泉五十（J2：91）　14. 半两（H73：4）

较短，"五"字与"铢"字等长。钱径 2.6、穿径 1、郭宽 0.15 厘米（图二二六，6）。

C 型，共 5 枚。钱体略薄，"五"字相交直笔或曲笔。钱文有的清晰、规整，有的模糊，有的穿郭俱佳，有的较差，铜质和铸造工艺不如 A、B 型。

标本 TN02W05 ⑥：4，"五"字交笔微曲，"朱"字上方下圆，略高于"金"字旁，"金"字头呈小三角形，下四点较短，"五"字与"铢"字等长。钱径 2.5、穿径 1、郭宽 0.8 厘米（图二二六，7）。

标本 TN02W05 ⑥：8，"五"字较窄且交笔较直，"铢"锈蚀严重，较模糊。钱径 2.5、穿径 1.05、郭宽 0.1 厘米（图二二六，8）。

标本 H73：3，"五"字交笔微曲，"朱"字上下方折，略高于"金"字旁，"金"字头呈等腰三角形，下四点较长，"五"字与"铢"字等长。钱径 2.55、穿径 0.95、郭宽 0.1 厘米（图二二六，9）。

D 型，共 2 枚。剪边，钱文模糊、不规整，穿郭较差，铜质较差，铸造工艺粗劣。

标本 TN02W01 ⑦：23，钱体较薄。钱径 1.65、穿径 0.9 厘米（图二二六，10）。

2）货泉

货泉共 3 枚。

标本 TS01W02 ⑤：1，钱文清晰、规整，穿郭俱佳，铜质优良，铸造工艺考究。钱径 2.2、穿径 0.7、郭宽 0.2 厘米（图二二六，11）。

标本 TN02W05 ⑥：5，钱文模糊、不规整，穿郭较差，背面有流铜，铜质较差，铸造工艺粗劣。钱径 2、穿径 0.6、郭宽 0.1 厘米（图二二六，12）。

3）大泉五十

大泉五十共 1 枚。

标本 J2：91，钱文清晰、规整，穿郭俱佳，铜质优良，铸造工艺考究。钱径 2.6、穿径 0.8、郭宽 0.1 厘米（图二二六，13）。

4）半两

半两共 1 枚。

标本 H73：4，钱文清晰、规整，铜质优良，铸造工艺考究。钱径 2.2、穿径 0.9 厘米（图二二六，14）。

第七章 探 沟 发 掘

为解决建筑基址的时代与布局问题，考古队在发掘区布 TG1~TG7 共 7 条探沟（图二二七）。

（一）TG1

为了解 F2 条形夯土的分布情况，我们布 TG1 进行发掘。TG1 位于 F2 的 C6 础石东部和 H19 西边之间，东西向，长方形，东西长 20.15、南北宽 2.1 米。通过逐层揭露，我们在距 C6、C8 础石面 0.45 米深处即第三层夯土层中，清理出夯砖、瓦的分布层面和条形夯土的南北界线（图二二八；图版六八七、图版六八八）。

该探沟西部被 H1、中部被 H10 和 M3、东部被 H19 打破。

从 H19 西壁剖面看，条形夯土与台基的夯筑结构，应该是先筑夯土台基后，在此台基上挖基槽夯筑条形夯。台基夯层厚 0.75 米，共 5 层，每层厚 10~20 厘米。条形夯土口大、底小，上部宽 1.45、下部宽 0.95、厚 0.9，共 7 层，每层厚 12~15 厘米。上两层土质较硬、较纯净，下五层土质较硬，各层中夹有铺设的碎瓦、砖块，并且经过了夯实。

TG1H1 位于 TG1 西部，开口⑤层下，平面呈不规则形，剖面呈弧形、底部较平、坑壁粗糙。现发掘知在探沟内东西长 1.95、南北宽 1.0、深 1.05 米。坑内填灰褐土，夹少许白灰皮碎屑，出土少许砖和瓦块，无其他遗物出土。

（二）TG2

TG2 西距 C8、C9 础石中心线垂直距离 2.7 米，北依 TN05W04 探方北壁，呈南北向，长方形，长 14.5、宽 1.0 米。探沟内被 H9 和 H10 打破近半（图二二九；图版六八九）。H9 和 H10 详情见灰坑统计表。

通过解剖，我们从探沟的平面、剖面清楚地看到了条形夯土的基槽部分。基槽平面呈长条形，剖面呈 U 字形。从南向北分别编号为 F2 夯 1、F2 夯 2 和 F2 夯 3，分别叙述如下。

F2 夯 1，被 H9 和 H10 打破，从残存部分看，宽 1.1、深 0.8 米。基槽内夯土 5 层，其中 3 层夯土夹有砖和瓦块。

F2 夯 2，被 H9 和 H10 打破，从残存部分看，宽 1.0、深 1.1 米。基槽内夯土 8 层，其中 4 层夹有砖和瓦块。

F2 夯 3，被 H1 和 H10 打破，从残存部分看它宽 1.05、深 0.8 米。基槽内夯土 5 层，其中

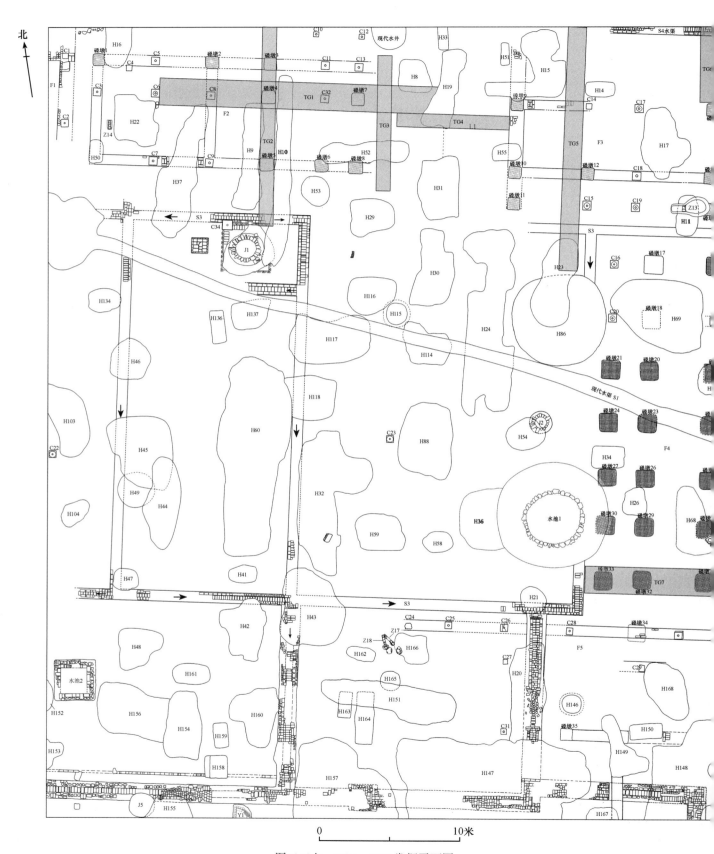

图二二七　TG1～TG7发掘平面图

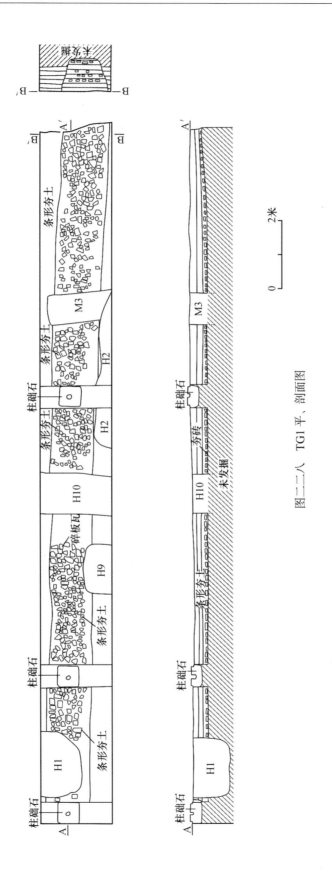

图二二八　TG1 平、剖面图

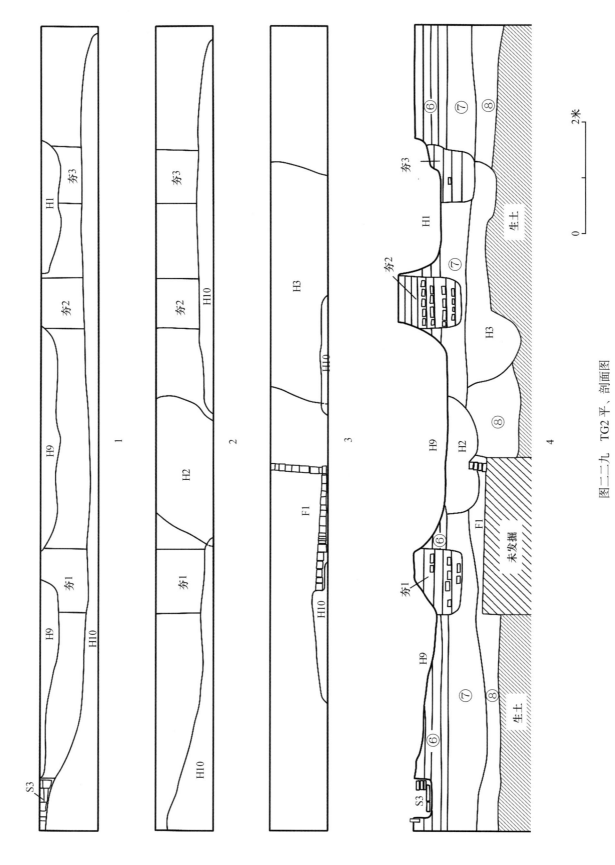

图二二九 TG2平、剖面图

1. ⑤层下平面图 2. ⑥层下平面图 3. ⑦层下平面图 4. 西壁剖面图

2 层夹有砖和瓦块。

三条条形夯土，土色均为黄褐土，土质较硬，未见夯窝。

F2 夯 1 与夯 2 中心间距为 5 米，夯 2 与夯 3 中心间距 2.35 米。夯 1 中心与南部 S3 水渠北边间距 3.5 米。

另外，现将⑤下的 H1、⑥层下的 H2、⑦层下的 H3 和 F1 分别叙述如下。

TG2H1 位于 TG2 的西北部，开口⑤层下，打破部分夯 3，伸出探沟西壁。平面呈不规则形，剖面呈弧形，平底，坑壁粗糙。现发掘南北长 2.4、东西宽 0.3、坑深 0.45 米。坑内填灰褐土，含较多煤炭屑，土质较松，出土较多砖和瓦碎块。

TG2H2 位于 TG2 的中部偏南，开口⑥层下，打破⑦层和 F1，东西伸出探沟壁。平面呈不规则形，剖面呈弧形，坑底不平，加工粗糙。现发掘南北长 2.35、东西宽 1.0、坑深 0.55 米。坑内填灰褐土，土质较松，出土少数砖和瓦碎块，无其他遗物。

TG2H3 位于 TG2 的北部，开口⑦层下，被 H10 打破部分，东西伸出探沟壁。平面呈不规则形，剖面呈弧形，坑底不平，未加工。现发掘南北长 4.0、东西宽 1.0、坑深 0.3 ~ 0.9 米。坑内填黄褐色砂土，土质疏松，出土较少砖和瓦碎块。

TG2F1 位于 TG2 的中部偏南，开口⑦层下，东西伸出探方壁，南部被 H10 打破。残存平面形状呈曲尺形，剖面由内向外倾斜。地面较平整。现发掘南北残长 2.3、东西宽 1 米，残存砖 5 ~ 9 层。内填灰褐土，土质较松、出土较多砖块，无其他遗物（图版六九○）。

（三）TG3

我们在北距 TN05W03 探方北壁 2 米处，布南北向探沟，长 10、宽 1 米。通过解剖，从探沟的平面及西壁剖面可以清楚地看到夯土条带的基槽部分，平面呈长条形，剖面呈 U 字形，并且每条基槽夯土条带均有六层伴有残砖瓦块的夯层，厚 12 ~ 20 厘米，从南向北分别编号为 F2 夯 1、F2 夯 2 和 F2 夯 3。其中，夯 1 部分被 TG3H1 和 TG3H2 破坏，宽 1、深 0.85 米；夯 2，宽 1.2、深 0.9 米；夯 3，宽 1、深 0.85 米。夯 1 与夯 2 的中心间距为 5 米，夯 2 与夯 3 的中心间距为 2.5 米。另外，在该探沟的⑦层下南部发现一处房址遗迹，未发掘。北部发掘至生土层（图二三○；图版六九一 ~ 图版六九三）。

TG3H1 位于 TG3 的西南角，部分延伸出探沟，开口于⑤层下。平面呈长条形，剖面呈弧形圜底。现发掘东西长 0.9、南北宽 0.75、坑深 0.9 米。坑内填黄褐色土，土质较硬。包含物有较多的白灰皮和较少的碎砖与瓦块。

TG3H2 位于 TG3 的南部，部分延伸出探沟，开口于⑤层下。平面呈长条形，剖面呈弧形圜底。现发掘南北长 1.85、东西宽 1、坑深 0.85 米。坑内填土为煤灰渣土，土质疏松，无遗物出土。

TG3H3 位于 TG3 的北部，部分延伸出探沟，开口于⑦层下。平面呈长条形，剖面呈坡形，底部高低不平，坑壁粗糙。南北长 3、东西宽 1、坑深 0.7 米。坑内填土为黄褐色砂土，土质较疏松，包含物有较多的卵石和少量瓷片。

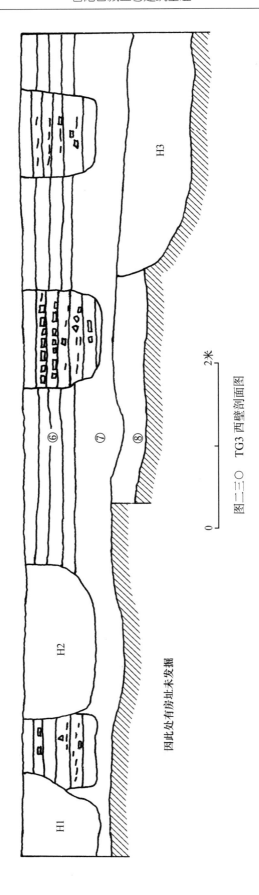

图二三〇　TG3 西壁剖面图

（四）TG4

TG4 位于 F3 西墙西侧中部，南距西墙南端磉墩中心距离 5 米，呈东西向长方形，东西长 8.0、南北宽 1.0 米（图二三一；图版六九四、图版六九五）。

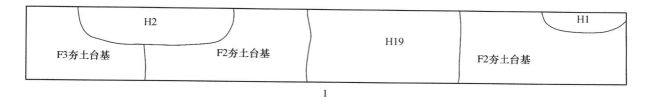

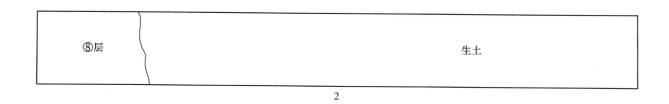

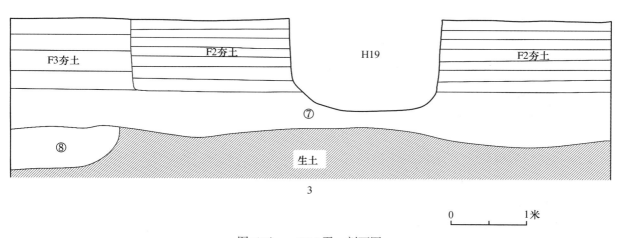

图二三一 TG4 平、剖面图
1.⑤层下平面图 2.⑦层下平面图 3.南壁剖面图

为了解 F2 与 F3 夯土台基的衔接情况，我们选择了该处解剖。该探沟中部被 H19（详见灰坑统计表）北面被新编号的 H1 和 H2 打破。通过解剖，我们从探沟的南壁剖面可以清楚地看到了 F2 与 F3 夯土台基的衔接关系：F2 叠压 F3 夯土。F2 夯土台基内为黄褐夯土，内含较多木炭屑、黄土颗粒，夯层中夹有较多砖瓦块，夯土较硬；F3 夯土台基夯土与 F2 夯土相同，土质较纯净，夯土坚硬。其下为⑦、⑧层。⑦层遍布全探沟，⑧层仅出现在东部 1.5 米范围，再向下为生土。

TG4H1 位于 TG4 的东北角，西、北部伸出探沟，开口⑤层下，平面呈不规则形，剖面呈弧形，底部较平整。现发掘东西长 1.15、南北宽 0.3、深 0.75 米。坑内填灰褐土，土质较硬，出土较少砖和瓦块，无其他遗物。

TG4H2 位于 TG4 的西北角，北部伸出探沟北壁。开口⑤层下，平面呈不规则形，剖面呈斜壁，底部呈圜底，坑壁粗糙。现发掘东西长 2.05、南北宽 0.5、深 1.35 米。坑内填灰褐土，土质较硬，出土较多砖、瓦块和一件莲花纹瓦当。

（五）TG5

为了解 F3 的地基情况，便选择 C14 和 C15 西侧布南北向探沟 TG5，TG5 长 18、宽 1.3 米（图二三二；图版六九六、图版六九七）。

通过探沟解剖，从东壁清楚地看到前廊柱 C15 一线向南的夯层厚 0.55 米，有 4 层夯土；廊道下夯层厚 0.65 米，有 5 层夯土；廊道之北夯土层变厚，为 0.95 米，有 6 层夯土，其中第 4 层夯土的南端有一段夯有整齐的碎青掍瓦，第 5 层夯土中有一层整齐的残砖夯实，第 6 层夯土南端有一段整齐的夯砖。各段夯层之间由南向北从薄变厚，从 0.55 米平缓过渡到 0.95 米。

另外，C15 之北承重墙的磉墩，在距础石地面以下 0.5 米处，有摆放一层碎青掍瓦，其下的⑦和⑧层同其他相同地层的土质、土色一致。在该磉墩之下，有一小坑也经过了夯打处理，各夯层之间界限明显，上三层较薄，厚 0.1 ~ 0.15 米；下三层较厚，厚 0.15 ~ 0.2 米。

C15 在夯层上开挖磉坑，底部三层为土加碎青掍瓦交替夯筑，其上铺细砂并摆放础石，最后在础石和磉坑之间填埋两层素土并且夯实。该磉墩边长 1.15、深 0.76 米。

C14 在夯层上开挖磉坑，底部两层用黄褐色素土夯实，在其上摆放础石，在础石与磉坑之间用一层素土夯实。该磉墩边长 1.1、深 0.35 米。

C15 与承重墙磉墩的中心距离为 2.25 米，承重墙与 C14 磉墩的中心距离为 3.6 米。

TG5H1 位于 TG5 的北部，部分延伸出探沟东壁，开口于⑤层下。平面呈不规则形，剖面呈弧形圜底，坑壁粗糙。现发掘坑口南北长 1.15、东西宽 0.96、坑深 1.25 米。坑内填土为灰绿色土，土质较疏松，包含物有残砖、瓦块和白灰渣，无其他遗物出土。

TG5H2 位于 TG5 的北部偏东，部分延伸出探沟东壁，开口于⑤层下。平面呈不规则形，剖面呈弧形圜底，坑壁、坑底加工粗糙。现发掘坑口南北长 2.2、东西宽 0.6、坑深 0.75 米。坑内填土为黄褐色土，土质较疏松。包含物有较多的残砖、瓦块和白灰渣，无其他遗物出土。

TG5H3 位于 TG5 的南部，延伸出探沟东、西壁，开口于⑤层下。平面呈不规则形，剖面呈弧形，坑底高低不平。坑口南北长 3.7、东西宽 1.3、坑深 2.2 米。坑内填土为灰褐色土及煤灰渣条带。包含物有残砖、瓦砾、石块、少许陶片和 1 件完整陶罐。

（六）TG6

TG6 位于 F3 的东北部，北依 S4 水渠（图二三三；图版六九八、图版六九九）。

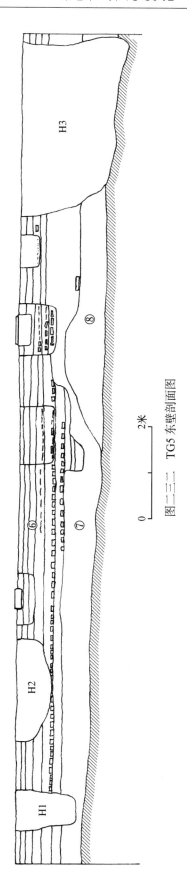

图二三二 TG5 东壁剖面图

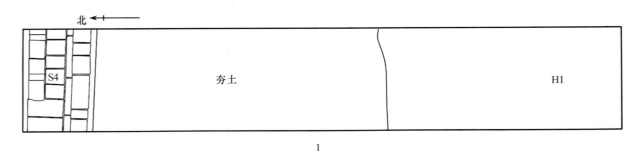

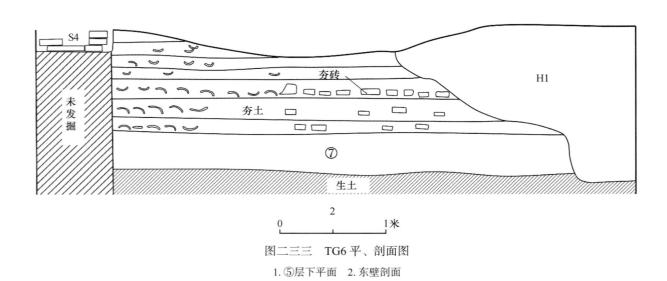

图二三三　TG6 平、剖面图

1.⑤层下平面　2.东壁剖面

　　为了解 F3 台基夯筑情况和 S4 水渠的关系，我们选择在此布南北向探沟 TG6。TG6 长 5.6、宽 1.0 米。通过解剖，在探沟东壁清楚地看到 S4 水渠是挖在夯土台基之上，南部被 H1 打破。夯土台基底部依地势所建，高低不平，自身厚 1.1 米，共 7～8 层，每层厚 8～20 厘米，夯层中铺有较多砖瓦块，土质坚硬，但看不到夯窝。

　　该探沟⑦层下为生土。

　　TG6H1 位于 TG6 的南部，东西南三面伸出探沟壁。开口⑤层下，平面呈不规则形，剖面呈斜坡状，底部较平，坑壁粗糙。现发掘东西长 1.0、南北宽 2.25、深 1.5 米。坑内填灰褐土，土质较松，内含较多小石块，出土少数砖和瓦块，无其他遗物。

（七）TG7

　　TG7 位于 F4 的南部，东依 TN02W01 东壁，呈东西向长方形，东西长 10、南北宽 2 米（图二三四；图版七〇〇）。

　　为了解 F4 的平面布局，我们选择了该处布设探沟。通过逐层发掘，在距居住面 0.2～0.4 米深处，清理出编号为 31、32 和 33 号的磉墩三座，搞清了 F4 的进深与结构。同时，在探沟的西部发现 TG7H1 打破 33 号磉墩，伸出探沟南部。东部 TG7H2 打破 31 号磉墩，伸出探沟北

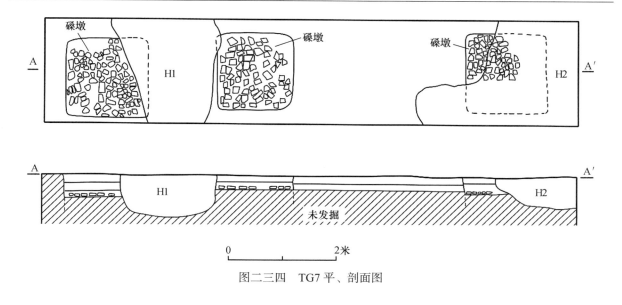

图二三四　TG7 平、剖面图

东南三面。

　　31 号磉墩与 32 号磉墩的中心间距 4.7 米，32 号磉墩与 33 号磉墩的中心间距 2.8 米。33 号磉墩中心距 S3 水渠东边缘 1.25 米。

　　TG7H1 位于 TG7 的西部，南北延伸出探沟壁，开口⑤层下，平面呈不规则形，剖面呈弧形，圜底，加工粗糙。已发掘部分东西长 1.0 ~ 1.9、南北宽 2.0、深 0.8 米。坑内填灰褐土，土质较松，内含较多瓦块和较少砖块，出土有陶盆、一件完整筒瓦和一件莲花纹瓦当。

　　TG7H2 位于 TG7 的东部，北东南三面伸出探沟壁，开口⑤层下，平面呈不规则形，剖面呈斜坡状，底部坑洼不平，坑壁粗糙。已发掘部分东西长 1.5 ~ 3.1、南北宽 2.0、深 0.6 米。坑内填灰褐土，内含较多白灰皮碎屑，土质较松，出土较多砖、瓦块、陶瓮、陶盆和石帐座等。

第八章 结 语

　　根据地层关系、堆积情况和出土遗物判断，三号建筑基址主要文化层年代有近现代（①层）、明清（②层）、宋元（③层）、晚唐五代（④层）[1]、唐代早中期（⑤层）[2]、北朝（⑥层）、魏晋十六国（⑦层）和东周两汉（⑧层）。宋元以后的文化层虽然较厚，但遗迹、遗物不丰富，结合历史文献看，已经不属于晋阳城的时间范围，不属于我们讨论的重点。

　　从晚到早看，晚唐五代遗存在整个晋阳城遗址中遗迹、遗物最为丰富，也是保存最好的。根据过去多年的发现及研究结果，我们把此文化层分为上下两个亚层：上层④a层，时代为五代；下层④b层，时代为唐代晚期。本次发掘的区域，晚唐五代遗迹、遗物相对少。

　　唐代早中期文化层，上下也可以分为两层：上层⑤a层，时代为唐代中期；下层⑤b层，时代为唐代早期。此时期遗迹、遗物不均匀分布，有些地方两亚层都有，有的却不容易区分，仅存在一个亚层。此区域内，这一文化层下层⑤b层是围绕北朝建筑基址活动形成的堆积。此层中，北朝遗物和唐代早期遗物混杂在一起；而上层⑤a层，则是该北朝建筑基址的废弃堆积，出土遗物中，北朝遗物的种类与数量都相对较少，主要遗物是唐代早期和唐代中期。

　　北朝文化层（含隋），是建筑基址营建和初次使用层。营建时，古人对建筑基址范围内进行了规模较大的平整，对一些松软地方还挖沟夯实。平整后，用灰土与碎砖块交替夯筑形成一个较大的台基，然后四周包边，围成一个院落。院落中每一处房址地基处理不尽相同，有的使用条形夯方法，有的挖设磉墩以承础石。条形夯和磉墩中都夯有成层的碎砖和瓦片。从瓦片的特征判断，时代主要集中在东魏—北齐。

　　魏晋十六国文化层，此层相对单纯，被上文化层扰动不大，遗迹主要是窖穴和灰坑，遗物中包含有较多的东汉时期遗物。魏晋十六国时期出土遗物以板瓦、筒瓦等建筑构件和日用陶器为主。

　　东周两汉文化层（实际上是比较笼统的概括），主要遗迹有水井和灰坑。水井与灰坑内出土的东周与汉代遗物都有。这一文化层我们没有能够清晰划分更细地层，即没有把东周两汉分开。在遗物分类中，我们参考过去研究成果，做了相关器物断代。为了方便研究，我们将东周两汉遗迹、遗物放在一起描述，遗迹主要有灰坑、水井和壕沟等，遗物则以板瓦、筒瓦、瓦当、砖等建筑构件为主，另外还有相当数量的日用陶器。

---

　　[1] 本书的晚唐五代，包括唐代晚期至五代十国最后一个国家——北汉被灭的979年，这个时间已经到了北宋初年。

　　[2] 本书唐代遗存分为三期：唐代早期为618年至712年；唐代中期为713至840年；唐代晚期为841年至907年。

　　为了增强对这一个长时段的整体认识，我们将这一区域主要遗迹和遗物的时代分为三个比较大的阶段：第一阶段为东周两汉；第二阶段为魏晋十六国；第三阶段从北朝至五代（宋初）。第三阶段是史料记载晋阳之事最为详细的阶段，出土遗物较多，器物的形态发展连续性很强，包括北朝至隋、唐代早中期、晚唐五代三个小的发展阶段。

　　以下我们根据时代的早晚，按照地层堆积由下到上的顺序，对照文献记载，对相关遗址和遗物略作讨论。

一、东周两汉时期的遗存

　　虽然晋阳城最早营建于东周，但在过去考古工作中，东周遗迹埋藏较深，目前还没有发现有规模的建筑基址。20 世纪 80 年代末，在配合太原第一热电厂建设过程中，金胜村发现了著名的 M251 和周边墓葬[①]，这些墓葬分布相对集中，时代也相差不远，都是春秋战国之际。我们后来在西城墙发掘时，也发现有这一时期陶范，尽管数量不多，但是可以证实金胜村出土青铜器是在晋阳城内铸造的。2013 年，在西城墙以东，古城营村以西，过去称"小殿台"，现在叫"西夹子地"的地方，进行了规模的考古发掘，发现了两座战国早期的陶器墓和一些东周时期灰坑；这说明晋阳城内及周边有丰富的东周时期文化遗存。从考古学文化上分析，这些都属于晋文化。

　　自秦占领太原后（公元前 246 年），太原郡为秦之毒国。战国晚期至西汉初年，晋阳附近考古学文化受到秦文化影响不小，但是，目前的考古工作中比较薄弱，还没有相关遗迹、遗物发现来证之。

　　三号建筑基址⑧层下发现的东周遗迹，以灰坑和水井为主，相对于晚期遗存的数量，还是较少的。这一时期的房屋类建筑遗址或活动面都没有找到，可能活动时间比较短，或者因汉代时期大量的活动导致遗迹被破坏。出土遗物的类别有半瓦当、手制板瓦、陶鬲等，从这些遗物看，附近应该存在大型建筑，但是发掘面积有限，没能够揭露出来。

　　这一文化层出土遗物有一定的特征。东周、汉代板瓦 A、B 型，均为手制，瓦体薄，凸面绳纹，凹面凹凸不平，有的素面（A 型），有的饰戳点纹或方格纹，大多戳点纹被抹平。这两型板瓦时代应为东周。C、D、E 型板瓦，所饰绳纹的样式有粗细之分，瓦头上的绳纹有竖向拍后又斜向拍印，有单一斜向拍印，有竖向绳纹被横向抹平，有单一菱形网格纹等多种样式。上述板瓦均为模制板瓦。凹面以布纹居多，也有菱形网格纹和方格纹。切割的方式皆是内切。根据过去的研究，西汉的板瓦绳纹粗，也比较疏朗，而东汉的瓦绳纹比较细，之间比较紧密。由此判断 C、D、E 型中 I 式板瓦时代为西汉早中期，II 式时代在西汉末至东汉。

　　东周、汉代筒瓦 A 型为手制，时代为东周。B 型筒瓦，模制，时代有早晚，I、II 式时代大致在西汉早中期，III、IV 式时代大致到东汉。

---

①　太原市文物考古研究所：《太原晋国赵卿墓》，文物出版社，1996 年。

　　素面半瓦当与卷云纹半瓦当出土数量不多，时代为东周。B 型云纹瓦当（TN02W05 ⑧：17）与华阴京师仓遗址出土的云纹瓦当（83C6：7）①一样；与汉长安城未央宫西角楼遗址出土的 2 式瓦当（2 式 5：T1 ③：119）②非常相似，只是未央宫瓦当的双线界格未接外圈凸弦纹，此型瓦当时代当为西汉早期，约公元前 200 年左右。C 型云纹瓦当（J1：47）与汉魏洛阳城西东汉墓园遗址出土的 II 式瓦当③非常相似。只是汉魏洛阳城出土瓦当的云纹中间有一圆点。在洛阳烧沟汉墓中，瓦当均出现在东汉晚期墓中，如 M1035、M1036 和 M1038，其形制纹饰与我们划分的东周、汉代 C 型云纹瓦当相同。故此类瓦当时代当在东汉中晚期。

　　菱形空心砖（标本 H130：27）的纹饰见于烧沟汉墓第四期 M1028④中，时代为东汉早期。Bc 型正方形砖（H97：16）与山西夏县师冯汉代窑址出土的几何纹方砖⑤非常相似，只是师冯窑的几何纹方砖菱形纹更窄一些，时代应该在西汉晚期。

　　在日用陶器中，II 式钵（标本 TN02W05 ⑧：58）与陕县东周秦汉墓 M2108：4⑥小盆相同，共同特征为束颈，腹稍外鼓，并有一矮圈足。II 式钵（标本 H133：2）与陕县东周秦汉墓 M2114：5⑦盆相同，均为大平沿，折腹，其时代为春秋晚期。III 式钵（标本 H60：99）与陕县东周秦汉墓 M2064：5⑧碗相同，共同特征为口微敛，腹部有瓦棱纹。由此判断，III 式钵的时代约为战国早期。根据器型发展的规律，I 式钵的时代不晚于 II 式钵，即不晚于春秋晚期。

　　C 型盆（标本 TN02W05 ⑧：39）的瓦棱纹同烧沟汉墓 M147：5⑨盆形同，属烧沟第六期，时代为东汉晚期。此墓（M147）中出汉献帝初平元年（公元 190 年）的纪铭罐，这种罐为汉末器型。

　　出土陶罐比较多，I 式罐颈部较长，绳纹末断的做法接近于 B 型 II 式，时代为东周，III 式罐中 J3：1，饰竖折短线纹，纹饰较晚，器型也矮胖，当在东汉。从形制发展看，II 式居于 I 式罐和 III 式罐之间，时代可能在西汉。

　　出土钱币中，半两钱（标本 H73：4）与烧沟汉墓 M1037（东汉灵帝建宁三年，170 年）出土的半两相同⑩，此半两时代当为东汉晚期。汉代五铢有多种类型，时代也不同。A 型五铢（标本 TN03W04 ⑦：36）与洛阳烧沟汉墓 M17 出土的 I ②型⑪五铢一样，年代当为西汉早

　　① 陕西省考古研究所：《西汉京师仓》，文物出版社，1990 年，第 50 页。
　　② 中国社科院考古研究所：《汉长安城未央宫》，中国大百科全书出版社，1996 年，第 32 页，图一九·2。
　　③ 杜金鹏、钱国祥：《汉魏洛阳城遗址研究》，科学出版社，2007 年，第 605 页，图一〇·2。
　　④ 中国科学院考古研究所：《洛阳烧沟汉墓》，科学出版社，1959 年，第 89 页，图四七，14。
　　⑤ 山西省考古研究所、上海大学历史系、夏县博物馆：《山西夏县师冯汉代窑址发掘简报》，《考古》2010 年第 4 期，图五·2。
　　⑥ 中国社会科学院考古研究所：《陕县东周秦汉墓》，科学出版社，1994 年，图三一·4。
　　⑦ 中国社会科学院考古研究所：《陕县东周秦汉墓》，科学出版社，1994 年，图三一·1。
　　⑧ 中国社会科学院考古研究所：《陕县东周秦汉墓》，科学出版社，1994 年，图三一·2。
　　⑨ 中国科学院考古研究所：《洛阳烧沟汉墓》，科学出版社，1959 年，图版叁肆·4。
　　⑩ 中国科学院考古研究所：《洛阳烧沟汉墓》，科学出版社，1959 年，第 215 页，图九三·5。
　　⑪ 中国科学院考古研究所：《洛阳烧沟汉墓》，科学出版社，1959 年，第 218 页，图九四·2。

期；B 型五铢（标本 H135：122）与洛阳烧沟汉墓 M105 出土的 Ⅱ①型 [1] 五铢一样，年代当为西汉晚期；C 型五铢（标本 H73：3）与洛阳烧沟汉墓 M86 出土的 Ⅲ①型 [2] 五铢一样，年代当为东汉中期；D 型五铢（标本 TN02W01 ⑦：23）与洛阳烧沟汉墓 M1038 出土的 Ⅳ型 [3] 五铢类似，年代当为东汉晚期。

尽管目前还不能够判断东周两汉时期遗存的性质，重要遗迹也未找到，东周两汉的地层也没有独立分辨出来，但出土遗物数量与种类都很多。从时代上看，在东周两汉长时段中好像也没有中间缺环，由此我们判断东周两汉时期该区域是晋阳城人类活动频繁的中心区之一。

二、魏晋十六国时期遗存

从建安元年（196 年），曹操"挟天子以令诸侯"始，到北魏太武帝太延五年（439 年）灭北凉统一北方，十六国时期结束，魏晋十六国共 200 余年。

西晋时期刘琨经营晋阳多年，《晋书》卷六十二《刘琨传》记载了晋阳被严重毁弃的状况和刘琨披荆斩棘重修晋阳城的业绩。到太元十年（385 年）发生了晋阳城市史上最重要的事件，符丕成为历史上第一个即皇帝位于晋阳的皇帝。随后，后燕成武帝慕容垂于建兴八年（393 年）遣慕容赞攻晋阳，慕容氏于是经营晋阳些许之年。到北魏时期，统治者对晋阳的地位尤为看重，从拓跋珪建国（386 年）至太延五年（439 年），这是北魏灭北凉后统一北方的 50 余年，拓跋氏多次到晋阳，这些在《魏书》的《太祖道武帝纪》和《太宗明元帝纪》内都有记载。

我们发掘的第⑦文化层大致与此时段相对应。北京大学考古文博学院所做的 ^{14}C 数据年代与我们考古学通过器物断代的年代二者相符。窖 1 动物骨骼的测年为：256AD—380AD；窖 1 植物种子的测年为：264AD—532AD。

开口于⑦层下的遗迹主要有：窖穴 3 处、灰坑 22 座和墓葬 1 座。这一时期，在全国范围内发现的窖穴也不多，3 处窖穴形制与营造方式当为研究这一时期同类建筑的重要参考。窖穴应为半地穴式建筑，其上均有屋顶，屋顶铺设有瓦，地面经过特殊处理，并且铺有木板，营造很考究。窖穴内发现有大量植物种子，以农作物为主，也有一些野生植物种子，可能是窖穴废弃以后周边的野生植物混杂进去。农作物中，我们常见的麦、豆、麻、水稻、粟、黍均有，以粟和黍占的比例较大，说明这是当时北方地区重要的粮食作物。晋阳城附近水稻的种植有相当长的历史，这次发现的水稻种子，至少把晋阳种植水稻的历史上溯至魏晋十六国时期。3 个盛放储存粮食窖穴集中发现，可以推测此区域是一个粮仓建筑群，规模大小暂且无法推知，但拥有者一定是晋阳城内最高等级的贵族或是某一时期的"官仓"。

---

① 中国科学院考古研究所：《洛阳烧沟汉墓》，科学出版社，1959 年，第 218 页，图九四·6。
② 中国科学院考古研究所：《洛阳烧沟汉墓》，科学出版社，1959 年，第 219 页，图九五·1。
③ 中国科学院考古研究所：《洛阳烧沟汉墓》，科学出版社，1959 年，第 220 页，图九六·7。

　　该文化层出土遗物中主要有建筑构件和日用器物。窖穴中也发现大量这一时期的建筑构件。建筑构件主要有砖、板瓦、筒瓦、瓦当、大型石构件等。陶质建筑构件的颜色较汉代和北朝时期浅，更多为浅黄色。板瓦与筒瓦有固定的组合方式，多见篮纹瓦板瓦、凸面拍印文字板瓦、成组状细绳纹竖向整齐排列的板瓦基本上都和成组状细绳纹竖向整齐排列的筒瓦相配合使用。篮纹面布纹里的板瓦，主要流行时间应该为魏晋十六国，见于汉魏洛阳故城灵台遗址[①]。绳纹瓦自汉至魏晋时期都在使用，但形制纹饰有所变化，根据比较研究，我们认为成组状细绳纹竖向整齐排列的瓦最早出现在东汉，流行在魏晋。

　　比较安徽合肥三国新城遗址，可知魏晋时期晋阳城瓦件的时代特征。安徽合肥三国新城遗址，时间在魏晋时期，约230年至280年，出土板瓦140件，筒瓦11件[②]，有明确的板瓦筒瓦的组合形制。绳纹板瓦与绳纹筒瓦都有成组状绳纹，比较规矩，成组压印，筒瓦组间稍宽，板瓦比较紧密，还有蓝纹板瓦，斜向压印，分布不均匀，这与我们第⑦层出土板瓦筒瓦组合完全一致。

　　D型文字板瓦是最有特色的一类瓦，多数是阳文，文字交互拍打，这是在板瓦成型过程中用瓦拍拍出来的。文字的内容有几类，以纪年"某六年二月"多见，还有"杏瓦作"这样标记制瓦作坊或制瓦匠的板瓦，其数量也不少。B型素面筒瓦出土较少，有些可以看到表面被抹掉的绳纹，可能是表面有纹饰的筒瓦到北朝时期的几乎全素面筒瓦的过渡型式，但模具与瓦拍应该还是汉代以来的样式，只是在成瓦后进行了抹平表面处理。

　　这一时期瓦当与汉代瓦当又有不同，主要表现在云纹瓦当继续沿用，但颜色变浅，云纹纹饰有的变得抽象，线条多有间断，出现了锯齿纹的边缘，有的比较简化，失去了界隔。新出现了四瓣纹，像柿蒂（四叶）形象的瓦当，较为写实，可能是莲花纹瓦当的早期型式。

　　从出土的砖来看，常见的绳纹长方形砖和方砖与汉代同类相比较，颜色稍浅，纹饰不太规矩，而方砖中F型，网格纹中间有阳文"长宜高官"，数量虽少，但反映建筑级别高。还有一件覆斗形石构件，形体较大，上部有菱形叶纹装饰，这种纹饰是战国汉代四叶纹（柿蒂纹）发展而来。石构件上一侧饰有汉代画像石上常见的龙虎形象。另外，石构件一侧有榫，一侧没有，由此判断这个石构件在使用时有严格的方向性，推测可能是某一大型建筑前阙类建筑的上部。这些建筑构件都是我们判断周边遗迹性质的重要依据。

　　魏晋十六国地层出土陶器中陶质红色，有的夹杂云母，很有特色。器物直口、短颈为多。盆和一些罐的唇部与汉代相比较变化明显。器物纹饰有继承汉代的折线篦纹、外壁有的饰斜回纹、水波纹、篮纹、绳纹、短线纹、网格纹、弦纹等，很多器物有两种或两种以上纹饰。这个时候，器物内壁开始饰有纹饰，如戳点纹、水波纹等。

　　出土的遗物中，魏晋十六国C型陶盆与浙江嵊县（今嵊州市）六朝墓（永和七年，351年）出土的瓷盆（M66）[③]很相似，只是浙江嵊县六朝墓出土的瓷盆腹稍折；形制更接近于洛阳市瀍

　　①　中国社会科学院考古研究所：《汉魏洛阳故城南郊礼制建筑遗址——1962～1992年考古发掘报告》，文物出版社，2010年，第79页。

　　②　安徽省文物考古研究所：《合肥市三国新城遗址的勘探和发掘》，《考古》2008年第12期。

　　③　嵊县文管会：《浙江嵊县六朝墓》，《考古》1988年第9期，图一三·4。

河区利民南街西晋墓①和河南偃师杏园村魏晋墓②出土的陶盆。

A 型陶罐与辽宁朝阳袁台子北燕墓出土的Ⅲ型陶罐③很相似,与洛阳洛龙区唐城御府西晋中晚期(C7M3216)墓葬出土的陶罐④接近。F 型陶罐与陕西咸阳市头道塬十六国前秦时期墓葬出土陶罐⑤(M3:28)形制相似。

Ab 型陶瓮同洛关林皂角树西晋中晚期墓(C7M1874:14)Ⅲ型罐⑥口沿部非常相似。B 型Ⅱ式陶瓮口沿特征同太原尖草坪西晋墓Ⅰ式陶罐(T2000TGXJM8)⑦相同。

A 型Ⅰ式陶钵与辽宁三道壕西晋墓(太康十年,289 年)出土陶钵⑧形制相同。魏晋十六国 A 型Ⅱ式陶钵(TN03W05⑦:175)与辽宁朝阳后燕崔遹墓(建兴十年,395 年)出土陶钵⑨形制相同。

魏晋十六国陶盘(TN03W04⑦:4)与洛阳曹魏正始八年(247 年)墓出土陶盆(M35:66)⑩形制相同。

还有出土的石板研,过去在太原发现的西晋墓中有出土⑪,石板研流行在汉晋,以西南地区为多⑫。

这一时期的遗迹与遗物在山西还是很少被发现,或过去有发现没有得到确认,所以本次的发掘对于认识这 200 余年太原地区乃至山西魏晋十六国时期的遗存特征、年代判定等有重要参考价值。

三、北朝至五代遗存

北魏平城时期对晋阳来说是相对稳定时期,从北魏道武帝拓跋珪天兴元年(398 年)迁都至平城,至太和十八年(494 年)北魏孝文帝迁都洛阳,共达 97 年之久,晋阳城市从皇始元年(396 年)开始一直比较和平,没有经历大的战乱。同时也没有见于记载较大的城市建

---

① 洛阳市文物工作队:《洛阳市瀍河区利民南街西晋墓》,《文物》2011 年第 8 期,图一一、图二一·2。

② 中国社会科学院考古研究所河南第二工作队:《河南偃师杏园村的两座魏晋墓》,《考古》1985 年第 8 期,图一二·7。

③ 璞石:《辽宁朝阳袁台子北燕墓》,《文物》1994 年第 11 期,图九·4。

④ 洛阳市文物考古研究所:《洛阳洛龙区唐城御府三座西晋墓发掘简报》,《洛阳考古》2015 年第 1 期,图一一·5。

⑤ 刘卫鹏:《陕西咸阳市头道塬十六国墓葬》,《考古》2005 年第 6 期,图九·2。

⑥ 洛阳文物工作队:《洛阳关林皂角树西晋墓》,《文物》2007 年第 9 期,图四·7。

⑦ 太原市文物考古研究所:《太原市尖草坪西晋墓》,《文物》2003 年第 3 期,图四。

⑧ 辽阳博物馆:《辽宁市三道壕西晋墓清理简报》,《考古》1990 年第 4 期,图三·2。

⑨ 陈大为、李宇峰:《辽阳市朝阳后燕崔遹墓的发现》,《考古》1982 年第 5 期,图五·2。

⑩ 洛阳市文物工作队:《洛阳曹魏正始八年墓发掘报告》,《考古》1989 年第 4 期,图二·7。

⑪ 太原市文物考古研究所:《太原化学工业集团有限公司厂区发现的两座墓葬》,《文物世界》2016 年第 5 期。

⑫ 赵德云:《汉晋时期西南夷地区的石板砚及相关问题》,《考古》2017 年第 4 期。

设。从考古发现的遗迹与遗物看，也并不丰富，这侧面说明晋阳军事性城市的特性，而政治与经济上的重要性还不彰显。进入 6 世纪，也就是北朝晚期，史书记载与晋阳相关事件逐渐增多，称为晋阳城最辉煌时期，这种辉煌景象一直持续至北汉被灭北宋初年的 10 世纪之末，其间经历了约 500 年。

这个时期，晋阳城布局及城内重要等宫殿寺庙都在史书中有提及。《北齐书》中，以晋阳宫记载最多。到唐代，《元和郡县图志》卷一三《河东道二》引姚最《序行记》曰：

> 晋阳宫西南有小城，内有殿，号大明宫，即此也。城高四丈，周回四里。又一城南面因大明城，西面连仓城，北面因州城，东魏孝静帝於此置晋阳宫，隋文帝更名新城，炀帝更置晋阳宫，城高四丈，周回七里。又一城东面连新城，西面北面因州城，开皇十六年筑，今名仓城，高四丈，周回八里。

这是关于晋阳城最详细的记载，也是早期文献中关于晋阳城布局最可靠的记录：晋阳城州城内有三个小城布局，仓城最大位于西，其次为晋阳宫城，最小为大明城，其面积约为仓城四分之一，晋阳宫城三分之一。

根据这些记载，我们初步判断，本次发掘区域大致位于宫城区，非常有可能在当时的晋阳宫内（另文讨论）。由于北朝晚期至五代遗存连续性强，为了从较长时间段里整体把握遗迹及遗物变化，我们在遗迹与遗物描述时作为一体，放在一个章节里。

整个⑥层基本为夯土层，夯土广泛分布，且厚薄不均匀。夯筑方法为一层碎砖和一层灰土，夯层致密，很少见夯窝。该建筑基址夯土台基的处理方式，在清代称为"满堂红"方法，晋阳以外地方也多有使用，如见于隋唐长安城隋仁寿宫唐九成宫的第 37 号殿址 [1]。使用满夯方式的地基处理方式的建筑应该是有一定规模的。另外，在北朝建筑 F2 下，发现有条形夯方法处理地基。条形夯是北朝晚期一种特殊的建筑技术，在邺城遗址赵彭城北朝佛寺遗址就有此类条形夯遗迹发现 [2]。

出土遗物中，魏晋十六国时期建筑构件仍占有比较大的比例，但两汉时期遗物非常少。北朝时的遗物主要包含在夯土层中。北朝遗物中青掍瓦片多见，另外，有东魏北齐时期纪年的文字空心砖也不少。

⑤层与⑥层之间为建筑基址活动面，从地面看，活动时间较长，与⑤层下灰坑有明显的早晚关系。从出土的建筑构件看，有"兴和二年"的空心砖，还有"天保元年"的空心砖。建筑基址的地面上，散落有常平五铢、隋五铢，还有开元通宝，说明建筑营造完成以后，经过了长期的使用，在使用中也经过多次的修缮维护与改造。这些修缮、维护与改造间隔时间可能并不是很长，由于考古的局限性，无法划分出更详细的时间段。另外，由于发掘面积的限制，本次

---

① 中国社会科学院考古研究所：《隋仁寿宫唐九成宫——考古发掘报告》，科学出版社，2008 年，第 57 页。

② 中国社会科学院考古研究所、河北省文物研究所邺城考古队：《河北临漳县邺城遗址赵彭城北朝佛寺 2010~2011 年的发掘》，《邺城考古发现与研究》，文物出版社，2014 年，第 114 页。

发掘的建筑基址并不完整，其中东侧建筑未能发现东部的边缘；南北两侧的建筑，也因为晚期的破坏不能复原建筑的整体布局。尽管如此，通过发掘也获得了很多关于该时期建筑的营造信息。根据出土遗物，结合建筑基址形制、布局和础石特征，我们判断建筑基址主体营造不晚于北朝晚期，经历了东魏、北齐、隋、唐代早期和唐代中期，废弃于唐代中期。

本次发掘，最重要的发现之一是围绕建筑基址的排水渠。排水渠曲折回绕在建筑之间，有暗渠，有明渠，有泄水口，还有化瘀池，营造非常考究，极具匠心。另外，建筑基址之间发现两个水井，尽管还不能清楚建筑与水井的共时性问题，但是在井中发现了北朝至唐代中期较多遗物，从而证明该建筑的营造、使用和废弃年代，对于认识建筑基址的性质与年代有重要帮助。

整个建筑基址，历时长，人类活动频繁，有的局部区域可以把⑤层细分出上下两层，即⑤a层和⑤b层，但绝大部分区域不容易区分。该层堆积较厚，遗物比较丰富，主要为北朝建筑废弃堆积，器物种类以建筑构件和日用陶瓷器为主，有些器物非常精美，不是普通人用器，如胡人吹笛的带板、汉白玉神王像、象牙质地的发饰等，都堪称是当时少有的精品。

在④层与⑤层之间亦有明显的界面，我们根据地层关系和出土遗物，将其确定为晚唐五代地面。该地面上的主要建筑，在本发掘区并不多，而向西100余米发现的晚唐五代大型建筑（二号建筑基址）和原来发掘的一号建筑基址都同属于一个面上。本发掘区域内的此时期主要遗迹发现在发掘区东南角，发掘部分平面呈曲尺形，有建筑的台基包砖，以及包砖墙外方砖铺就的散水，散水附近出土有雕刻精美的狮子等建筑构件。根据以往发掘经验，我们判断该建筑基址台基之上营造有精美的勾栏，这些狮子雕刻的构件属于勾栏上望柱头一类的构件。从现在发掘现象看，该建筑基址向东南方向延伸，规模应该很大。另外，在晚唐五代地面上分布有大量的灶址，其形制与过去发掘的一号建筑基址发现的灶址完全相同，这样的灶，绝大多数应该是建筑废弃后为特殊需要而修建的临时火灶，与建筑并没有什么关系。另外，灶带有很长的鼓风道，这是为获得较高的温度才有的设置。所以，灶并不是普通的生活灶，可能是用来进行手工业生产的。④层下开口的灰坑中出土器物主要以晚唐五代为主，遗物中建筑构件和日常生活用品相对⑤层减少了很多。可以看出，晚唐五代时期，发掘区域附近人的活动较少，主要活动空间可能在发掘区东南方向。

出土遗物中，由于④层和⑥层地层明确，也就是说，晚唐五代地层与北朝地层明确，遗物的时代也就比较好把握。而⑤层，整个地层堆积厚，延续时间较长，器物又有明显的变化，我们根据地层内出土器物与同时期纪年墓进行比较研究，结果划分出唐代早期和唐代中期两个阶段。

以下对部分器物的年代和相关问题做一讨论。

板瓦：北朝板瓦颜色较深，越到晚期颜色越浅。大致可以总结为：北朝至唐初青掍瓦较多，即使非青掍瓦，颜色也呈深灰，瓦较重，也致密；唐代中期青掍板瓦基本不见，而板瓦颜色呈清灰色，重量也相对轻；唐代晚期地层中的板瓦颜色为浅灰，瓦体亦较轻。A型花边板瓦应属于檐头板瓦，双层与单层可能没有时代关系，它们似乎都同时出现。也许单层花边稍早于双层花边，也许使用的部位有差异，目前还没有办法给予区别。板瓦花边样式在北朝时期略显古朴谨严，而进入唐朝则较活泼灵动，像波浪起伏向前样子。A型板瓦形制、纹饰与河北临漳邺城遗址核桃园一号建筑基址出土的 B 型板瓦（T215 ④ b∶11）[①] 相同。这类板瓦体型大、质地密、制作工艺复杂，是高等级建筑的用瓦。

筒瓦：筒瓦中，瓦舌的变化是时代变化的标志，在北朝至宋初这一长时段，时代越早瓦舌越长，时代越晚瓦舌越短。无论是青掍筒瓦还是普通筒瓦都有这样的变化规律。还有一类特殊的筒瓦——C 型筒瓦，个体较小，使用的位置尚需讨论，但有的制作很是精美。从时代来看，A 型 I 式筒瓦（TN05W01 ④∶11）与河北临漳邺城遗址核桃园一号建筑基址出土的 B 型筒瓦（T221 ④ b∶9）[②] 相同，只是河北临漳邺城遗址核桃园一号建筑基址出土的 B 型筒瓦（T221 ④ b∶9）的瓦舌略长。这类筒瓦延续时间很长，由于没有可靠的地层关系和比较明确的典型单位，不容易区分北朝晚期、唐代初期和唐代中期，这也是未来发掘和整理研究中需要注意的问题。A 型 II 式筒瓦在晋阳城之西北蒙山大佛建筑基址中有出土，时代是五代。B 型 II 式筒瓦在晋阳城一号建筑基址和二号建筑基址出土较多，时代不早于晚唐，不晚于宋初。

瓦当：瓦当主要有两类，一类是莲花纹瓦当，一类是兽面纹瓦当。后者数量少，主要流行在晚唐五代。前者延续时间较长，从北朝至宋初均有，但形制纹饰差异明显：双莲瓣主要流行在唐代中期以前；中间莲蓬的样式，早期的写实，晚期比较形式化；早期还能够看到凸台，晚期逐渐演化为以圆圈凸线表示凸台；早期的莲花纹饰和边轮基本在一个平面上，后来逐渐凸起于边轮；早期的莲花纹瓦当颜色也比较深，随着时间变化，越来越浅；从纹饰规整看，早期瓦当印模较好，做工精致，晚唐五代以后比较粗糙，纹饰也不太清晰，这有可能和建筑的等级差异有关。还有 A 型宝装莲花纹瓦当，流行时代至迟到唐代中期，唐代中期以后不见。B 型普通类瓦当流行时间长，数量大。兽面纹瓦当，均为晚唐五代时期。当面主题纹饰为兽面纹，呈明显浮雕状。此类瓦当，犄的变化突显时代特征，晚唐时期犄角较横微上挑，进入五代犄变得较为竖直。进入宋初，有的瓦当兽面中犄已不存在。

陶盆：A 型 I 式陶盆（H46∶9）与河北磁县东魏茹茹公主墓（武定八年，550 年）出土的陶盆[③] 非常相似。B 型 I 式陶盆（H30∶11）与唐李宪墓（开元二十九年，742 年）出土的陶盆[④] 非常接近。对比可发现，北朝的陶盆有明显的特征：口沿边缘上翘，腹部较深，内壁多有带状斜回字纹等。进入唐代以后，口沿变化明显，不再有折，向外卷为多。内壁主要饰暗弦纹，还出现了不少花边口沿和直口的小盆。盆的颜色也有变化，早期为深灰色，晚期为浅灰色。

陶罐：陶罐口由盘口向敞口变化，颈部由长变短，到了五代绝大多数陶罐没有颈部，整体从瘦体向胖体发展，肩部由溜肩到鼓肩，腹部最大径上移。颜色也由深灰色变成浅灰色。

①　中国社会科学院考古研究所、河北省文物研究所邺城考古队：《河北临漳邺城遗址核桃园一号建筑基址发掘报告》，《考古学报》，2016 年第 4 期，图一四·1。

②　中国社会科学院考古研究所、河北省文物研究所邺城考古队：《河北临漳邺城遗址核桃园一号建筑基址发掘报告》，《考古学报》，2016 年第 4 期，图一四·2。

③　磁县文化馆：《河北磁县东魏茹茹公主墓发掘简报》，《文物》1984 年第 4 期，图八·2。

④　陕西省考古研究所：《唐李宪墓发掘报告》，科学出版社，2005 年，第 99 页，图一二四·3。

Aa 型带耳罐，出现比较早，主要在隋以前。Aa 型 I 式陶罐（J2∶13）与山西太原开化北齐墓 M14 出土的陶罐（M14∶1）① 形制相同。Ab 型 I 式陶罐（J2∶19）与斛律彻墓（开皇十七年，597 年）出土陶罐（标本 89）② 形制相同。C 型 II 式陶罐（J2∶1）与山西长治县郝家庄唐郭密墓出土陶罐 ③ 比较接近。E 型陶罐（TN03W01 ④∶4）与唐韦慎名墓（开元二十四年，736 年）出土的 I 式陶罐（M101∶242）④ 接近，只是唐韦慎名墓出土的陶罐略瘦一点，与太原晋源镇一墓（唐开元十八年，730 年）出土陶罐（M618∶4）⑤ 形制相似。E 型陶罐主要流行在唐代早中期，颈部由短颈到无颈变化，口部逐渐变大，体型也逐渐扁胖。

瓮：瓮主要有直口和侈口两类，是延续北朝以前形制，在入唐后不见或少见。敛口瓮从卷沿矮领瓮到无领瓮有个变化，沿部的变化与罐是一致的。

瓷碗：瓷器中以碗最多见。瓷碗中，出现圈足的碗一般应在中晚唐，而玉璧足碗主要流行在唐代中期，饼形足碗出现在唐代早期，流行于唐代中期。A 型碗比较特殊，时代早于其他类型，出现在北朝晚期，在隋代多见，施浅黄绿色釉，有流釉。A 型瓷碗（TG5H3∶2）与太原北齐张海翼墓（天统元年，565 年）出土的瓷碗（标本 1）⑥ 非常相似，也和河北磁县北齐元良墓（天保四年，553 年）出土的 II 式瓷碗（CMM1∶88）⑦ 相同。口沿有一周凸唇的碗（Ba II、Be I），出现在唐代中期，在唐代晚期比较多见，主要是和圈足碗共同出现。口沿有花边的碗，出现在唐代中期，流行在晚唐五代。

瓷盘：A 型和 C 型盘，⑤层没有发现，时代最早也在晚唐。B 型葵口盘，盘口沿表现为花口，具有晚唐特征，但足却是早期形制，显示了从唐代中期至晚期过渡样式，其最早出土在⑤层中。

瓷罐：无系和有系罐的出现没有先后，至少在初唐、唐代中期两类都已经流行。Ab 型小口罐只在④层有发现，应该是晚唐器物。

瓷盒：在北齐已经出现，见于库狄回洛墓和娄睿墓中。这类盒底非常平，直腹，胎既白又细，釉色白中泛青，当流行于晚唐。

还有一些所谓缸胎瓷器出现在⑤层中，这种瓷器胎色微红，瓷土里掺细砂，在晋阳城最早的时代为唐代早期。

本次发掘是晋阳考古史上第一次把各个时代地层、遗迹与遗物都发掘出来，基本上建立了

① 山西省考古研究所、山西大学历史文化学院、太原市文物考古研究所等：《山西太原开化墓群 2012 ～ 2013 年发掘简报》，《文物》2015 年第 12 期，图一四·5。
② 山西省考古研究所、太原市文物管理委员会：《太原隋斛律彻墓清理简报》，《文物》1992 年第 10 期，图二四·2。
③ 王进先：《山西长治县郝家庄唐郭密墓》，《考古》1989 年第 3 期，图二·3。
④ 陕西省考古研究所、西安市文物保护考古所：《唐长安南郊韦慎名墓清理简报》，《考古与文物》2003 年第 6 期，图一四·2。
⑤ 太原市文物考古研究所：《山西太原晋源镇三座唐壁画墓》，《文物》2010 年第 7 期，图一三。
⑥ 李爱国：《太原北齐张海翼墓》，《文物》2003 年第 10 期，图五·左。
⑦ 磁县文物保管所：《河北磁县北齐元良墓》，《考古》1997 年第 4 期，图一三·5。

比较完整的器物演化序列，对于不同时期的遗迹、遗物有了很好的认识^①。三号建筑基址主要的建筑基址是北朝营建，使用至唐代中期，然后废弃在唐代中期。从开间与进深来看不算是一个大型的建筑，但出土建筑构件和日用器物不能够将其当作普通建筑对待。比较长安和洛阳同时期建筑，我们猜测这可能是一处庭院的一部分，有可能是行政功用的衙署，但是限于考古资料，这只是一种猜测。

---

① 但是也有很多遗憾，⑧层（东周两汉）和⑤层（唐代早期与唐代中期）文化堆积比较复杂，限于学识和客观没有比较好的遗迹单位或清晰的层面，我们最终没有能够将本阶段遗存划分得更仔细，这就极大影响了一些遗迹、遗物年代的判定。

附　表

附表一　灰坑统计表

编号	所在探方	形状	尺寸（米）	层位关系	包含物
H1	TN01W01 和 TN01W02	椭圆形	长径约3.2、短径约2，深约1.25	开口于④层下	煤渣、灰渣、较多的砖瓦碎块和较少陶片
H2	TN03W02	长方形	长1.6，宽0.6，深2.3	开口于④层下	较多的碎砖、瓦块和小石头
H3	TN05W01	不规则形	长5.35、宽1.05~3.4，深1~1.25	开口于④层下	煤灰渣、铁渣、碎砖和瓦块
H4	TN03W01 和 TN04W01	不规则形	长13.8、宽2~4.6，深0.4~2.5	开口于④层下	较多的碎砖、瓦块，少量煤渣、铁渣和较少陶片
H5	TN01W01	不规则形	长2.85、宽0.35~1.25，深约1.2	开口于④层下	较多的碎砖、瓦块和较少陶片
H6	TN01W01	不规则形	长7.1、宽1.5~3.7，深约0.65~1.35	开口于④层下	煤渣、灰渣，较多的碎砖和瓦块
H7	TN02W01	不规则形	长2.8、宽2.35，深约1.25	开口于④层下	煤渣、灰渣，较多的碎砖和瓦块
H8	TN05W03	不规则形	长1.4~2.4、宽2.35，深0.75	开口于⑤层下	煤渣、灰渣，较多的碎砖、瓦块和较少陶片
H9	TN04W04 和 TN05W04	不规则长条状	长7.75、宽1.15~2，深1~1.4	开口于⑤层下	较多碎砖、瓦块，较少的铁块和陶片
H10	TN04W04 及 TN05W04	长条状	长约13.85、宽约1.25，深1~1.85	开口于⑤层下	红烧土颗粒、碎砖、瓦块和较少陶片
H11	TN04W01	椭圆形	长径约2.95、短径约1.5，深1.05~1.35	开口于⑤层下	较多的碎砖、瓦块和较少陶片
H12	TN02W04 和 TN01W04	不规则形	长8.4、宽4.45~5.85，深约1.25	开口于④层下	较多的碎砖、瓦块和较少陶片
H13	TN03W01	不规则形	长2.25、宽1.85，深0.95~1.2	开口于⑤层下	较多的煤渣、铁渣、碎砖、瓦块和较少陶片
H14	TN05W02 和 TN05W01	长方条形	长1.9、宽1.15，深1.3	开口于⑤层下	碎砖、瓦块和较少陶片
H15	TN05W02	不规则形	长1.6~5.7、宽4.9，深1.3	开口于⑤层下	煤灰渣、铁渣、碎砖、瓦块和较少陶片
H16	TN05W05	不规则形	长3、宽1.8，深0.75	开口于⑤层下	红烧土颗粒、碎砖和瓦块

编号	所在探方	形状	尺寸（米）	层位关系	包含物
H17	TN04W01 和 TN05W01	不规则形	长 5.55、宽 3.1，深 1.3	开口于⑤层下	煤灰渣、铁渣、碎砖、瓦块和较少陶片
H18	TN02W01 和 TN01W01	椭圆形	长径约 2.9、短径约 1.35、深约 0.75 ~ 1	开口于④层下	煤渣、灰渣、较多的碎砖和瓦块
H19	TN05W03	不规则长条形	长 5.75、宽 1.35 ~ 2.05、深 1.3	开口于⑤层下	煤灰渣、铁渣、碎砖、瓦块，较少陶片和瓷片
H20	TN01W02	不规则形	长 3.85、宽 2.5，深 1.1	开口于⑤层下	大量草木灰、煤、灰渣，少量陶片和 1 件饼足底瓷碗（外饰黄釉，可复原）
H21	TN01W02	不规则形	长 1.95、宽 1.3，深 0.95	开口于⑤层下	较多的残砖和瓦块
H22	TN05W05 和 TN04W05	不规则形	长 3.3、宽 3.2，深 0.55	开口于⑤层下	红烧土颗粒、碎砖和瓦块
H23	TN04W02 和 TN03W02	不规则形	长 6.5、宽 2.5，深 1.25	开口于⑤层下	较多的碎砖、瓦块，较少陶片和瓷片
H24	TN03W02、TN03W03、TN04W02 和 TN04W03	不规则形	长 14、宽 2 ~ 4.2、深约 0.9	开口于⑤层下	煤渣、铁渣，少量碎砖、瓦块，较少陶片和瓷片
H25	TN03W02	不规则形	长径约 3.15、短径约 2.5，深 1.1	开口于④层下	较多的煤渣、铁渣、碎砖、瓦块和较少陶片
H26	TN02W01	不规则形	长 2.1、宽 1.7，深约 1.1	开口于⑤层下	较多的碎砖和瓦块
H27	TN03W03	不规则形	长 2、宽 1.9，深 0.6	开口于④层下	碎砖、瓦块和较少陶片
H28	TN02W03	不规则形	长 4.05、宽 3，深约 1.15	开口于④层下	较多的碎砖、瓦块和较少陶片
H29	TN04W03	不规则形	长 3.05、宽 2.7，深 1.05	开口于⑤层下	煤灰渣、铁渣、碎砖、瓦块，较少陶片和瓷片
H30	TN04W03 和 TN03W03	不规则形	长 5.6、宽 2.6，深 1.2	开口于⑤层下	煤灰渣、铁渣、碎砖、瓦块和较少的陶片
H31	TN04W03	不规则形	长 4.35、宽 2.9，深 0.6 ~ 1.5	开口于⑤层下	较多的碎砖、瓦块、陶片、三彩片、陶罐、陶盆和鹿角
H32	TN02W03、TN02W04、TN02W01、TN01W04 和 TN01W03	不规则形	长 17、宽 1.6 ~ 5.05，深约 1.2	开口于⑤层下	较多的碎砖、瓦块和较少陶片
H33	TN05W03	长方形	长 1.6、宽 0.7，深 0.8	开口于⑤层下	较少的碎砖和石块
H34	TN02W01 和 TN02W02	长方形	长 2.05、宽 1.55，深 1.2	开口于⑤层下	较多的碎砖、瓦块和较少陶片

编号	所在探方	形状	尺寸（米）	层位关系	包含物
H35	TN03W04	不规则形	长 7.4、宽 1.45~4.9，深 0.6~1.9	开口于④层下	较多的碎砖、瓦块，较少陶片和瓷片
H36	TN02W02、TN02W03 和 TN01W02	不规则形	长 4.45、宽 2.85，深约 0.45	开口于⑤层下	较多的碎砖、瓦块，较少陶片和瓷片
H37	TN04W05、TN05W05、TN04W04 及 TN05W04	不规则长条形	长 9.7、宽 0.8~2.9，深 1.6	开口于⑤层下	煤灰渣、铁渣，少量碎砖、瓦块和较少陶片
H38	TN04W05	近长方形	长 3.65、宽 1.8，深 1.5	开口于④层下	大量草木灰和较少陶片
H39	TN04W05	圆形	直径 1.7，深 0.8	开口于④层下	少数陶片
H40	TN04W05	近圆形	长 2.4、宽 2.3，深 0.75	开口于④层下	铁渣、残砖、瓦块、陶片和瓷片
H41	TN01W04	不规则形	长 2.05、宽 1.35，深 0.7	开口于⑤层下	碎砖和瓦块
H42	TN01W04	不规则形	长 4.35、宽 2.5，深 0.9	开口于⑤层下	较多的碎砖、瓦块和陶片
H43	TN01W04	不规则形	长 5.7、宽 4.5，深 1.25	开口于⑤层下	石头、残砖、瓦块、陶片和瓷片
H44	TN02W04	不规则形	长 7、宽 2.7，深 0.95	开口于⑤层下	筒瓦和板瓦
H45	TN02W04	不规则形	长 5.6、宽 4.8，深 0.7	开口于⑤层下	较少陶片、筒瓦和板瓦
H46	TN03W05	不规则形	长 3.05、宽 2.85，深 0.8	开口于⑤层下	较多的板瓦、筒瓦、瓦当和较少陶片
H47	TN01W05	不规则形	长 1.8、宽 1.5，深 0.7	开口于⑤层下	板瓦、筒瓦和砖块
H48	TN01W05	不规则形	长 3.8、宽 3.13，深 0.8	开口于⑤层下	板瓦、筒瓦、砖块和少许陶片
H49	TN02W04	圆形	直径 2.7，深 1.25	开口于⑤层下	较少的残砖、瓦块和较多的陶片
H50	TN04W05	不规则形	长 1.5、宽 0.8，深 0.6	开口于⑤层下	少许陶片和瓷片
H51	TN05W02	长条形	长 1.65、宽 0.65，深 1.2	开口于⑤层下	少许瓦片、陶片和瓦当
H52	TN04W03 和 TN04W04	长条状	长 6.25、宽约 1.25~1.55，深 1.3	开口于⑤层下	煤灰渣、铁渣，较少的陶片、瓷片及陶罐碎片
H53	TN04W04	不规则形	长 2.1、宽 2，深 0.6	开口于⑤层下	残砖、瓦块和 1 件陶盆（可复原）

编号	所在探方	形状	尺寸（米）	层位关系	包含物
H54	TN02W02	椭圆形	长径约2.75、短径约2.25，深1.5	开口于⑤层下	较多的碎砖、瓦块和较多陶片
H55	TN04W02	椭圆形	长径约2，短径约1.2，深约1.3	开口于⑤层下	红烧土颗粒、碎砖、瓦块和较少陶片
H56	TN01W01	不规则形	长4、宽2.6，深1.1	开口于④层下	煤渣、铁渣、碎砖和瓦块
H57	TN01W01 和 TN01W02	不规则形	长7.1、宽1.5~3.7，深约0.65~1.35	开口于④层下	煤渣、灰渣，较多的碎砖和瓦块
H58	TN02W03	不规则形	长2.2、宽1.6，深0.3	开口于⑤层下	砖块、瓦砾、莲花纹瓦当残块和陶片
H59	TN02W03	不规则形	长3.2、宽2.8，深1.1	开口于⑤层下	筒瓦、板瓦残块和较多陶片
H60	TN02W04 和 TN03W04	不规则形	长13.8、宽4.7，深2.45	开口于⑤层下	较多的残砖、瓦块、陶片、瓦当和空心砖
H61	TN02W04	长方形	长2.1、宽1.25，深0.9	开口于⑥层下	较少的陶片
H62	TN02W04	长方形	长1.7、宽0.45，深1.65	开口于⑥层下	
H63	TN03W02	不规则形	长5.5、宽4.75，深1.3	开口于⑥层下	较少的残砖、瓦块和较多的陶片（器形有盆和罐）
H64	TN02W03	近长方形	长6.35、宽2.75~2.85，深0.85~1.1	开口于⑥层下	大量板瓦、筒瓦，少数陶片和带"富贵"字样的瓦当
H65	TN02W03	长方形	长3、宽1，深1.3	开口于⑥层下	较多的板瓦、筒瓦和较少的陶片
H66	TN02W03	长方形	长1.2、宽0.8，深1.2	开口于⑥层下	较多的残砖、瓦块和较少的陶片
H67	TN02W03	不规则形	长2.7、宽2，深0.85	开口于⑥层下	较多的板瓦碎片、较少的筒瓦碎片、1枚铜印章、1块绳纹板瓦和1件陶罐（可复原）
H68	TN02W01	不规则形	长4.35、宽3.1，深1.05	开口于⑤层下	较多白灰渣、板瓦、筒瓦和较少陶片
H69	TN03W01	不规则形	长6.5、宽3.8，深1.1	开口于⑤层下	白灰皮和较多陶片
H70	TN02W01	不规则形	长7.6、宽3.7，深1.1	开口于⑥层下	较多碎砖、瓦块和较少陶片
H71	TN03W01	不规则形	长2.3~3.1、宽0.95~2.1，深0.6~1.5	开口于⑥层下	较多的白灰渣和陶片（器形有盆、罐和碗）
H72	TN03W01	近长方形	长2.25、宽1.4，深1.1	开口于⑥层下	少数带文字的瓦块
H73	TN02W01	长方形	长1、宽0.9，深1	开口于⑦层下	较多筒瓦、板瓦和较少陶片

编号	所在探方	形状	尺寸（米）	层位关系	包含物
H74	TN02W01	不规则形	长 1、宽 0.75，深 0.35	开口于⑦层下	1 枚五铢钱和较少砖、瓦、陶片等
H75	TN02W01	不规则形	长 2.1、宽 1，深 0.7	开口于⑦层下	较多陶片，可辨器形有盆、甑、碗等
H76	TN02W01	近长方形	长 0.9、宽 0.9，深 0.4	开口于⑦层下	少量碎陶片
H77	TN02W01	不规则形	长约 3～4.2、宽 4.2，深 0.25～0.75	开口于⑦层下	大量瓦块、少数砖块和较多画像砖
H78	TN03W01	不规则形	长 1.25、宽 0.5，深 1	开口于⑥层下	较多的残砖、瓦块
H79	TN03W01	不规则形	长 1.8、宽 1.6，深 1	开口于⑥层下	较多的残砖、瓦块
H80	TN03W01	不规则形	长 2.7、宽 0.8，深 1.4	开口于⑥层下	较多残砖、瓦块、陶片和带文字的瓦
H81	TN03W01、TN03W02 和 TN02W01	不规则形	长 9.75、宽 2.6～5.6，深 1.25	开口于⑦层下	少数砖、瓦残块，甑、罐、盆和钵的残片
H82	TN03W01	不规则形	长 3.75、宽 0.9，深 1.8	开口于⑦层下	较多砖块、较少瓦块和陶片
H83	TN03W01	圆形	直径 1.5，深 1.8	开口于⑦层下	较多卵石和少许陶片
H84	TN02W01	不规则形	长 3.9、宽 0.9，深 1.2	开口于⑦层下	大量的画像砖块、少数瓦当和 1 件陶罐
H85	TN02W01	近圆形	直径 1.1，深 2.5	开口于⑧层下	少量陶片和动物骨头
H86	TN03W02	近圆形	直径 5，深 1.5	开口于⑤层下	煤渣、碳灰、铁渣、筒瓦、板瓦陶片和瓷片
H87	TN03W02	圆形	直径 1.3，深 1	开口于⑥层下	少数带文字的瓦
H88	TN02W03	不规则形	长 5.7、宽 3.9，深 1.5	开口于⑤层下	较多的碎砖、瓦块和较多陶片
H89	TN02W03	不规则形	长 1.45、宽 0.3，深 0.6	开口于⑥层下	少许残砖和瓦块
H90	TN03W02	不规则形	长 2.6、宽 0.8，深 1.3	开口于⑥层下	较少的残砖、瓦块和较少陶片
H91	TN03W02	圆角长方形	长 1.50、宽 0.5～0.7，深 0.85	开口于⑧层下	少许砖、瓦块、带字瓦当和画像砖
H92	TN03W02	不规则形	长 1.5、宽 0.6，深 0.9	开口于⑧层下	1 块绳纹筒瓦块
H93	TN03W02	不规则形	长 2.3、宽 1.45，深 0.35	开口于⑧层下	少许陶片

编号	所在探方	形状	尺寸（米）	层位关系	包含物
H94	TN03W02	近圆角长方形	长 4.2、宽 2，深 1.7	开口于⑦层下	较多陶片，可辨器形有盆、甑和罐
H95	TN02W03 和 TN02W04	不规则形	长 8.5、宽 3～5.65，深 1	开口于⑦层下	较多残砖、瓦块，较少陶片（可辨器形有盆和甑）和瓦当
H96	TN02W03	不规则长条形	长 11.5、宽 1.6，深 0.9	开口于⑦层下	大量的绳纹板瓦、筒瓦残片，少量瓦当和陶片
H97	TN02W03	圆角长方形	长 4.9、宽 1.5～1.9，深 0.75～0.95	开口于⑧层下	较多碎砖、瓦块，较少陶片和瓦当
H98	TN02W03	不规则长条形	长 6.4、宽 0.4，深 1～1.4	开口于⑦层下	少量的砖、瓦砾、画像砖和陶片
H99	TN02W03	长方形	长 0.95、宽 0.6，深 1.45	开口于⑧层下	少许陶鬲、陶豆和陶罐残片
H100	TN02W03	不规则形	长 1.6、宽 0.8，深 0.5	开口于⑧层下	少许残砖、瓦块
H101	TN02W03	近长方形	长 1.5、宽 1.35，深 1.35	开口于⑧层下	1 件完整陶罐，少许瓦当和碎陶片
H102	TN03W02	不规则形	长 1.5、宽 1.5，深 0.7	开口于⑧层下	少许残砖和瓦砾
H103	TN02W05 和 TN03W05	不规则形	长 5.3、宽 2.6，深 6.5	开口于⑤层下	较多残砖、瓦块和少数陶片
H104	TN02W05	不规则形	长 2.3、宽 1.6，深 0.6	开口于⑤层下	大量的碎砖和瓦块
H105	TN02W05 和 TN03W05	不规则形	长 11、宽 2.3～4.1，深 1.5	开口于⑥层下	较多的残砖、瓦块，较多的动物骨头和陶片（器形有盆和罐）
H106	TN02W05	不规则形	长 2.45、宽 1.8，深 0.8	开口于⑥层下	较少的瓦片
H107	TN02W05	不规则形	长 1.7、宽 0.75，深 0.9	开口于⑥层下	较多的残砖和瓦块
H108	TN02W05	近方形	长 4.35、宽 4.05，深 0.7	开口于⑦层下	云纹瓦当，大量碎砖瓦块和少量陶片
H109	TN02W05	不规则形	长 4、宽 1.5～3.75，深 0.75	开口于⑦层下	动物骨头，大量砖瓦块和陶片，可辨器形有盆、罐、豆
H110	TN02W05 和 TN03W05	不规则长条形	长 18、宽 0.35～1.6，深 0.25～0.7	开口于⑦层下	云纹瓦当、几何形画像砖和大量砖瓦块
H111	TN02W05	不规则形	长 1.15、宽 1.1，深 0.65	开口于⑦层下	较多残砖、瓦砾和少数陶片
H112	TN02W05	不规则形	长 2.75、宽 0.45，深 1.1	开口于⑦层下	
H113	TN02W04	长方形	长 1.6、宽 1.15，深 1	开口于⑦层下	少许碎瓦片
H114	TN03W03	不规则形	长 3、宽 2.8，深 1.4	开口于⑤层下	煤灰渣、铁渣和少许瓷片

编号	所在探方	形状	尺寸（米）	层位关系	包含物
H115	TN03W03	圆形	直径 1.5，深 1.65	开口于⑤层下	碎砖、瓦块和瓷片
H116	TN03W03	不规则形	长 3.25、宽 1，深 1.3	开口于⑤层下	大量白灰渣、碎砖和瓦块
H117	TN03W04	不规则形	长 5.75、宽 3.5、深 2	开口于⑤层下	较多筒瓦、板瓦和少量陶片
H118	TN03W04	不规则形	长 3.7、宽 2.5、深 0.8	开口于⑤层下	较多残砖和瓦块
H119	TN03W03	不规则形	长 3、宽 1.5、深 0.6	开口于⑥层下	较多的残砖、瓦块、白灰渣和陶片
H120	TN03W03	圆形	直径 3.7，深 1	开口于⑥层下	较少的残砖、瓦块，较多的动物骨头和陶片（器形有盆、罐和罐）
H121	TN02W05	不规则形	长 3、宽 2，深 1.95	开口于⑧层下	大量残砖、瓦块，少数瓦当和陶片
H122	TN02W05	不规则形	长 2.7、宽 2.3、深 2	开口于⑧层下	少量残砖、瓦块和较多陶片
H123	TN02W05 和 TN03W05	不规则形	长 14.2、宽 3.7、深 0.55	开口于⑧层下	少量瓦块和陶片
H124	TN02W04	圆形	长 2.5、宽 0.75、深 1.25	开口于⑧层下	较多带绳纹的筒瓦、板瓦和少许陶片
H125	TN02W04	近圆形	直径约 3，深 0.95	开口于⑧层下	少许陶片
H126	TN02W03 和 TN02W04	不规则形	长 11.5、宽 0.5 ~ 1.25、深 0.3 ~ 0.4	开口于⑧层下	少数陶片
H127	TN02W03 和 TN02W04	不规则长条形	长 14.9、宽约 1.1 ~ 1.5、深 0.3 ~ 0.6	开口于⑧层下	较多板瓦、筒瓦残片，少数瓦当和陶片
H128	TN02W04	长方形	长 1.4、宽 0.85、深 1.15	开口于⑧层下	陶罐和豆盘残片
H129	TN01W04	形状不规则形	长 3.5、宽 3.35、深 0.85	开口于⑧层下	少许陶片
H130	TN03W03 和 TN03W04	不规则形	长 12.2、宽 1.8 ~ 3.3，深 0.4 ~ 1	开口于⑦层下	较多带绳纹的板瓦、筒瓦，少数陶片和素面板瓦（带字）
H131	TN03W03 和 TN03W04	不规则形	长 3.2、宽 2.5 ~ 3、深 0.25 ~ 1.2	开口于⑦层下	较多带绳纹的板瓦、筒瓦，出土少数素面板瓦（带字）和陶片
H132	TN03W03	近圆形	口径 1.5，深 0.85	开口于⑧层下	
H133	TN03W03	近圆形	直径 2.75，深 0.85	开口于⑧层下	少许碎陶片、1 件完整陶罐和 1 件陶碗
H134	TN03W05	不规则形	长 2.3、宽 0.85、深 1.8	开口于⑤层下	较多残砖和瓦块
H135	TN03W05	不规则长条形	长 8.1、宽 1.9、深 1.7	开口于⑥层下	较多的陶片，器形有罐和盆

编号	所在探方	形状	尺寸（米）	层位关系	包含物
H136	TN03W04	长方形	长 2.4、宽 1，深 1.15	开口于⑤层下	较多残砖和瓦块
H137	TN03W04	长方形	长 2.7、宽 2.1，深 2	开口于⑤层下	较多残砖和瓦块
H138	TN03W04	不规则形	长 1.8、宽 1.2，深 0.4	开口于⑥层下	较少残砖和瓦块
H139	TN03W05	不规则形	长 6.2、宽 2.2，深 1.45	开口于⑦层下	较多残砖、瓦块和陶片，可辨器形有盆、罐和少数画像砖
H140	TN03W05	不规则形	长 2.15、宽 1 ~ 1.5，深 1.2 ~ 1.5	开口于⑧层下	少许陶鬲和陶豆残片
H141	TS01W01	近梯形	长 2.5、宽 0.8 ~ 1，深 0.47	开口于④层下	少量白釉瓷片
H142	TS01W02	不规则形	长 2.5、宽 1.85，深 0.45	开口于④层下	瓷片
H143	TS01W03	近长方形	长 1.9、宽 0.7，深 0.5	开口于④层下	陶片和瓷片
H144	TS01W05	不规则形	长 2.5、宽 1.9，深 0.5	开口于④层下	瓷片
H145	TS01W05	不规则形	长 2.8、宽 0.7 ~ 0.9，深 1.45	开口于④层下	少许残砖、瓦砾、石块和少量白瓷片
H146	TS01W02	圆形	直径 1.35，深 1	开口于⑤层下	筒瓦、板瓦残片和少量瓷片
H147	TS01W02 和 TS01W03	不规则形	长 13.5、宽 5.9，深 1 ~ 1.3	开口于⑤层下	少量残砖、瓦砾、陶片、瓷片、瓦当，1 枚铜钱和 1 件骨簪
H148	TS01W01	不规则形	长 7.25、宽 4 ~ 5，深 0.5 ~ 1.05	开口于⑤层下	少量陶片，1 件完整的筒瓦和 2 块残瓦当
H149	TS01W01	不规则形	长 4.75、宽 1 ~ 2.75，深 0.65	开口于⑤层下	白灰渣
H150	TS01W01	长方形	长 2.35、宽 1.1，深 1.6	开口于⑤层下	较多残砖和瓦砾
H151	TS01W03	不规则形	长 9.6、宽 1.8 ~ 2.6，深 1.05	开口于⑤层下	少许陶片和瓷片
H152	TS01W05	不规则形	长 2.3、宽 0.5，深 1.05	开口于⑤层下	少许残砖和瓦砾
H153	TS01W05	不规则形	长 2.25、宽 1.25，深 0.9	开口于⑤层下	少许残砖和瓦砾
H154	TS01W04	不规则形	长 4.8、宽 2 ~ 2.5，深 1.45	开口于⑤层下	少量陶片
H155	TS01W05	不规则形	长 3.45、宽 1.75，深 0.9	开口于⑤层下	2 件陶盆（可复原）
H156	TS01W05	不规则形	长 5.7、宽 3 ~ 3.7，深 0.5 ~ 0.6	开口于⑤层下	少量陶片

编号	所在探方	形状	尺寸（米）	层位关系	包含物
H157	TS01W03 和 TS01W04	不规则形	长 7.5，宽 5.9，深 1.4	开口于⑤层下	少量陶片、莲花纹瓦当、1 件陶帐座底（可复原）和 1 枚开元通宝铜钱
H158	TS01W04	近方形	边长 1.6，深 2.4	开口于⑤层下	莲花纹瓦当、青瓷罐残片、1 件陶罐、1 件陶碗和 1 枚常平五铢铜钱
H159	TS01W04	长方形	长 1.8，宽 1，深 2.4	开口于⑤层下	较少煤灰渣、铁渣、残砖和瓦砾
H160	TS01W04	不规则形	长 4.4、宽 2 ~ 3.5，深 1	开口于⑤层下	少许残砖、瓦块和 1 件莲花纹瓦当
H161	TN01W04	近椭圆形	长径 2.65、短径 1.5，深 1.05	开口于⑤层下	少量煤灰渣、残砖和瓦块
H162	TN01W03	不规则形	长 2、宽 1，深 1.25	开口于⑤层下	几块碎砖和瓦砾
H163	TS01W03	长方形	长 2，宽 1，深 1.3	开口于⑤层下	残砖和瓦块
H164	TS01W03	长方形	长 3.9、宽 1.2 ~ 1.35，深 0.7 ~ 1.5	开口于⑤层下	少许白灰皮、残砖和瓦块
H165	TN01W03	圆形	直径 1.45，深 1.1	开口于⑤层下	1 件莲花纹瓦当
H166	TN01W03	不规则形	长 2.3、宽 2.1，深 0.8	开口于⑤层下	几块碎砖和瓦砾
H167	TS01W01	近圆形	口径 2.3，深 2.7	开口于⑤层下	少量陶盆口沿残片
H168	TS01W01 和 TN01W01	不规则形	长 3.2、宽 2.8，深 1	开口于⑤层下	少量残砖和瓦砾

附表二　灶址统计表

编号	所在位置	灶口形状	尺寸	层位关系	包含物	备注
Z1	位于 TN04W01 的西北角	不规则椭圆形	南北长 0.74，东西宽 0.52，灶口直径 0.32 ~ 0.54，深 0.1 米	开口于③层下	灶膛内为煤灰渣，无遗物出土	北邻 Z2，灶口周围有 0.05 ~ 0.25 米宽的红烧土
Z2	位于 TN04W01 的西北角	不规则椭圆形	南北长 0.66，东西宽 0.5 米，灶口直径 0.3 ~ 0.44，深 0.12 米	开口于③层下	灶膛内为煤灰渣，无遗物出土	南邻 Z1，灶口周围有 0.03 ~ 0.2 米宽的红烧土
Z3	位于 TN04W01 的西北角	圆形	直径 0.44、灶口直径 0.34，深 0.1 米	开口于③层下	灶膛内为煤灰渣和草木灰，无遗物出土	南邻 Z2，灶口周围有 0.03 ~ 0.1 米宽的红烧土
Z4	位于 TN02W01 的西北角	近圆形	东西长 1.5、南北宽 0.35 米，灶口直径 0.15、灶深 0.4 米	④层下开口，打破⑤层	灶膛内为煤灰渣，鼓风道内为灰褐淤泥土，无遗物出土	灶膛为一无口陶罐，为砖砌灶，有风道
Z5	位于 TN02W01 的北中部	圆形	东西长 1.34、南北宽 0.28 米，灶口直径 0.22、灶深 0.54 米	开口于③层下	灶膛内为煤灰渣和草木灰，无遗物出土	灶膛为板瓦围砌而成，灶口砌砖，有风道

编号	所在位置	灶口形状	尺寸	层位关系	包含物	备注
Z6	位于 TN03W01 的西中部	西灶平面近圆形，东灶平面近三角形	东西长 1.3、南北宽 1.2 米，西灶直径 0.36～0.42、深 0.35 米，东灶边长 0.3、深 0.36 米	④层下开口，打破⑤层	灶膛内为煤灰渣，出土筒瓦	东西两个灶膛，板瓦围砌而成
Z7	位于 TN04W01 的东南部	北灶平面近三角形，东灶平面近圆形	南北长 0.72、东西宽 0.34 米，北灶直径 0.2、深 0.42 米，南灶直径 0.2、深 0.41 米	④层下开口，打破⑤层	灶膛内为煤灰渣和草木灰，出土板瓦	东邻 Z10，南北两个灶膛，板瓦围砌而成，灶口平铺一砖
Z8	位于 TN04W01 的西南部	圆形	直径 0.42、灶口直径 0.36、深 0.36 米	④层下开口，打破⑤层	灶膛内为煤灰渣和草木灰，无遗物出土	西邻 Z9，板瓦围砌而成
Z9	位于 TN04W01 的西南部	圆形	直径 0.42、灶口直径 0.38、深 0.26 米	④层下开口，打破⑤层	灶膛内为煤灰渣和草木灰，无遗物出土	东邻 Z8，灶膛为一残存下半部分的陶罐
Z10	位于 TN04W01 的西中部	北灶平面近圆形，南灶平面近三角形	南北长 0.68、东西宽 0.38 米，北灶直径 0.32、深 0.34 米，南灶边长 0.24、深 0.32 米	④层下开口，打破⑤层	灶膛内为煤灰渣和草木灰，无遗物出土	西邻 Z7，南北两个灶膛，板瓦围砌而成
Z11	位于 TN05W05 东南部	近圆形	东西长 0.9、南北宽 0.46 米，灶口直径 0.2、深 0.42 米	开口于③层下	灶膛内为煤灰渣和草木灰，风道内为黄褐色土，无遗物出土	灶膛为板瓦围砌而成，有风道
Z12	位于 TN05W04 东中部	圆形	南北长 0.6、东西宽 0.52 米，灶口直径 0.2、深 0.4 米	④层下开口，打破⑤层	灶膛内为煤灰渣和草木灰	灶口周围有 0.08～0.12 米宽的红烧土
Z13	位于 TN04W01 的东北部	不规则圆形	东西长 1.95、南北宽 0.1 米，灶口长 1、宽 0.72、深 0.4 米	⑤层下开口，打破 F3 及 H11	灶膛与添柴坑内为红烧土块和草木灰，无其他遗物	由灶膛和添柴坑组成，两部分之间用砖隔开
Z14	位于 TN05W05 东南角	方形	南北长 0.85、东西宽 0.43 米，灶口边长 0.25、深 0.24 米	⑤层下开口，打破⑥层	灶膛内为红烧土块和草木灰，风道内为黄褐色土，无遗物出土	为砖砌灶，有风道
Z15	位于 TN05W05 东南部	椭圆形	南北长 1.02、东西宽 0.44 米，灶口直径 0.24～0.38、深 0.26 米	④层下开口，打破⑤层	灶膛内为红烧土块和草木灰，风道内为黄褐色土，无遗物出土	灶口砌砖，有风道
Z16	位于 TN01W01 西南部	圆形	南北长 0.52、东西宽 0.46 米，灶口直径 0.2、深 0.36 米	④层下开口，打破⑤层	灶膛内为红烧土块和草木灰，风道内为黄褐色土，无遗物出土	灶膛为板瓦围砌而成，灶口砌砖，有风道

编号	所在位置	灶口形状	尺寸	层位关系	包含物	备注
Z17	位于 TN01W03 东南部	近圆形	南北长 1.8、东西宽 0.36 米，灶口直径 0.2、残存深 0.27 米	⑤层下开口，储坑打破 H166	储坑内填有少量的煤渣和炭粒，灶膛内为红烧土块和草木灰，风道内为淤土，淤土内含少量炭粒和砂粒，无遗物出土	由储坑、灶膛和风道三部分组成，储物坑为砖砌，灶膛为板瓦围砌
Z18	位于 TN01W03 东南部	近圆形	南北长 1.45、东西宽 0.43 米，灶口直径 0.25、残存深 0.24 米	⑤层下开口	储坑内填有少量的煤渣，灶膛内为红烧土块和草木灰，无遗物出土	由储坑、灶膛和风道三部分组成，储物坑为砖和石块砌成，灶膛为板瓦围砌

附表三　柱础石统计表

编号	出土位置	形制	边长（厘米）	厚度（厘米）	柱径（厘米）	榫眼		材质		备注
						直径（厘米）	深度（厘米）	砂岩	石灰岩	
C1	TN05W05 西北部	正方形	38	不详	无	无	不详	是		表面粗糙，饰斜条纹（人工凿痕），础石东侧有平铺转，为墙内础石
C2	TN05W05 西南部	正方形	57	不详	无	9.5	9.5	是		表面光滑，础石东侧有白灰墙皮，础石西侧有砖墙，为墙内柱
C3	TN05W05 中部	正方形	61	不详	无	10.5	6.5	是		表面光滑，础石东西两侧有白灰墙皮，为墙内柱
C4	TN05W05 中北部	正方形	37.5	不详	无	无	无	是		表面粗糙，加工较粗
C5	TN05W05 东北部	正方形	58	不详	无	8.5	7.5	是		表面粗糙，饰斜条纹，础石四周加工粗糙
C6	TN05W05 东部	正方形	61	不详	39	8.5	6.5	是		表面粗糙，无纹饰，础石四周加工粗糙，础石南部有 2 块南北向条砖
C7	TN04W05 北隔梁东部	正方形	60	23	无	9	7.5	是		表面粗糙饰斜条纹（人工凿痕）础石东侧平铺砖，南北两侧有白灰墙皮，为墙内础石
C8	TN05W04 西中部	正方形	61	25	39	9.5	9	是		表面光滑，础石四周较齐整，础石下方加工粗糙，比础石边缘宽 3～4 厘米
C9	TN04W04 北隔梁西部	正方形	57	24	无	9.5	7.5	是		表面粗糙饰斜条纹（人工凿痕），础石东西两侧有平铺砖，础石四周加工较粗
C10	TN05W04 东隔梁北部	正方形	34	12	无	7.5	6.5	是		移动过，表面粗糙，础石四周加工粗糙，础石边缘比础石宽 1～2 厘米

续表

编号	出土位置	形制	边长（厘米）	厚度（厘米）	柱径（厘米）	榫眼		材质		备注
						直径（厘米）	深度（厘米）	砂岩	石灰岩	
C11	TN05W04东隔梁北中部	正方形	61	不详	无	10	7.5	是		表面粗糙，饰斜条纹（人工凿痕），础石四周加工粗糙
C12	TN05W03西北部	正方形	57	不详	无	8.5	7.5	是		表面粗糙，饰斜条纹（人工凿痕），础石四周加工粗糙
C13	TN05W03西中部	正方形	61	不详	无	10.5	6	是		表面粗糙，饰斜条纹（人工凿痕），础石四周加工粗糙
C14	TN05W02东隔梁中南部	正方形	42	17	无	无	无	是		表面粗糙，无纹饰，础石四周加工齐整，础石下方加工粗糙，比边缘宽1~2厘米
C15	TN04W02东隔梁中部	正方形	61	30	无	8.5	6.5	是		表面光滑，础石四周加工齐整，础石下方加工粗糙
C16	TN04W01西南部	正方形	61	不详	40.5	9.5	8	是		表面粗糙，础石四周加工齐整，础石下方加工粗糙
C17	TN05W01西南部	正方形	59	21	无	9.5	10.5	是		表面粗糙，无纹饰，础石四周加工齐整，础石下方加工粗糙，比边缘宽2~3厘米
C18	TN04W01西北部	正方形	61	不详	35(残)	10.5	7.5	是		表面粗糙，无纹饰，础石四周加工齐整，础石下方加工粗糙；础石南北有白灰墙皮，为墙内础石
C19	TN04W01西中部	正方形	61	不详	31	9.5	7.5	是		表面光滑，础石四周加工齐整，础石下方加工粗糙
C20	TN03W01西北部	正方形	56	不详	35	9.5	6	是		表面光滑，础石四周加工齐整，础石下方加工粗糙
C21	TN03W01东北部	正方形	55	24	26	9	6	是		表面粗糙，饰斜条纹（人工凿痕），础石南北两侧有白灰墙皮，为墙内础石
C22	TN02W05西北部	覆盆式	50	不详	36	10	4.5	是		础石表面有斜纹（人工凿痕）
C23	TN02W03北中部	覆盆式	50	不详	36	11	6.5	是		础石表面有斜纹（人工凿痕）
C24	TN01W03中部	长方形	长48宽40	不详	无	无	无	是		不规则砂石打制，加工粗糙，南北两侧有白灰墙皮，为墙内础石
C25	TN01W03东隔梁中部	正方形	61	不详	无	10	9	是		表面饰斜条纹（人工凿痕），表面腐蚀严重，础石四周齐整

续表

编号	出土位置	形制	边长（厘米）	厚度（厘米）	柱径（厘米）	榫眼		材质		备注
						直径（厘米）	深度（厘米）	砂岩	石灰岩	
C26	TN01W02 中西部	正方形	53	不详	无	9.5	6	是		表面被外力压碎，四周齐整
C27	TN01W02 西南部	正方形	38	不详	无	无	无	是		加工粗糙，腐蚀严重
C28	TN01W02 中东部	正方形	53	不详	36	9	9	是		表面光滑，四周齐整，础石南北两侧有白灰墙皮，为墙内柱
C29	TN01W01 西南部	长方形	长47 宽36	不详	无	无	无	是		不规则砂石打制，加工粗糙，北部31厘米处有白灰墙皮
C30	TN01W01 中部偏东	正方形	61	30	无	9.5	6	是		表面光滑、平坦，四周齐整，南北有白灰墙皮，人为翻动过，础石斜置
C31	TS01W02 西北部	正方形	42	不详	无	8.5	6	是		础石表面饰斜条纹（人工凿痕），四周齐整
C32	TN05W04 东隔梁南部	正方形	61	不详	无	10	7.5	是		表面粗糙，饰斜条纹（人工凿痕），础石四周加工粗糙
C33	TN02W01 东南部	方形	61	不详	无	10	7.5	是		表面粗糙，饰斜条纹（人工凿痕），础石四周加工粗糙，人为翻动过，础石斜置
C34	TN04W04 中部偏西	方形	61	不详	无	10	7.5	是		表面粗糙，饰斜条纹（人工凿痕），础石四周加工粗糙

附表四　磉墩统计表

编号	磉墩遗迹		厚（米）	备注
	东西（米）	南北（米）		
磉墩1	0.9	0.9	1.05	东北角被H16打破
磉墩2	0.95	0.9	1.1	无
磉墩3	0.9	0.9	1.0	无
磉墩4	0.95	0.9	1	无
磉墩5	0.95	1	0.93	无
磉墩6	0.9	0.9	0.97	东北角被H52打破
磉墩7	0.95	0.9	0.9	无
磉墩8	0.95	0.9	0.89	北部被H52打破

编号	磉墩遗迹		厚（米）	备注
	东西（米）	南北（米）		
磉墩 9	0.9	0.9	1.06	北部被 H15 打破
磉墩 10	0.9	0.9	0.9	无
磉墩 11	0.9	0.9	0.88	无
磉墩 12	0.9	0.9	0.97	无
磉墩 13	0.9	0.9	1.05	无
磉墩 14	0.9	0.9	1.07	无
磉墩 15	0.7	0.9	0.98	西部被 Z13 打破
磉墩 16	1.25	1.25	0.9	无
磉墩 17	1.25	1.25	0.85	无
磉墩 18	1.25	1.25	0.85	无
磉墩 19	1.25	1.25	0.88	被 H13 打破
磉墩 20	1.25	1.25	0.83	无
磉墩 21	1.25	1.25	0.87	无
磉墩 22	1.25	1.25	0.9	南部被 S1 打破
磉墩 23	1.25	1.25	0.88	北部被 S1 打破
磉墩 24	1.25	1.25	0.86	无
磉墩 25	1.25	1.25	0.87	无
磉墩 26	1.25	1.25	0.85	无
磉墩 27	1.25	1.25	0.84	无
磉墩 28	1.25	1.25	0.92	南部被 H68 打破
磉墩 29	1.25	1.25	0.87	无
磉墩 30	1.25	1.25	0.88	西部被水池 1 打破
磉墩 31	1.25	1.25	0.93	无
磉墩 32	1.25	1.25	0.9	无
磉墩 33	1.25	1.25	0.84	无
磉墩 34	0.75	0.75	0.6	无

附表五　北朝建筑基址单间进深柱心距统计表

房址	对象	方向	间距（米）
F1	C1 和 C2	南北	4.9
F2	磉墩 1 和 C3	南北	2.45
	C5 和 C6	南北	2.45
	C6 和 C7	南北	4.85
	磉墩 2 和 C8	南北	2.45

房址	对象	方向	间距（米）
F2	C8 和 C9	南北	4.85
	磉墩 3 和磉墩 4	南北	2.45
	磉墩 4 和磉墩 5	南北	4.85
	C10 和 C11（C10 被移动过）	南北	2.3
	C11 和 C32	南北	2.45
	C32 和磉墩 6	南北	4.85
	C12 和 C13	南北	2.25
	C13 和磉墩 7	南北	2.45
	磉墩 7 和磉墩 8	南北	4.85
F3	磉墩 9 和磉墩 10	南北	4.85
	磉墩 10 和磉墩 11	南北	2.4
	C14 和磉墩 12	南北	4.85
	磉墩 12 和 C15	南北	2.4
	C17 和 C18	南北	4.85
	C18 和 C19	南北	2.4
	磉墩 13 和磉墩 14	南北	4.85
	磉墩 14 和磉墩 15	南北	4.85
F4	C16 和磉墩 17	东西	2.85
	磉墩 17 和磉墩 16	东西	4.5
	C20 和磉墩 18	东西	2.85
	磉墩 18 和 C21	东西	4.5
	磉墩 21 和磉墩 20	东西	2.85
	磉墩 20 和磉墩 19	东西	4.5
	磉墩 24 和磉墩 23	东西	2.85
	磉墩 23 和磉墩 22	东西	4.5
	磉墩 27 和磉墩 26	东西	2.85
	磉墩 26 和磉墩 25	东西	4.5
	磉墩 30 和磉墩 29	东西	2.85
	磉墩 29 和磉墩 28	东西	4.5
	磉墩 33 和磉墩 32	东西	2.85
	磉墩 32 和磉墩 31	东西	4.5
F5	C26 和 C27	南北	2.5
	C27 和 C31	南北	5
	磉墩 34 和 C29	南北	2.5

附表六　北朝建筑基址单间面阔柱心距统计表

房址	对象	方向	间距（米）
F2	碌墩 1 和 C5	东西	4.2
	C3 和 C6	东西	4.2
	C5 和碌墩 2	东西	4
	C6 和 C8	东西	4
	C7 和 C9	东西	4
	碌墩 2 和碌墩 3	东西	4
	C8 和碌墩 4	东西	4
	C9 和碌墩 5	东西	4
	碌墩 3 和 C11	东西	4.25
	碌墩 4 和 C32	东西	4.25
	碌墩 5 和碌墩 6	东西	4.25
	C10 和 C12	东西	3.2
	C11 和 C13	东西	2.35
	C32 和碌墩 7	东西	2.35
	碌墩 6 和碌墩 8	东西	2.35
F3	碌墩 9 和 C14	东西	5
	碌墩 10 和碌墩 12	东西	5
	碌墩 11 和 C15	东西	5
	C14 和 C17	东西	3.4
	碌墩 12 和 C18	东西	3.4
	C15 和 C19	东西	3.4
	C17 和碌墩 13	东西	5.3
	C18 和碌墩 14	东西	5.3
	C19 和碌墩 15	东西	5.3
F4	C16 和 C20	南北	4
	碌墩 17 和碌墩 18	南北	4
	碌墩 16 和 C21	南北	4
	C20 和碌墩 21	南北	3.9
	碌墩 18 和碌墩 20	南北	3.9
	C21 和碌墩 19	南北	3.9
	碌墩 21 和碌墩 24	南北	3.9
	碌墩 20 和碌墩 23	南北	3.9
	碌墩 19 和碌墩 22	南北	3.9
	碌墩 24 和碌墩 27	南北	4
	碌墩 23 和碌墩 26	南北	4
	碌墩 22 和碌墩 25	南北	4
	碌墩 27 和碌墩 30	南北	3.75

房址	对象	方向	间距（米）
F4	磉墩 26 和磉墩 29	南北	3.75
	磉墩 25 和磉墩 28	南北	3.75
	磉墩 30 和磉墩 33	南北	4
	磉墩 29 和磉墩 32	南北	4
	磉墩 28 和磉墩 31	南北	4
F5	C24 和 C25	东西	2.85
	C25 和 C26	东西	3.9
	C26 和 C28	东西	4.65
	C28 和磉墩 34	东西	4.65
	磉墩 34 和 C30	东西	3.2

附　录

晋阳古城三号建筑基址窖穴遗迹
2016 年度植物浮选结果分析

孙永刚[1]　张　帅[2]　韩炳华[3]

（1.赤峰学院历史文化学院；2.烟台市博物馆；3.山西省考古研究院）

　　晋阳古城遗址位于山西省太原市西南晋源区晋源镇附近，古城面积大约 20 平方千米。三号建筑基址群位于古城遗址西北区域，距离明太原县城北城墙约 350 米、晋阳古城西城墙 830 米处。

　　2016 年，山西省考古研究所与太原市文物考古研究所对二号遗址建筑群进行了考古发掘，揭露出东西两组建筑基址。其中，西组建筑基址始建于唐，毁于宋初。在西组建筑东 100 米，发掘了东组建筑，即三号建筑基址。整个东组建筑基址分三期。最早期建筑遗址时代为汉代，主要有一些房址和水井，出土四神砖、方格菱形方砖、云纹瓦当、绳纹陶罐以及大型石质建筑构件等。第二期建筑遗迹叠压在早期建筑遗迹之上，时代为魏晋十六国，发现有大型窖穴及房址等遗迹，出土器物有绳纹板瓦、绳纹筒瓦、云纹瓦当、"富贵"文字瓦当、"六年"文字板瓦和一些陶器等。第三期建筑始建于东魏，经北齐、隋，最后废弃于唐。建筑基址夯土范围遍布整个发掘区，该建筑基址是一个由四周房屋围合而成的院落，院中排水渠曲折回绕，水井修筑考究，础石整齐划一，出土有青掍板瓦、青掍筒瓦、"兴和"和"天保"铭记的空心砖、脊头瓦、莲花纹瓦当、汉白玉神王造像、青瓷碗、红陶碗、灰陶罐以及五铢钱等[1]。

一、采样与浮选

　　在三号建筑基址进行发掘的过程中揭露了两座窖穴遗迹，为了对其使用功能做进一步认识，我们对其进行了全面的采样，采集样品 38 份，土样总量 522 升，平均每份样品土量约为 13.74 升。土样浮选在晋阳古城驻地完成，浮选设备为水波浮选仪，收取浮出物的网筛采用的是 80 目（网筛孔径为 0.2 毫米）。浮选结果阴干后在赤峰学院进行挑选，并对大于 1 毫米的炭化木屑进行称重和登记，对炭化植物种子进行鉴定、统计和拍照。

二、浮选结果

根据鉴定结果，晋阳古城三号建筑基址两个窖穴里的炭化遗存主要分为炭化木屑和炭化植物种子两大类。

（一）炭化木屑

炭化木屑是指未燃烧殆尽的木头残存，主要来源于未燃尽的燃料或遭遇焚烧的木料[2]。在实验室对直径大于1毫米的炭化木屑分类称重，并进行等量换算，结果显示，38份样品所含炭化木屑总量为57.9283克。

（二）炭化植物种子

晋阳古城三号建筑基址共浮选出土炭化植物种子2696粒，计49种。经过鉴定，这些炭化植物种子包括：粟、黍、水稻、小麦、青稞、大豆、豌豆、大麻等8种农作物；以及禾本科、豆科、藜科、蓼科、莎草科、蔷薇科、唇形科、旋花科、锦葵科、鸢尾科、菊科、十字花科、罂粟科、马鞭草科、茄科、牻牛儿苗科、车前科、忍冬科等杂草类植物种子共计18科38种；苦木科的落叶乔木臭椿1种；瓜果类植物遗存葫芦科的甜瓜属1种和蔷薇科的蛇莓1种；此外还有少量特征不明显或因烧烤致其失去特征部位而无法鉴别的未知种属的植物种子（表1）。

表1　窖穴内出土炭化植物种子统计表

植物遗存			绝对数量	数量百分比	合计	粒长（mm）	粒宽（mm）	粒厚（mm）
农作物	禾本科	粟（Setaria italica）	1460	54.15%	1701	1.689	1.363	1.41
		黍（Panicum miliaceum）	151	5.6%		2.034	1.875	1.837
		水稻（Olyza Sativa）	15	0.56%		4.713	3.176	1.893
		小麦（Triticum aestivum）	63	2.34%		4.226	3.021	2.665
		青稞（Hordeum vulgare）	12	0.45%		5.365	3.696	3.184
	豆科	大豆（Glycine max）	100	3.71%	104	5.392	3.609	2.682
		豌豆（Pisum sativum Linn）	4	0.15%		2.834	2.712	2.454
	桑科	大麻（Cannabis sativa）	3	0.11%	3	4.023	3.39	2.908
非农作物	禾本科	稗（Echinochloa crusgalli）	18	0.67%	118	1.996	1.26	0.722
		野稷（Panicum miliaceum var. ruderale Kitag.）	2	0.07%		1.693	0.9928	1.015
		野燕麦（Avena fatua）	2	0.07%		2.68	0.9105	0.8076
		狗尾草（Setaria viridis）	89	3.3%		1.365	0.6328	0.3498
		早熟禾（Poa annua）	2	0.07%		1.634	0.6945	
		马唐（Digitaria sanguinalis）	3	0.11%		0.9724	0.5351	
		虉草（Phalaris arundinacea Linn）	2	0.07%		1.385	0.6482	0.4732

植物遗存			绝对数量	数量百分比	合计	粒长（mm）	粒宽（mm）	粒厚（mm）
非农作物	豆科	草木樨（Melilotus suaveolens Ledeb.）	3	0.11%	4	1.727	1.235	1.307
		胡枝子（Lespedeza bicolor Turcz）	1	0.04%		1.621	0.8703	
	藜科	藜（Chenopodium album）	456	16.91%	467	1.045	0.9518	0.3499
		地肤（Kochia scoparia（L.）Schrad.）	7	0.26%		1.246	0.8407	0.5016
		碱蓬（Suaeda glauca（Bunge）Bunge in Bull.）	3	0.11%		1.934	1.757	1.264
		虫实（Corispermum hyssopifolium L）	1	0.04%		1.497	0.8185	0.5559
	蓼科	酸模（Rumex acetosa Linn.）	2	0.07%	13	1.742	1.323	1.255
		酸模叶蓼（Polygonum lapathifolium）	1	0.04%		1.87	1.701	0.8282
		两栖蓼（Polygonum amphibium L.）	3	0.11%		1.857	1.395	1.127
		分叉蓼（Polygonum divaricatum）	3	0.11%		2.991	1.53	1.42
		拳蓼（Polygonum Bistorta L.）	4	0.15%		2.346	0.9722	
	莎草科	苔草（Cultivated Opium Poppy）	4	0.15%	5	1.59	1.317	0.6481
		萤蔺（Scirpus juncoides）	1	0.04%		1.626	1.127	0.6022
	唇形科	香薷（Mosla chinensis Maxim.）	3	0.11%	6	1.779	0.9107	0.8899
		紫苏（Perilla frutescens）	2	0.07%		1.437	1.163	
		地笋（Lycopus lucidus Turcz）	1	0.04%		1.384	0.8397	
	旋花科	打碗花（Calystegia hederacea Wall.）	1	0.04%	3	3.561	2.804	2.003
		菟丝子（Cuscuta chinensis）	1	0.04%		1.103	0.9358	
		旋花科（Convolvulaceae）	1	0.04%		1.672	1.293	1.128
	锦葵科	苘麻（Abutilon theophrasti Medicus）	9	0.33%	31	2.907	2.445	1.903
		锦葵（Malva Sinensis Cavan）	22	0.82%		2.342	2.089	1.535
	鸢尾科	马蔺（Iris lactea Pall. var. chinensis（Fisch.）Koidz.）	63	2.34%	63	4.209	4.003	3.148
	菊科	大籽蒿（Artemisia sieversiana Ehrhart ex Willd.）	2	0.07%	2	1.374	0.618	
	十字花科	独行菜（Lepidium apetalum）	2	0.07%	2	1.137	0.6739	0.4069
	罂粟科	罂粟（Cultivated Opium Poppy）	2	0.07%	2	1.293	1.035	0.9107
	马鞭草科	荆条（Vitex negundo）	1	0.04%	1	3.225	2.481	
	茄科	假酸浆（Nicandra physaloides）	1	0.04%	1	1.653	1.117	0.8591
	牻牛儿苗科	牻牛儿苗（Caryophyllaceae）	1	0.04%	1	3.645	1.004	
	车前科	洋车前草（Psyllium）	96	3.56%	96	1.368	0.7356	0.5556
	忍冬科	忍冬科（Caprifoliaceae）	4	0.15%	4	8.941	6.291	4.002
	蔷薇科	龙芽草（Agrimonia pilosa Ledeb.）	1	0.04%	2	3.941	3.097	
		蛇莓（Duchesnea indica（Andr.）Focke）	1	0.04%		1.677	1.111	0.679
	葫芦科	甜瓜（Cucumis melo）	59	2.19%	59	7.51	2.783	1.741
	苦木科	臭椿（Ailanthus altissima（Mill.）Swingle）	1	0.04%	1	7.584	5.064	2.007
未知	Unknown	Unknown	7	0.26%	7	3.174	1.591	
合计			2696	100%	2696			

1. 农作物种子

遗址 38 份样品中出土农作物种子合计 1808 粒，主要分为禾本科、豆科、桑科三类，多为一年生草本，其中以禾本科植物种子所占的比重最大，其次为豆科植物，桑科最少。

（1）粟（Setaria italica），1460 粒，占农作物总数的 80.75%。禾本科狗尾草属。这些炭化粟粒呈圆形，较圆润。尾部圆，无尖。腹部扁平，籽粒表面光滑。胚部较长，呈 U 形，大于整体的 1/2，因烧烤而爆裂形成沟状（图 1）。

（2）黍（Panicum miliaceum），151 粒，占农作物总数的 8.53%。禾本科黍属。种子呈长圆形，背部较鼓，胚部 V 状，较短，小于整体的 1/2，尾部有尖。另外有一些带壳的谷粒，尚未炭化，谷壳表面较为光亮（图 2）。

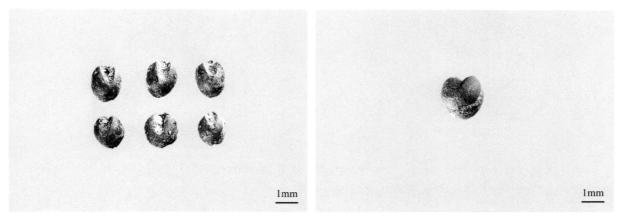

图 1　粟　　　　　　　　　　　　　　　　　图 2　黍

（3）水稻（Olyza Sativa），15 粒，占农作物总数的 0.83%。禾本科稻属。均为去壳后的稻米，所出稻米保存较为完好，其背腹扁平，呈长椭圆形，表面光亮，两侧纵向各有三条左右的纵纹。未发现基盘（图 3）。

（4）小麦（Triticum aestivum），63 粒（1 粒碎），占农作物总数的 3.48%。禾本科小麦属。小麦呈头宽尾窄状，背部凸起，腹部平缓（图 4）。

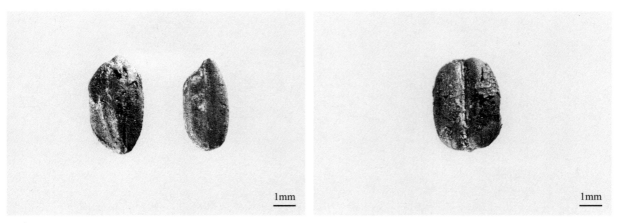

图 3　水稻　　　　　　　　　　　　　　　　图 4　小麦

（5）青稞（Hordeum vulgare），12 粒（1 粒碎），占农作物总数的 0.66%。禾本科大麦属。种子整体呈梭形，两头尖，背腹凸起，腹沟不明显（图 5）。

（6）大豆（Glycine max），100 粒，占农作物总数的 5.53%。豆科大豆属。遗址所出大豆大多保存状况较差，形体呈长椭圆形，胚区呈长圆形，脐部窄而长，位于腹部偏上，大豆含油脂较高，因火烧爆裂油脂析出表面产生孔隙（图 6）。

图 5　青稞　　　　　　　　　　　　　　　　　　　　　图 6　大豆

（7）豌豆（Pisum sativum Linn），4 粒，占农作物总数的 0.22%。豆科豌豆属，一年生或越年生攀援草本。保存状况较差，整体近圆形或椭圆形（图 7）。

（8）大麻（Cannabis sativa），3 粒，占农作物总数的 0.17%。桑科大麻属。瘦果卵形或卵状椭圆形，略扁，表面具有网格脉纹[3]（图 8）。

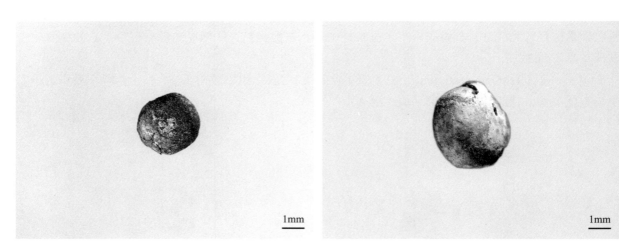

图 7　豌豆　　　　　　　　　　　　　　　　　　　　　图 8　大麻

2. 非农作物种子

遗址出土非农作物种子数量总计 881 粒，以藜科植物绝对数量最多，禾本科植物次之，再有车前科、鸢尾科、葫芦科等。

（1）禾本科（Gramineae）118 粒，占非农作物种子总数的 13.39%。包括一年生草本稗、野稷、野燕麦、狗尾草、早熟禾、马唐和多年生草本䅟草。

稗，18 粒。颖果卵形，脐较大，圆形，胚卵形，长约占颖果的 2/3。可做牧草，籽实可以食用（图 9）。

野稷，2 粒。颖果椭圆形，平凸状，脐椭圆形，胚为颖果的 2/5（图 10）。

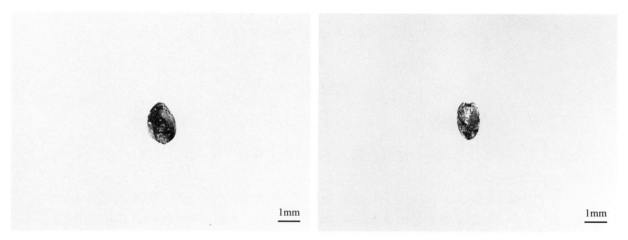

图 9　稗　　　　　　　　　　　　　　　　　　　　　图 10　野稷

野燕麦，2 粒。夏熟作物田杂草，颖果矩圆形，腹面具沟，胚椭圆形，长约占颖果的 1/5（图 11）。

狗尾草，89 粒。颖果椭圆形，脐椭圆形，腹面扁平，胚椭圆形，长约占颖果的 2/3。可做牧草，秆叶入药可治痈疔，面癣（图 12）。

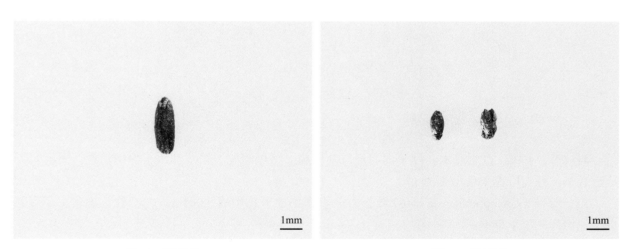

图 11　野燕麦　　　　　　　　　　　　　　　　　　图 12　狗尾草

早熟禾，2 粒。夏熟作物田杂草，颖果纺锤形，具三棱，腹面凹陷，胚椭圆形，凸起，长约占颖果的 1/4（图 13）。

马唐，3 粒。秋熟作物田杂草，颖果椭圆形，胚卵型，呈指纹状，长约占颖果的 1/3。为优良秋季牧草，谷粒可制淀粉（图 14）。

图 13　早熟禾　　　　　　　　　　　　图 14　马唐

藕草，2 粒。颖果呈椭圆形，腹部凸起，背部扁平。可做牧草，并供编制及造纸。易混于多种作物种子中（图 15）。

（2）豆科（Leguminosae）4 粒，占非农作物种子总数的 0.45%。包括草木樨和胡枝子。

草木樨，3 粒，一年生或越年生草本。种子肾状椭圆形，两侧扁，一侧稍微隆起（图 16）。

图 15　藕草　　　　　　　　　　　　图 16　草木樨

胡枝子，1 粒，直立灌木。种子倒卵形，两侧扁。可做绿肥、饲草和水土保持植物，嫩叶可以蒸晒煮茶，籽实可舂米食用（图 17）。

（3）藜科（Chenopodiaceae）467 粒，占非农作物种子总数的 53.01%。包括藜、地肤、碱蓬和虫实，均为一年生草本。

藜，456 粒。夏熟作物田杂草，种子卵圆形，扁平。嫩茎叶沸水焯后可食用（图 18）。

地肤，7 粒。种子横卵形，上下扁，胚马蹄铁形。果实入药，有清湿热，利尿，治荨麻疹和皮肤癣等功效，嫩茎叶可以吃，老株可用来做扫帚，通称"扫帚菜"（图 19）。

碱蓬，3 粒。种子近圆形，凸透镜状，表面具微细的网状纹（图 20）。

虫实，1 粒。果卵形或圆卵形。优良牧草，籽实可食用，亦可入药（图 21）。

（4）蓼科（Polygonaceae）13 粒，占非农作物种子总数的 1.48%。包括一年生草本酸模、两栖

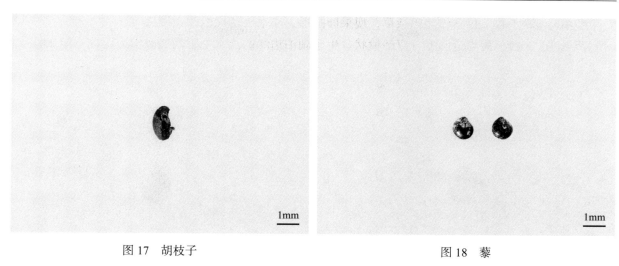

图 17　胡枝子　　　　　　　　　　　　　图 18　藜

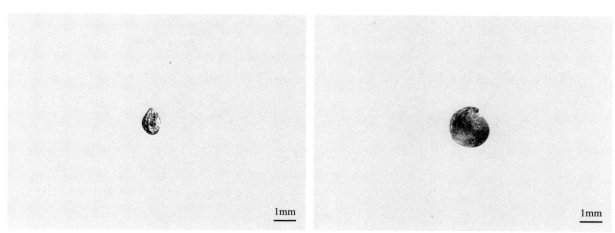

图 19　地肤　　　　　　　　　　　　　图 20　碱蓬

蓼、分叉蓼、拳蓼和多年生草本酸模叶蓼。

　　酸模，2 粒。瘦果三棱状椭圆形，表面光滑。全草入药，可治皮肤病、疥癣等（图 22）。

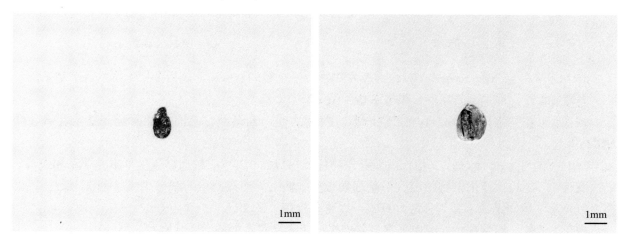

图 21　虫实　　　　　　　　　　　　　图 22　酸模

酸模叶蓼，1粒。夏熟作物田杂草，瘦果卵圆形，扁平，两面微凹（图23）。

两栖蓼，3粒。瘦果近圆形，双凸镜状。生于湖泊边缘的浅水中、沟边及田边湿地（图24）。

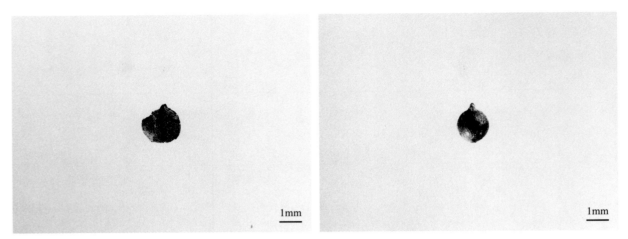

图 23　酸模叶蓼　　　　　　　　　　　　　　　　图 24　两栖蓼

分叉蓼，3粒。瘦果菱形三棱状，表面光滑，果棱较锐，顶端突尖。生于草原、山坡、农田（图25）。

拳蓼，4粒。小坚果椭圆状卵形。生于山坡、路旁草丛中（图26）。

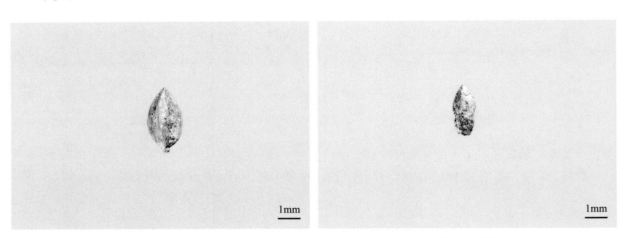

图 25　分叉蓼　　　　　　　　　　　　　　　　图 26　拳蓼

（5）莎草科（Cyperaceae）5粒，占非农作物种子总数的0.57%。包括多年生草本苔草和萤蔺。

苔草，4粒。种子呈阔卵形，臌胀多棱（图27）。

萤蔺，1粒。水田杂草，小坚果倒卵形，两侧扁而一面微凸，表面有细网纹，或稍有横波纹（图28）。

（6）蔷薇科（Rosaceae）2粒，占非农作物种子总数的0.23%。包括多年生草本龙芽草和蛇莓。

龙芽草，1粒。瘦果倒圆锥形，果基部具弯柄，柄端具明显凸出的圆形果脐。全草入药，止血消炎、止痢、解毒杀虫、益气强心。籽实可以磨面食用（图29）。

蛇莓，1粒。瘦果耳状，腹面平直，背面拱形。表面具微细的念珠状网纹（图30）。

（7）唇形科（Lamiaceae）6粒，占非农作物种子总数的0.68%。包括一年生草本香薷、紫苏和

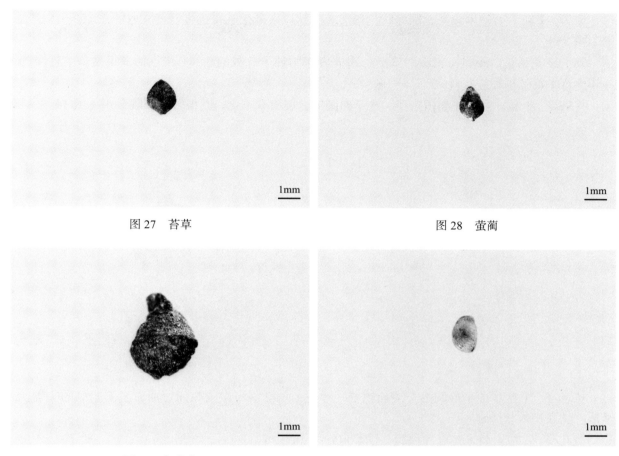

图 27　苔草　　　　　　　　　　　　　　　　　　图 28　萤蔺

图 29　龙芽草　　　　　　　　　　　　　　　　图 30　蛇莓

多年生草本地笋。

香薷，3 粒。瘦果矩圆状倒卵形，不明显三面体，背面隆起，腹面中线高，形成两个平面，顶部较平。全草药用，发汗、利尿、解毒（图 31）。

紫苏，2 粒。瘦果圆形，背面圆形弓曲，腹面较平，中部稍隆起，果顶圆。种子和叶入药，发汗、镇咳、利尿，嫩叶与籽实皆可采食（图 32）。

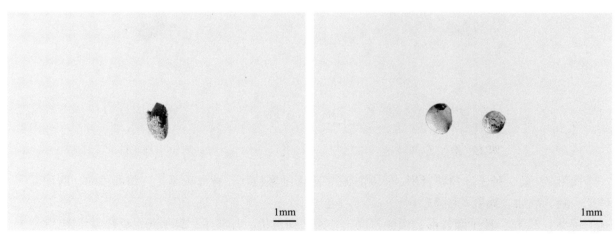

图 31　香薷　　　　　　　　　　　　　　　　　图 32　紫苏

地笋，1粒。小坚果扁平，倒卵状三棱形。晚秋以后采挖其根茎可以鲜食或炒食，亦可做酱菜等（图33）。

（8）旋花科（Convolvulaceae）3粒，占非农作物种子总数的0.34%。包括多年生草本打碗花、一年生草本菟丝子和旋花科。

打碗花，1粒。夏熟作物田杂草，种子卵圆形，表面有小疣，其根可以蒸晒食用（图34）。

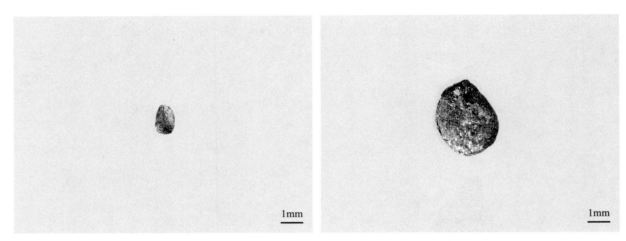

图33　地笋　　　　　　　　　　　　　　　图34　打碗花

菟丝子，1粒。种子椭圆形，表面粗糙，种子上端渐窄，微向腹面弯曲，呈不明显的突嘴状，嫩苗叶煠熟用油盐调食（图35）。

旋花科，1粒。尚未鉴定到种属，仅鉴定到科（图36）。

（9）锦葵科（Malvaceae）31粒，占非农作物种子总数的3.52%。包括一年生亚灌木状草本苘麻和二年生或多年生直立草本锦葵。

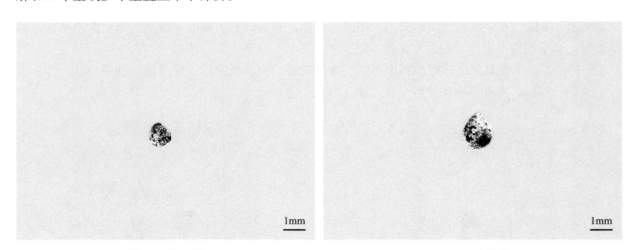

图35　菟丝子　　　　　　　　　　　　　　图36　旋花科

苘麻，9粒。种子三角状肾形，两侧压扁，表面细颗粒状，背面较厚，三角形弓曲，腹面较薄。种子入药，利尿，通乳（图37）。

锦葵，22粒。种子圆肾形，两侧斜扁，表面细颗粒状，背部厚，腹部薄，具缺口（图38）。

（10）鸢尾科（Iridaceae）马蔺63粒，占非农作物种子总数的7.15%。多年生密丛草本。种子

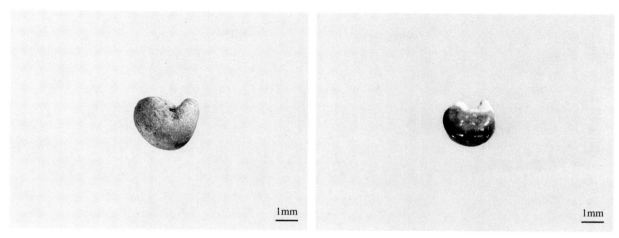

图 37　苘麻　　　　　　　　　　　图 38　锦葵

呈不规则多面体，纵长或近等直径，表面略粗糙，砂砾质或具小皱（图 39）。

（11）菊科（Asteraceae）大籽蒿 2 粒，占非农作物种子总数的 0.23%。蒿属，一年或二年生草本。种子倒卵形，稍弯曲。全草药用，消炎止痛，清热解毒（图 40）。

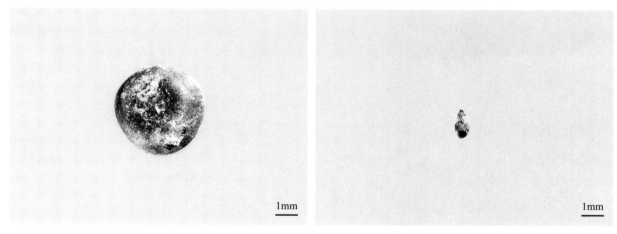

图 39　马蔺　　　　　　　　　　　图 40　大籽蒿

（12）十字花科（Brassicaceae）独行菜 2 粒，占非农作物种子总数的 0.23%。独行菜属，一年或两年生草本。种子半圆状倒卵形，扁。生于田间、路旁和草地。其嫩苗叶可以食用（图 41）。

（13）罂粟科（Papaveraceae）罂粟 2 粒，占非农作物种子总数的 0.23%。罂粟属，一年生草本。种子肾形，略扁，表面具粗网纹，网壁清晰，网眼深。背面圆形弓曲，较厚。果实可入药，止泻、镇痛（图 42）。

（14）马鞭草科（Verbenaceae）荆条 1 粒，占非农作物种子总数的 0.11%。牡荆属，落叶灌木。核果近球形。适宜植于山坡、湖塘边。也可入药（图 43）。

（15）茄科（Solanaceae）假酸浆 1 粒，占非农作物种子总数的 0.11%。假酸浆属，一年生草本。种子肾状圆形，扁，表面具网纹。顶端圆而厚，向下渐薄，背侧拱圆，腹侧平直。全草入药，镇静、祛痰、清热解毒（图 44）。

（16）牻牛儿苗科（Geraniaceae）牻牛儿苗 1 粒，占非农作物种子总数的 0.11%。牻牛儿苗属，多年生草本。种子倒圆锥形蛹状。生于路旁、田边、山坡，嫩叶可供食用（图 45）。

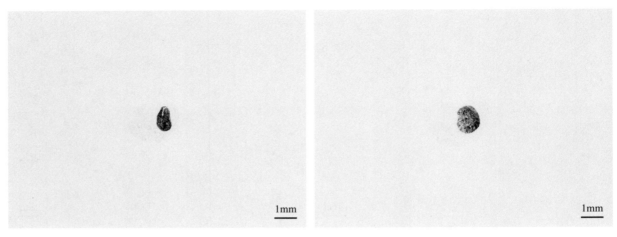

图41　独行菜　　　　　　　　　　　　图42　罂粟

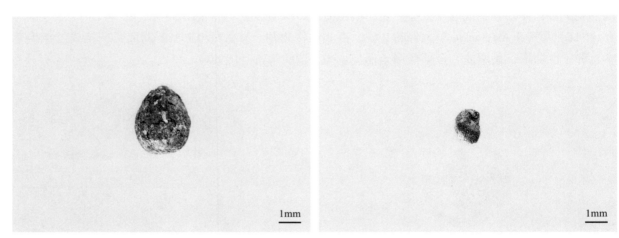

图43　荆条　　　　　　　　　　　　图44　假酸浆

（17）车前科（Plantaginaceae）洋车前草96粒，占非农作物种子总数的10.9%。车前属。种子呈不规则多面体，背腹压扁。生于农田、路旁、水沟等潮湿地（图46）。

（18）忍冬科（Caprifoliaceae）4粒，占非农作物种子总数的0.45%。尚未鉴定到种属，仅鉴定

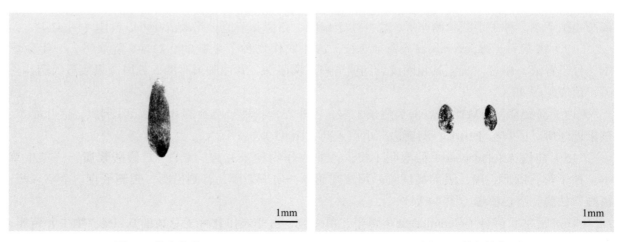

图45　牻牛儿苗　　　　　　　　　　　　图46　洋车前草

到科（图 47）。

（19）苦木科（Simaroubaceae）臭椿 1 粒，占非农作物种子总数的 0.11%。臭椿属，落叶乔木。系椿树的一种名樗树，其樗芽味臭不可食用。其材质坚韧、纹理直、易加工，是优良的木材原料（图 48）。

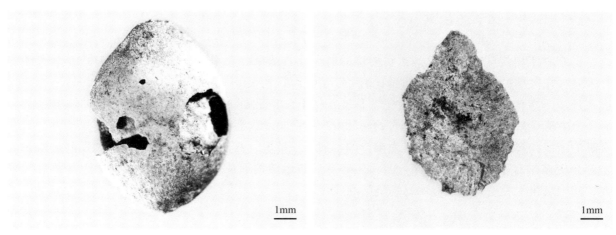

图 47　忍冬科　　　　　　　　　　　　　　　　图 48　臭椿

（20）葫芦科（Cucurbitaceae）甜瓜 59 粒，占非农作物种子总数的 6.7%。种子卵形或长圆形，先端尖，基部钝，表面光滑，无边缘。瓜蒂和种子药用（图 49）。

3. 未知植物种子

除了上述能够鉴定出种属的炭化植物种子外，在鉴定过程中还发现了 7 粒未能判断其种属的种子（图 50）。或因焚烧过甚致使其失去了特征部位，或是因自然原因导致其在埋藏过程中挤压破碎，无法对其进行鉴定，暂将其归置在未知的植物种子中，仅对其进行拍照、测量。

图 49　甜瓜　　　　　　　　　　　　　　　　图 50　未知植物种子

三、分 析 讨 论

（一）炭化木屑问题

窖穴中所出炭化木屑仅仅是木材燃烧后的少部分残留，总重57.9283克，平均每10升土样约1.11克。在发掘过程中，从窖穴剖面我们可以清晰地看到很厚一层尚未炭化的木屑，在地下特殊的埋藏环境下木材的纹理清晰可见。窖穴Ⅰ和窖穴Ⅱ均由青砖垒砌而成，前者呈倒穹隆顶的近圆形，后者呈方形，都属于半地穴式。窖穴的底部发现有完整的魏晋十六国风格的筒瓦等建筑构件，结合文献的记载和窖穴的构造以及窖穴内出土的木屑堆积情况，我们不难推测窖穴在使用期间，作为地上部分应该是有木头搭建的顶棚，经人工修葺后覆以砖瓦而成，后因焚烧或其他原因导致窖穴废弃，其中炭化木屑应该是顶棚木材燃烧后的残存。

（二）农作物遗存分析

两个窖穴中出土的农作物种子的数量占所有炭化植物种子的67.07%，其中以粟的绝对数量最多，其次为黍、大豆、小麦、水稻、青稞、豌豆、大麻。在这8种农作物遗存中，粟和黍占据绝对优势，约占出土农作物总数的94.71%。农作物种类较为丰富，而且多品种农作物种植制度相对于单品种农作物种植制度，更能有效防止自然灾害，降低风险。比对各类作物的绝对数量可以看出，当时的农业经济仍是以种植粟和黍为代表的典型北方旱作农业，伴随少量稻作农业，这与当时的微地理环境或有关系。

粟，俗称"谷子"或"小米"，起源于中国或东亚，具有悠久的栽培历史，是新石器时代黄河流域主要栽培物，黄河流域史前时期，考古发掘的粮食作物就数粟最多。直到唐代以前，粟一直是北方地区最主要的粮食作物之一，秦汉时期，粟是种植最多的谷物，唐宋时期南方地区也开始提倡种粟。宋末，由于水稻和小麦的发展，粟才慢慢退居二线[4]。窖穴中的粟在所有农作物中占比最大，表明在当时粟是作为主要的农作物品种，标志着其在魏晋十六国时期北方地区旱作农业的主体地位。

黍，古又名"秬"或"秠"。其生长周期较短，耐干旱耐贫瘠，适合在干旱的中国西北地区栽植，是古代最重要的粮食作物之一。《诗经》中有18个篇章提到黍，如《诗经·王风·黍离》："彼黍离离，彼稷之苗。行迈靡靡，中心摇摇。"[5]黍在《诗经》时代至唐宋时期，均作为主食出现在人们的生活中。《韩非子·外储说左下》："仲尼先饭黍而后啖桃，……，夫黍者，五谷之长也，祭先王为上盛。"[6]孔子先吃黍，认为黍为五谷之先。《齐民要术》中"黍穄"列为谷类作物的章首，可见其重要程度，说明魏晋十六国时期黍在先民生活中仍是主要栽培作物。

大豆，古称"菽"，《诗经》《管子》等文献多次提到。根据目前的统计资料，有11处考古遗址中发现了栽培大豆遗存，分布范围在黄河中游的陕西、山西、河南北部、内蒙古东南部、山东中部地区。时间大致从龙山时代至周代[7]，说明至迟在龙山时期大豆已经开始被人们驯化栽培。大豆具有良好的固氮作用，《齐民要术》："凡黍穄田，新开荒为上，大豆底为次，谷底为下。"[8]意思是说种植黍子、穄子的田地，最好为新开垦的田地，其次为前茬种大豆的地，正说明大豆成熟收割之后，其根系具有共生固氮的根瘤菌，可固定空气中的氮，使土壤中的自生固氮菌成为优势菌种大量滋生，可作为良好的氮肥。遗址浮选出土的大豆数量仅次于粟和黍，说明在当时大豆是作为重要的农作物进行栽培，多品种农作物的综合种植不仅相互间有利，更是降低了农作物种植的危险系数。

小麦，起源于西亚的肥沃新月地带，约在7000年左右传入了中亚，在停滞一段时间之后，大概在至迟4000年左右传入中国，开始广泛分布于中国北方地区和西南地区。山东龙山时代的赵家庄遗址考古资料显示，小麦很可能在距今4500年就已经传入中国[9]。中原地区禹州瓦店遗址[10]的小麦遗存进行直接测年的数据显示其年代晚于遗址的年代（即龙山时代），这一时期各遗址出土的小麦遗存普遍偏少。《诗经》时代称小麦为"来"。如《诗经·周颂·思文》曰："贻我来牟，帝命率育。"[11]《吕氏春秋》中的麦，没有大麦、小麦之分，均指大麦。小麦一词最早见于魏晋时期《名医别录》："小麦，味甘，微寒，无毒。主除热，止燥渴、咽干，……"[12]至此麦才有小麦、大麦之分。小麦大面积种植源于汉代，窖穴中小麦出土数量偏少，表明小麦在当时并非主要农作物。

水稻是东亚地区最早驯化栽培的农作物之一，驯化与栽培的地域主要集中在长江流域。文献记载，水稻在山西地区已有1900多年的种植历史。东汉安帝三年（116年）春正月甲戌"修理太原旧沟渠，溉灌官私田。郦元水经注曰：'昔智伯遏晋水以灌晋阳，后人踵其遗迹，蓄以为沼，分为二派，北渎即智氏故渠也。其渎乘高，东北注入晋阳城，以溉灌，东南出城注于汾水。'今所修沟渠即谓此"。[13]《太平寰宇记》载："隋图经云……晋泽，在县西南六里，隋开皇六年引晋水溉稻田，周回四十一里。"[14]晋泽即指太原旧沟渠。从这些史料可知，晋祠水稻种植至迟在汉代开始。由于晋祠水稻生长的地表层有深厚的黑土，含有丰富的有机物，蓄水性强，且pH值为碱性。晋祠水稻性微寒，呈弱碱性，符合人体体液呈碱性的需要；同时，四季分明的大陆性气候，充足的日照、适宜的季风，都为晋祠水稻的开花、授粉、抽穗，提供了生长条件[15]。一直以来，晋祠水稻备受后人赞誉，宋代范仲淹"千家溉禾苗，满目江乡田"[16]的诗句、清代许荣"晋水源流汾水曲，荷花世界稻花香"的楹联，都在描绘晋祠稻田生产的盛大景象。

青稞，因内外颖壳分离，籽粒裸露，故又名裸大麦、元麦、米大麦。中国西北、华北、内蒙古、西藏等地均有栽培，目前最早的青稞遗存发现在西藏的昌果沟遗址，距今约3500年[17]。青稞是藏区的主要粮食产物，具有较高的营养价值和药用价值，亦是酿造青稞酒的原材料。窖穴中出土的少量青稞说明当地居民利用这种高寒作物，作为粮食作物的补充。

豌豆，原产于亚洲西部及地中海沿岸，在近东和欧洲新石器时代遗址中就已发现栽培的豌豆，距今7000年左右。在我国，豌豆也是重要的豆类栽培作物之一，至今已有2000年左右历史。豌豆一词最早见于三国魏·张揖的《广雅》："䜴豆、卑豆，豌豆也"，东汉崔寔《四民月令》里称其为䟆豆[18]。清人王士雄《随息居饮食谱》："粒圆如珠。《尔雅》名戎菽，《管子》作荏菽，《本草》名胡豆，《唐史》作毕豆，《辽志》作回回豆，俗称淮豆，亦曰寒豆。甘平。煮食和中，生津止渴，下气，通乳消胀。研末涂痈肿，……，亦可作酱用。"[19]豌豆具有耐干旱耐冻的特性，可做粮食和饲料，亦可备饥荒。豆叶、豆荚及籽实经加工可做副食。窖穴中出土的少量豌豆，说明豌豆虽然已经传入我国，但并未开始广泛地种植。

大麻，主要种植于北方，属于雌雄异株植物，雄株称"枲"，只开雄花，不结果实，其茎较为细长，其花的周围几乎无叶；雌株称"苴"，开花后可结果实，雌株的茎较粗短，花序末端叶多[20]；不分雌雄株则统称为麻。《诗经·豳风·七月》之"九月叔苴"[21]，其苴就指大麻开雌花者，大麻子可做粮食采集食用，作为备荒作物，麻子亦可榨油，但麻子食多会致幻，古人食麻子不仅为充饥，也有医疗的效果。同时，《诗经》中所见麻，皆为不分雌雄株者，统为纤维原料，如《诗经·陈风·东门之池》提到"可以沤麻"、《诗经·陈风·东门之枌》的"不绩其麻"等，其麻皆是提取纤维用作纺织材料。大麻在汉代还是一些地方的五谷之一，所处地位很高[22]。窖穴中出土的大麻遗存，说明在这一时期大麻仍然是晋阳先民种植的农作物之一。

（三）非农作物遗存综合分析

窖穴中除了以上 8 种农作物外，还发现了 40 多种其他杂草类植物种子，这些植物种子分属不同的科属，我们根据利用价值的不同将其进行统计分类，结果表明，作为观赏类的植物有 12 类，具有食用价值的 22 类，材用价值的植物 1 类，另外这些植物大多都具有药用价值和饲草价值，少量具有水土保持、固氮等价值。杂草是能够在人类试图维持某种植被状态的生境中不断延续其种族，并影响到人工植被状态维持的一类植物。简言之，杂草是能够在人工生境中自然繁殖其种族的植物。它往往依附于和自身在形态、生长发育规律以及对生态因子的需求等方面具有相似之处的人工栽培作物上[23]。

禾本科的杂草共计 118 粒，其中狗尾草占比最大，其次为稗。狗尾草是较为常见的田间杂草，常与黍亚科的粟和黍同出。稗喜温暖湿润环境，生长在浅水中，又耐旱、耐酸碱，繁殖力强，常出现在稻田间，与农作物争夺肥水。另外还出土野稷、野燕麦、早熟禾、䕶草各 2 粒，马唐 3 粒。以上几种禾本科杂草，除野稷外，基本上都是优良的饲草且具备药用价值等。

其中豆科、藜科、廖科、旋花科、锦葵科、蔷薇科、鸢尾科、十字花科、牻牛儿苗科等植物种子除去杂草的身份不说，大多都是可作为野菜食用的，并具备药用价值和饲草作用，亦作为编织的原材料，有些还是观赏性的植物。

藜，俗称"灰菜"，是野菜的一种。明人鲍山《野菜博录》云："灰菜，生田野中。苗高二三尺。茎有红线楞。叶有灰麮，结青子成穗，性甘，微苦。性暖，生墙下树下者亦不用。采苗叶煠熟，水浸淘去灰气，油盐调食，或晒干煠食。穗熟时采子磨面作饼，蒸食。"[24]《诗经》中提到"南山有台，北山有莱。"其中莱就是指藜。现代人食藜的方法与古人并无差别，或焯或蒸。藜在窖穴中大量的出现并非偶然，应该是古人生活中常备的蔬菜之一。豆科的胡枝子，籽实可舂米，做粥或炊饭。蔷薇科的龙牙草可取其籽实，或捣或磨做面食之。唇形科的紫苏采叶煠食，籽实做粥。牻牛儿苗其嫩叶煠熟，凉水浸淘去苦味，油盐调食。打碗花采根洗净可蒸食，或者晒干捣碎，炊饭食用。

可做编织材料的有䕶草、地肤、马蔺、苘麻等。其中䕶草的秆可编织成生活用具。地肤的老株可以用来做扫帚使用。苘麻可编织麻袋、搓绳索、编麻鞋等。马蔺可作纤维植物，替代麻生产纸、绳等，叶是编制工艺品的原料，根可以制作刷子，明人吴宽《马蔺草》："蘙蘙叶如许，丰草名可当。花开类兰蕙，嗅之却无香。不为人所贵，独取其根长。为帚或为拂，用之材亦良。根长既入土，多种河岸旁。岸崩始不善，兰蕙亦寻常。"可见马蔺用途之广泛，窖穴中出土的较多的马蔺，说明马蔺在当时人们的生产生活中占有一定的比重。

此外，在窖穴中出土了较多的甜瓜种子，《随息居饮食谱》载："甜瓜，甘、寒，涤热。利便除烦，解渴疗饥，亦治暑痢。"[25]甜瓜的主要利用价值就是食用，其可食用的部分是肉质化的果皮，不可食用的籽粒散布在多汁的胎座中[26]，其瓜蒂和种子药用。这些甜瓜的出现表明古人在满足日常温饱所需的情况下，对瓜果类的植物进行栽培利用，既能降低农业种植的危险，也可丰富人们的物产生活（表 2）。

表 2　窖穴内出土炭化植物功能分组

植物名称	观赏	食用	材用	其他
稗（Echinochloa crusgalli）		√		药用、饲草
野稷（Panicum miliaceum var. ruderale Kitag.）				
野燕麦（Avena fatua）				药用、饲草
狗尾草（Setaria viridis）		√		药用、饲草
早熟禾（Poa annua）				药用、饲草、草坪
马唐（Digitaria sanguinalis）		√		药用、饲草
蔄草（Phalaris arundinacea Linn）				编织、造纸、饲草
草木樨（Melilotus suaveolens Ledeb.）				药用、饲草、绿肥
胡枝子（Lespedeza bicolor Turcz）	√	√		药用、饲草、固氮
藜（Chenopodium album）		√		药用
地肤（Kochia scoparia（L.）Schrad.）		√		药用、编织
碱蓬（Suaeda glauca（Bunge）Bunge in Bull.）				药用
虫实（Corispermum hyssopifolium L）		√		药用、饲草
酸模（Rumex acetosa Linn.）		√		调味、药用
酸模叶蓼（Polygonum lapathifolium）				药用
两栖蓼（Polygonum amphibium L.）	√			药用
分叉蓼（Polygonum divaricatum）				药用、水土保持
拳蓼（Polygonum Bistorta L.）				药用
苔草（Cultivated Opium Poppy）				草甸
萤蔺（Scirpus juncoides）				
香薷（Mosla chinensis Maxim.）				药用
紫苏（Perilla frutescens）		√		药用
地笋（Lycopus lucidus Turcz）	√	√		药用
打碗花（Calystegia hederacea Wall.）	√	√		药用
菟丝子（Cuscuta chinensis）		√		药用
旋花科（Convolvulaceae）	√	√		药用
苘麻（Abutilon theophrasti Medicus）				药用、沤麻、编织
锦葵（Malva Sinensis Cavan）	√	√		药用
马蔺（Iris lactea Pall. var. chinensis（Fisch.）Koidz.）	√	√		药用、饲草、编织
大籽蒿（Artemisia sieversiana Ehrhart ex Willd.）				药用、饲草
独行菜（Lepidium apetalum）		√		药用
罂粟（Cultivated Opium Poppy）	√	√		药用
荆条（Vitex negundo）	√			药用
假酸浆（Nicandra physaloides）	√			药用
牻牛儿苗（Caryophyllaceae）		√		
洋车前草（Psyllium）		√		药用

续表

植物名称	观赏	食用	材用	其他
忍冬科（Caprifoliaceae）	√			药用
龙芽草（Agrimonia pilosa Ledeb.）		√		药用、饲草
蛇莓（Duchesnea indica（Andr.）Focke）		√		药用
甜瓜（Cucumis melo）		√		药用
臭椿（Ailanthus altissima（Mill.）Swingle）	√		√	药用、水土保持
合计	12	22	1	

四、结　　语

从窖穴遗迹所出的农作物遗存来看，晋阳古城先民在当时环境下其农作物种植仍以粟和黍为主，通过对绝对数量的比对分析，发现其利用程度远高于其他农作物，说明在魏晋十六国时期这一地区农业种植仍是中国北方旱作农业传统。同时，窖穴中还发现了小麦、水稻、大豆、青稞等农作物，虽然数量偏少，但仍然反映出这一地区农业呈现出多品种农作物种植结构，多种农作物交叉种植，不仅有效地利用了土地资源，而且能够有效地防止自然灾害。

值得注意的是，此次窖穴中还发现了大量的杂草及其他植物种子，但从窖穴的功能分析来看，窖穴应是作为存储粮食使用，不应该出土大量的杂草植物种子。并且在对土样进行采集和浮选过程中发现了大量的碎陶片、骨头，以及较多细碎的鱼骨等。我们推测窖穴在早期是用作存储粮食的，到了后期可能是在废弃后作为垃圾坑使用，这些炭化植物遗存应是伴随废弃物一起埋藏在窖穴中的，这可能是导致窖穴中杂草植物种子偏多的原因。此次植物遗存的浮选工作是晋阳古城遗址第一次开展的，对认识魏晋十六国时期晋阳地区生业方式具有重要的学术价值和科学意义。

注　　释

［1］韩炳华、裴静蓉：《晋阳古城发掘二号建筑遗址群》，《中国文物报》2016年12月2日，第6版。

［2］赵志军、何弩：《陶寺城址2002年度浮选结果及分析》，《考古》2006年第5期。

［3］关于杂草种子鉴定参考以下书目，关广清等：《杂草种子图鉴》，科学出版社，2000年；中国科学院植物研究所等：《杂草种子图说》，科学出版社，1980年；强胜：《杂草学（第二版）》，中国农业出版社，2009年。

［4］潘富俊：《诗经植物图鉴》，猫头鹰出版社，2014年。

［5］潘富俊、草木缘情：《中国古典文学中的植物世界》，商务印书馆，2015年。

［6］（战国）韩非著，张觉译注：《韩非子全译》，贵州人民出版社，1992年。

［7］孙永刚：《栽培大豆起源与植物考古学研究》，《农业考古》2013年第6期。

［8］（北朝）贾思勰著，缪启愉、缪桂龙译注：《齐民要术译注》，上海古籍出版社，2009年。

［9］赵志军：《小麦传入中国的研究——植物考古资料》，《南方文物》2015年第3期。

［10］靳桂云、王海玉等：《山东胶州赵家庄遗址龙山文化炭化植物遗存研究》，《科技考古（第三辑）》，科学出版社，2011年。

［11］周振甫：《诗经译注》，中华书局，2002年。

［12］（南朝·梁）陶弘景集，尚志钧辑校：《名医别录》，人民卫生出版社，1986年。

［13］（南朝·宋）范晔：《后汉书》，中华书局，1973 年。

［14］（宋）乐史：《太平寰宇记》，中华书局，2007 年。

［15］束海刚等：《论拯救晋祠水稻　重塑晋祠大米品牌形象》，《农业技术与装备》2007 年第 10 期。

［16］李仰斌：《灌溉水文化从智伯渠说起》，《中国水利报》2013 年 5 月 30 日，第 3 版。

［17］傅大雄：《西藏昌果沟遗址新石器时代农作物遗存的发现、鉴定与研究》，《考古》2001 年第 3 期。

［18］张思文、李忠娴：《我国古代对豌豆特征特性的观察及栽培利用》，《农业考古》1984 年第 1 期。

［19］（清）王士雄著，刘筑琴注译：《居饮食谱》，三秦出版社，2005 年。

［20］杨瑞林：《大麻及栽培利用》，《中国纤检》2003 年第 3 期。

［21］周振甫：《诗经译注》，中华书局，2002 年。

［22］刘兴林：《先秦两汉农作物分布组合的考古学研究》，《考古学报》2016 年第 4 期。

［23］强胜：《杂草学（第二版）》，中国农业出版社，2009 年。

［24］（明）鲍山编，王承略点校解说：《野菜博录》，山东画报出版社，2007 年。

［25］（清）王士雄著，刘筑琴注译：《随息居饮食谱》，三秦出版社，2005 年。

［26］赵志军：《植物考古学：理论、方法和实践》，科学出版社，2010 年。

图　版

图版一　发掘区布方（上为北）

图版二　发掘区航拍（上为北）

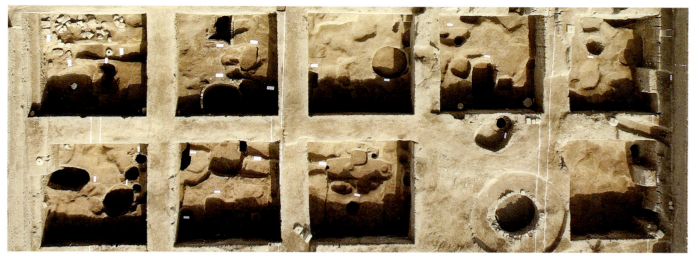

图版三　发掘区航拍（上为北）

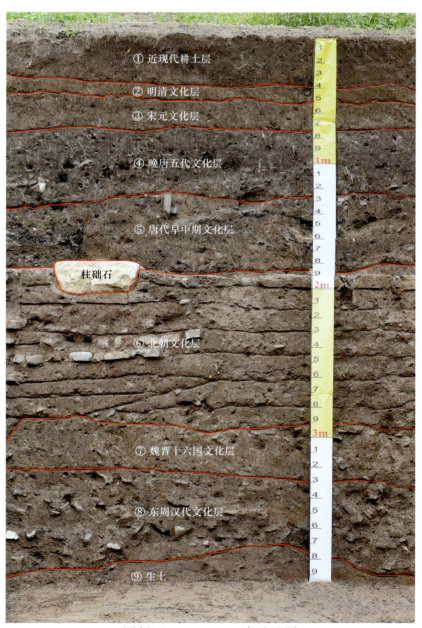

① 近现代耕土层

② 明清文化层

③ 宋元文化层

④ 晚唐五代文化层

⑤ 唐代早中期文化层

柱础石

⑥ 北朝文化层

⑦ 魏晋十六国文化层

⑧ 东周汉代文化层

⑨ 生土

1m
2m
3m

图版四　TN03W01 东壁地层

图版五　M2（俯视）

图版六　M3（俯视）

图版七　水池 1（俯视）

图版八　晚唐五代建筑基址（东—西）

图版九　北朝建筑基址 F1 遗迹（南—北）

图版一○　北朝建筑基址 F2 遗迹（俯视，上为北）

图版一一　F2 柱础石（俯视）

图版一二　北朝建筑基址 F3 遗迹（俯视，上为北）

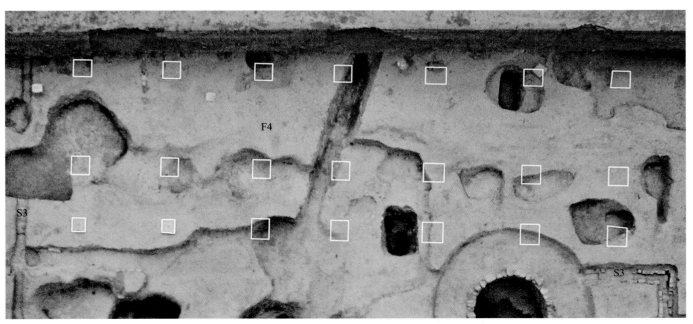

图版一三　北朝建筑基址 F4 遗迹（俯视，上为东）

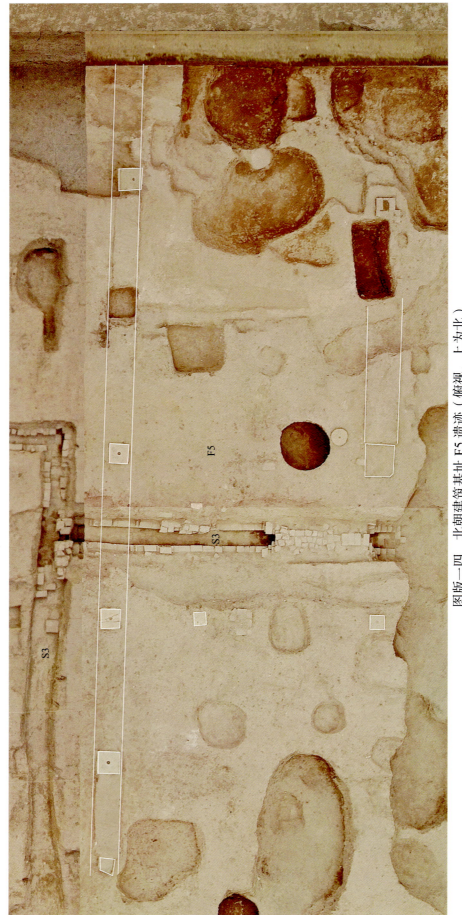

图版一四　北朝建筑基址 F5 遗迹（俯视，上为北）

图版一五 J1 遗迹（俯视）

图版一六 J2 遗迹（俯视）

图版一七 J2 局部（东—西）

图版一八　S3 遗迹（俯视，上为北）

图版一九　S3 局部（南—北）

图版二〇　TN01W04 内 S3 泄水口（南—北）

图版二二　S3 第 10 段（东—西）

图版二一　S3 局部（南—北）

图版二三　S4 遗迹（俯视，上为北）

图版二四　S2 遗迹（俯视）

图版二五　水池 2 遗迹（南—北）

图版二六　J5 遗迹（俯视，上为北）

图版二七　Y1 遗迹（俯视，上为北）

图版二八　Z4 遗迹（南—北）

图版二九　Z13 遗迹（北—南）

图版三〇　Z14 遗迹（南—北）　　　图版三一　Z17 和 Z18 遗迹（南—北）

图版三二　H52 遗迹（北—南）

图版三三　H146 遗迹（俯视，南—北）

图版三四　H64 遗迹（西—东）　　　　　图版三五　H65 遗迹（南—北）

图版三六　H120 遗迹（西—东）　　　　　图版三七　H135 遗迹（东—西）

图版三八　北朝至五代 Aa 型板瓦（标本 H51：2）

图版三九　北朝至五代 Ab 型板瓦（标本 TN04W01 ⑤：1）

图版四〇　北朝至五代 Ab 型板瓦（标本 H59：1）

图版四一　北朝至五代 Ab 型板瓦（标本 J1：27）

图版四二　北朝至五代 Ab 型板瓦（标本 J2：54）

图版四三　北朝至五代 Ab 型板瓦（标本 J2：55）

图版四四　北朝至五代 Ab 型板瓦（标本 J2：56）

图版四五　北朝至五代 Ab 型板瓦（标本 J2：57）

图版四六　北朝至五代 Ac 型板瓦（标本 H51：1）

图版四七　北朝至五代 Ac 型板瓦（标本 J2：58）

图版四八　北朝至五代 Ba 型板瓦（标本 TN05W03④：3）

图版四九　北朝至五代 Ba 型板瓦（标本 H9：1）

图版五○　北朝至五代 Ba 型板瓦（标本 H35：1）

图版五一　北朝至五代 Ba 型板瓦（标本 H45：1）

图版五二　北朝至五代 Ba 型板瓦（标本 Z7：1）

图版五三　北朝至五代 Ba 型板瓦（标本 Z7：2）

图版五四　北朝至五代 Bb 型板瓦
（标本 H60：84）

图版五五　北朝至五代 A 型 I 式筒瓦
（标本 H45：4）

图版五六　北朝至五代 A 型 I 式筒瓦
（标本 J1：23）

图版五七　北朝至五代 A 型 I 式筒瓦
（标本 J1：24）

图版五八　北朝至五代 A 型 I 式筒瓦
（标本 J2：47）

图版五九　北朝至五代 A 型 II 式筒瓦
（标本 TS01W01 ④：48）

图版六〇　北朝至五代 A 型 II 式筒瓦
（标本 TS01W01 ④：49）

图版六一　北朝至五代 A 型 II 式筒瓦
（标本 TS01W01 ④：50）

图版六二　北朝至五代 A 型 Ⅱ 式筒瓦
（标本 Z6：1）

图版六三　北朝至五代 B 型 Ⅰ 式筒瓦
（标本 TN02W01 ⑤：1）

图版六四　北朝至五代 B 型 Ⅰ 式筒瓦
（标本 TN05W01 ④：10）

图版六五　北朝至五代 B 型 Ⅰ 式筒瓦
（标本 J2：51）

图版六六　北朝至五代 B 型 Ⅱ 式筒瓦
（标本 TN02W03 ④：4）

图版六七　北朝至五代 B 型 Ⅱ 式筒瓦
（标本 TN03W01 ④：4）

图版六八　北朝至五代 C 型筒瓦（标本 H23：68）

图版六九　北朝至五代 Aa 型 I 式莲花纹瓦当
（标本 H51：4）

图版七〇　北朝至五代 Aa 型 II 式莲花纹瓦当
（标本 H30：3）

图版七一　北朝至五代 Ab 型 I 式莲花纹瓦当
（标本 H23：11）

图版七二　北朝至五代 Ab 型 II 式莲花纹瓦当
（标本 TN02W03 ⑤：28）

图版七三　北朝至五代 Ab 型 II 式莲花纹瓦当
（标本 TN03W01 ④：5）

图版七四　北朝至五代 Ba 型莲花纹瓦当
（标本 J1：36）

图版七五　北朝至五代 Ba 型莲花纹瓦当
（标本 H51：6）

图版七六　北朝至五代 Ba 型莲花纹瓦当
（标本 H52：8）

图版七七　北朝至五代 Bb 型 I 式莲花纹瓦当
（标本 TN04W05 ⑤：2）

图版七八　北朝至五代 Bb 型 I 式莲花纹瓦当
（标本 TN02W04 ⑥：9）

图版七九　北朝至五代 Bb 型 I 式莲花纹瓦当
（标本 J2：78）

图版八〇　北朝至五代 Bb 型 I 式莲花纹瓦当
（标本 J2：81）

图版八一　北朝至五代 Bb 型 I 式莲花纹瓦当
（标本 J2：83）

图版八二　北朝至五代 Bb 型 I 式莲花纹瓦当
（标本 H51：5）

图版八三　北朝至五代 Bb 型 I 式莲花纹瓦当
（标本 J1：3）

图版八四　北朝至五代 Bb 型 I 式莲花纹瓦当
（标本 J1：33）

图版八五　北朝至五代 Bb 型 I 式莲花纹瓦当
（标本 J1：34）

图版八六　北朝至五代 Bb 型 I 式莲花纹瓦当
（标本 J2：82）

图版八七　北朝至五代 Bb 型 II 式莲花纹瓦当
（标本 TN04W05 ⑤：1）

图版八八　北朝至五代 Bb 型 II 式莲花纹瓦当
（标本 TN01W02 ⑤：3）

图版八九　北朝至五代 Bb 型 II 式莲花纹瓦当
（标本 TN05W02 ⑤：2）

图版九○　北朝至五代 Bb 型 III 式莲花纹瓦当
（标本 H23：7）

图版九一　北朝至五代 Bb 型 III 式莲花纹瓦当
（标本 J1：35）

图版九二　北朝至五代 Bc 型 I 式莲花纹瓦当
（标本 TN01W02 ⑤：2）

图版九三　北朝至五代 Bc 型 Ⅰ 式莲花纹瓦当
（标本 H12：8）

图版九四　北朝至五代 Bc 型 Ⅱ 式莲花纹瓦当
（标本 TN05W01 ④：9）

图版九五　北朝至五代 Bc 型 Ⅱ 式莲花纹瓦当
（标本 TS01W01 ④：6）

图版九六　北朝至五代 Bc 型 Ⅱ 式莲花纹瓦当
（标本 TS01W01 ④：7）

图版九七　北朝至五代 Bc 型 Ⅱ 式莲花纹瓦当
（标本 TS01W01 ④：8）

图版九八　北朝至五代 Bc 型 Ⅱ 式莲花纹瓦当
（标本 TS01W01 ④：9）

图版九九　北朝至五代 Bd 型莲花纹瓦当
（标本 J2：2）

图版一〇〇　北朝至五代 Be 型 I 式莲花纹瓦当
（标本 J1：45）

图版一〇一　北朝至五代 Be 型 I 式莲花纹瓦当
（标本 J2：1）

图版一〇二　北朝至五代 Be 型 II 式莲花纹瓦当
（标本 TS01W01 ④：2）

图版一〇三　北朝至五代 C 型莲花纹瓦当
（标本 J2：77）

图版一〇四　北朝至五代 D 型莲花纹瓦当
（标本 J2：4）

图版一〇五　晚唐五代 Aa 型 I 式兽面纹瓦当
（标本 TN02W03 ④：6）

图版一〇六　晚唐五代 Aa 型 II 式兽面纹瓦当
（标本 TN05W01 ④：5）

图版一〇七　晚唐五代 Aa 型 II 式兽面纹瓦当
（标本 TS01W05 ④：5）

图版一〇八　晚唐五代 Aa 型 II 式兽面纹瓦当
（标本 TS01W05 ④：7）

图版一〇九　晚唐五代 Aa 型 II 式兽面纹瓦当
（标本 TS01W05 ④：27）

图版一一〇　晚唐五代 Aa 型 III 式兽面纹瓦当
（标本 TS01W01 ④：4）

图版一一一　晚唐五代 Aa 型 III 式兽面纹瓦当
（标本 TS01W01 ④：5）

图版一一二　晚唐五代 Aa 型 III 式兽面纹瓦当
（标本 TS01W01 ④：12）

图版一一三　晚唐五代 Ba 型 I 式兽面纹瓦当
（标本 TN01W02 ④：1）

图版一一四　垒脊瓦（标本 TS01W01 ④：16）

图版一一五　垒脊瓦（标本 TS01W01 ④：20）

图版一一六　垒脊瓦（标本 TS01W01 ④：21）

图版一一七　垒脊瓦（标本 H45：6）

图版一一八　当沟瓦（标本 TN02W01 ④：1）

图版一一九　当沟瓦（标本 H66：10）

图版一二〇　北朝至五代 A 型长方形砖
（标本 TN03W01 ④：2）

图版一二一　北朝至五代 A 型长方形砖
（标本 TG5H3：16）

图版一二二　北朝至五代 A 型长方形砖
（标本 TG5H3：17）

图版一二三　北朝至五代 B 型长方形砖
（标本 H15：1）

图版一二四　北朝至五代 B 型长方形砖
（标本 H63：1）

图版一二五　北朝至五代 B 型长方形砖
（标本 H70：115）

图版一二六　北朝至五代 B 型长方形砖
（标本 H105：31）

图版一二七　北朝至五代 C 型长方形砖
（标本 H61：2）

图版一二八　北朝至五代 C 型长方形砖
（标本 H61：11）

图版一二九　北朝至五代 C 型长方形砖
（标本 H66：14）

图版一三〇　北朝至五代 A 型 I 式正方形砖
（标本 TN01W01 ⑥：1）

图版一三一　北朝至五代 A 型 II 式正方形砖
（标本 TN05W04 ④：6）

图版一三二　北朝至五代 A 型 II 式正方形砖
（标本 TS01W01 ④：45）

图版一三三　北朝至五代 B 型正方形砖
（标本 H60：10）

图版一三四　北朝至五代 B 型正方形砖
（标本 H36：19）

图版一三五　北朝至五代 B 型正方形砖
（标本 H61：1）

图版一三六　长方形空心砖（标本 TN02W04 ⑥：19）

图版一三七　长方形空心砖（标本 TN02W04 ⑥：20）

图版一三八　长方形空心砖（标本 TN03W01 ⑤：15）

图版一三九　长方形空心砖（标本 TN04W04 ⑤：1）

图版一四〇　长方形空心砖（标本 TN05W03 ⑥：1）

图版一四一　长方形空心砖（标本 H23：24）

图版一四二　长方形空心砖（标本 H23：26）

图版一四三　长方形空心砖（标本 H32：3）

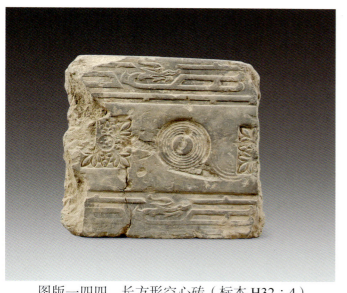

图版一四四　长方形空心砖（标本 H32：4）

图版一四五　长方形空心砖（标本 H32：19）

图版一四六　长方形空心砖（标本 H43：4）

图版一四七　长方形空心砖（标本 H60：1）

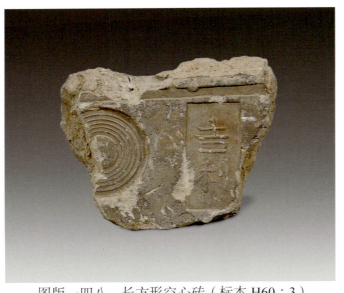

图版一四八　长方形空心砖（标本 H60：3）

图版一四九　长方形空心砖（标本 H68：20）

图版一五〇　长方形空心砖（标本 S3：1）

图版一五一　长方形空心砖（标本 TN02W03 ⑥：6）

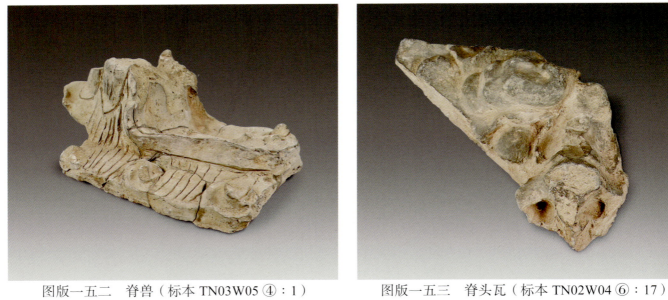

图版一五二　脊兽（标本 TN03W05 ④：1）

图版一五三　脊头瓦（标本 TN02W04 ⑥：17）

图版一五四　脊头瓦（标本 H32：2）

图版一五五　脊头瓦（标本 H60：8）

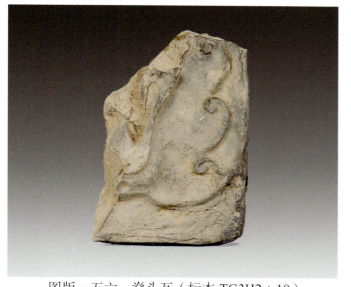

图版一五六　脊头瓦（标本 TG3H2：10）

图版一五七　脊头瓦（标本 TN05W04 ⑤：9）

图版一五八　石雕狮子（标本 TN05W04 ⑤：8）

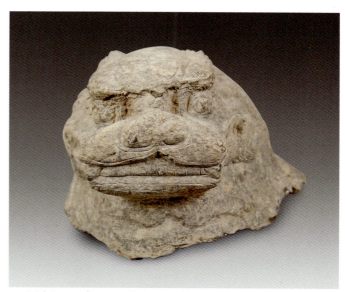

图版一五九　石雕狮子（标本 TS01W01 ④：34）

图版一六〇　石雕莲花底座（标本 TS01W01 ④：35）

图版一六一　石雕莲花底座（标本 TS01W01 ④：38）

图版一六二　石雕莲花底座（标本 TN04W05 ④：12）

图版一六三　石雕构件（标本 TS01W01 ④：37）

图版一六四　门窝砖（标本 TN03W02 ⑥：4）

图版一六五　门窝砖（标本 TN04W01 ⑥：2）

图版一六六　门窝砖（标本 H70：58）

图版一六七　门窝砖（标本 H66：15）

图版一六八　门窝砖（标本 H132：5）

图版一六九　凿孔砖（标本 H120：14）

图版一七〇　带凿窝砖（标本 H68：17）

图版一七一　北朝至五代 A 型 I 式盆
（标本 H46：9）

图版一七二　北朝至五代 A 型 II 式盆
（标本 TN04W03 ⑤：7）

图版一七三　北朝至五代 A 型 II 式盆
（标本 H19：1）

图版一七四　北朝至五代 A 型 II 式盆
（标本 H23：51）

图版一七五　北朝至五代 A 型 II 式盆
（标本 H45：35）

图版一七六　北朝至五代 A 型 II 式盆
（标本 H54：4）

图版一七七　北朝至五代 A 型 II 式盆
（标本 H69：2）

图版一七八　北朝至五代 B 型 I 式盆
（标本 TN02W05 ⑤：1）

图版一七九　北朝至五代 B 型 I 式盆
（标本 TN03W01 ⑤：1）

图版一八〇　北朝至五代 B 型 I 式盆
（标本 TN01W04 ⑤：8）

图版一八一　北朝至五代 B 型 I 式盆
（标本 TN02W05 ⑤：13）

图版一八二　北朝至五代 B 型 I 式盆
（标本 H43：1）

图版一八三　北朝至五代 B 型 I 式盆
（标本 H52：46）

图版一八四　北朝至五代 B 型 II 式盆
（标本 H52：43）

图版一八五　北朝至五代 C 型 I 式盆
（标本 H71：25）

图版一八六　北朝至五代 C 型 I 式盆
（标本 H71：26）

图版一八七　北朝至五代 D 型 I 式盆
（标本 TN01W02 ⑤：12）

图版一八八　北朝至五代 D 型 I 式盆
（标本 TN02W03 ④：5）

图版一八九　北朝至五代 D 型 I 式盆
（标本 TN05W02 ⑤：4）

图版一九〇　北朝至五代 D 型 I 式盆
（标本 TN05W02 ⑤：7）

图版一九一　北朝至五代 D 型 I 式盆
（标本 H52：44）

图版一九二　北朝至五代 D 型 I 式盆
（标本 H53：1）

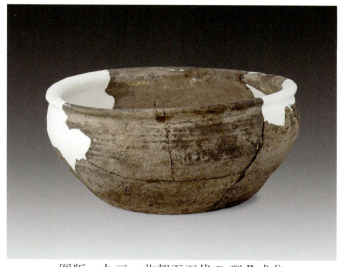

图版一九三　北朝至五代 D 型 II 式盆
（标本 TS01W01 ④：63）

图版一九四　北朝至五代 D 型 II 式盆
（标本 TN05W04 ④：2）

图版一九五　北朝至五代 D 型 II 式盆
（标本 TN05W04 ④：11）

图版一九六　北朝至五代 D 型 II 式盆
（标本 TN05W04 ④：12）

图版一九七　北朝至五代 D 型 II 式盆
（标本 H28：12）

图版一九八　北朝至五代 D 型 II 式盆
（标本 H28：13）

图版一九九　北朝至五代 E 型盆
（标本 H38：4）

图版二〇〇　北朝至五代 E 型盆
（标本 TN01W04 ⑤：18）

图版二〇一　北朝至五代 F 型盆
（标本 TN01W03 ④：13）

图版二〇二　北朝至五代 F 型盆
（标本 TN05W02 ⑤：6）

图版二〇三　北朝至五代 Aa 型 I 式罐
（标本 J2：13）

图版二〇四　北朝至五代 Aa 型 II 式罐
（标本 TN02W01 ⑥：3）

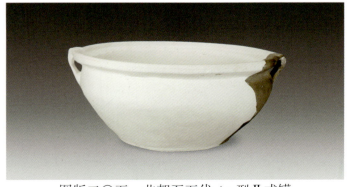

图版二〇五　北朝至五代 Aa 型 II 式罐
（标本 TN05W01S4：1）

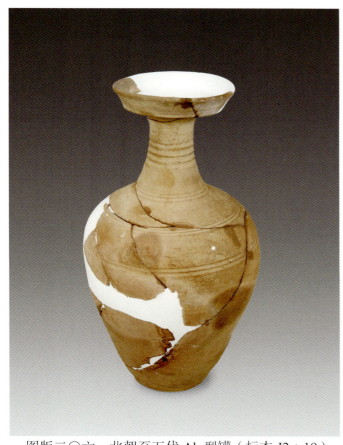

图版二〇六　北朝至五代 Ab 型罐（标本 J2：19）

图版二〇七　北朝至五代 Ab 型罐（标本 J2：14）

图版二〇八　北朝至五代 Ab 型罐（标本 J2：75）

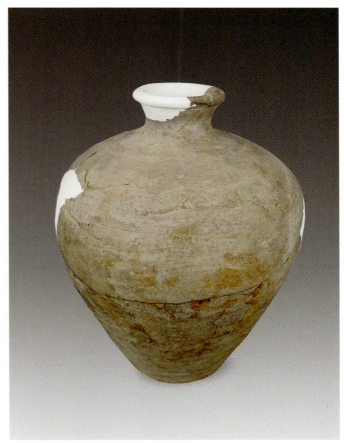

图版二〇九　北朝至五代 B 型罐（标本 J2：6）

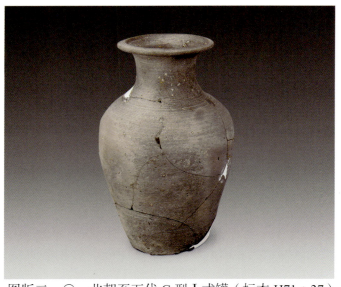

图版二一〇　北朝至五代 C 型 I 式罐（标本 H71：37）

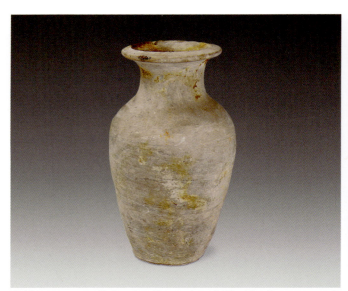

图版二一一　北朝至五代 C 型 I 式罐（标本 H71：48）

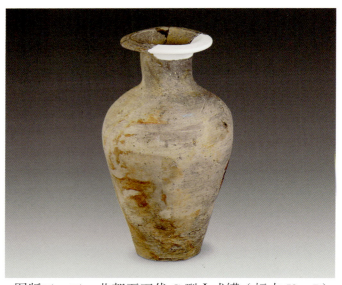

图版二一二　北朝至五代 C 型 I 式罐（标本 J2：7）

图版二一三　北朝至五代 C 型 I 式罐（标本 J2：10）

图版二一四　北朝至五代 C 型 I 式罐（标本 J2：11）

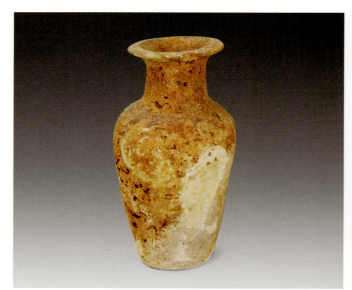

图版二一五　北朝至五代 C 型 I 式罐（标本 J2：12）

图版二一六　北朝至五代 C 型 II 式罐（标本 J2：5）

图版二一七　北朝至五代 C 型 II 式罐（标本 J2：15）

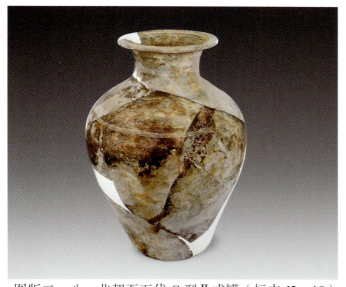

图版二一八　北朝至五代 C 型 II 式罐（标本 J2：18）

图版二一九　北朝至五代 C 型 II 式罐（标本 J1：2）

图版二二〇　北朝至五代 C 型 II 式罐（标本 J1：5）

图版二二一　北朝至五代 C 型 II 式罐（标本 TG5H3：1）

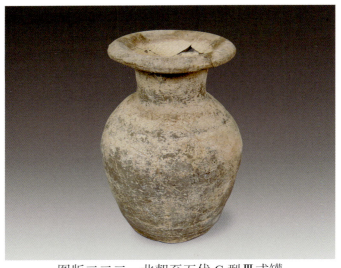

图版二二二　北朝至五代 C 型 III 式罐
（标本 H5：1）

图版二二三　北朝至五代 C 型 III 式罐
（标本 TN04W01 ⑤：13）

图版二二四　北朝至五代 D 型罐
（标本 TN03W02 ⑤：16）

图版二二五　北朝至五代 D 型罐
（标本 H60：138）

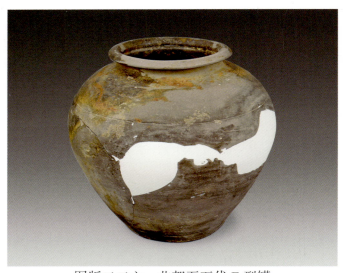

图版二二六　北朝至五代 E 型罐
（标本 J2：20）

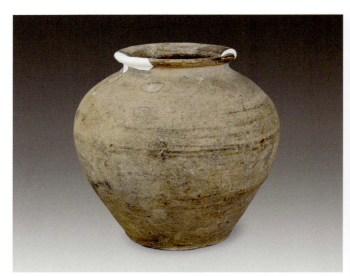

图版二二七　北朝至五代 E 型罐
（标本 TN01W03 ⑤：3）

图版二二八　北朝至五代 E 型罐
（标本 TN01W01 ④：1）

图版二二九　北朝至五代 E 型罐
（标本 TN03W01 ④：4）

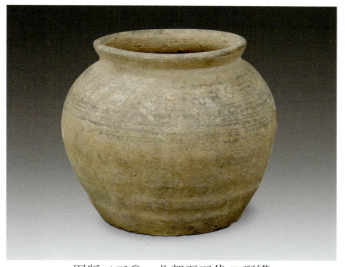

图版二三〇　北朝至五代 E 型罐
（标本 TN03W01 ⑤：8）

图版二三一　北朝至五代 E 型罐
（标本 H1：1）

图版二三二　北朝至五代 A 型瓮
（标本 TN02W03 ⑥：9）

图版二三三　北朝至五代 A 型瓮
（标本 H105：4）

图版二三四　北朝至五代 B 型瓮
（标本 H120：9）

图版二三五　北朝至五代 C 型 I 式瓮
（标本 H66：18）

图版二三六　北朝至五代 C 型 I 式瓮
（标本 TG3H2：2）

图版二三七　北朝至五代 C 型 II 式瓮
（标本 TS02W01 ④：5）

图版二三八　北朝至五代 B 型钵
（标本 TN01W02 ⑤：11）

图版二三九　北朝至五代 B 型钵
（标本 H58：1）

图版二四〇　北朝至五代 C 型钵（标本 H120：11）

图版二四一　北朝至五代 C 型钵（标本 H70：59）

图版二四二　北朝至五代 C 型钵
（标本 TN03W05 ⑤：4）

图版二四三　北朝至五代 C 型钵
（标本 TN03W05 ⑤：6）

图版二四四　北朝至五代 D 型钵
（标本 H51：7）

图版二四五　北朝至五代 A 型 I 式碗
（标本 H38：3）

图版二四六　北朝至五代 A 型 I 式碗
（标本 H71：45）

图版二四七　北朝至五代 A 型 I 式碗
（标本 H71：46）

图版二四八　北朝至五代 A 型 I 式碗
（标本 H71：47）

图版二四九　北朝至五代 A 型 I 式碗
（标本 TG5H3：4）

图版二五〇　北朝至五代 A 型 I 式碗
（标本 TG3 ⑥：1）

图版二五一　北朝至五代 A 型 II 式碗
（标本 H14：1）

图版二五二　北朝至五代 A 型 II 式碗
（标本 H23：4）

图版二五三　北朝至五代 A 型 II 式碗
（标本 H86：18）

图版二五四　北朝至五代 A 型 II 式碗
（标本 J1：4）

图版二五五　北朝至五代 A 型 II 式碗
（标本 J1：53）

图版二五六　北朝至五代 A 型 II 式碗
（标本 J1：54）

图版二五七　北朝至五代 B 型 I 式碗
（标本 TN01W05 ⑤：2）

图版二五八　北朝至五代 B 型 I 式碗
（标本 H23：19）

图版二五九　北朝至五代 B 型 I 式碗
（标本 H45：8）

图版二六〇　北朝至五代 B 型 I 式碗
（标本 H45：31）

图版二六一　北朝至五代 B 型 I 式碗
（标本 H86：19）

图版二六二　北朝至五代 B 型 I 式碗
（标本 TG7H2：1）

图版二六三　北朝至五代 B 型 II 式碗
（标本 TN03W01 ⑤：7）

图版二六四　北朝至五代 B 型 II 式碗
（标本 H23：5）

图版二六五　陶帐座

（标本 H153：1）

图版二六六　北朝至五代坩埚

（标本 TN01W03 ⑥：1）

图版二六七　北朝至五代 A 型碗

（标本 TG5H3：2）

图版二六八　北朝至五代 Ba 型 I 式碗

（标本 TN05W03 ⑤：3）

图版二六九　北朝至五代 Ba 型 I 式碗

（标本 TN04W02 ⑤：2）

图版二七〇　北朝至五代 Ba 型 I 式碗

（标本 TN04W04 ⑤：8）

图版二七一　北朝至五代 Ba 型 I 式碗

（标本 H23：73）

图版二七二　北朝至五代 Ba 型 Ⅱ 式碗
（标本 TN04W03 ⑤：6）

图版二七三　北朝至五代 Ba 型 Ⅱ 式碗
（标本 H23：69）

图版二七四　北朝至五代 Ba 型 Ⅱ 式碗
（标本 H23：71）

图版二七五　北朝至五代 Ba 型 Ⅱ 式碗
（标本 H23：72）

图版二七六　北朝至五代 Ba 型 Ⅲ 式碗
（标本 TN04W02 ⑤：3）

图版二七七　北朝至五代 Ba 型 Ⅲ 式碗
（标本 H23：70）

图版二七八　北朝至五代 Bb 型 Ⅰ 式碗
（标本 TN03W05 ⑤：3）

图版二七九　北朝至五代 Bb 型 Ⅰ 式碗
（标本 TN04W04 ⑤：7）

图版二八〇　北朝至五代 Bb 型 I 式碗
（标本 TN05W04 ⑤：7）

图版二八一　北朝至五代 Bb 型 I 式碗
（标本 H38：2）

图版二八二　北朝至五代 Bb 型 II 式碗
（标本 H52：10）

图版二八三　北朝至五代 Bc 型碗
（标本 TN04W01 ⑤：14）

图版二八四　北朝至五代 Bc 型碗
（标本 TN04W05 ⑤：3）

图版二八五　北朝至五代 Bc 型碗
（标本 TN05W04 ⑤：6）

图版二八六　北朝至五代 Bc 型碗
（标本 TN01W02 ⑤：10）

图版二八七　北朝至五代 Bd 型 I 式碗
（标本 TN03W01 ⑤：23）

图版二八八　北朝至五代 Bd 型 I 式碗
（标本 H71：43）

图版二八九　北朝至五代 Bd 型 II 式碗
（标本 H115：1）

图版二九○　北朝至五代 Be 型 I 式碗
（标本 TN02W03 ⑤：30）

图版二九一　北朝至五代 Be 型 II 式碗
（标本 TN05W05 ⑤：1）

图版二九二　北朝至五代 Be 型 II 式碗
（标本 H52：9）

图版二九三　北朝至五代 Ba 型瓷盘
（标本 TN02W02 ⑤：4）

图版二九四　北朝至五代 Aa 型瓷罐
（标本 TN04W05 ④：12）

图版二九五　北朝至五代 Aa 型瓷罐
（标本 TN04W04 ⑤：10）

图版二九六　北朝至五代 Ab 型瓷罐
（标本 H24：9）

图版二九七　北朝至五代 B 型瓷罐
（标本 TN04W03 ⑤：9）

图版二九八　北朝至五代 B 型瓷钵
（标本 H39：2）

图版二九九　北朝至五代 B 型瓷钵
（标本 TN04W02 ⑤：3）

图版三〇〇　北朝至五代 B 型瓷钵
（标本 H36：11）

图版三〇一　瓷盒盖
（标本 TN02W03 ⑤：9）

图版三〇二　瓷盒盖（标本 H30：5）

图版三〇三　瓷盒盖（标本 H36：13）

图版三〇四　北朝至五代 C 型 I 式瓷盒底
（标本 TN04W01 ⑤：15）

图版三〇五　北朝至五代 C 型 I 式瓷盒底
（标本 TN03W04 ⑤：8）

图版三〇六　北朝至五代 C 型 II 式瓷盒底
（标本 TN04W03 ⑤：4）

图版三〇七　瓷执壶
（标本 TS01W01 ④：56）

图版三〇八　瓷执壶
（标本 TN03W03 ⑤：3）

图版三〇九　瓷注碗
（标本 TS01W01 ④：65）

图版三一〇　瓷碾钵（标本 TN02W03 ⑤：27）

图版三一一　瓷碾钵（标本 H38：13）

图版三一二　瓷骑兽俑
（标本 H45：34）

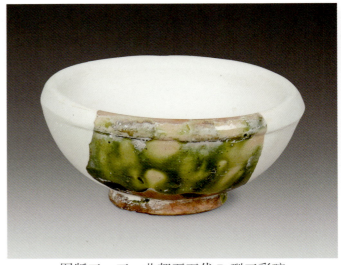

图版三一三　北朝至五代 B 型三彩碗
（标本 TN04W04 ⑤：11）

图版三一四　北朝至五代 C 型三彩碗
（标本 TN02W03 ⑤：8）

图版三一五　三彩盘
（标本 H30：2）

图版三一六　三彩盘（标本 H25：5）

图版三一七　三彩残片（标本 H30：6）

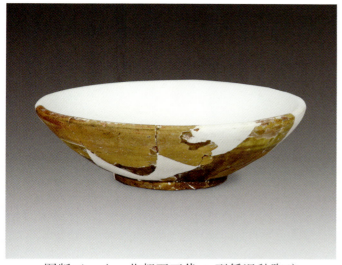

图版三一八　北朝至五代 A 型低温釉陶碗
（标本 H27：1）

图版三一九　北朝至五代 A 型低温釉陶碗
（标本 H27：2）

图版三二〇　北朝至五代 A 型低温釉陶碗
（标本 H28：1）

图版三二一　北朝至五代 A 型低温釉陶碗
（标本 TN03W02 ⑤：34）

图版三二二　北朝至五代 A 型低温釉陶碗
（标本 TN04W04 ⑤：6）

图版三二三　北朝至五代 B 型低温釉陶碗
（标本 H54：1）

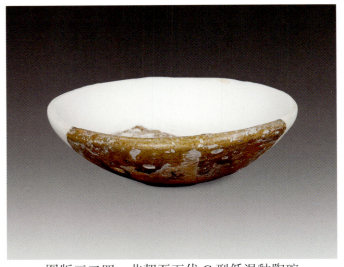

图版三二四　北朝至五代 C 型低温釉陶碗
（标本 TN04W02 ⑤：3）

图版三二五　北朝至五代 C 型低温釉陶碗
（标本 H52：13）

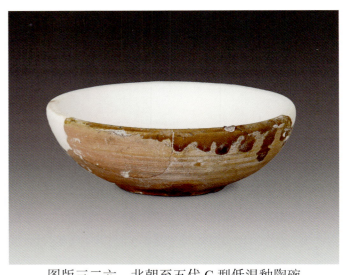

图版三二六　北朝至五代 C 型低温釉陶碗
（标本 TN03W01 ⑤：24）

图版三二七　低温釉陶炉（标本 TN01W02 ⑤：13）

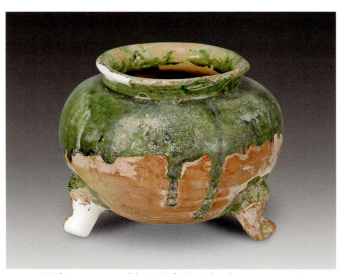

图版三二八　低温釉陶炉（标本 H145：1）

图版三二九　佛造像正面（标本 TN05W05 ⑤：2）

图版三三〇　佛造像侧面（标本 TN05W05 ⑤：2）

图版三三一　佛造像背面（标本 TN05W05 ⑤：2）

图版三三二　佛造像底面（标本 TN05W05 ⑤：2）

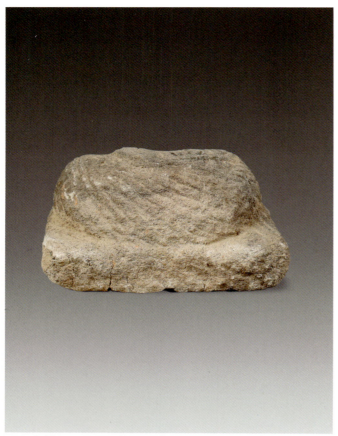

图版三三三　帐座（标本 TN04W01 ⑥ a：1）

图版三三四　帐座（标本 TG7H2：9）

图版三三五　带板正面（标本 H157：3）

图版三三六　带板背面（标本 H157：3）

图版三三七　铜器盖（标本 J1：1）

图版三三八　铜铃（标本 J1：71）

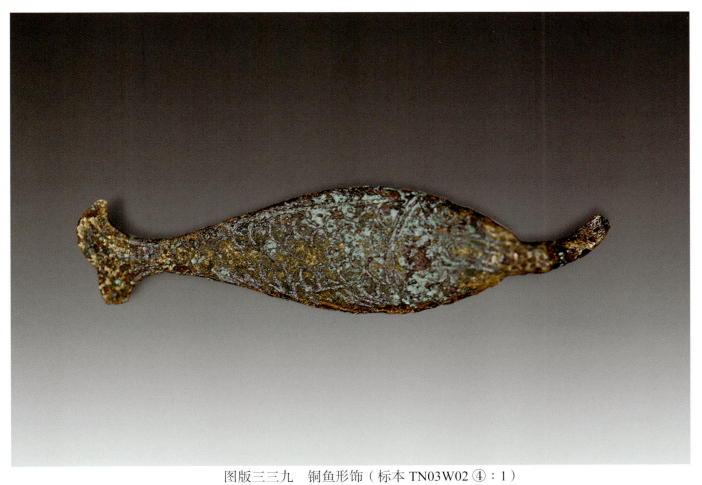

图版三三九　铜鱼形饰（标本 TN03W02 ④：1）

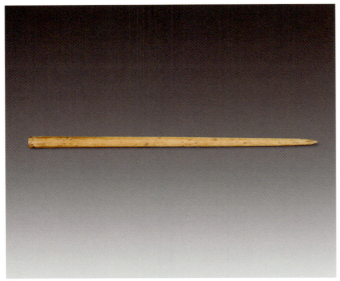

图版三四〇　骨簪（标本 H147：2）

图版三四一　骨簪（标本 H147：3）

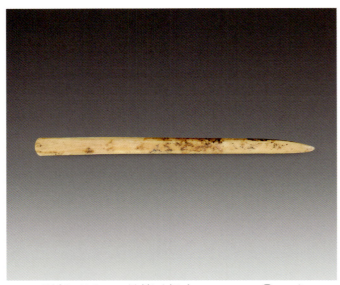

图版三四二　骨簪（标本 TS01W02 ⑤：1）

图版三四三　骨簪（标本 TS01W01 ④：66）

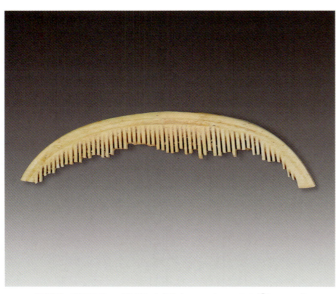

图版三四四　骨梳（标本 TN05W04 ④：13）

图版三四五　骨梳（标本 TN02W05 ⑤：14）

图版三四六　骨梳（标本 J2：87）

图版三四七　骨刮板正面（标本 J1：69）

图版三四八　骨刮板背面（标本 J1：69）

图版三四九　骨刀（标本 J1：68）

图版三五〇　长方条形骨器（标本 J2：89）

图版三五一　小金珠（标本 H32：20）

图版三五二　玻璃珠（标本 TN02W01 ⑥：38）

图版三五三　窑 1、窑 2 遗迹（南—北）

图版三五四　窑 1 遗迹（西—东）

图版三五五　窑 1 底部木板

图版三五六　窖 2 遗迹（东—西）

图版三五七　窖 2 局部（西—东）

图版三五八　窖 2 木板痕迹

图版三五九　窖 3 遗迹（俯视，南—北）

图版三六〇　窖 3 木板痕迹（南—北）

图版三六一　M4 遗迹（北—南）

图版三六二　M4 遗迹（俯视，南—北）

图版三六三　铁刀（标本 M4：1）

图版三六四　H83 遗迹（西—东）

图版三六五　H94 遗迹（南—北）

图版三六六　H113 遗迹（东—西）

图版三六七　魏晋十六国 Aa 型板瓦
（标本 TN02W05 ⑦：13）

图版三六八　魏晋十六国 Aa 型板瓦
（标本 TN02W04 ⑦：33）

图版三六九　魏晋十六国 Aa 型板瓦
（标本 TN02W04 ⑦：34）

图版三七〇　魏晋十六国 Aa 型板瓦
（标本 H67：1）

图版三七一　魏晋十六国 Aa 型板瓦
（标本 H67：42）

图版三七二　魏晋十六国 Aa 型板瓦
（标本窑 1：13）

图版三七三　魏晋十六国 Ab 型板瓦
（标本窑 1：16）

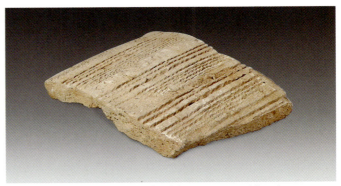

图版三七四　魏晋十六国 Ab 型板瓦
（标本窑 1：18）

图版三七五　魏晋十六国 Ab 型板瓦
（标本 H130：7）

图版三七六　魏晋十六国 Ab 型板瓦
（标本 H130：12）

图版三七七　魏晋十六国 B 型板瓦
（标本 TN03W04 ⑦：12）

图版三七八　魏晋十六国 B 型板瓦
（标本 H130：14）

图版三七九　魏晋十六国 B 型板瓦
（标本 TG7 ⑦：30）

图版三八○　魏晋十六国 C 型板瓦
（标本 H67：12）

图版三八一　魏晋十六国 C 型板瓦
（标本 H105：20）

图版三八二　魏晋十六国 D 型板瓦
（标本 TN03W01 ⑦：10）

图版三八三　魏晋十六国 D 型板瓦
（标本 TN03W01 ⑦：12）

图版三八四　魏晋十六国 D 型板瓦
（标本 H70：2）

图版三八五　魏晋十六国 D 型板瓦
（标本 H70：3）

图版三八六　魏晋十六国 D 型板瓦
（标本 H70：4）

图版三八七　魏晋十六国 D 型板瓦
（标本 H70：5）

图版三八八　魏晋十六国 D 型板瓦
（标本 H70：55）

图版三八九　魏晋十六国 D 型板瓦
（标本 H80 : 6）

图版三九〇　魏晋十六国 D 型板瓦
（标本 H80 : 9）

图版三九一　魏晋十六国 Aa 型筒瓦
（标本 TN03W03 ⑦ : 2）

图版三九二　魏晋十六国 Aa 型筒瓦
（标本窑 1 : 1）

图版三九三　魏晋十六国 Aa 型筒瓦
（标本窑 1 : 2）

图版三九四　魏晋十六国 Aa 型筒瓦
（标本窑 1 : 4）

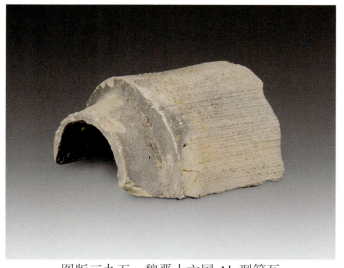

图版三九五　魏晋十六国 Ab 型筒瓦
（标本 TN02W04 ⑦：6）

图版三九六　魏晋十六国 Ba 型筒瓦
（标本 TN02W04 ⑦：3）

图版三九七　魏晋十六国 Ba 型筒瓦
（标本 TN03W05 ⑦：8）

图版三九八　魏晋十六国 Ba 型筒瓦
（标本 H130：22）

图版三九九　魏晋十六国 Bb 型筒瓦
（标本 TN03W03 ⑦：1）

图版四〇〇　魏晋十六国 C 型筒瓦
（标本 TG3 ⑦：1）

图版四〇一　魏晋十六国 A 型瓦当
（标本 H117：2）

图版四〇二　魏晋十六国 B 型瓦当
（标本 H108：8）

图版四〇三　魏晋十六国 C 型瓦当
（标本 TN04W01 ⑤：2）

图版四〇四　魏晋十六国 D 型瓦当
（标本 H130：26）

图版四〇五　魏晋十六国 D 型瓦当
（标本 TN02W04 ⑦：10）

图版四〇六　魏晋十六国 D 型瓦当
（标本 TN03W03 ⑦：168）

图版四〇七　魏晋十六国 E 型瓦当
（标本 TN03W02 ⑦：6）

图版四〇八　魏晋十六国 F 型瓦当
（标本 H94：1）

图版四〇九　魏晋十六国 A 型长方形砖
（标本 TN02W01 ⑦：16）

图版四一〇　魏晋十六国 A 型长方形砖
（标本窑 1：44）

图版四一一　魏晋十六国 A 型长方形砖
（标本 H81：18）

图版四一二　魏晋十六国 A 型长方形砖
（标本 H135：1）

图版四一三　魏晋十六国 A 型长方形砖
（标本 H135：2）

图版四一四　魏晋十六国 B 型长方形砖
（标本 TN02W01 ⑦：17）

图版四一五　魏晋十六国 B 型长方形砖
（标本 TG3 ⑦：32）

图版四一六　魏晋十六国 C 型长方形砖
（标本 TN02W01 ⑦：19）

图版四一七　魏晋十六国 C 型长方形砖
（标本 TN02W01 ⑦：20）

图版四一八　魏晋十六国 C 型长方形砖
（标本 TN02W01 ⑦：21）

图版四一九　魏晋十六国 D 型长方形砖
（标本窑 1：46）

图版四二〇　魏晋十六国 E 型长方形砖
（标本 TN02W01 ⑦：18）

图版四二一　魏晋十六国 E 型长方形砖
（标本 TN03W01 ⑦：21）

图版四二二　魏晋十六国 A 型正方形砖
（标本 TN03W04 ⑦：29）

图版四二三　魏晋十六国 A 型正方形砖
（标本 H84：4）

图版四二四　魏晋十六国 B 型正方形砖
（标本 H131：16）

图版四二五　魏晋十六国 C 型正方形砖
（标本 TN02W01 ⑦：1）

图版四二六　魏晋十六国 C 型正方形砖
（标本 TN03W04 ⑦：30）

图版四二七　魏晋十六国 D 型正方形砖
（标本 H84：2）

图版四二八　魏晋十六国 D 型正方形砖
（标本 TN03W01 ⑦：19）

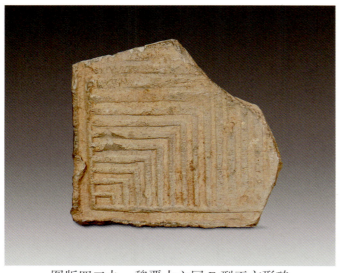

图版四二九　魏晋十六国 E 型正方形砖
（标本 TG3 ⑦：23）

图版四三〇　魏晋十六国 F 型正方形砖
（标本 TN03W01 ⑦：20）

图版四三一　魏晋十六国 F 型正方形砖
（标本 H95：4）

图版四三二　魏晋十六国 F 型正方形砖
（标本 H95：5）

图版四三三　魏晋十六国 F 型正方形砖
（标本 TG4 ⑦：12）

图版四三四　魏晋十六国 G 型正方形砖
（标本 TN02W01 ⑦：2）

图版四三五　空心砖（标本 TN03W03 ⑦：40）

图版四三六　空心砖（标本 H130：27）

图版四三七　石构件正面（标本 TN03W02 ⑦：3）

图版四三八　石构件侧面（标本 TN03W02 ⑦：3）

图版四三九　魏晋十六国 A 型盆
（标本 TN03W01 ⑦：43）

图版四四〇　魏晋十六国 A 型盆
（标本 TG5 ⑦：10）

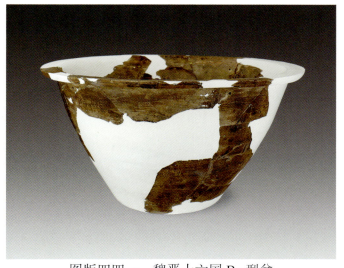

图版四四一　魏晋十六国 Ba 型盆
（标本 TN03W03 ⑦：137）

图版四四二　魏晋十六国 Bb 型盆
（标本 H90：1）

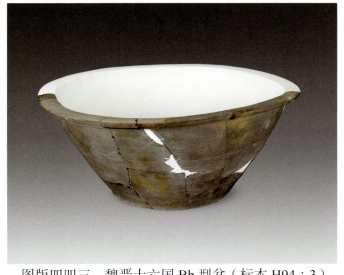

图版四四三　魏晋十六国 Bb 型盆（标本 H94：3）

图版四四四　魏晋十六国 Bb 型盆（标本 H94：4）

图版四四五　魏晋十六国 Bb 型盆
（标本 H111：3）

图版四四六　魏晋十六国 Bb 型盆
（标本 H109：3）

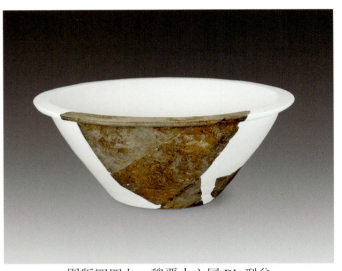

图版四四七　魏晋十六国 Bb 型盆
（标本 H135：3）

图版四四八　魏晋十六国 Bb 型盆
（标本 H135：4）

图版四四九　魏晋十六国 Bb 型盆
（标本 TG4 ⑦：10）

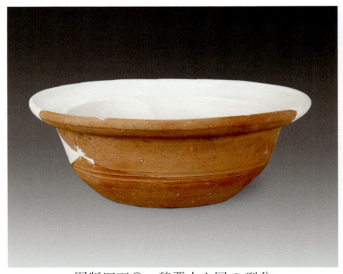

图版四五〇　魏晋十六国 C 型盆
（标本 TN03W02 ⑦：1）

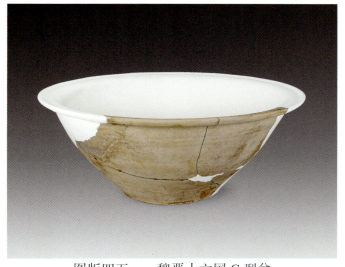

图版四五一　魏晋十六国 C 型盆
（标本 TN05W01 ⑦：26）

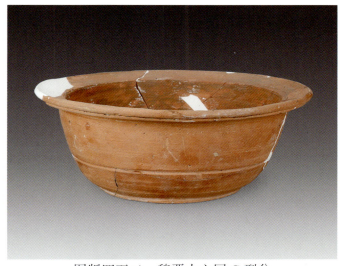

图版四五二　魏晋十六国 C 型盆
（标本 H75：1）

图版四五三　魏晋十六国 C 型盆
（标本 H94：5）

图版四五四　魏晋十六国 C 型盆
（标本 H135：9）

图版四五五　魏晋十六国 C 型盆
（标本 H135：19）

图版四五六　魏晋十六国 D 型盆
（标本 TN03W04 ⑦：24）

图版四五七　魏晋十六国 A 型罐
（标本 TN03W01 ⑦：27）

图版四五八　魏晋十六国 A 型罐
（标本 TN03W01 ⑦：34）

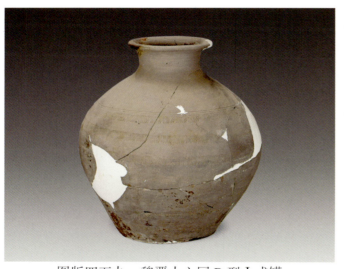

图版四五九　魏晋十六国 B 型 I 式罐
（标本 H67：38）

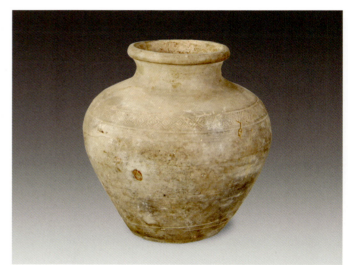

图版四六〇　魏晋十六国 B 型 II 式罐
（标本 H84：1）

图版四六一　魏晋十六国 B 型 II 式罐
（标本 H135：22）

图版四六二　魏晋十六国 C 型罐
（标本 H67：39）

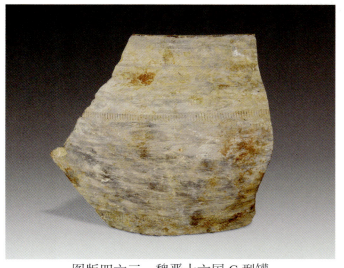

图版四六三　魏晋十六国 C 型罐
（标本窖 2：8）

图版四六四　魏晋十六国 D 型罐
（标本 H95：35）

图版四六五　魏晋十六国 D 型罐
（标本 H95：8）

图版四六六　魏晋十六国 D 型罐
（标本 H95：33）

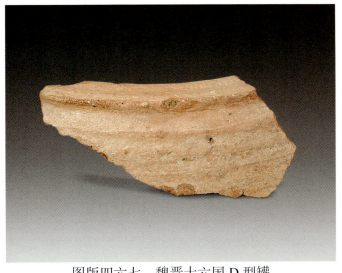

图版四六七　魏晋十六国 D 型罐
（标本 H139：42）

图版四六八　魏晋十六国 D 型罐
（标本 TN02W04 ⑦：35）

图版四六九　魏晋十六国 D 型罐
（标本 H95：32）

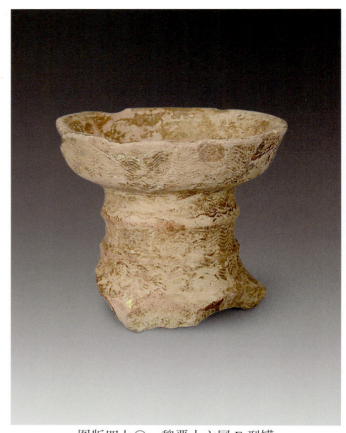

图版四七〇　魏晋十六国 E 型罐
（标本 TN03W04 ⑦：34）

图版四七一　魏晋十六国 E 型罐（标本 TG5H3：1）

图版四七二　魏晋十六国 F 型罐（标本 H135：25）

图版四七三　魏晋十六国 Aa 型瓮
（标本 H130：36）

图版四七四　魏晋十六国 Ab 型瓮
（标本 TN03W03 ⑦：78）

图版四七五　魏晋十六国 Ab 型瓮
（标本窖 1：23）

图版四七六　魏晋十六国 Ab 型瓮
（标本窖 2：6）

图版四七七　魏晋十六国 B 型 I 式瓮
（标本 H130：32）

图版四七九　魏晋十六国 B 型 II 式瓮
（标本 TN03W05 ⑦：11）

图版四七八　魏晋十六国 B 型 I 式瓮
（标本 H135：11）

图版四八〇　魏晋十六国 B 型 II 式瓮
（标本 TN03W05 ⑦：20）

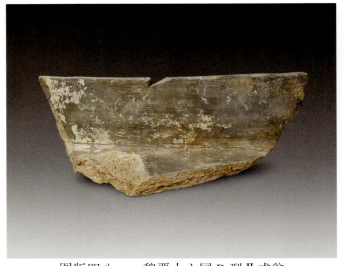

图版四八一　魏晋十六国 B 型 II 式瓮
（标本 H130：37）

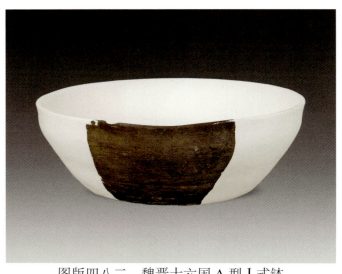

图版四八二　魏晋十六国 A 型 I 式钵
（标本 TN03W03 ⑦：163）

图版四八三　魏晋十六国 A 型 I 式钵
（标本 TN03W03 ⑦：167）

图版四八四　魏晋十六国 A 型 I 式钵
（标本 TN03W03 ⑦：177）

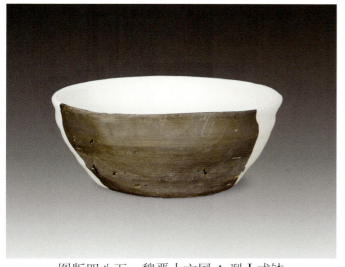

图版四八五　魏晋十六国 A 型 I 式钵
（标本 H82：5）

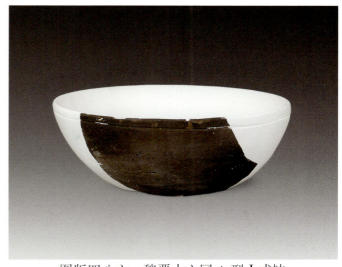

图版四八六　魏晋十六国 A 型 I 式钵
（标本 H90：2）

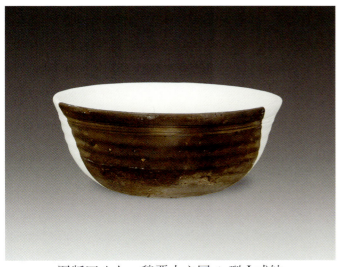

图版四八七　魏晋十六国 A 型 I 式钵
（标本 H108：12）

图版四八八　魏晋十六国 A 型 II 式钵
（标本 TN03W03 ⑦：175）

图版四八九　魏晋十六国 A 型 II 式钵
（标本 TN03W03 ⑦：176）

图版四九○　魏晋十六国 A 型 II 式钵
（标本 TN03W05 ⑦：160）

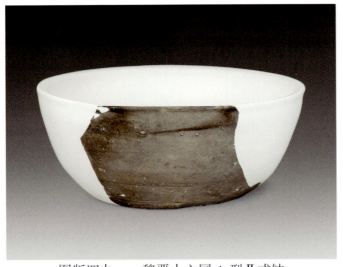

图版四九一 魏晋十六国 A 型 II 式钵
（标本 H81：9）

图版四九二 魏晋十六国 A 型 II 式钵
（标本 H94：6）

图版四九三 魏晋十六国 A 型 II 式钵
（标本 H135：14）

图版四九四 魏晋十六国 B 型钵
（标本 TN02W04 ⑦：27）

图版四九五 魏晋十六国 B 型钵
（标本 H111：5）

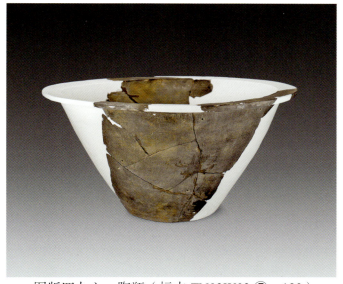

图版四九六　陶甑（标本 TN03W03 ⑦：123）

图版四九七　陶甑（标本 H94：1）

图版四九八　陶盘（标本 TN03W04 ⑦：4）

图版四九九　陶盘（标本 TN03W04 ⑦：10）

图版五〇〇　陶柱盘（标本 TN03W04 ⑦：33）

图版五〇一　铜印（标本 TN02W03 ⑦：2）

图版五〇二　铜印印文（标本 TN02W03 ⑦：2）

图版五〇三　铜泥箭（标本 TN02W03 ⑦：3）

图版五〇四　铜镞（标本 TN03W04 ⑦：35）

图版五〇五　铜镞（标本 TG6 ⑦：1）

图版五〇六　铜铺首（标本 H120：15）

图版五〇七　铜弩机构件（标本 TN02W03 ⑦：7）

图版五〇八　骨簪（标本 TN03W05 ⑦：58）

图版五〇九　J3 遗迹（俯视，西—东）

图版五一〇　J3 局部（俯视）

图版五一一　J4 遗迹（俯视，上为南）

图版五一二　J4 局部（俯视）

图版五一三　H97 遗迹（西—东）

图版五一四　H101 遗迹（北—南）

图版五一五　H133 遗迹（俯视，上为西）

图版五一六　H140 遗迹（南—北）

图版五一七　东周、汉代 A 型板瓦
（标本 TG4 ⑧：1）

图版五一八　东周、汉代 A 型板瓦
（标本 H122：14）

图版五一九　东周、汉代 A 型板瓦
（标本 H122：18）

图版五二〇　东周、汉代 B 型 I 式板瓦
（标本 TN03W05 ⑧：1）

图版五二一　东周、汉代 B 型 I 式板瓦
（标本 TN03W05 ⑧：2）

图版五二二　东周、汉代 B 型 II 式板瓦
（标本 TN03W05 ⑧：11）

图版五二三　东周、汉代 B 型 II 式板瓦
（标本 TN02W05 ⑧：4）

图版五二四　东周、汉代 C 型 I 式板瓦
（标本 TN03W05 ⑧：12）

图版五二五　东周、汉代 C 型 I 式板瓦
（标本 TN03W05 ⑧：13）

图版五二六　东周、汉代 C 型 I 式板瓦
（标本 H96：15）

图版五二七　东周、汉代 C 型 II 式板瓦
（标本 TN03W05 ⑧：8）

图版五二八　东周、汉代 D 型 I 式板瓦
（标本 TN03W05 ⑧：15）

图版五二九　东周、汉代 D 型 I 式板瓦
（标本 H97：7）

图版五三〇　东周、汉代 D 型 II 式板瓦
（标本 TN02W05 ⑧：5）

图版五三一　东周、汉代 D 型 II 式板瓦
（标本 TN02W05 ⑧：12）

图版五三二　东周、汉代 D 型 II 式板瓦
（标本 TN03W05 ⑧：7）

图版五三三　东周、汉代 D 型 Ⅱ 式板瓦
（标本 H111：11）

图版五三四　东周、汉代 E 型 Ⅰ 式板瓦
（标本 TN03W05 ⑧：3）

图版五三五　东周、汉代 E 型 Ⅰ 式板瓦
（标本 TN03W05 ⑧：4）

图版五三六　东周、汉代 E 型 Ⅰ 式板瓦
（标本 TN03W05 ⑧：5）

图版五三七　东周、汉代 E 型 Ⅰ 式板瓦
（标本 TN03W05 ⑧：14）

图版五三八　东周、汉代 E 型 Ⅰ 式板瓦
（标本 H122：10）

图版五三九　东周、汉代 E 型 Ⅱ 式板瓦
（标本 TN02W04 ⑧：6）

图版五四〇　东周、汉代 E 型 Ⅱ 式板瓦
（标本 TN03W03 ⑧：6）

图版五四一　东周、汉代 E 型 Ⅱ 式板瓦
（标本 TN03W05 ⑧：23）

图版五四二　东周、汉代 B 型 Ⅰ 筒瓦
（标本 J4：7）

图版五四三　东周、汉代 B 型 Ⅰ 筒瓦
（标本 J4：8）

图版五四四　东周、汉代 B 型 Ⅰ 筒瓦
（标本 TN02W05 ⑧：15）

图版五四五　东周、汉代 B 型 Ⅰ 筒瓦
（标本 TN03W05 ⑧：28）

图版五四六　东周、汉代 B 型 Ⅱ 式筒瓦
（标本 TG2 ⑧：9）

图版五四七　东周、汉代 B 型 Ⅱ 式筒瓦
（标本 H109：1）

图版五四八　东周、汉代 B 型 Ⅲ 式筒瓦
（标本 TN02W05 ⑧：14）

图版五四九　东周、汉代 B 型 III 式筒瓦
（标本 TN03W05 ⑧：27）

图版五五〇　东周、汉代 B 型 III 式筒瓦
（标本 TN03W05 ⑧：32）

图版五五一　东周、汉代 B 型 III 式筒瓦
（标本 TN03W05 ⑧：39）

图版五五二　东周、汉代 B 型 III 式筒瓦
（标本 H97：11）

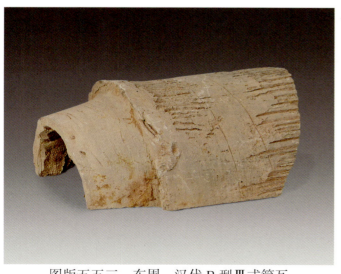

图版五五三　东周、汉代 B 型 III 式筒瓦
（标本 TG2 ⑧：5）

图版五五四　东周、汉代 B 型 IV 式筒瓦
（标本 H97：10）

图版五五五　东周、汉代 Aa 型瓦当
（标本 TN02W04 ⑧：19）

图版五五六　东周、汉代 B 型瓦当
（标本 TN02W05 ⑧：17）

图版五五七　东周、汉代 Ca 型瓦当
（标本 TN02W03 ⑧：3）

图版五五八　东周、汉代 Ca 型瓦当
（标本 J1：47）

图版五五九　东周、汉代 Cb 型瓦当（标本 H96：9）

图版五六〇　东周、汉代 Cb 型瓦当（标本 H97：21）

图版五六一　东周、汉代 Cc 型瓦当
（标本 TN03W03 ⑧：10）

图版五六二　东周、汉代 Cd 型瓦当
（标本 H127：10）

图版五六三　东周、汉代 Cd 型瓦当
（标本 H131：13）

图版五六四　东周、汉代 Ce 型瓦当
（标本 H96：6）

图版五六五　东周、汉代 Ce 型瓦当（标本 H96：7）

图版五六六　东周、汉代 Ce 型瓦当（标本 H97：20）

图版五六七　东周、汉代 Ce 型瓦当
（标本 H121：10）

图版五六八　东周、汉代 Cf 型瓦当
（标本 TN02W04 ⑧：20）

图版五六九　东周、汉代 Cf 型瓦当
（标本 TN02W04 ⑧：21）

图版五七〇　东周、汉代 Cf 型瓦当
（标本 TN02W04 ⑧：22）

图版五七一　东周、汉代 D 型瓦当
（标本 TN02W05 ⑧：20）

图版五七二　东周、汉代 E 型瓦当
（标本 TN02W05 ⑧：16）

图版五七三　东周、汉代 F 型瓦当（标本 H91：10）

图版五七四　东周、汉代 F 型瓦当（标本 H95：7）

图版五七五　东周、汉代 G 型瓦当（标本 H110：3）

图版五七六　东周、汉代 G 型瓦当（标本 H121：9）

图版五七七　东周、汉代 A 型长方形砖
（标本 J3：10）

图版五七八　东周、汉代 A 型长方形砖
（标本 J3：11）

图版五七九　东周、汉代 A 型长方形砖
（标本 J3：15）

图版五八〇　东周、汉代 A 型长方形砖
（标本 H127：16）

图版五八一　东周、汉代 B 型长方形砖
（标本 J3：13）

图版五八二　东周、汉代 C 型长方形砖
（标本 J3：14）

图版五八三　东周、汉代 D 型长方形砖
（标本 J3：12）

图版五八四　东周、汉代 A 型正方形砖
（标本 TN02W01 ⑧：7）

图版五八五　东周、汉代 Ba 型正方形砖
（标本 TN02W01 ⑧：12）

图版五八六　东周、汉代 Ba 型正方形砖
（标本 TN02W05 ⑧：25）

图版五八七　东周、汉代 Bb 型正方形砖
（标本 TN02W01 ⑧：13）

图版五八八　东周、汉代 Bb 型正方形砖
（标本 TN03W05 ⑧：54）

图版五八九　东周、汉代 Bc 型正方形砖
（标本 TN02W01 ⑧：19）

图版五九〇　东周、汉代 Bc 型正方形砖
（标本 TN03W01 ⑧：8）

图版五九一　东周、汉代 Bc 型正方形砖
（标本 TN02W01 ⑧：21）

图版五九二　东周、汉代 Bc 型正方形砖
（标本 TG3 ⑧：21）

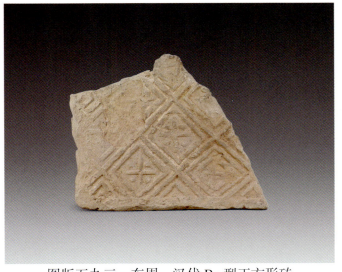

图版五九三　东周、汉代 Bc 型正方形砖
（标本 H97：19）

图版五九四　东周、汉代 Bc 型正方形砖
（标本 TG3 ⑧：18）

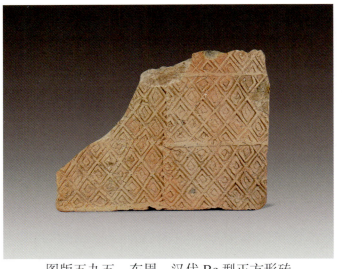

图版五九五　东周、汉代 Bc 型正方形砖
（标本 TN02W01 ⑧：23）

图版五九六　东周、汉代 Bc 型正方形砖
（标本 TN02W04 ⑧：31）

图版五九七　东周、汉代 Bc 型正方形砖
（标本 H97：16）

图版五九八　东周、汉代 Bd 型正方形砖
（标本 TN02W01 ⑧：18）

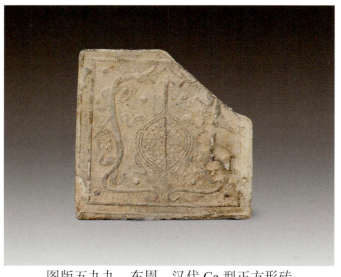

图版五九九　东周、汉代 Ca 型正方形砖
（标本 H139：1）

图版六〇〇　东周、汉代 Ca 型正方形砖
（标本 H84：8）

图版六〇一　东周、汉代 Ca 型正方形砖
（标本 H84：9）

图版六〇二　东周、汉代 Cb 型正方形砖
（标本 H97：17）

图版六〇三　东周、汉代 Cc 型正方形砖
（标本 H97：18）

图版六〇四　东周、汉代 Cc 型正方形砖
（标本 H97：15）

图版六〇五　东周、汉代 Cc 型正方形砖
（标本 H139：22）

图版六〇六　东周、汉代 Cc 型正方形砖
（标本 TN02W04 ⑧：43）

图版六〇七　东周、汉代 Cd 型正方形砖
（标本 TN02W01 ⑧：37）

图版六〇八　东周、汉代 Cd 型正方形砖
（标本 TN02W01 ⑧：38）

图版六〇九　东周、汉代 Cd 型正方形砖
（标本 H60：7）

图版六一〇　东周、汉代 Cd 型正方形砖
（标本 H95：6）

图版六一一　东周、汉代 Ce 型正方形砖
（标本 TN02W01 ⑧：35）

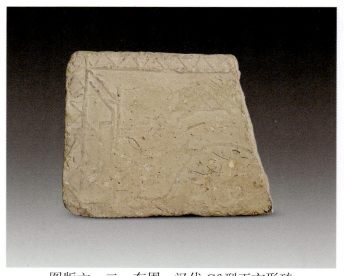

图版六一二　东周、汉代 Cf 型正方形砖
（标本 H84：3）

图版六一三　空心砖（标本 TN02W04 ⑧：29）

图版六一四　空心砖（标本 TN03W05 ⑧：58）

图版六一五　空心砖（标本 H97：13）

图版六一六　空心砖（标本 TG3 ⑧：23）

图版六一七　陶建筑构件（标本 TN02W04 ⑧：41）

图版六一八　陶建筑构件（标本 TN02W04 ⑧：82）

图版六一九　东周、汉代 A 型盆（标本 H122：32）

图版六二〇　东周、汉代 A 型盆（标本 H122：34）

图版六二一　东周、汉代 Ba 型盆
（标本 TN02W03 ⑧：18）

图版六二二　东周、汉代 Ba 型盆
（标本 TN02W03 ⑧：23）

图版六二三　东周、汉代 Bb 型盆
（标本 TN02W04 ⑧：69）

图版六二四　东周、汉代 Bb 型盆
（标本 H96：26）

图版六二五　东周、汉代C型盆
（标本 TN02W05 ⑧：39）

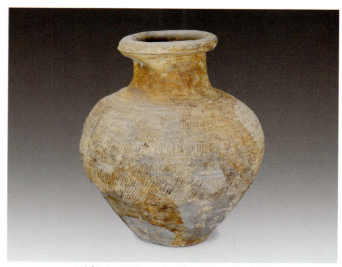

图版六二六　东周、汉代 I 式罐
（标本 J4：1）

图版六二七　东周、汉代 I 式罐（标本 J4：2）

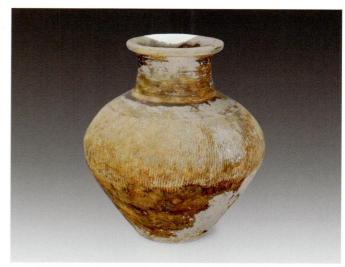

图版六二八　东周、汉代 I 式罐（标本 J4：3）

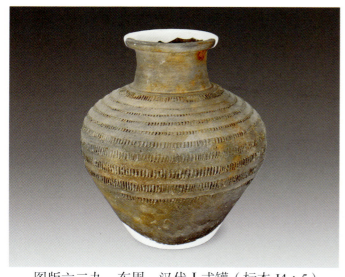

图版六二九　东周、汉代 I 式罐（标本 J4：5）

图版六三〇　东周、汉代 I 式罐（标本 H109：2）

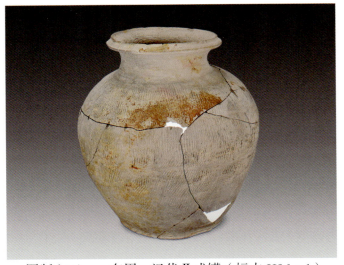

图版六三一　东周、汉代Ⅱ式罐（标本 H96：1）

图版六三二　东周、汉代Ⅱ式罐（标本 H96：3）

图版六三三　东周、汉代Ⅱ式罐（标本 H97：1）

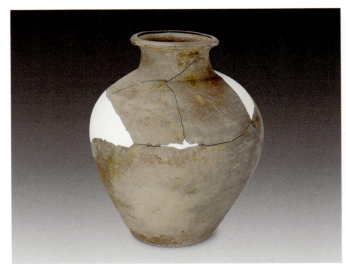

图版六三四　东周、汉代Ⅱ式罐（标本 H97：2）

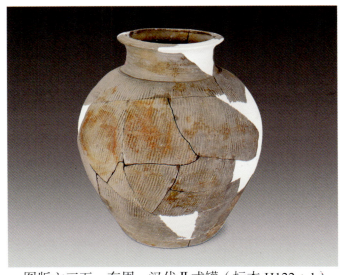

图版六三五　东周、汉代Ⅱ式罐（标本 H122：1）

图版六三六　东周、汉代Ⅱ式罐（标本 H133：1）

图版六三七　东周、汉代Ⅲ式罐（标本 TG3 ⑧：40）

图版六三八　东周、汉代Ⅲ式罐（标本 H96：2）

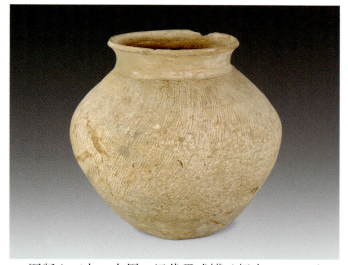

图版六三九　东周、汉代Ⅲ式罐（标本 H96：4）

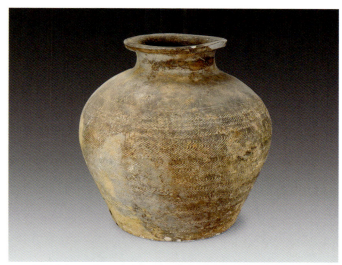

图版六四〇　东周、汉代Ⅲ式罐（标本 J3：1）

图版六四一　东周、汉代 A 型瓮
（标本 TN02W03 ⑧：12）

图版六四二　东周、汉代 A 型瓮
（标本 TN03W02 ⑧：14）

图版六四三　东周、汉代 A 型瓮
（标本 H123：12）

图版六四四　东周、汉代 B 型瓮
（标本 TN02W05 ⑧：38）

图版六四五　东周、汉代 C 型瓮
（标本 H123：46）

图版六四六　东周、汉代 C 型瓮
（标本 TN02W04 ⑧：54）

图版六四七　东周、汉代 I 式钵
（标本 TN02W04 ⑧：78）

图版六四八　东周、汉代 I 式钵
（标本 TG3 ⑧：46）

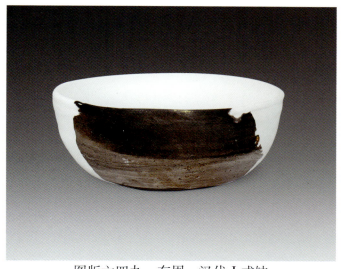

图版六四九　东周、汉代 I 式钵
（标本 TG3 ⑧：47）

图版六五〇　东周、汉代 I 式钵
（标本 TN02W01 ⑧：66）

图版六五一　东周、汉代 II 式钵
（标本 TN02W05 ⑧：55）

图版六五二　东周、汉代 II 式钵
（标本 TN02W05 ⑧：57）

图版六五三　东周、汉代Ⅱ式钵
（标本 TN02W05 ⑧：58）

图版六五四　东周、汉代Ⅱ式钵
（标本 TN03W05 ⑧：87）

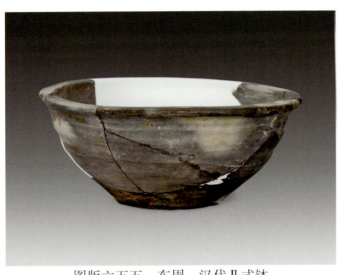

图版六五五　东周、汉代Ⅱ式钵
（标本 H122：37）

图版六五六　东周、汉代Ⅱ式钵
（标本 H122：30）

图版六五七　东周、汉代Ⅱ式钵
（标本 H133：2）

图版六五八　东周、汉代Ⅲ式钵
（标本 TN03W03 ⑦：166）

图版六五九　东周、汉代Ⅲ式钵
（标本 H60：99）

图版六六〇　东周、汉代Ⅲ式钵
（标本 H76：11）

图版六六一　东周、汉代Ⅲ式钵
（标本 TG3H3：8）

图版六六二　东周、汉代Ⅲ式钵
（标本 J3：5）

图版六六三　东周、汉代Ⅰ式豆
（标本 TN02W05 ⑧：33）

图版六六四　东周、汉代Ⅰ式豆
（标本 TN02W04 ⑧：49）

图版六六五　东周、汉代 I 式豆
（标本 H123：28）

图版六六六　东周、汉代 II 式豆
（标本 H128：1）

图版六六七　东周、汉代 III 式豆
（标本 TN02W05 ⑧：34）

图版六六八　东周、汉代 III 式豆
（标本 H122：2）

图版六六九　东周、汉代 III 式豆
（标本 H122：3）

图版六七〇　东周、汉代 III 式豆
（标本 H122：4）

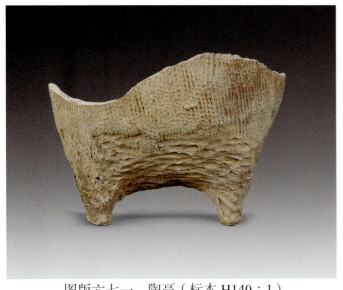

图版六七一　陶鬲（标本 H140：1）

图版六七二　陶鬲（标本 TN03W03 ⑧：21）

图版六七三　陶鬲（标本 H85：2）

图版六七四　陶鬲（标本 H133：10）

图版六七五　陶器盖（标本 H133：3）

图版六七六　帐座（标本 H97：35）

图版六七七　帐座底面（标本 H97：35）

图版六七八　陶楼模型（标本 TN02W05 ⑧：59）

图版六七九　陶纺轮（标本 TN03W01 ⑧：21）

图版六八〇　陶纺轮（标本 TN03W03 ⑧：28）

图版六八一　陶纺轮（标本 H122：5）

图版六八二　陶纺轮（标本 H122：9）

图版六八三　陶支钉（标本 H122：36）

图版六八四　陶搓板（标本 TN02W01 ⑧：3）

图版六八五　铜罐（标本 J3：16）

图版六八六　铜带钩（标本 H127：17）

图版六八七　TG1 局部（南—北）

图版六八八　TG1 内础石解剖（西—东）

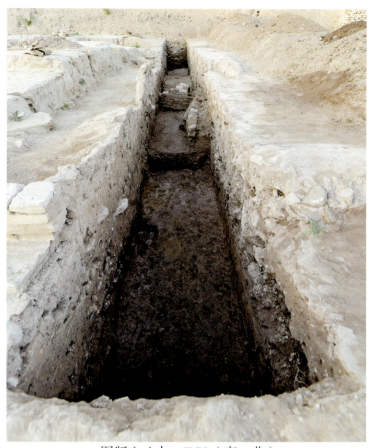

图版六八九　TG2（南—北）

图版六九〇　TG2 内 F1（俯视，上为东）

图版六九一　TG3（俯视，上为东）

图版六九二　TG3 东壁局部（西—东）

图版六九三　TG3 内 F1（俯视，上为东）

图版六九四　TG4（俯视，上为北）

图版六九五　TG4 南壁局部（北—南）

图版六九六　TG5 局部（东—西）

北朝磉墩

图版六九七　TG5 东壁局部（西—东）

图版六九八　TG6（南—北）

图版六九九　TG6 东壁局部（西—东）

图版七〇〇　TG7平面（北—南）